L.1264.
6.49.d.28.

COLLECTION
DES MÉMOIRES
RELATIFS
A L'HISTOIRE DE FRANCE.

HISTOIRE DE NORMANDIE, PAR ORDERIC VITAL,
TOME IV.

DE L'IMPRIMERIE DE A. BELIN.

COLLECTION

DES MÉMOIRES

RELATIFS

A L'HISTOIRE DE FRANCE,

DEPUIS LA FONDATION DE LA MONARCHIE FRANÇAISE JUSQU'AU 13ᵉ SIÈCLE ;

AVEC UNE INTRODUCTION, DES SUPPLÉMENS, DES NOTICES
ET DES NOTES ;

Par M. GUIZOT,

PROFESSEUR D'HISTOIRE MODERNE A L'ACADÉMIE DE PARIS.

A PARIS,
CHEZ J.-L.-J. BRIÈRE, LIBRAIRE,
RUE SAINT-ANDRÉ-DES-ARTS. Nº. 68.

1827.

NOTICE

SUR

ORDERIC VITAL.

NOTICE
SUR
ORDERIC VITAL.

De tous les ouvrages publiés dans notre Collection, celui d'Orderic Vital est le plus étendu, symptôme assuré qu'il mérite une attention particulière. La sécheresse et la brièveté sont le caractère presque général des écrits de cette époque : il semble que l'esprit de l'auteur, inactif et stérile, se soit contenté de recevoir les faits qui se présentaient à lui, sans éprouver nul besoin de s'en rendre compte, ni de les rattacher à d'autres faits, ni d'y ajouter des réflexions propres à les classer dans un autre ordre que celui des dates. Dans ces temps d'isolement et de ténèbres, la vie de l'homme est si étroite et sa vue si courte que la curiosité même semble éteinte ; une situation très-élevée ou une destinée très-agitée parviennent seules à étendre l'horizon intellectuel, à susciter un vif besoin de savoir : mais ceux que le hasard place ou jette dans cette chance singulière dévouent à l'action leur temps et leur force, et tout occupés de jouer un rôle dans l'histoire, ne s'inquiètent guères de la raconter. Parmi les hommes élevés en dignité, dans les siècles dont nous recueillons ici les monumens, deux évêques, Grégoire de Tours et Guillaume de Tyr, sont les seuls à qui leur loisir ait permis de nous laisser un long récit des événemens où leur situation les avait appelés à pénétrer; et leurs histoires, les plus étendues que nous ayons encore publiées, sont aussi, proportion gardée de la différence des temps, les plus intéressantes, les plus utiles, les plus riches en détails précieux. Orderic Vital possède, sinon au même degré, du moins le même genre de supériorité entre les écrivains de son siècle : d'autant plus remarquable en ceci qu'aucune circonstance extérieure, aucun avantage de situation n'a contribué à éveiller ou à soutenir l'activité de son esprit; et que, simple moine au fond des forêts les plus reculées de la Normandie, c'est en lui seul, dans l'ardeur naturelle de son goût pour le savoir, dans la patience de ses recherches, qu'il a pu trouver les motifs et les moyens de rassembler les matériaux de son vaste travail.

Orderic était né le 15 février 1075, en Angleterre, à Attingham sur les bords de la Saverne; là vivait son père Odelir, natif d'Orléans, mais qui, au moment de la conquête de l'Angleterre par les Normands, avait suivi Roger de Mont-Gomery, devenu ensuite comte de Shrewsbury, et lui était resté attaché à titre de conseiller. Orderic prit son nom de son parrain, prêtre saxon et curé du lieu, qui le baptisa en même temps qu'il le tint sur les fonts. A cinq ans, on l'envoya à l'école de Shrewsbury où, sous un maître nommé Siegward, il apprit à écrire, la grammaire et le chant d'église. Son père, à ce qu'il semble, ne manquait pas d'instruction; il était même clerc et prêtre, qualité qui alors, surtout en Angleterre, n'excluait pas absolument le mariage. On connaissait cependant un état plus parfait, et Odelir, devenu veuf, crut devoir, non-seulement renoncer pour lui-même à tout attachement terrestre, mais y faire aussi renoncer son fils aîné Orderic, âgé de dix ans. Il le consacra donc, comme lui-même, à la vie religieuse, et se retira dans un monastère de la Grande-Bretagne. Mais bientôt, troublé par l'idée des obstacles que devaient apporter au salut les affections de famille, il pensa que ni le sien ni celui de son fils ne serait assuré s'ils demeuraient dans le même cloître, et pour rendre la séparation plus complète et plus irrévocable, il lui fit passer la mer, et, sous la conduite du moine Ragnold, l'envoya en Normandie où Orderic entra, avec une dot de trente marcs d'argent, dans l'abbaye d'Ouche, de l'ordre de saint Benoît, fondée par saint Evroul, saint Orléanais, auquel Odelir, en qualité de compatriote, portait une grande dévotion. Cette abbaye, qui prit plus tard le nom de son fondateur, était située dans la portion du diocèse de Lisieux qui fait maintenant partie du département de l'Orne. Cachée au fond des forêts, riche, dès le onzième siècle, d'une assez nombreuse bibliothèque, et habitée par des moines amis de la science, l'abbaye d'Ouche était un lieu très-propre à entretenir les dispositions studieuses qui, dit-on, se faisaient dès lors remarquer dans le jeune novice. Jean, sous-prieur du monastère, fut chargé de son éducation, et conçut pour lui une vive amitié; il gagna aussi la bienveillance des autres religieux, de Mainier entre autres, alors abbé de Saint-Evroul. Orderic était entré à l'abbaye en 1085. L'année suivante, le 22 septembre, jour de la Saint-Maurice, il reçut la tonsure et changea en même temps son nom saxon d'Orderic pour celui de Vital, l'un des compagnons du saint dont on célébrait en ce jour la fête. Le 15 mars 1091, Gilbert Maminot, évêque de Lisieux, lui conféra le sous-diaconat, à la demande de Serlon d'Orgères, alors abbé de Saint-

Evroul; et, deux ans après, le 26 mars 1093, Serlon, devenu évêque de Séès, l'éleva au diaconat. Orderic avait alors dix-huit ans. Tous les documens de ces temps anciens nous apprennent avec quel pieux effroi les hommes vraiment religieux envisageaient alors les devoirs du sacerdoce; ils reculaient à les accepter, et souvent ne s'y soumettaient que sur l'ordre exprès de leurs supérieurs. Ce fut seulement quinze ans après, le 21 décembre 1107, que Guillaume Bonne-Ame, archevêque de Rouen, imposa à Orderic, comme il le dit lui-même, *le fardeau de la prêtrise*.

Tels sont les simples faits que fournissent, sur la vie d'Orderic, les écrits de ce bon religieux : étranger aux affaires du monde comme aux dignités de son état, on ne le voit sortir de sa retraite que pour assister au chapitre général de l'ordre de Saint-Benoît, convoqué par l'abbé de Cluny, Pierre-le-Vénérable, et pour deux voyages, l'un à Worcester, l'autre à Cambrai, entrepris, selon toute apparence, dans le dessein de se procurer des renseignemens nécessaires à ses travaux. Ils furent l'unique emploi de sa vie, qu'il ne paraît pas avoir poussée jusqu'à l'extrême vieillesse; il nous apprend lui-même à la fin de son livre que, parvenu à sa soixante-septième année, et à la trente-quatrième de son ministère de prêtre, il est contraint par l'âge et la maladie de mettre un terme à ses veilles, et il n'est guères probable que, dans une carrière ainsi occupée, la cessation du travail précède de bien long-temps celle de la vie. On doit donc, si je ne me trompe, placer la mort d'Orderic Vital en 1141, ou au plus tard en 1142. Les auteurs de l'*Histoire littéraire de la France* ont fixé à l'an 1143 l'époque où se termine son ouvrage; ils sont évidemment dans l'erreur : à la fin de son dernier livre, Orderic parle d'Etienne, roi d'Angleterre, comme actuellement en captivité; or ce prince, fait prisonnier à la bataille de Lincoln, le 2 février 1141, fut échangé au mois de novembre de la même année. Il rapporte la mort de Jean, évêque de Lisieux, comme si récente qu'il n'était pas encore remplacé, et l'évêque était mort le 21 mai 1141. Enfin il compte douze ans depuis l'élection du pape Innocent II, qui avait eu lieu au mois de février 1130. Tout s'accorde donc à indiquer l'année 1141 comme l'époque à laquelle Orderic fut forcé d'interrompre des travaux auxquels il avait dévoué sa vie.

Son ouvrage, consacré surtout à la gloire de la Normandie, ne comprenait d'abord que les sept derniers livres, où l'histoire des Normands tient en effet la principale place. Il y ajouta plus tard quatre livres, qui sont aujourd'hui les 3°, 4°, 5° et 6°, soit pour donner, sur certains événemens, de plus amples détails, soit pour associer à la gloire de la Normandie celle de l'abbaye d'Ouche dont ces livres nouveaux expliquent minutieusement la fondation et les progrès. Pour sa propre gloire enfin, et dans l'espoir de léguer à la postérité une histoire universelle et complète depuis Jésus-Christ jusqu'à son temps, il écrivit les livres 1 et 2, long extrait des Evangiles, des Actes des Apôtres, des légendes relatives à l'établissement du christianisme en Asie et en Afrique aussi bien qu'en Europe, et qui se terminent par une petite chronique, ou plutôt une nomenclature des Empereurs et des Papes. Alors seulement Orderic crut son œuvre accomplie, et lui donna le nom d'*Historia ecclesiastica*, titre qui prouve simplement, comme nous l'avons déjà remarqué, à quel point l'Église était alors le centre de la société.

A coup sûr, ce mode de composition n'a pas peu contribué au désordre qui règne dans l'ouvrage du moine de Saint-Evroul : uniquement appliqué à rassembler de toutes parts des faits, des traditions, des aventures, des actes, des lettres, il a vu son livre changer plusieurs fois de forme, de but, et ne s'est guères inquiété que d'y faire entrer, n'importe à quelle place, tout ce qu'il parvenait à savoir. Aussi, en plus d'un endroit, les matériaux semblent-ils jetés pêle-mêle et selon le hasard qui les a fait tomber sous la main de l'auteur : tantôt il coupe en plusieurs portions, séparées par de longs intervalles, le récit du même événement, tantôt il répète plusieurs fois le même récit; le lecteur est souvent surpris du bizarre rapprochement des temps, des lieux, des sujets les plus divers; aucun art, aucune méthode ne se laisse entrevoir dans ce nombre immense de faits, et quand on considère l'ouvrage d'une seule vue et dans son ensemble, il est impossible de ne pas être surtout frappé de cette prodigieuse confusion. Mais elle couvre une véritable richesse; aucun livre ne contient sur l'histoire des 11e et 12e siècles, sur l'état politique, civil et religieux de la société en Occident, sur les mœurs féodales, monastiques et populaires, tant et de si précieux renseignemens. Dans son honnête et naïve bonhomie, Orderic ne prétend rien prouver, rien cacher; il raconte et juge, et blâme ou approuve, sans autre intention que de manifester ce qu'il sait et ce qu'il pense, simple, crédule, dépourvu de sagacité et de critique, mais indépendant et sincère, mérites rares parmi les moines chroniqueurs de son époque, à qui d'ailleurs ceux qu'il n'a pas manquent aussi bien qu'à lui.

L'histoire d'Orderic n'avait jamais été traduite : la version que nous publions est l'ouvrage de M. Louis Du Bois, de Lizieux, savant aussi laborieux que modeste, qui s'est voué à l'étude de tout ce qui peut intéresser la Normandie sa patrie, et déjà connu par d'utiles travaux sur les antiquités et la statistique de cette belle province. L'une des principales difficultés que présente la lecture d'Orderic-Vital réside dans le grand nombre de petits faits, d'allusions et de noms géographiques qui appartiennent à la Normandie : il importait donc que la traduction fût faite sur les lieux mêmes, au milieu des souvenirs; et par un homme capable d'expliquer, dans des notes courtes mais multipliées, les obscurités pour ainsi dire locales du texte. M. Du Bois a bien voulu se charger de ce minutieux travail : c'est à lui qu'il convient d'en rendre compte, et nous terminerons cette notice par l'insertion textuelle des renseignemens qu'il a rédigés sur les manuscrits de l'historien de Saint-Evroul, sur les travaux dont ils avaient été l'objet, et sur les recherches auxquelles il s'est lui-même livré.

« Dans les plus anciens manuscrits d'Orderic Vital, son ouvrage a pour titre : *Orderici Vitalis, Angli, monachi Uticensis, Historia ecclesiastica.* C'est ainsi qu'il est intitulé dans un manuscrit provenant de l'abbaye même de Saint-Evroul, que nous croyons pouvoir regarder comme autographe, et dont nous parlerons tout à l'heure avec plus de détails. C'est d'après des manuscrits plus récens que Duchesne, qui n'eut pas connaissance de cet autographe, a imprimé dans son édition : *Orderici Vitalis, Angligenæ, cœnobii Uticensis monachi, Historiæ ecclesiasticæ libri* XIII.

« Le manuscrit autographe de l'abbaye de Saint-Evroul a servi primitivement d'original pour les diverses copies qui se répandirent de cette importante histoire.

« Au commencement du 16ᵉ siècle, un moine de Saint-Evroul (probablement Vallin) fit une copie d'après ce manuscrit, alors composé de quatre volumes et tout-à-fait complet. La copie composait aussi quatre volumes d'une écriture peu serrée à la vérité, mais peu lisible. Suivant Charles Du Jardin, prieur de l'abbaye en 1717, les deux premiers tomes de cette copie se trouvaient à l'abbaye de Saint-Ouen à Rouen, et les deux autres à celle de Glanfeuil-sur-Loire. J'ai lieu de penser que le prieur Du Jardin s'est trompé : les deux volumes que possède la bibliothèque de Rouen et qui proviennent de Saint-Ouen, sont les deux derniers de l'ouvrage, et contiennent les sept derniers livres. L'écriture est bien véritablement du commencement du 16° siècle.

« La bibliothèque du Roi possède les manuscrits suivans d'Orderic :

N°. 5122. Manuscrit provenant de Bigot : c'est de celui-là que s'est servi Duchesne.

5123. *Id.* Provenant de Colbert, 2 vol.

5124. *Id.* Provenant de Baluze, 2 vol. contenant seulement les cinq premiers livres.

« Ces trois manuscrits sont in-folio, écrits sur papier, et tous trois du 16°. siècle.

5506. Manuscrit sur parchemin, 2 vol. in-4°., provenant de Colbert, comme le n°. 5123. Il ne renferme que les six premiers livres.

« On trouve encore dans le même dépôt, sous le n°. 4861, un manuscrit in-4°., sur parchemin, confondu dans un volume qui provient de Bigot, et qui contient un fragment intitulé : *Fragmen-*

tum ex Oderici [1] *Vitalis historiæ libro tertio de novis monachorum Cistercensium et aliorum illius sæculi institutis.* Cette copie est d'autant plus curieuse qu'elle est du 13°. siècle.

« Indépendamment de ces diverses copies, toutes plus ou moins fautives et même incomplètes, la bibliothèque de Saint-Germain-des-Prés possédait une copie des trois premiers livres que lui avait léguée Coaslin du Cambout, et qui avait été faite dans le 16°. siècle, à l'époque où l'autographe était encore complet, par Vallin, moine de Saint-Evroul, qui l'avait dédiée à son abbé Félix de Brie [2].

« Le plus important manuscrit d'Orderic Vital existait dans l'abbaye où il écrivit son histoire. Ce ne sont plus à la vérité que des débris de l'autographe, mais ces débris sont très-précieux. J'eus le bonheur de les préserver d'une destruction imminente à L'Aigle en 1799, lorsque je venais d'être nommé, au concours, bibliothécaire de l'école centrale de l'Orne, et je m'empressai de les placer dans le dépôt confié à mes soins. C'est un

---

[1] On rencontre le nom d'Orderic écrit de plusieurs manières : *Ordericus, Ordricus, Odericus, Udalricus,* etc.

[2] Et non pas Simon de Brie, comme le dit l'*Histoire littéraire de France*, tome XII.

volume in-4°. écrit sur parchemin, et que les moines trop négligens de Saint-Evroul ne songèrent à faire relier, dans le 17°. siècle, que lorsqu'ils en eurent laissé pourrir et perdre une grande partie. Il était parvenu intact jusqu'au commencement du siècle précédent, puisqu'alors on en fit une copie, malheureusement remplie de lacunes et d'omissions, et pourtant fort précieuse encore. Ce qui reste de l'autographe se compose ainsi qu'il suit :

Livre vii, 4 feuillets.

Livres ix, x, xi, xii et xiii; complets à l'exception des quatre à cinq derniers feuillets.

« Il nous semble certain que ce précieux manuscrit est véritablement autographe, ainsi que le croyaient les moines de Saint-Evroul, d'après un catalogue dressé peu de temps après la mort d'Orderic Vital. Entre autres motifs que nous pourrions donner pour justifier notre opinion, nous nous bornerons à ceux-ci : le manuscrit est sans ornement, il est écrit sur du parchemin commun et de petit format; il offre quelques corrections; il est très-correct; et dès le 12°. siècle, c'est-à-dire, quelques années seulement après la mort de l'auteur, il passait pour avoir été écrit de sa propre main peu de temps auparavant. J'insisterai d'autant plus sur ces points, qu'à l'époque où ce manuscrit fut mis au net, l'abbaye possédait les plus habiles calligraphes qui ont laissé de magnifiques copies des Pères de l'Eglise et de divers autres ouvrages, tous écrits avec luxe, sur le plus beau vélin et de format in-folio. Assurément, si l'on eût fait transcrire Orderic, on lui eût donné toute la parure que méritait si justement l'historiographe de la communauté de Saint-Evroul et des exploits des Normands.

« La Croix-du-Maine est le premier de nos bibliographes qui ait fait connaître Orderic Vital. Il fait observer avec raison que les bons manuscrits de cet historien ont toujours été rares; que même Jean Bale n'en fait nulle mention dans son catalogue des écrivains de la Grande-Bretagne, non plus que plusieurs autres compilateurs de biographie et d'histoire littéraire. Il paraît, par ce qu'ajoute La Croix-du-Maine, qu'il possédait un beau manuscrit d'Orderic et qu'il avait le dessein de le faire imprimer. Ce projet resta sans exécution.

« Ce ne fut qu'en 1619 que le savant André Duchesne publia son Orderic Vital dans la collection intitulée : *Historiæ Normannorum scriptores antiqui.* Les treize livres de l'Histoire ecclésiastique sont la pièce la plus importante de ce précieux recueil, qui est devenu rare et cher : ils y occupent 606 pages[1]. Ce fut d'après le manuscrit de J. Bigot que Duchesne fit faire l'impression. Malheureusement il ne le collationna pas avec tous les autres manuscrits auxquels il aurait pu recourir, et surtout avec l'autographe de la bibliothèque de Saint-Evroul. Il augmenta même la confusion, en se contentant d'indiquer, sous une même date marginale, des faits fort différens d'époque et de nature.

« Ces inconvéniens bien reconnus déterminèrent le bénédictin Bessin, auquel nous devons les *Concilia Rotomagensis Provinciæ* (1717, in-folio) à donner une nouvelle et meilleure édition de l'Orderic de Duchesne. A cet effet, sur un exemplaire de l'édition de 1619, il avait porté un grand nombre de corrections d'après un manuscrit qui appartenait alors à M. Mareste, avocat général à la chambre des comptes de Normandie[2]. Il avait surtout été puissamment aidé en 1722 par Charles Du Jardin, prieur de l'abbaye de Saint-

---

[1] Pages 319 à 925.

[2] Il est probable que c'est le même manuscrit que celui qui est conservé à la bibliothèque de Rouen, et qui provient du président Groulart.

Evroul, qui avait relevé avec exactitude les bonnes leçons de l'autographe. Tout était prêt pour l'impression, et le libraire Behourt allait l'entreprendre, lorsque la mort de Bessin, arrivée à Rouen en 1726, empêcha cette utile publication de laquelle on ne s'est pas occupé depuis. Le travail de Bessin et de Du Jardin nous a été communiqué; nous avons beaucoup profité du volume préparé pour l'impression, mais nous avons reconnu que, même après ces savans et laborieux bénédictins, il restait encore beaucoup à glaner, et c'est ce que nous croyons avoir fait avec quelque avantage.

« Les auteurs si érudits et si judicieux de la grande *Collection des historiens de France* ne pouvaient manquer d'y faire entrer un auteur aussi important qu'Orderic; ils l'ont fait avec succès, en divisant leurs extraits ainsi qu'il suit :
Extraits des livres I, III, V, VI et VII, dans le tome IX, pages 10 à 18;

— Des livres I, III et VII, dans le tome X, p. 234 à 236;

— Des livres I, III, IV, V, VI et VII, dans le tome XI, p. 221 à 248;

— Des livres I et IV à XIII, dans le tome XII, p. 585 à 770.

« Dom Bouquet a fait les premiers de ces extraits : ceux du tome XII, qui sont les plus étendus et les plus intéressans, sont l'ouvrage de M. Brial, qui n'a pas encouru les justes reproches faits à son devancier.

« Après ces savans travaux, il en restait encore à faire qui n'étaient pas sans utilité.

« Comme nous l'avons dit plus haut, nous nous sommes empressé de mettre à profit ce qu'avaient fait Bessin et Du Jardin; nous avons fait usage de nouvelles observations provenant de Saint-Evroul; nous avons collationné avec le plus grand soin les divers manuscrits, et de nouveau nous venons de recommencer cette collation à Rouen, avec deux savans normands dont l'obligeance égale l'érudition, M. Auguste Le Prevost [1], qui possède sur l'histoire de la Normandie les plus précieuses collections, et M. Théodore Liquet [2], qui a bien voulu nous communiquer le manuscrit de la bibliothèque de Rouen, dont il est le conservateur.

[1] M. Aug. Le Prevost a publié, sur l'histoire, les antiquités et les monumens de la Normandie, des dissertations pleines de science et d'intérêt. — [2] Nous devons à M. Liquet la traduction de l'*Histoire de la Révolution italienne* de M. Botta, et du *Voyage Archéologique* du docteur Dibdin.

« D'importantes corrections et des additions nombreuses sont le fruit de ces divers travaux. Une longue étude des antiquités, de l'histoire et de la géographie de la Normandie, a mis d'ailleurs à notre disposition une foule de renseignemens et d'éclaircissemens qui, nous l'espérons, jeteront quelque jour sur les récits de notre auteur. Le nombre des notes explicatives placées au bas des pages est la meilleure preuve du soin que nous avons apporté à ce travail commencé depuis vingt ans. Toutefois nous n'osons nous flatter d'avoir dissipé toutes les obscurités, rempli toutes les lacunes, expliqué tous les noms de lieux et les noms propres. La difficulté était grande; nous n'avons rien négligé pour la surmonter.

« Quoi qu'il en soit, on peut dire avec vérité que, de nos anciennes provinces, il n'en est aucune qui, comparée avec la Normandie, ait produit autant de faits célèbres et de grands hommes; aucune qui possède autant et de si bons historiens, et que de ces historiens, le plus important est Orderic Vital qui, cité partout, n'avait pourtant jamais été traduit, ni même imprimé avec quelque correction. »

F. G.

HISTOIRE DE NORMANDIE.

LIVRE DIXIÈME.

L'an de l'incarnation du Seigneur 1098, le Tout-Puissant, créateur de toutes choses, fit éclater dans le monde, pour effrayer les cœurs des mortels, des prodiges extraordinaires dont la manifestation et la vue annonçaient l'approche des événemens les plus terribles. Le 5 des calendes d'octobre (27 septembre), pendant presque toute une nuit, le ciel parut s'embraser. Ensuite un samedi, jour de Noël, le soleil s'obscurcit. Bientôt après il s'opéra dans le monde de nombreux changemens parmi les chefs des nations. Des événemens effrayans, des séditions et d'autres graves calamités exercèrent leurs fureurs. Après avoir durant dix ans gouverné habilement et avec succès le siége apostolique, le pape Urbain tomba malade à Rome dans le temps de la prise de Jérusalem, et quitta cette vie le 4 des calendes d'août (29 juillet), pour aller recevoir de Dieu la récompense des bonnes œuvres par lesquelles il s'était si éminemment distingué. Les larmes mêmes de ses ennemis attestèrent, quand il fut mort, combien ses œuvres méritaient d'éloges, et elles furent célébrées dans l'univers à cause de leur éclat et de leur sublimité. Pierre Léon a composé ces trois distiques élégiaques sur le pape Urbain, et a recommandé ainsi sa mémoire en peu de mots :

« Rheims posséda Odon comme chanoine, Cluny le
« posséda comme moine ; Rome l'appelle, et la ville
« d'Ostie le reconnaît pour son évêque. Devenu pape
« en échangeant son nom contre celui d'Urbain, la
« ville de Rome recouvra sous lui tout l'honneur dont
« elle était privée. Elle a célébré ses illustres obsèques
« le quatrième jour avant l'arrivée du mois d'août. »

Un autre illustre poète s'étendant sur la vie, la conduite et la mort du même pape, a composé les vers suivans :

« Odon, chanoine de Rheims, que Hugues de Cluny
« créa moine, devint un pape excellent. Tant qu'il
« vécut, il fut le flambeau de Rome : sa mort fut pour
« elle une éclipse. Rome, qui vivait de sa vie, mou-
« rut de sa mort. O Rome, les lois qu'il te donna, la
« paix qu'il te procura te comblèrent de bonheur. Il
« sut te préserver des vices à l'intérieur, et des en-
« nemis au dehors. Le riche, par ses présens, ne put
« le corrompre ; la renommée ne l'enivra pas de ses
« éloges, et les menaces de la puissance ne l'effrayè-
« rent jamais. Sa langue se distingua par l'éloquence,
« son cœur par la sagesse, ses mœurs par l'honnê-
« teté, son extérieur par la décence. Grâce à lui,
« la ville sainte¹ est accessible, notre loi triomphe,
« les Gentils sont vaincus, et la foi croît dans l'uni-
« vers. Comme la rose, la plus brillante des fleurs
« d'un jardin, est aussi plus rapidement enlevée, de

¹ Jérusalem prise par les Croisés.

« même les destins enlevèrent ce pape dans sa fleur.
« L'homme appartient à la mort, l'ame au repos, le
« cadavre à la tombe : il ne reste plus parmi nous
« que son glorieux souvenir. »

Pendant que le pape Urbain brillait encore dans la maison du Seigneur, et par ses prédications comme par ses exemples, chassait dignement les ténèbres du cœur des mortels, Guibert de Ravenne, que l'on nommait Clément, vint à mourir. Pierre Léon composa, ainsi qu'il suit, son éloge en vers ironiques :

« Guibert! ni Rome, ni Ravenne ne t'offrent un
« asile; tu ne fus établi dans aucune des deux. Main-
« tenant toutes les deux te manquent. Tu vécus à
« Sutri, pontife réprouvé par la malédiction, et tu
« meurs à Citta-di-Castello. Comme tu n'étais qu'un
« nom sans réalité, Cerbère t'a préparé pour ce vain
« nom un séjour dans l'enfer. »

Le pape Urbain étant mort, Rainier, moine de Vallombreuse, fut élu pape sous le nom de Pascal, et, seize jours après la mort de son prédécesseur, fut consacré canoniquement. Il occupa le siége apostolique pendant près de vingt ans, et se donna les plus grandes peines pour servir l'Eglise de Dieu. Du temps de Philippe, roi des Français, il vint en France, célébra la Pâque dans la ville de Chartres, et confirma les priviléges de cette église, à la demande d'Ives son vénérable évêque.

L'empereur Henri IV, qui depuis sa jeunesse avait toujours troublé l'Eglise de Dieu, qui avait longtemps usurpé avec violence les investitures, avait introduit dans la maison du Seigneur de profanes intrus opposés à l'unité ecclésiastique, et les avait cruellement armés de la puissance séculière; chassé enfin du trône par Charles son fils, eut honte de l'énormité de ses attentats, et dans une vieillesse misérable, abandonné de tous ses amis, mourut le 7 des ides d'août (7 août). Comme il expira frappé de l'anathème apostolique à cause de ses forfaits, il pourrit comme la charogne d'une bête féroce, loin du sein de la terre maternelle, et ne mérita pas de recevoir les honneurs de la commune sépulture des mortels. Il régna pendant près de cinquante ans; mais il reçut le prix cruel de son asservissement au crime.

L'empereur Charles Henri v commença à régner l'an de l'incarnation du Seigneur 1106: il saisit le sceptre tyrannique de son père, régna près de dix-neuf ans, et marcha dans les voies paternelles comme ce coupable héritier d'un père scélérat, dont il est parlé dans les Paralipomènes. L'an cinquième de son règne, il assiégea Rome avec trente mille cavaliers et une grande multitude d'hommes de pied : reçu par les Romains d'après un traité conclu avec eux, il entra dans la basilique de l'apôtre Saint-Pierre, et, par l'ordre du pape, s'assit dans la chaire impériale. Aussitôt il prescrivit au pape de chanter la messe; mais le pontife s'y refusa, à moins que quatre seigneurs qui accompagnaient l'empereur, et qui avaient été nominativement frappés d'anathème, ne sortissent de l'église. En conséquence l'empereur irrité ordonna de prendre le pape devant l'autel : aussitôt un des satellites de Henri s'empara du pontife; mais, plus hardi que toute l'assistance, un imitateur de Simon-Pierre tira son glaive, frappa le satellite plus fortement et plus cruellement que Pierre n'avait frappé Malchus, et d'un seul coup le laissa là sans vie. Il résulta de cet événement un grand trouble dans la ville; on se battit cruellement de part et d'autre; et, sans respect pour les temples saints, on les inonda de sang humain. Deux mille Normands étaient venus de la Pouille secourir les Romains : réunis aux Latins et aux citoyens de Rome, ils sortirent et firent mordre la poussière à une multitude d'Allemands et d'autres peuples qui déjà s'étaient établis avec sécurité dans l'ancienne ville, au-delà du Tibre. Trois fois ils chassèrent de Rome l'empereur et ses partisans : toutefois ils ne purent tirer le pape de ses fers, parce qu'il avait été soustrait à leurs regards. L'empereur tenta de traverser la ville à force ouverte avec son armée pour se porter en Campanie; mais la résistance qu'il essuya le força honteusement de se retirer ailleurs, et beaucoup de gens eurent à déplorer la mort de ce grand nombre d'hommes de son armée, qui, comme nous l'avons dit, avaient été égorgés dans la place. Alors le pape, étroitement retenu, privé de toute consolation, accorda à l'empereur tout ce qu'il lui demandait. En conséquence, mis par lui en liberté, il devint un objet de mépris pour beaucoup de personnes. Robert, évêque de Paris, Galon, évêque de Laon, Pons, abbé de Cluny, et plusieurs autres cardinaux et prélats des églises blâmaient le pape, et pensaient sans nul doute que l'on devait considérer comme nul tout ce qu'il avait accordé à l'empereur, soit verbalement, soit par écrit. Ils assuraient qu'il aurait dû préférer mourir pour la vérité et la justice, suivre avec innocence le Christ jusqu'au trépas, et souffrir plutôt les fers, et même les fouets, que de rien céder à la puissance séculière contre le droit et les décisions des Pères. Pascal supporta patiemment les réprimandes des sages, et reconnut leurs décisions comme légitimes et vraies. Peu après, il convoqua à Rome un concile d'évêques; et, de l'avis des jurisconsultes, condamna publiquement tous les actes que l'empereur, par sa violence, lui avait fait approuver. Il excommunia l'empereur lui-même comme coupable de la violation de la maison de Dieu, de la captivité du vicaire du Christ, et de l'effusion du sang chrétien. C'est ainsi que l'empereur, dans la sixième année de son règne, souilla la gloire du Latium par un énorme attentat, et opprima vainement plusieurs nations pour commettre un si grand crime. Un certain scholastique d'Irlande a écrit une relation judicieuse dans laquelle il rapporte combien l'hiver fut cruel et dangereux alors, à cause des pluies, des neiges et des glaces; combien l'armée eut à souffrir de calamités dans les routes étroites et montueuses, ainsi qu'au passage des fleuves, et comment l'empereur, ayant rassemblé ses forces et assiégé Rome, l'emporta plutôt par les menaces que par les armes. Dans cette expédition, Henri attaqua Milan, mais il en fut repoussé; et ne tira aucun fruit de cette hostilité. Alors il ravagea le vaste pays où régnait la puissante Mathilde, qui possédait Pavie, Plaisance, et cette grande partie de l'Italie que l'on appelle maintenant la Lombardie; elle lui avait long-temps et beaucoup résisté ainsi qu'à son père, et avait toujours adhéré aux vrais pontifes Grégoire, Urbain et Pascal.

Henri, roi des Anglais, maria à l'empereur sa fille

Mathilde, que Roger, fils de Richard, cousin du monarque, conduisit d'Angleterre en Allemagne avec une suite brillante. Ce roi opulent donna avec sa fille dix mille marcs d'argent, et envoya de magnifiques présens suivant l'usage des rois. L'empereur aima tendrement une femme si distinguée; mais, à cause de ses péchés, il fut privé d'une postérité digne de l'Empire. Il en résulta que, par l'ordre de Dieu, la couronne impériale passa dans une autre famille. En effet, à la mort de l'empereur, Lothaire, duc des Saxons, fut élu par les grands; et, grâce à sa tempérance et à sa bonté, il fut élevé au trône impérial. Après la mort de son mari, l'impératrice Mathilde retourna en Angleterre; et, quoique tendrement chérie par les étrangers, elle préféra se fixer parmi ses compatriotes. Le roi des Anglais son père la maria à Geoffroi, comte d'Anjou, auquel elle donna, en 1133, un fils nommé Henri, que beaucoup de peuples attendent pour leur maître, si Dieu tout-puissant, au pouvoir duquel toutes choses sont placées, veut bien y consentir.

Maintenant, après m'être quelque peu écarté du sujet que je traitais, pour m'arrêter aux événemens qui se sont passés au-delà des Alpes, en Italie et en Palestine, je dois revenir à nos affaires dont le théâtre fut l'Angleterre ainsi que la Normandie.

Guillaume-le-Roux, illustre dans la guerre, régna en Angleterre après la mort de son père, comprima fortement les rebelles sous la verge de la justice, et retint à son gré sous sa puissance tous ses sujets pendant douze ans et dix mois. Ce prince était libéral envers les chevaliers et les étrangers; mais il opprimait beaucoup trop les pauvres habitans de son royaume, et leur enlevait violemment ce qu'il prodiguait aux premiers venus. Beaucoup de seigneurs de la cour de son père, qui par leurs exploits avaient conquis des droits inconnus à leurs ancêtres, moururent du temps de Guillaume : il remplaça ces grands dignitaires par quelques hommes inférieurs qu'il éleva au faîte des honneurs en récompense de leurs adulations. Il n'eut point d'épouse légitime; mais, sans jamais s'en rassasier, il se livra à un obscène libertinage et à de fréquentes liaisons infâmes; il donna d'une manière condamnable à ses sujets l'exemple d'une honteuse débauche, souillé qu'il était de toutes sortes de vices. Quand les évêques et les abbés venaient à mourir, les satellites du roi envahissaient les terres et tous les trésors de l'Eglise, et durant trois ans et plus les faisaient entrer dans le domaine royal. Ainsi, par suite de la cupidité qui amenait au trésor du prince tant de revenus importans, les églises vaquaient; et, manquant de pasteurs nécessaires, les brebis du Seigneur étaient exposées à la dent des loups.

A cette époque, les vénérables évêques, Osmond de Salisbury, Gualchilin de Winchester, Guillaume de Durham, Remi de Lincoln, et plusieurs autres respectables pontifes quittèrent la vie : Flambart, Foulcher son frère et quelques autres hommes de la maison du Roi gardèrent long-temps leurs biens et leurs trésors. C'est ainsi qu'à la mort de Baudouin, abbé de Saint-Edmond, roi et martyr, de Siméon, abbé d'Ely, et de quelques autres Pères qui vinrent à abandonner ce siècle mortel, les ministres de Guillaume envahissaient par toute l'Angleterre les monastères avec tout ce qui leur appartenait, ne délivraient qu'avec parcimonie aux moines leur nourriture et leur vêtement, et versaient le surplus dans le trésor royal. Enfin, après de longs délais, le Roi accordait les honneurs ecclésiastiques aux clercs ou aux moines de sa cour, comme on donne un salaire à des mercenaires : dans ces hommes, la religion était à ses yeux bien moins un titre que la faveur qu'il leur portait, et les services temporels qu'ils pouvaient lui rendre.

Ce fut d'après ces motifs que Robert, surnommé Bloiet[1], qui avait été chapelain de Guillaume-l'Ancien[2], qui à sa mort était passé, avec Guillaume-le-Jeune[3], du port de Touques en Angleterre, et qui avait porté à l'archevêque Lanfranc une lettre du Roi mourant pour qu'il couronnât son fils, obtint, à la mort de Remi, l'évêché de Lincoln, qu'il garda plus de vingt ans. Girard, neveu de Gualchilin de Winchester, d'abord évêque d'Hereford, devint ensuite, du temps du roi Henri, archevêque d'York. Guillaume de Guarel-Guest obtint l'évêché d'Exeter ; Jean-le-Médecin celui de Bath ; Raoul, surnommé Luffa, celui de Chester ; Ranulphe Flambart celui de Durham ; Herbert Losengia celui de Hereford. C'est ainsi que partout les chapelains et les favoris du Roi s'emparèrent des prélatures de l'Angleterre, et que quelques-uns d'eux n'en retinrent pas moins les places qui leur servaient à opprimer les pauvres et à augmenter leur opulence. D'autres, au

---

[1] Ou Blouet.

[2] Guillaume-le-Conquérant.

[3] Guillaume-le-Roux.

contraire, furent, par la grâce de Dieu, effrayés de s'être chargés du fardeau de l'administration ecclésiastique ; ils s'appliquèrent à bien gouverner, à l'intérieur comme à l'extérieur, les troupeaux qui leur avaient été confiés, et amendèrent louablement leur vie, conformément à la volonté divine. Les hommes font beaucoup de choses coupables pour arriver au terme de leurs desirs, ne voulant que satisfaire leurs fantaisies en commettant de mauvaises actions, tandis que le sage arbitre de toutes choses les dispose bien dans son ineffable bonté pour l'avantage du plus grand nombre. Souvent on choisit, pour gouverner l'Église, des hommes inconsidérés et ignorans, en se déterminant, non d'après la sainteté de la vie ou l'instruction dans les dogmes ecclésiastiques, ou la connaissance des lettres libérales, mais plutôt par la faveur que l'on accorde à la noblesse de la famille, ou par les grâces que l'on veut faire à de puissans amis. Dieu clément épargne les hommes élevés par de telles promotions, il a pitié d'eux ; il répand d'en haut sur eux l'abondance de ses grâces, il les emploie à éclairer sa maison par la lumière de la céleste sagesse; et par leur zèle beaucoup de gens sont sauvés.

Le vénérable Anselme, archevêque de Cantorbéry, voyant la continuité des prévarications, était fréquemment contristé. A l'imitation de Jean et d'Elie, il ne se lassait pas de reprendre ce qu'avec douleur il voyait faire contre la loi divine. L'orgueilleux monarque, qui s'indignait d'être salutairement réprimé par le frein du guide spirituel, était retenu dans les lacs de la méchanceté par ses conseillers pervers et insolens, et se mettait en courroux contre les utiles

exhortations de celui qui le reprenait saintement.
C'est pourquoi le sage archevêque fut deux fois
exilé du vivant de Guillaume : il se retira d'abord
auprès du pape Urbain, et ensuite auprès du pape
Pascal. Edouard, son chapelain et le compagnon de
son exil, a soigneusement raconté, dans un livre éloquent qu'il a publié sur la piété, les actions et les
instructions pleines d'onction de ce prélat, quelles
furent les causes de son exil, et combien fut périlleux le voyage qu'il entreprit. Il y fut accompagné
par l'Anglais dont nous venons de parler, et par un
noble chevalier nommé Baudouin de Tournai : leur
vertueux dévoûment a reçu de grands éloges de la part
de ceux qui ont pénétré familièrement dans les secrets de leur conduite. Anselme trouva dans la Pouille
le pape Urbain, qui l'accueillit respectueusement et
l'y garda quelque temps avec lui. Alors Roger, fils de
Tancrède et comte de Sicile, était venu dans la Campanie et assiégeait Capoue : il entreprenait de rétablir dans ses droits paternels Richard, fils de Jourdain, qui était son neveu, et il assiégeait étroitement
les rebelles Lombards qui avaient chassé ce jeune
prince. Le pape, pris pour médiateur, se trouvait là,
et, de concert avec le vénérable Anselme, essaya
de concilier les rivaux divisés. Enfin le comte Tancrède ayant vaincu les révoltés, rendit à son neveu
ses anciens biens, et le pape recommanda le comte
à Anselme. Un concile ayant été, par l'ordre du pape,
convoqué à Bari, et une foule de questions compliquées sur la Foi et les autres mystères ayant été présentées par les Grecs, sur l'invitation d'Urbain, le père
Anselme prononça un sermon général devant toute

l'assemblée, et sur chaque question proposée satisfit les Grecs comme les Latins par des réponses subtiles et lumineuses. Lorsque ce pape alla s'acquitter de ses devoirs apostoliques envers Dieu et le peuple chrétien, et qu'il eut résolu de servir spirituellement les fidèles dans la France, d'où il était originaire, il tint un grand concile à Clermont, ville d'Auvergne; il ordonna dans ses discours au peuple de Dieu d'aller combattre les païens, et il établit l'usage de porter sur les épaules la croix du Sauveur, qui est si redoutée du diable et de tous les esprits malins. Alors un mouvement extraordinaire eut lieu parmi les nations, comme nous l'avons suffisamment raconté dans le livre précédent.

Ce fut alors que Godefroi, duc de Lorraine, engagea le château de Bouillon avec toutes ses dépendances à l'évêque de Liége, son seigneur, et reçut de lui sept mille marcs d'argent. C'est ainsi que plusieurs autres, tant riches que pauvres, vendirent leurs biens et leurs revenus, et se procurèrent de l'argent pour entreprendre le voyage de Jérusalem.

Robert II, duc des Normands, qu'en plaisantant on avait nommé Courte-Botte, remit tout son duché pour cinq ans au roi Guillaume son frère, et reçut de lui dix mille marcs d'argent pour accomplir le pélerinage qu'il voulait entreprendre. La neuvième année de son règne, le roi Guillaume ne voulant pas épuiser ses trésors, dépouilla les églises de leurs ornemens, que la piété zélée des anciens rois et des grands avait offerts à la sainte mère des fidèles, décorés d'or, d'argent et de pierreries, pour la plus grande gloire de Dieu et en mémoire d'eux-mêmes. Au mois de septembre, le roi Guillaume passa la mer, reçut la Neustrie pour le prix qu'il paya; et, pendant près de cinq années, c'est-à-dire tout le reste de sa vie, la foula durement aux pieds. Alors Odon, évêque de Bayeux, partit pour Jérusalem avec le duc Robert son neveu. Il y avait entre ce prélat et le Roi, pour d'anciennes haines, un tel ressentiment que jamais jusques alors aucun conciliateur n'avait pu les rapprocher. Le Roi, rancunier et irascible, avait une mémoire obstinée et n'oubliait pas facilement les injures qu'il avait reçues. Aussi ce prince orgueilleux se rappelait-il amèrement que l'évêque Odon, son oncle, s'était le premier élevé contre lui au commencement de son règne, et avait poussé à la révolte un grand nombre de seigneurs puissans. Ce fut à l'instigation d'Odon que Robert, comte de Mortain, s'empara de Pevensey; mais ensuite assiégé par le Roi, qui était son neveu, il fit la paix et se réconcilia avec lui en lui remettant cette place. Gislebert, fils de Richard, fortifia, avec son frère Roger, la ville de Tunbridge; mais le Roi assiégea la place dans la semaine de Pâques, et bientôt s'en empara dès le premier assaut. Enfin l'évêque Odon lui-même, de concert avec Eustache, comte de Boulogne, Robert, comte de Bellême et une troupe d'élite, se saisit du château de Rochester; et là, resserré par deux forts que le Roi bâtit, il fut forcé de se soumettre honteusement; puis, dépouillé de ce qu'il possédait dans le royaume d'Albion, il en sortit pour jamais. Ensuite, quand le Roi exerçait ses vengeances en Normandie et attaquait son frère, qui l'avait injustement et vainement attaqué lui-même, et qu'ayant soumis les barons, soit par l'or, soit par la crainte, il triomphait d'avoir acquis une grande partie de la Normandie, l'évêque de Bayeux lui résista long-temps de toutes ses forces et ne cessa de seconder le duc, jusqu'à ce que ce dernier fût réduit à l'impuissance d'agir. C'est pourquoi, après que le roi Guillaume eut, comme nous l'avons dit, obtenu l'avantage, Odon aima mieux passer à l'étranger que de se soumettre à son ennemi. Le prélat et le duc eurent à Rome un entretien avec le pape Urbain. Après avoir reçu sa bénédiction, ils traversèrent le Tibre, et allèrent passer l'hiver dans la Pouille. De là, l'évêque se retira dans la ville de Panorme, que l'on appelle vulgairement Palerme ; il y quitta cette vie au mois de février ; et Gislebert, évêque d'Evreux, l'ensevelit dans l'église métropolitaine de Sainte-Marie mère de Dieu. Odon, élevé à l'épiscopat dès son adolescence, reçut le gouvernail de l'Eglise, le tint près de cinquante ans, enrichit sa basilique de beaucoup de dignités et d'ornemens, honora le clergé, dépouilla beaucoup de personnes de leurs biens, et, dans sa prodigalité, donna aux uns ce qu'il enlevait aux autres. Guillaume-le-Roux ayant appris sa mort, donna l'évêché de Bayeux à Turold, frère de Hugues de Bremoi[1]. Au bout de sept ans, Turold quitta volontairement son évêché pour quelques motifs secrets, et, dans l'abbaye du Bec, se soumit aux règles monastiques sous l'abbé Guillaume; puis long-temps, jusqu'à la fin de sa vie, il combattit régulièrement pour son Dieu. Il eut pour successeur, pendant vingt-six ans, Richard, fils de Samson.

Ainsi le roi Guillaume posséda la Normandie et re-

[1] De Ebremou.

prit les domaines de son père, que son frère avait follement aliénés de ses États; il confia les églises veuves de leurs pasteurs à des guides choisis suivant son caprice. Les monastères de Jumiège et de Saint-Pierre-sur-Dive étaient vacans. En effet, Gontard, digne abbé de Jumiège, mourut le 6 des calendes de décembre (26 novembre) à Clermont, pendant la célébration du fameux concile de cette ville. Le Roi lui substitua Tancard, prévôt de Fécamp, qui, au bout de quelques années, se retira avec infamie à la suite d'une honteuse altercation qui eut lieu entre lui et ses moines. Il eut pour successeur, pendant vingt ans, Ours de Rouen, moine depuis son enfance dans le monastère de Jumiège. Cependant Foulques, moine d'Ouche, et abbé de Saint-Pierre-sur-Dive, s'était rendu auprès du pape Urbain, et se trouvait expatrié au mont Cassin. Son successeur, nommé Benoît, était mort moine dans le monastère de Saint-Ouen, archevêque de Rouen. En conséquence le roi Guillaume donna pour abbé aux moines de Saint-Pierre-sur-Dive, Etard, jardinier de Jumiège et moine depuis son enfance, qui, pendant quelques années, conserva avec soin le troupeau de Dieu; mais, après que Foulques fut de retour avec les bulles du pape, Etard lui remit avec plaisir sa magistrature cénobitique, et retournant à son ancien séjour, il y mourut dans la décrépitude. Quant à Foulques, qui, avant son expulsion, avait durant vingt ans gouverné avec austérité l'abbaye de Saint-Pierre-sur-Dive, il augmenta par son mérite le nombre de ses frères, et de toutes les manières rendit de grands services à l'Église. Il fut, par suite de l'envie et des instigations de Satan, injustement accusé, déposé, exilé pendant sept ans. Ensuite, à son retour, il gouverna encore pendant sept autres années son abbaye avec succès, et mourut dans la vieillesse, en Angleterre, à Winchester, le 3 des nones d'avril (3 avril).

L'an de l'incarnation du Seigneur 1097, Guillaume-le-Roux, ayant étudié les événemens de la vie de son père et les motifs de ses guerres, réclama de Philippe, roi des Français, tout le pays du Vexin, et demanda les forteresses renommées de Pont-Oise, de Chaumont et de Mantes. Comme les Français n'acquiescèrent pas à la demande de Guillaume, mais se disposèrent avec ardeur à repousser vigoureusement ses prétentions, une grande guerre s'éleva entre deux peuples très-fiers, et une mort déplorable frappa beaucoup de monde. Au surplus, tout le poids des calamités retomba et s'accumula sur les Français : car le roi Philippe, paresseux et replet, était peu propre à la guerre ; et son fils Louis, qui était encore dans toute la faiblesse du premier âge, ne pouvait encore combattre. Le monarque anglais, au contraire, se livrait tout entier aux armes : il s'attachait principalement aux guerriers d'élite et aux soldats éprouvés, et se plaisait à conduire avec lui, en leur accordant beaucoup d'honneurs, des escadrons de cavaliers choisis. Si César lui-même, avec les cohortes romaines, se fût présenté devant lui, et eût tenté de lui faire quelque injustice, Guillaume, avec de pareilles troupes, n'eût pas craint assurément d'essayer de près ses forces et le courage de ses chevaliers. Robert de Bellême était le chef de son armée : il jouissait d'une grande faveur auprès du Roi, et l'emportait surtout par son habileté. L'illustre comte Henri, frère du Roi, Guillaume comte d'Evreux, Hugues comte de Chester, Gaultier-Giffard comte de Buckingham, et plusieurs autres chefs et capitaines[1], conduisaient l'armée anglaise, et, selon que l'inconstante fortune leur en fournissait l'occasion, ils se distinguaient par de grands exploits. La plupart des Français, obligés d'obéir à deux maîtres, éprouvaient de grandes inquiétudes, dans cette position, pour les biens dont ils avaient été comblés sous la domination de l'un et de l'autre monarque : ils préférèrent le plus courageux et le plus riche, et l'accueillirent favorablement, en lui offrant leurs hommes et lui ouvrant leurs places. En conséquence, Robert, comte de Meulan, reçut les Anglais dans ses forteresses, et leur offrit une facile entrée en France, où leur valeur occasionna de grands dommages aux Français. Guy de La Roche-Guyon, avide de l'argent des Anglais, leur fut favorable et leur remit ses châteaux de La Roche-Guyon et de Véteuil. Plusieurs autres en firent autant, trahissant ainsi leurs concitoyens pour se livrer, par cupidité, à l'étranger. Alors le roi Guillaume fit bâtir à Gisors un château très-fort, qui, jusqu'à ce jour, a servi de boulevard à la Normandie contre Chaumont, Trie et Bourrit[2]. Robert de Bellême, habile ingénieur, dirigea ces travaux, après avoir fait choix de la position. Un jour que les Normands avaient attaqué les Français, et que ceux-ci se présentaient

---

[1] *Consules, tribuni et centuriones.*

[2] Burriz. Toutes les places que nous venons de citer sont à peu de distance de Gisors et de Vernon.

bravement au combat, Thibault-Pains de Gisors, Gaultier d'Anfreville et Gérold de Bremoi furent faits prisonniers : le haut prix de leur rançon anima les Français, peu riches, à marcher au combat. Robert de Maudetour[1], Odmond de Chaumont, Gaubert de Bourrit, Richard son frère, fils de Herbert de Sérans[2], commandaient les troupes du Vexin, et souvent résistaient courageusement à l'ennemi. Cette province fournit beaucoup de braves chevaliers, naturellement généreux, et signalés par de grandes prouesses. Aussi ne voulurent-ils pas laisser déchoir la gloire du nom français, et marchèrent-ils à l'ennemi pour la défense de la patrie et l'honneur de leur nation. Ils s'attachèrent des guerriers d'élite et de braves combattans qu'ils appelèrent des divers points de la France, et en venant souvent aux mains avec l'ennemi, ils gagnèrent beaucoup de butin. Un jour, comme les troupes du roi d'Angleterre dévastaient les environs de Chaumont, et que la cavalerie déployait ses forces avec audace, les Français s'emparèrent de Gilbert de L'Aigle, et de plusieurs autres personnages d'une grande noblesse, tandis que, de leur côté, les Anglais firent prisonniers Pains de Montgai, ainsi que plusieurs autres.

L'an de l'incarnation du Seigneur 1098, au mois de septembre, le roi Guillaume rassembla une grande armée, et, se rendant en France, alla coucher à Conches, le 5 des calendes d'octobre (27 septembre). Dans cette même nuit, le monde fut témoin d'un prodige terrible : car presque tous les occidentaux virent le ciel entier s'embraser, pour ainsi dire, et

---

[1] Maldestorn. — [2] Sérans-le-Bouteiller.

devenir rouge comme du sang. Alors, comme nous l'apprîmes ensuite, les Chrétiens combattaient contre les Païens dans les contrées orientales, et, avec l'aide de Dieu, remportaient la victoire. Le roi Guillaume pénétra en France jusqu'à Pont-Oise, et dévasta cette contrée, remarquable par une grande abondance de toutes choses, en la livrant aux flammes et au pillage, et en enlevant ses habitans. Il assiégea, avec beaucoup de légions de soldats, la ville de Chaumont, et ordonna à ses hommes, couverts d'armures de fer, de lui livrer de rudes assauts. Les illustres soldats de la place défendirent avec vigueur leurs fortifications, et ne perdirent pas de vue la crainte du Seigneur et les devoirs de l'humanité. Ils épargnèrent avec soin et avec bonté la personne des assaillans, et dirigèrent toute la fureur de leur courroux sur les beaux chevaux de leurs ennemis : en effet, ils en tuèrent, à coups de flèches et de traits, plus de sept cents, qui tous étaient d'un grand prix, et dont les chiens et les oiseaux de proie de la France se nourrirent jusqu'à satiété. Ainsi beaucoup de chevaliers qui, fiers de leurs chevaux écumans, avaient passé l'Epte, furent forcés de s'en retourner à pied avec leur roi. Quoique les Français, malgré leur courage, ne pussent défendre leurs campagnes contre les coureurs anglais, dont le nombre était infini, et qu'ils n'osassent pas, n'ayant ni roi à leur tête, ni capitaine digne de les conduire, combattre de près un monarque puissant, environné de troupes innombrables, toutefois ils conservèrent leurs places, en les fortifiant courageusement, et attendirent que le Seigneur leur accordât, dans sa bonté, de meilleurs temps. Cependant le roi Guillaume, accompagné de Guillaume duc des Poitevins, mena, sous la conduite du jeune Amauri et de Nivard de Septœuil, une nombreuse armée contre Montfort et Epernon, et dévasta tout le pays environnant; mais le jeune Simon, avec l'aide de Dieu, conserva ses places intactes. Quant à Simon le vieux, il garda aussi Néauphle [1]; Pierre, avec ses fils Ansold et Tedbold, se maintint dans Maulle, et d'autres châtelains, que je ne saurais nommer particulièrement, défendirent opiniâtrément leurs forteresses. Cependant le roi Guillaume ayant été obligé de retourner en Angleterre, à cause des affaires de l'Etat, et une trêve ayant été conclue de part et d'autre, la sérénité de la paix rendit aux Français la joie de la sécurité.

L'an de l'incarnation du Seigneur 1098, Magnus, fils d'Olaüs, roi des Norwégiens, prit les armes contre les Irlandais, et prépara, pour aller les attaquer, une flotte de soixante navires. Ce prince était fort de corps, beau, entreprenant et libéral, actif et vaillant, et remarquable par ses grandes qualités. Il était très-puissant dans les îles de l'Océan; il possédait de grandes richesses et des biens de toute espèce. De son légitime mariage il eut Eustan et Olaüs, auxquels il laissa son royaume et une grande puissance. Il eut un troisième fils, nommé Ségurd, d'une Anglaise captive, mais noble, et il le fit élever par Tures, fils d'Inghérie, qui avait été son gouverneur. Ségurd, après la mort de ses frères, régna longtemps et fonda en Norwége des évêchés et des couvens de moines, que ses prédécesseurs n'avaient pas con-

[1] *Neelfia.*

nus. Avant de monter sur le trône, il s'était embarqué pour Jérusalem; il avait assiégé par mer l'opulente ville de Tyr, située dans une île; et, pendant que les Chrétiens de Jérusalem l'attaquaient par terre, il la pressa du côté des flots. A son retour par la Russie, il prit pour femme Malfride, fille du roi, et, rentré dans son pays, il ne tarda pas, avec l'aide de Dieu, à obtenir le sceptre. On compte cinq villes sur le littoral de la Norwège, en faisant le tour de cette contrée: savoir, Berghen, Kongel, Koping, Borgholm et Alsen. Tonsberg est la sixième ville: elle est située à l'orient, vis-à-vis des Danois. Dans le centre de l'île on trouve de grands lacs très-poissonneux, et beaucoup d'habitations champêtres sur le bord des étangs. Les habitans du pays ont en abondance du poisson, des oiseaux et toute sorte de gibier; ils suivent les rites du culte chrétien; ils observent la paix et la chasteté, et punissent le crime par des lois sévères et des supplices cruels. Les îles Orcades, la Finlande, l'Islande, le Groënland, au delà duquel, vers le nord, on ne trouve plus de terre, et plusieurs autres îles jusqu'à la terre de Gothland, sont soumises au roi de Norwège, et de riches productions y sont transportées par mer de toutes les parties du globe.

Je vais maintenant chercher à expliquer la cause et à développer les événemens de la guerre que le roi Magnus entreprit contre les Irlandais, et qui occasiona à des peuples nombreux beaucoup de désastres et de carnage. Magnus avait épousé la fille du roi d'Irlande; mais, comme ce monarque n'avait pas tenu les engagemens qu'il avait pris, le roi Magnus, irrité, lui avait renvoyé sa fille. En conséquence, la guerre eut lieu entre ces princes. La cinquième année du règne de Guillaume-le-Roux, roi des Anglais, le roi des Norwégiens rassembla des forces de toutes parts, et, parcourant l'Océan par un vent d'est, il arriva aux îles Orcades, traversa l'Ecosse du côté du nord-ouest, gagna d'autres îles qui lui appartenaient, et parvint jusqu'à Anglesey. Il voulut descendre en Irlande; mais les peuples s'étant présentés en armes sur les rivages de la mer, il se dirigea ailleurs. Il passa à l'île de Man, qui était déserte, la peupla, et prit soin de pourvoir les nouveaux habitans de maisons et des autres choses nécessaires au service de l'homme. Il visita aussi d'autres groupes d'îles situées dans la grande Mer, comme en dehors du globe; et, en vertu de son autorité royale, il les fit habiter par divers peuples, et s'appliqua, pendant plusieurs années, avec un grand zèle, à étendre son royaume et à augmenter le nombre de ses sujets. Un jour, le chef des forces du roi Magnus s'était rendu en Angleterre avec six navires; mais il avait arboré à son mât le bouclier rouge, qui est un signe de paix. Les peuples maritimes qui habitent le rivage de la grande Mer en Angleterre, ayant vu s'avancer vers eux, du côté du nord, des hommes qui leur semblaient barbares, et des vaisseaux inconnus, jetèrent de grands cris d'effroi, et accoururent armés de tout le pays des Merciens. Alors la guerre était allumée vivement entre les Anglais et les Gallois. C'est pourquoi tout cri soudain appelait aux armes les populations en masse.

Deux comtes auxquels est principalement soumis

le pays des Merciens, et auxquels le hasard imposa également le nom de Hugues, envoyèrent promptement des courriers dans tout le pays, et mandèrent à tout ce qu'il y avait de Français et d'Anglais sous les armes de marcher au secours de la patrie contre les cohortes étrangères. En conséquence une grande multitude se réunit des comtés de Chester et de Shrewsbury, et se disposa au combat le long de la mer dans la contrée de Dagannoth. Hugues de Mont-Gommery y accourut le premier avec ses troupes, et, en attendant les auxiliaires du voisinage, il s'y arrêta quelques jours, et mit le pays en sûreté contre les attaques des Gallois et des Norwégiens. Un jour que les habitans accouraient tout troublés sur le rivage et faisaient des dispositions contre les Norwégiens, qu'ils voyaient sur leurs navires maltraiter les Anglais, le comte Hugues courut à toute bride rassembler son corps, et, en vertu de son autorité de comte, le réunit contre l'ennemi, de peur que ses hommes épars ne fussent exposés à être détruits. Cependant un barbare Norwégien voyant le comte courir à cheval, lui lança aussitôt, par l'instigation du diable, un trait qui fendit l'air en sifflant, et atteignit malheureusement cet illustre capitaine. Il tomba de cheval à l'instant même, et rendit l'ame dans les flots de la mer, qui montait au rivage. Cet événement fut le sujet d'un grand deuil. Quand le roi Magnus apprit cette mort, il s'en affligea beaucoup avec les siens, et offrit la paix et toute sûreté à Hugues Dirgane, c'est-à-dire le Gros. « Je dirige, dit-il, mon ar-
« mée, non contre les Anglais, mais contre les Ir-
« landais, et je ne cherche pas à envahir un autre

« pays; je n'occupe que les îles qui m'appartiennent. »
Les Normands et les Anglais cherchèrent longtemps le corps de Hugues, et eurent beaucoup de peine à le trouver quand les flots se furent retirés. Ensuite, dix-sept jours après sa mort, on le transporta à Shrewsbury, et on l'ensevelit avec une grande douleur dans le cloître des moines. Seul des fils de Mabile, il fut doux et aimable. Pendant quatre ans, depuis la mort de son père Roger, il gouverna avec la plus grande modération son comté, et mourut vers la fin du mois de juillet.

A sa mort, Robert de Bellême alla trouver Guillaume-le-Roux, et lui offrit pour le comté de son frère trois mille livres sterling : ainsi devenu comte, il exerça, pendant quatre ans, beaucoup de cruautés contre les Gallois. Il transporta ailleurs la population de la place de Quatfort, et bâtit sur la Saverne le château très-fort de Bridgenorth. Il réclama toute la terre de Blithe [1] au droit de Roger de Butley [2], son cousin, et l'acheta du roi pour une grande somme d'argent. Comme ce seigneur se trouva fort enrichi par de grandes terres, il s'enfla du faste excessif de l'orgueil, devint sectateur de Bélial, et ne respira que forfaits et cruautés, sans pouvoir s'en rassasier. Les Anglais et les Gallois, qui avaient long-temps souri comme à des fables, en entendant raconter ses jeux féroces, maintenant écorchés sous ses ongles de fer, gémirent en pleurant, et reconnurent à leurs dépens la vérité de ce qu'on leur avait dit. Plus il s'enorgueillissait de l'augmentation de ses richesses et du nombre

[1] Blida, Blitte, dans le comté de Nottingham.
[2] C'était le nom d'un prieuré dans le comté de Suffolk.

de ses serviteurs, plus il était dévoré du desir d'enlever leurs terres à ses voisins, de quelque état qu'ils fussent, et d'usurper les biens que ses prédécesseurs avaient donnés à des saints. Déjà il avait avec violence bâti dans le comté du Maine une forteresse sur le terrain d'autrui, c'est-à-dire dans les propriétés de Saint-Pierre de la Couture et de Saint-Vincent martyr : il s'en servit pour opprimer cruellement les paysans. Quand le vaillant comte Hélie eut connaissance de cette entreprise, il ne l'endura point, comme l'eût fait un poltron : il marcha en armes avec ses troupes contre Robert de Bellême, dans le Sonnois, sur le ruisseau de Roullée [1]; et ayant invoqué, au nom du Seigneur, le pontife saint Julien, il livra bataille à Robert, et, malgré la supériorité de ses forces, le vainquit et le chassa honteusement de son camp. Dans cette affaire, Robert de Courci fut blessé et perdit l'œil droit; Goulfier de Villeret [2], Guillaume de Moulins, Godefroi de Gacé et plusieurs autres furent faits prisonniers. Les Manceaux en tirèrent de fortes rançons, et vengèrent ainsi les outrages faits aux saints, ainsi que leurs propres pertes. La guerre dura long-temps entre ces seigneurs, et un grand nombre de personnes périrent ou furent jetées dans les fers.

Maintenant je crois convenable de suivre l'ordre des faits, et de parler de la généalogie d'une famille qui aspirait déjà à la dignité royale. Hélie, fils de Jean et de Paule, cousin de Hugues comte du Maine,

---

[1] *Rioleus*. Odolant Desnos pense qu'il faut traduire *Rioleus* par Rouillée. Cette commune, voisine d'Alençon, est dans le département de la Sarthe.

[2] *Villerium;* ou peut-être Villiers.

signala sa piété envers le Seigneur, et gouverna sagement son peuple dans la crainte de Dieu. Il épousa l'illustre Mathilde, fille de Gervais, qui était fils de Robert surnommé Brochard, frère de Gervais archevêque de Rheims. Il eut six frères, dont les deux premiers, Goisbert et Enoch, se firent moines après avoir quitté le service militaire. Quant aux quatre autres, Geoffroi et Lancelin, Milon et Guillaume, ils périrent d'une mort prématurée. De l'héritage de son père, Hélie eut le château de La Flèche ; il obtint du patrimoine de sa femme quatre autres châteaux, savoir : Château-du-Loir, Mayet, Lucé et Ostilli. Sa femme lui donna une fille nommée Eremburge, qui devenue nubile épousa Foulques comte des Angevins, aujourd'hui roi de Jérusalem, et mit au monde une généreuse lignée, Geoffroi, Hélie, Mathilde et Sybille : ces deux dernières épousèrent solennellement des fils de rois. Mais Dieu, qui dispose de tout d'une manière irrépréhensible, les rendit bientôt veuves.

Dans le temps où le duc Robert confia la Normandie à son frère et reçut de lui une grosse somme d'argent pour accomplir le pèlerinage au sépulcre du Roi des rois, le comte Hélie vint à Rouen se présenter à la cour du Roi. Après s'être long-temps entretenu avec le duc, il s'adressa à ce monarque et lui dit humblement : « Seigneur roi, d'après l'avis du pape,
« j'ai pris la croix du Sauveur pour son service, et
« je lui ai fait vœu d'entreprendre le voyage de
« Jérusalem avec beaucoup de nobles pèlerins. Je
« vous demande votre amitié comme votre fidèle sujet, et je désire entreprendre ce voyage dans votre
« paix. » Le Roi lui répondit : « Allez où vous vou-

« drez ; mais remettez-moi la ville du Mans avec tout
« le comté ; parce que je veux avoir tout ce qu'avait
« mon père. » Hélie repartit : « C'est par droit héré-
« ditaire que je possède le comté de mes ancêtres,
« et, avec l'aide de Dieu, je le laisserai libre à mes
« enfans, comme je l'ai maintenant. Si vous voulez
« plaider, je subirai volontiers le jugement, et je
« perdrai ou garderai mon patrimoine d'après la dé-
« cision des rois, des comtes et des évêques. » Le
Roi reprit en ces termes : « Je plaiderai avec vous,
« mais ce sera avec des épées, des lances et d'innom-
« brables traits. » Hélie continua : « Je voulais com-
« battre au nom du Seigneur contre les païens ; mais
« voici un nouveau champ de bataille contre les en-
« nemis du Christ ; car tout homme qui résiste à la
« vérité et à la justice prouve par là qu'il est ennemi
« de Dieu, qui est la véritable vérité et le soleil de
« justice. Il a daigné me confier le comté du Maine
« que je ne dois pas, par légèreté, abandonner fol-
« lement, de peur que le peuple de Dieu ne soit li-
« vré aux brigands ; comme les brebis au loup en
« l'absence du pasteur. Vous tous, seigneurs ici pré-
« sens, écoutez la révélation publique de l'avis que
« le Ciel a inspiré à mon esprit. Je ne quitterai pas la
« croix de notre Sauveur que j'ai prise à la manière
« des pèlerins ; mais je la placerai sur mon bou-
« clier, sur mon casque, sur toutes mes armes, ainsi
« que sur la selle et la bride de mon cheval. Fort
« d'un tel caractère, je marcherai contre les ennemis
« de la paix et de l'équité, et je défendrai le glaive à
« la main le territoire des Chrétiens. Mon cheval et
« mon armure seront marqués d'un signe sacré, et

« tous les ennemis qui m'attaqueront combatteront
« contre un soldat du Christ. Je me confie en celui
« qui gouverne le monde, parce qu'il connaît le fond
« de mon cœur; sa clémence me fera trouver le temps
« favorable à l'accomplissement d'un vœu qui m'est
« cher. » Le roi Guillaume lui fit cette réponse :
« Allez où il vous plaira, et faites ce que vous vou-
« drez. Je ne veux pas combattre contre les croisés,
« mais je n'abandonnerai pas la ville dont mon père
« était propriétaire au jour de sa mort. Hâtez-vous
« donc de réparer avec zèle les remparts écroulés de
« vos places fortes ; rassemblez promptement, par
« l'attrait du gain, les maçons et les tailleurs de pierre,
« et restaurez, par des réparations convenables, les
« ruines vieillies de vos murs négligés ; car je visiterai
« au plus vite les Manceaux, je leur ferai voir devant
« leurs portes cent mille lances autour de mes dra-
« peaux, et je ne vous abandonnerai pas sans récla-
« mations l'héritage qui m'appartient. J'y ferai traî-
« ner par des bœufs des voitures chargées de jave-
« lots et de flèches, et je précéderai moi-même
« chez vous, avec beaucoup de troupes armées, les
« joyeux conducteurs de ces équipages. Croyez que
« ces choses sont très-vraies, et faites-en part à vos
« compagnons. »

Après cet entretien, le comte se retira et fortifia courageusement son comté. Quelques hauts seigneurs, qui avaient entendu l'altercation de ces deux guerriers, n'osaient y prendre part ; car ils redoutaient l'orgueil du Roi qui était leur maître, et compatissaient au vaillant comte qui défendait sa cause avec fermeté. Hélie était brave, honorable et cher à tout le monde à cause de ses qualités ; il était bien fait, courageux, magnanime, d'une taille mince et élevée, ayant les cheveux noirs et crépus, tondus décemment à la manière des prêtres, agréable et éloquent dans ses discours, bienveillant pour les hommes tranquilles et sévère aux turbulens, observateur rigide de l'équité et ardent à faire le bien dans la crainte du Seigneur. Ses joues fréquemment mouillées de larmes indiquaient combien il avait de piété et de dévotion dans ses prières. Il s'occupait ardemment de défendre les églises, de faire l'aumône aux pauvres, et de pratiquer le jeûne ; par vénération pour la passion du Christ, il s'abstenait entièrement de nourriture et de boisson le vendredi de chaque semaine.

Outre cette affaire, le roi Guillaume était occupé de beaucoup de soins contre les Français, les Bretons et les Flamands ; de sorte qu'ayant différé, pendant deux années, de réaliser ses menaces, il perdit de vue les Manceaux. Pendant ce temps-là, Hélie bâtit le château de Dangeul, pour s'opposer à Robert Talvas, et y plaça une garnison pour protéger les habitans de ses terres. Il en résulta que le tyran dont nous venons de parler fut fort affligé de ne pouvoir plus dévaster le territoire de son voisinage. En conséquence, au mois de janvier, il excita mal à propos la jalousie du Roi ; il enflamma son courroux par la violence de ses discours, et au commencement de février, l'amena avec l'armée normande devant le château de Dangeul. Il dit en effet au Roi : « La gar- « nison ennemie, engourdie par la sécurité, est dis- « persée de tous côtés. Elle est rassurée par les pluies « et les tempêtes de l'hiver, et croit que vous et

« votre armée êtes retenus par d'autres occupations
« guerrières. Ainsi maintenant, si tout à coup nous
« nous jetons sur cette place, nous en trouverons
« les soldats et les habitans au dépourvu, et nous la
« prendrons facilement. » C'est ainsi que le monarque
agissant malgré lui d'après divers motifs, commença
l'expédition ; car, à l'instigation de Robert, qui lui
promettait le succès, il n'osa tarder plus long-temps,
de peur de paraître manquer de courage. Cependant la renommée prévint l'arrivée du Roi ; les ordres
du comte du Maine firent lever en armes les troupes du pays, et on les plaça convenablement pour
inquiéter l'ennemi aux passages des rivières et des
fossés, ainsi que dans la traversée difficile des forêts.
Le Roi donc ne put faire de mal à ses ennemis. Enflammé de dépit, il devint plus cruel contre eux ; il
ordonna à Robert de rassembler beaucoup de troupes
dans ses places ; il lui fournit de fortes sommes d'argent pour les fermer de palissades, de murailles et
de toutes les constructions nécessaires, et pour qu'il
payât largement les soldats qu'il emploierait. C'est
pourquoi le comte de Bellême, ingénieur actif, bâtit
de nouvelles places et fortifia beaucoup les anciennes,
en les entourant de fossés escarpés. Il eut bientôt
neuf forteresses dans son comté, savoir : Blève, Perrei, le Mont-de-La-Nue, Saône, Saint-Remi-du-Plain,
Lurson, Allières, La-Motte-de-Gaultier-de-Clinchamp,
Mamers et plusieurs autres. C'est ainsi que cet artisan de perfidies les construisit adroitement pour
lui-même aux frais du Roi, plaça des garnisons de
bêtes féroces, fatales au voisinage, et au moyen desquelles il satisfit son orgueil, et fit aux Manceaux une

guerre atroce. Pendant le Carême, dans le temps où les pêcheurs atteints d'une juste componction renoncent au mal, et, tremblans pour leurs crimes passés, recourent au remède de la pénitence, Robert fit périr enchaînés dans ses cachots plus de trois cents malheureux. Ils lui offrirent beaucoup d'argent pour leur rachat; mais il les dédaigna cruellement et les fit mourir par la faim, par le froid et par d'autres tourmens. Dans ce temps-là, Hoel, prélat d'une vie vénérable, né en Bretagne, mourut évêque du Mans. Le comte Hélie choisit pour le remplacer sur le même siége le Breton Goiffred, doyen de la même église; mais le clergé prévenant cette nomination, força de s'asseoir dans la chaire pontificale l'archidiacre Hildebert de Lavarci, et chanta gaîment à haute voix le *Te Deum laudamus*, et les autres prières qui sont prescrites par l'Eglise pour l'élection des évêques. Hélie, ayant appris cette élection, fut fort irrité et voulut résister; mais les clercs lui ayant dit : « Vous ne « devez pas préférer votre choix à celui de l'Eglise, » comme il craignait Dieu, il se tut avec respect; et, pour ne pas introduire un schisme mortel dans les membres de l'Eglise, il approuva ce qu'avaient fait les chanoines.

Goiffred se croyait déjà sûr de l'évêché : il avait fait préparer de copieuses agapes pour le jour de son intronisation. Toutefois les mets préparés n'en furent pas moins mangés par d'avides parasites. Les Manceaux refusèrent absolument d'en faire leur évêque. Goiffred était frère de Judicaïl, évêque d'Aleth, et fut pendant dix-sept ans archevêque de Rouen après la mort de Guillaume.

Hildebert fut choisi par le clergé et par le peuple après la mort de Gislebert, archevêque de Tours, passant ainsi, par la permission de Dieu, du siége du Mans au siége métropolitain. Ce prélat était doux et pieux, fort appliqué à l'étude des lettres tant divines que séculières; ce fut un versificateur auquel il n'y en a point eu de comparable en notre temps, et il composa beaucoup de poèmes égaux ou même supérieurs à ceux des anciens. L'ardeur avide des sages recherche ces ouvrages avec zèle et s'applique diligemment à les recueillir en les préférant à l'or et à la topaze. En effet, ce poète parle avec élégance et sagesse du Christ et de l'Eglise, du corps et de l'ame, des actes des saints et de leurs mérites, des louanges de la vertu et du mépris des vices. Les cardinaux, qui passent souvent dans les Gaules parce qu'ils y trouvent des peuples pleins de douceur, et qui leur sont soumis, emportent à Rome beaucoup de poésies d'Hildebert, parce qu'ils les croient propres à faire l'admiration des écoles et des professeurs qui enseignent l'éloquence aux Romains. Ce champion sacré exerça pendant près de trente-cinq ans les fonctions de l'épiscopat, et se livra particulièrement aux bonnes études, soit en les enseignant, soit en les pratiquant lui-même. Il décora dignement de toute manière l'église de Saint-Gervais, où repose le corps de Julien, illustre confesseur du Christ; il en fit ensuite la dédicace du temps de son successeur Quinimar-le-Breton, que l'on appelle autrement Gui d'Etampes; mais, par suite du péché, cette église, que le concours des gens de bien avait convenablement décorée et enrichie de divers ornemens en l'honneur de Dieu, devint, huit ans après sa dédicace, la proie d'un incendie qui dévora une grande partie de la ville, rendit le temple méconnaissable et le dévasta horriblement.

L'an de l'incarnation du Seigneur 1098, le comte Hélie entreprit une expédition contre Robert de Bellême dans la semaine qui précéda les Rogations; puis, à la suite de cette incursion, il ordonna aux siens de retourner chez eux après nones. A leur retour, séparé de sa troupe avec sept chevaliers, le comte s'écarta près de Dangeul, et se trompa de chemin; là, ayant remarqué quelques hommes cachés dans des arbres et des vergers touffus, il les chargea aussitôt avec le peu de compagnons qu'il avait. C'était Robert qui était là en embuscade. Dès qu'il vit si peu d'hommes courant sans précaution, il s'élança à l'improviste avec une troupe supérieure en nombre, habile qu'il était dans les ruses de la guerre : il ne tarda pas à faire prisonniers le comte lui-même, Hervé de Montfort, son porte-enseigne, et presque tous les autres chevaliers. L'avant-garde de l'armée, qui était parvenue joyeusement à Ballon, ayant appris par ceux qui avaient échappé que le comte Hélie était prisonnier, passa subitement d'une vaine joie au plus profond abattement de la douleur. Robert alla présenter au Roi, dans la ville de Rouen, le comte Hélie, que le monarque fit garder avec les honneurs qui lui étaient dus: car Guillaume n'était pas cruel pour les chevaliers; il leur témoignait au contraire de la douceur, de la générosité, de la gaîté et de l'affabilité.

Favorisé par le sourire de la fortune, le roi Guillaume fut au comble du bonheur; il convoqua les barons de la Normandie, et leur parla en ces termes:

IV. 3

« Jusqu'ici j'ai mis beaucoup de négligence à récla-
« mer l'héritage paternel, parce que je n'ai pas voulu
« vexer les peuples ou faire périr des hommes pour
« satisfaire des desirs ambitieux. Maintenant, vous
« le voyez, à mon insu mon ennemi a été fait prison-
« nier; et, par la volonté de Dieu, qui connaît mon
« bon droit, il vient de m'être livré. Quelles louanges
« me donnez-vous? Que me conseillez-vous mainte-
« nant? Cherchez soigneusement ce qu'il faut faire,
« et faites-moi part de ce qui vous semblera le plus
« convenable. »

Après s'être mutuellement consultés, les grands
lui répondirent : « Seigneur Roi, nous pensons una-
« nimement que vous devez donner des ordres pour
« rassembler toute l'armée normande, à la tête de la-
« quelle nous marcherons tous hardiment et de bon
« cœur pour conquérir le Maine. »

A ces mots, le Roi fut rempli de joie. D'après cette
décision, des courriers actifs furent envoyés dans
toute la province et de tous côtés, et annoncèrent
que la volonté du Roi était que ses sujets, ses voisins
et ses amis vinssent lui prêter loyalement assistance.
En conséquence les Français et les Bourguignons,
les Flamands et les Bretons, et quelques autres
peuples voisins se réunirent auprès du monarque généreux, et augmentèrent considérablement ses forces.
Au mois de juin, le Roi Guillaume conduisit son armée à Alençon, et entouré de plusieurs milliers de
combattans, il entra, formidable à l'ennemi, sur le
territoire du Maine. Il ordonna à ses corps de cavalerie de se porter devant Frênai[1] : ils en vinrent aux

---

[1] *Fredernaum*. Frênai-le-Vicomte, ou Frênai-sur-Sarthe.

mains devant les portes de la place avec la cavalerie de la garnison, et se bornèrent à des escarmouches. Cependant Raoul, vicomte de Beaumont, alla trouver le Roi en suppliant, et lui demanda instamment la paix jusqu'à un terme qu'il désigna. « Je demande,
« dit-il, seigneur Roi, à votre Sublimité, une trêve
« jusqu'à ce que vous soyez revenu sain et sauf du
« Mans ; car vous y trouverez l'évêque et l'assemblée
« des grands, qui journellement s'occupent en com-
« mun du soin des affaires publiques. Nous observe-
« rons avec joie ce dont vous y serez convenus, et
« nous obéirons en tout à vos ordres. Si je m'en
« remets sur cela, seigneur Roi, aux jugemens de
« mes supérieurs, c'est que dans le cas où, sans
« combattre, je me rendrais le premier et aban-
« donnerais le premier mes pairs pour faire la paix,
« j'imprimerais sans nul doute la honte et l'oppro-
« bre sur toute ma famille. Les membres doivent
« obéir à la tête et non lui commander ; de bons et
« loyaux vassaux cherchent plutôt à observer les
« ordres de leur seigneur qu'à lui en donner. » Le Roi donna des éloges à celui qui disait ces choses, et beaucoup d'autres semblables : il lui accorda sa demande.

Geoffroi de Mayenne, Rotrou de Montfort et plusieurs autres, sur les terres desquels Guillaume devait passer, se soumirent également, et obtinrent par leurs supplications une sauvegarde jusqu'à son retour.

Gilon de Sully, chevalier qui descendait des plus nobles familles de France, qui appartenait à la maison de Henri, roi des Français, et qui avait vu fréquemment de grandes réunions de peuples, du haut d'une montagne élevée, examina l'armée de Guillaume, et pensa qu'elle devait être forte de cinq cent mille[1] hommes; il assura qu'il n'avait jamais vu tant de monde réuni au-delà des Alpes.

Le premier séjour du Roi sur le territoire ennemi fut à Rouessei-Fontaine[2]. Le lendemain, le Roi ayant campé à Mont-Bizot[3] y passa la nuit. Le troisième jour, on arriva à Coulans[4], et le Roi fit placer les tentes dans les prairies de la Sarthe. Les balistiers et les archers étaient établis dans les vignes le long du chemin pour le garder soigneusement, afin que l'ennemi n'y passât pas impunément, et pour inquiéter par une grêle de traits ceux qui s'y risqueraient.

Foulques, surnommé Rechin, comte d'Anjou, ayant appris qu'Hélie était prisonnier, se rendit aussitôt au Mans, dont il était seigneur suzerain. Bien accueilli par les habitans, il munit les remparts de chevaliers et de frondeurs. À l'arrivée du Roi, les chevaliers sortirent de la ville pour aller à sa rencontre; tout le jour ils combattirent vaillamment contre les Normands, et il y eut de part et d'autre quelques beaux faits d'armes. En effet, ces guerriers illustres essayaient de montrer réciproquement leurs forces, et de mériter de leurs princes comme de leurs compagnons d'armes des louanges sanglantes. Pains de Montdoubleau, ancien ami des Normands, traita avec le Roi; il lui livra une très-forte place qu'il possédait à Ballon, et au moyen de laquelle tout le

---

[1] *Quingenta millia.* L'imprimé porte *Quinquaginta millia;* 50,000 mille hommes; ce qui est beaucoup plus probable. — [2] *Ruceiumi.* — [3] *Mons busoti.* — [4] *Colunchæ;* bourg à 3 lieues du Mans.

pays fut soumis. Le Roi plaça dans cette ville Robert de Bellême, et mit sous ses ordres plus de trois cents chevaliers bien armés et pleins de courage. Il exerça beaucoup de rigueurs contre ceux des Manceaux qui résistèrent, et leur fit souffrir des maux incomparables. En effet, il fit arracher leurs vignes par une grande multitude de soldats, foula aux pieds les moissons et dévasta tout le pays circonvoisin; mais il ne put continuer long-temps le siége du Mans. Le manque de vivres se faisait cruellement sentir pour les hommes et pour les chevaux, parce qu'on se trouvait dans l'intervalle qui sépare les anciennes moissons des nouvelles. Le setier d'avoine, sans laquelle on ne peut soutenir la vigueur des chevaux dans les contrées occidentales, se vendait dix sous mançois. C'est pourquoi le Roi donna congé à ses troupes, leur ordonna d'aller mettre en grange leurs moissons, et les avertit de se tenir prêtes à assiéger les places de l'ennemi après la récolte.

Guillaume-le-Roux ayant repris avec sa puissante armée la route de Normandie, le comte Foulques mit le siége devant Ballon; et ayant réuni les Angevins avec les Manceaux, il essaya pendant quelques jours d'accabler la garnison. Aussitôt elle prévint le Roi de sa position : le bruit s'en étant répandu, quelques seigneurs courageux se hâtèrent de venir au secours de leurs concitoyens. Cependant, comme le comte et son armée étaient sous la tente occupés à dîner, et que des mendians de la ville, après avoir reçu l'aumône, étaient venus faire leurs rapports aux assiégés sur ce que les ennemis étaient occupés à prendre leur repas en ce moment, c'est-à-dire vers tierce, plusieurs corps en bon ordre et bien armés s'élancèrent de la place, portèrent un désordre inattendu parmi les troupes désarmées et assises à table, en prirent un certain nombre, et mirent le reste en déroute. Là, furent pris Gauthier de Mont-Soreau, Goiffred de Briolet, Jean de Blaison, Berlais de Montreuil, et près de cent quarante chevaliers avec un très-grand nombre d'hommes de pied. Les vainqueurs s'emparèrent des dépouilles de l'ennemi, armes, vêtemens, effets de divers genres. Parmi ceux qui furent faits prisonniers, il se trouvait beaucoup de nobles châtelains qui, possesseurs de grandes terres, figuraient aux premiers rangs des barons du pays, et commandaient par droit héréditaire à plusieurs chevaliers d'une grande bravoure.

Dans la troisième semaine du mois de juillet, le roi Guillaume vint au secours des siens, et conduisit avec lui des corps de soldats formidables à l'ennemi. A l'arrivée de ce prince, la garnison de Ballon l'introduisit dans la place avec de grandes démonstrations de joie. Ce qu'entendant les prisonniers enchaînés crièrent tous d'une voix : « Guillaume, noble roi, « rendez-nous la liberté. » Il les entendit, et leur fit à tous enlever leurs chaînes, ordonna de leur donner abondamment à manger, hors de la prison, dans la cour extérieure avec les siens, et sur leur parole, après le dîner, il les laissa libres. Ceux qui entouraient le Roi lui ayant remontré que dans un si grand concours de peuple il serait facile aux prisonniers de s'évader, le Roi blâma la dureté de ses gens ; et, les réprimandant pour ce qu'ils avaient dit contre les prisonniers, il proféra ces mots : « Loin de moi de croire qu'un

« brave chevalier viole sa parole! S'il le faisait, il se-
« rait méprisable comme un homme sans loi. »

Le comte Foulques avait quitté le siége pour rentrer dans la ville, et il attendait les événemens, retiré dans un couvent. Alors les Angevins tinrent conseil avec les Manceaux: ils virent bien qu'ils n'étaient pas assez forts pour tenir en rien contre les Normands; c'est ce qui les détermina à ménager une entrevue entre le Roi et le comte. Alors, avec l'aide de Dieu, la paix, qui était nécessaire, fut conclue entre eux; et, pour plusieurs motifs, les peuples de part et d'autre se livrèrent à une grande joie. Il fut demandé et accordé que le comte Hélie, ainsi que tous les prisonniers des deux armées, seraient rendus, et qu'on remettrait au Roi le Mans et les autres places qu'avait possédées le roi Guillaume. Les conditions de la paix ayant été confirmées convenablement, le Roi manda le chef de son armée, Robert, fils de Hugues de Montfort[1], lui ordonna de prendre possession de la tour du Mans et de quelques autres fortifications, et mit sous ses ordres sept cents hommes d'élite couverts de cuirasses, de casques et d'une armure complète. L'ancienne garnison étant sortie, la nouvelle occupa tous les postes de la ville, et arbora avec une grande pompe, sur la tour principale, l'étendard du Roi. Le lendemain, Guillaume le fit suivre par mille chevaliers d'élite, et ayant donné des lois à son gré, prit possession de toute la ville. La Tour Royale, le Mont-Barbé et le Mont-Barbatule se soumirent au Roi; et c'était avec raison, puisqu'on sait que ces fortifications avaient été élevées par son père. Tous les

---

[1] Montfort-le-Rotrou, département de la Sarthe.

citoyens, satisfaits de la paix, témoignaient au prince leurs félicitations par des applaudissemens, des chants et toutes sortes de démonstrations.

Alors l'évêque Hildebert, le clergé et tout le peuple allèrent avec une grande joie en procession au devant du Roi, le conduisirent en psalmodiant jusque dans la basilique de Saint-Gervais, martyr, où reposent les corps des saints évêques et confesseurs Julien, Turribe, Victor et plusieurs autres.

Hélie étant sorti de la prison de Bayeux, vint à Rouen, tout noir et tout hérissé, se présenter devant le Roi, et lui dit humblement: « Roi puissant, qui
« commandez à tant de monde, daignez, je vous
« prie, me secourir par votre grande bonté. Depuis
« long-temps j'ai le titre de comte, parce que j'ai
« possédé par droit héréditaire un noble comté; mais
« les destinées ayant changé, je me trouve privé du
« titre de ma dignité et de mon domaine. En consé-
« quence, je vous prie de m'admettre dans vos ar-
« mées en me conservant le nom de mon ancienne
« dignité, et je vous rendrai de fidèles services. Je
« ne réclame pas la ville du Mans ni les places fortes
« que j'ai perdues, tant que je n'aurai pas mérité de
« les recevoir de votre magnificence par la loyauté
« de mes services. Je n'aspire qu'à prendre rang par-
« mi vos serviteurs, et à jouir de votre amitié royale. »
Le Roi, plein de générosité, voulait accorder cette demande; mais Robert, comte de Meulan, animé du fiel de l'envie, l'en dissuada. Ce vieillard rusé présidait aux conseils et aux jugemens du Roi : aussi craignait-il de rencontrer dans le palais un homme égal à lui, ou plus puissant encore. C'est ce qui le

détermina à dire à Guillaume : « Les Manceaux sont
« astucieux et sans foi, et ils font, à force de ruses
« et de manœuvres, ce qu'ils ne peuvent exécuter
« par la force. Voilà que votre ennemi vaincu vous
« supplie et cherche fallacieusement à parvenir à
« votre intimité. Quel est le but de son desir? C'est
« de s'introduire au plus vite et de plus près dans
« vos secrets, afin qu'il puisse d'autant mieux, quand
« une occasion favorable lui sourira, se lever auda-
« cieusement contre vous, et s'unir d'une manière
« plus funeste avec vos ennemis. »

A ces mots, Guillaume changea de détermination, et le brave chevalier n'obtint pas la faveur d'être admis dans l'intimité du Roi. Ce fut la source de grandes peines, de grands dangers et de grands dommages qui se manifestèrent par la suite. Par des paroles adroites, Hélie s'appliqua de nouveau à se concilier les bonnes grâces du Roi; mais cette démarche fut inutile. Alors il dit avec fermeté : « Seigneur Roi, je
« vous aurais servi de bon cœur si vous l'eussiez
« voulu, et que j'eusse trouvé grâce auprès de vous.
« Désormais ne m'en veuillez pas, je vous prie, si
« je porte ailleurs mes efforts. Je ne puis supporter
« patiemment la perte de mon héritage. La vio-
« lence qui prévaut me refuse toute justice. C'est
« pourquoi personne ne sera étonné si je réclame et
« redemande de toutes mes forces les biens de mon
« père. » Le Roi en courroux lui repartit : « Allez, et
« exécutez tout ce que vous pourrez entreprendre
« contre moi. »

Après cette entrevue, Hélie demanda au Roi un sauf-conduit pour traverser la Normandie. Quand il l'eut reçu, il se rendit en liberté dans son pays, à la grande joie de ses amis. Il fortifia ses cinq châteaux, ainsi que les bourgs adjacens, mit beaucoup de soin à réparer ses pertes, et s'appliqua soigneusement à régler ses propres affaires. Il resta en paix depuis le mois d'août jusqu'à Pâques. Cependant il rechercha avec habileté quels moyens il emploierait contre ses ennemis, et s'occupa beaucoup de cette affaire avec ses voisins les plus dévoués.

Quand le roi Guillaume eut, comme nous l'avons dit, obtenu le Mans sans grande effusion de sang, il en confia la garde à Guillaume comte d'Evreux, à Gislebert de L'Aigle, et à plusieurs autres seigneurs courageux, et plaça Gaultier de Rouen, fils d'Ansger, dans la Tour Royale qu'il avait abondamment pourvue d'armes, de vivres et de tout ce qui lui était nécessaire. Le vicomte Raoul [1], Geoffroi de Mayenne, Robert-le-Bourguignon, et plusieurs autres seigneurs de la province firent alliance avec le Roi : ils lui remirent leurs places, et obéirent fidèlement aux lois qu'il leur donna.

Pendant que ces choses se passaient en deçà des mers, en Neustrie, et que l'on prodiguait d'excessives dépenses pour de brillantes superfluités, Ranulphe Flambart, déjà évêque de Durham, et quelques autres satellites et officiers du Roi, dépouillaient l'Angleterre, et, plus méchans que les voleurs, pillaient sans pitié les récoltes des cultivateurs, les magasins des marchands, et portaient même leurs mains sanglantes sur les choses sacrées. A la mort des prélats de l'Eglise, ils se substituaient immédiatement à leur place en

[1] De Beaumont.

abusant de la puissance royale, et usurpaient sans respect tout ce qui se trouvait dans leurs trésors. Ils réunissaient au domaine du Roi les biens des couvens et les revenus des évêchés; ils exigeaient d'énormes sommes d'argent des abbés et des évêques. C'est ainsi qu'ils amoncelaient, par toutes sortes de moyens légitimes ou coupables, d'immenses contributions qu'ils adressaient au Roi au-delà des mers, pour qu'il les employât dans ses entreprises tantôt criminelles, tantôt avantageuses. On présentait ces immenses tributs à Guillaume, qui s'en servait pour enrichir par ostentation des étrangers. Ainsi les enfans du royaume, injustement dépouillés de leurs biens, étaient plongés dans l'affliction, et, dans leurs cris, élevaient leurs lamentations vers Dieu, qui, par la main de l'ambidextre Aod, délivra Israël de la main des Moabites, après qu'il eut tué leur corpulent roi Eglon.

A la vue de tant de calamités, le saint archevêque Anselme fut profondément contristé, et chercha à secourir les opprimés. Il travailla de toutes ses forces à élever un mur devant la maison d'Israël contre les adorateurs de Baal. En conséquence il adressa de fidèles envoyés avec des lettres suppliantes au roi Guillaume, pour l'interpeller et lui faire part de ses plaintes relativement aux afflictions de toute espèce qu'éprouvait l'Eglise. Mais le Roi, peu sage et gardant un cœur endurci, n'obéit pas à ce que réclamait son humble instituteur, qui, en conséquence, lui demanda la permission de partir pour Rome. Le prince orgueilleux lui permit de s'y rendre, mais lui défendit d'entrer en Normandie. Hélas! combien ce monarque, aveuglé par un orgueil profane, perdait la raison aux bords du précipice où il allait tomber, quand il refusa de voir le serviteur de Dieu fuyant l'aspect de sa tyrannie! Peu après, frappé d'une mort cruelle, Guillaume ne le revit jamais. Le vénérable Anselme, obéissant aux ordres de son prince, passa par Boulogne, et se fit accompagner dans son voyage par les respectables Baudouin de Tournai, moine du Bec, et Eadmer de Cantorbéry, Anglais de nation, qui par la suite écrivit avec soin la vie du prélat pour l'édification des ames. Anselme termina son pénible voyage à Capoue, capitale de la petite Campanie : il y trouva le pape Urbain qui l'accueillit avec bonté et honorablement, et auquel il raconta le sujet de sa venue. Le pape était là fort occupé, parce qu'il essayait de rétablir la paix entre les habitans et leur prince Richard, fils de Jourdain, contre lequel ils s'étaient révoltés. Ce jeune prince, secondé par l'assistance du vieux Roger son oncle, comte de Sicile, et par son animosité contre Capoue, la pressait opiniâtrément de se rendre. Le vénérable vieillard fut ainsi expatrié, pendant près de deux ans, chez les Italiens dont il tirait son origine, et chez d'autres nations étrangères, où, semant la parole de Dieu avec éloquence, il rendit à ses auditeurs des services spirituels. Si on veut connaître plus à fond tout ce qu'a fait et dit ce prélat, on en pourra trouver le détail dans le livre d'Eadmer, à l'abbaye du Bec qu'avait gouvernée Herluin, prédécesseur d'Anselme.

Dans le cours de l'automne, le roi Guillaume ayant, comme nous l'avons dit, subjugué les Manceaux et réglé en Normandie les affaires à son gré, profita du vent de sud pour revoir l'opulent royaume d'Albion. L'année suivante, après Pâques, Hélie s'occupa de recommencer la guerre, et, avec le consentement secret des Manceaux, dévasta la frontière et harcela les troupes du Roi. Enfin, au mois de juin, à la tête d'une forte armée, il gagna les Planches-Godefroi [1], passa à gué la rivière d'Huîne [2], et provoqua au combat la garnison royale qui gardait la place. Les Normands sortirent hardiment, et combattirent long-temps; mais ils furent forcés de rentrer dans leurs murs à cause du grand nombre des ennemis, qui l'emporta. Ces derniers y pénétrèrent avec la garnison, parce que, pressée trop vivement, elle ne put fermer les portes : fuyant à travers la ville, elle put à peine entrer dans la citadelle et les autres fortifications. Les habitans aimaient beaucoup Hélie, et préféraient sa domination à celle des Normands. Les troupes qui gardaient les forteresses du Roi étaient abondamment pourvues de tout ce qui leur était nécessaire. C'est pourquoi jusqu'à la mort elles s'appliquèrent à se défendre, par fidélité pour leur seigneur. Toutefois Hélie fut reçu avec plaisir dans la ville par les bourgeois; mais il en résulta bientôt pour eux de grands désagrémens : car Gaultier, fils d'Ansger, commandant de la forteresse, ordonna aux serruriers qu'il avait avec lui de se mettre à l'ouvrage, et fit lancer par les balistiers sur les toits des maisons des scories enflammées.

Tunc rutilus Titan sublimes Geminos peragrabat. [3]

Le monde était consumé par une excessive sécheresse : un tourbillon enflammé s'attacha aux tuiles des mai-

[1] Les Planches, près du Mans. — [2] *Eguenia*; on écrit aussi Huigne.
[3] Alors le brillant Phébus parcourait les Gémeaux placés au haut du ciel.

sons ; un violent incendie s'alluma, et, acquérant de grandes forces, brûla toute la ville.

Clairembault de Lisors[1], Gaultier et les autres chevaliers, gardèrent soigneusement leurs places. Hélie et les siens firent de grands, mais inutiles efforts avec leurs machines ; et en livrant des assauts ils ne purent emporter ces inexpugnables forteresses.

Cependant Robert de Bellême fortifia Ballon, et dépêcha aussitôt son courrier Amalgis en Angleterre vers le Roi. Amalgis ayant passé la mer se rendit à Clarendon, trouva le Roi avec ses amis qui courait à cheval dans la Forêt-Neuve, et répondit au prince qui lui demandait gaîment des nouvelles : « Le Mans « vous a été enlevé par trahison ; mais mon maître « garde Ballon, et vos troupes conservent fidèlement « tous les postes que vous leur avez confiés ; elles « desirent vivement l'assistance de votre puissance « royale contre les forces ennemies, qui de toutes « parts les assiégent et les attaquent. »

A ces mots, le Roi s'exprima ainsi : « Allons au-« delà des mers secourir nos sujets. » En même temps, sans consulter personne, il tourna bride, et donnant de l'éperon à son cheval, il gagna la mer, se jeta dans une vieille barque qu'il trouva par hasard ; négligeant toute pompe et comme un homme du peuple, et ordonna de ramer aussitôt. Ainsi il n'attendit ni un vent favorable, ni escorte, ni rien de ce qui convient à la dignité royale : étranger à toute crainte, il se confia à la fortune et à la mer, et le lendemain, sous la conduite de Dieu, il débarqua sain et sauf au port de Touques. Il se trouvait là, comme c'est l'u-

[1] *Lusoriæ.*

sage dans l'été, beaucoup de personnes de tous les rangs, qui, ayant vu un bâtiment faisant voile d'Angleterre, l'attendaient gaîment pour apprendre quelques nouvelles. Comme avant tout elles s'informaient du Roi, il leur donna sur lui-même des nouvelles certaines. Ayant répondu en riant d'une manière inattendue, les curieux éprouvèrent beaucoup d'étonnement, puis une joie très-vive. Ensuite, ayant monté la cavale d'un certain prêtre, il gagna Bonneville avec un grand concours d'ecclésiastiques et de paysans qui le suivaient à pied avec de grands applaudissemens. Sa présence jeta l'effroi parmi ses ennemis qui exerçaient leurs fureurs sur les frontières de la Normandie. Enfin, ayant envoyé ses ordres, il rassembla promptement une puissante armée, et se hâta d'aller ravager le territoire de ses ennemis. Leur armée sous la conduite d'Hélie, ayant appris que le Roi avait passé le détroit, prit la fuite sans retard, et abandonna aussitôt la ville qu'elle avait prise, dans un état bien plus fâcheux que celui où elle l'avait trouvée. L'évêque Hildebert vint humblement trouver en Normandie le Roi, qui l'accueillit avec bonté comme un ami intime ; car il n'avait, ni par ses conseils, ni par sa présence, autorisé les troubles dont nous avons parlé.

Le Roi, plein d'ardeur et informé de la retraite de l'ennemi, s'attacha pas à pas à sa poursuite, et ne daigna pas même s'arrêter une nuit au Mans. En traversant la ville, il la vit tout en feu, et fit dresser les tentes au-delà du pont d'Huîne, dans une vaste plaine. Le lendemain il vengea grandement par le fer et par la flamme les injures qu'il avait reçues. Avant que le Roi parvînt aux forteresses de ses ennemis, et pût les livrer au feu, leur main même les incendiait et dévastait tout le pays, afin que les dévastateurs ennemis ne trouvassent rien à piller, et n'eussent pas même de maison où ils pussent se préparer un lit pour prendre du repos. C'est ainsi que furent entièrement brûlées Vaux et Ostilli[1], et que furent ravagées de fond en comble plusieurs places et plusieurs campagnes.

Robert de Montfort, chef de l'armée, marcha en avant avec cinq cents chevaliers, éteignit l'incendie du château de Vaux, et fortifia la place pour le service du Roi.

Hélie se tenait avec des troupes considérables au Château-du-Loir, et se réservant pour de plus favorables circonstances, attendait l'événement. Enfin le vendredi, le Roi assiégea Mayet, et ordonna à son armée d'attaquer le château le lendemain. Le samedi, pendant que les guerriers s'armaient à l'envi, et qu'on se disposait à livrer un rude assaut à la place, le Roi, sur l'avis des hommes sages, glorifia Dieu, et, par respect pour le jour de la sépulture et de la résurrection du Seigneur, épargna ses ennemis et leur accorda une trêve jusqu'au lundi. Pendant ce temps, les assiégés employèrent tous leurs efforts à se fortifier dans l'intérieur, et opposèrent pour l'assaut des claies de branchages aux coups des traits et des pierres. Ces hommes avaient de la constance, et ils étaient fidèles à leur seigneur : aussi combattirent-ils opiniâtrement pour lui jusqu'à la mort, et méritèrent-ils des éloges pour les exemples de valeur qu'ils donnèrent. Comme les assiégeans avaient beau-

[1] *Ostilliacum.*

coup de peine pour remplir les fossés de la place avec un vaste amoncèlement de bois, et qu'ils cherchaient ouvertement à préparer une voie pour arriver jusqu'aux palissades, en faisant avec de grands efforts plusieurs constructions, les assiégés lançaient sur eux des vases remplis de charbons ardens, et brûlaient entièrement, bien secondés par la chaleur de l'été, les amas de matériaux que les autres amoncelaient pour leur perte. On souffrit beaucoup de part et d'autre dans ce combat, qui eut lieu le lundi : le Roi, qui en fut témoin, éprouvait de grandes inquiétudes. Alors, comme il souffrait beaucoup de colère et de douleur de ce que tous les efforts de ses troupes étaient inutiles en ce lieu, quelqu'un lança vers lui une pierre du haut d'un créneau. Par la permission de Dieu, elle n'atteignit pas Guillaume, mais elle frappa cruellement à la tête un soldat voisin ; et comme le coup ne l'épargna pas, la cervelle fut mêlée avec les os brisés. Ce soldat ayant péri misérablement sous les yeux du Roi, un rire moqueur éclata aussitôt parmi les assiégés, qui se mirent à crier d'une voix aussi élevée qu'horrible : « Voici pour le Roi de la chair fraîche ; qu'on la porte « à sa cuisine, et qu'on la lui offre à son souper ! » Le Roi, plongé dans l'affliction, prit à part les principaux chefs, et, d'après leurs avis, ordonna de partir dès le point du jour pour Lucé. Ces conseillers prudens avaient sagement considéré que, dans une place aussi forte, une garnison courageuse tiendrait ferme, et que, placée à l'abri d'épaisses murailles, elle aurait facilement l'avantage sur une armée exposée à découvert. Aussi ces hommes habiles ne cachèrent pas leur pensée, et furent d'avis qu'il convenait à des troupes ainsi exposées de se retirer sans retard; qu'en conséquence le prince, sain et sauf, devait lever le siège avec ses forces en bon ordre, punir ses ennemis par un autre genre de vengeance, et ainsi conserver habilement ses soldats en bon état, et abattre ensuite son ennemi. On se leva donc en toute hâte de grand matin, et on employa divers expédiens pour désoler le pays : on arracha les vignes, on coupa les arbres fruitiers, on démolit les maisons et les murailles, et l'on dévasta, par la flamme et par le fer, toute cette contrée, qui était très-fertile. Ensuite le Roi se rendit triomphant au Mans, et permit aux soldats des diverses provinces de retourner chez eux.

Ces événemens se passèrent l'an de l'incarnation du Seigneur 1099, dans le courant du mois de juillet. C'est alors que Jérusalem, après la défaite des Païens, qui l'avaient long-temps occupée, fut, comme nous l'avons expliqué dans le livre précédent, prise par les saints pélerins le 8 des ides de juillet (8 juillet). Le pape Urbain, saintement joyeux d'avoir rendu aux Chrétiens le sépulcre du Christ, mourut le 5 des calendes d'août (28 juillet), et eut pour successeur le pape Pascal, qui fut intronisé seize jours après la mort de son prédécesseur.

Gislebert, évêque de Lisieux, fut souvent prié par les moines d'Ouche de bénir leur abbé. C'est ce que le prélat refusa de faire, à moins que cet abbé ne lui présentât son titre de profession canonique. A ce sujet une altercation mutuelle dura entre eux pendant dix ans, et ni l'un ni l'autre ne voulant être vaincu, chacun se flatta d'obtenir enfin la victoire. Serlon, qui fut élu pour succéder à Mainier dans le gouvernement de l'abbaye, fut à la tête des moines pendant deux ans, sans avoir été béni, parce qu'il refusa de faire une profession inusitée dans l'église d'Ouche. Roger du Sap gouverna également ses frères pendant plus de sept ans; mais comme l'évêque persistait avec opiniâtreté dans son sentiment, il ne porta pas la crosse pastorale. Dans une telle circonstance, les moines eurent recours à la puissance royale, qui l'emporta avec raison, et triompha de l'entêtement de l'évêque, qui fut forcé d'observer les usages que ses prédécesseurs avaient suivis en Normandie du temps de Guillaume-le-Conquérant, et de consacrer l'abbé, sans exiger aucune innovation. L'ordre du Roi fut exécuté par l'évêque, mais malgré lui, et les anciens usages du monastère furent confirmés. Radulphe, abbé de Saint-Martin-de-Sées, conduisit à Lisieux le frère qui avait été élu, et dicta l'acte d'élection, comme représentant le monastère. Robert, moine de Sées, calligraphe habile, écrivit la charte, et Herluin, chapelain de l'évêque, en donna lecture, ainsi qu'il suit, devant tout le monde, et sans réclamation du clergé.

« Le Christ, Pontife toujours présent, Pasteur des pasteurs et du troupeau ecclésiastique, a perpétué, par une continuelle succession, parmi les mortels, ce troupeau qu'il considère comme le sien. Ainsi, d'après la puissance et la sagesse de Dieu, l'institution pastorale se continue par sa perpétuité même, en établissant successivement plusieurs prêtres, d'autant plus que la mort les empêche d'être permanens. Nous ne doutons pas que leur consécration ne doive être l'ouvrage de Dieu même, au moyen de la bénédiction spirituelle donnée par le ministère des évêques : nous tenons néanmoins pour certain que l'Esprit saint accomplit leur élection par l'organe de leurs subordonnés. C'est pourquoi la congrégation suivant à l'unanimité les exemples du bienheureux Evroul, et les traditions apostoliques, après le décès de notre père Mainier, dom Serlon, notre père, ayant aussi été appelé à l'épiscopat, nous avons, par inspiration de la miséricorde divine, élu pour notre abbé dom Roger, notre frère bien connu de nous, avec qui il habite, et qui nous est uni par la même profession, fortifiés par la présence et les suffrages d'hommes illustres, savoir : dudit évêque Serlon, d'Anselme abbé du Bec, de Radulphe de Sées, d'Arnoul de Troarn, et de plusieurs autres avec lesquels, autant que nous pouvons le voir, considérant, d'après l'instruction de l'Apôtre, l'honnêteté de la personne, nous prenons un homme catholique, instruit dans la loi divine, chaste, sobre, humble, doux, miséricordieux, bienfaisant, et doué de toutes les autres qualités qui conviennent aux pasteurs. En conséquence, offrant cet élu à la consécration de la divine Majesté, nous le présentons à Gislebert de Lisieux, notre évêque, demandant, suivant les lois ecclésiastiques, qu'il reçoive la consécration pontificale et la bénédiction canonique. »

Cet acte d'élection des moines ayant été lu avec soin, et approuvé tant par l'évêque que par le clergé, Roger fut consacré abbé le jour de la décollation de saint Jean-Baptiste, et le lendemain reçu à Ouche par les frères avec tous les honneurs qui lui étaient dus. Le même jour, comme les frères conversaient tour à tour, assis dans le cloître, et s'entretenaient sagement de diverses choses, la conversation se porta, par l'inspiration de Dieu, comme je le pense, sur la dédicace de l'église du monastère; et en continuant d'en parler, tout le monde redoubla d'ardeur pour la presser. Enfin, à la satisfaction et avec l'encouragement des amis du monastère, cette délibération se termina par une décision : et avec l'aide de Dieu, la basilique d'Ouche fut dédiée le jour des ides de novembre. Cet office fut célébré par trois évêques : car Gislebert, évêque de Lisieux, consacra le maître-autel en l'honneur de Sainte-Marie, mère de Dieu, de saint Pierre, prince des Apôtres, et du confesseur saint Evroul : Gislebert, évêque d'Evreux, fit la consécration de l'autel du midi en l'honneur de tous les Apôtres, et Serlon celle de l'autre autel en l'honneur de tous les Martyrs. Le jour suivant, Serlon bénit le Crucifix et son autel, en l'honneur de saint Sauveur et de saint Gilles, confesseur. Gislebert d'Evreux en fit autant à l'autel de la Messe du matin, en l'honneur de tous les saints. Enfin, le 17 des calendes de novembre (16 octobre), l'évêque d'Evreux sanctifia un autel vers le midi, en l'honneur de tous les Confesseurs; puis, ayant terminé la célébration de la messe, il se rendit au chapitre, et, par de saintes exhortations, de pieuses prières et des bénédictions, fortifia les frères dans l'adoration de Dieu. A la fin de la même année, le 2 des calendes de janvier (31 décembre), Serlon, évêque de Sées, dédia l'autel de la chapelle du Nord, en l'honneur de toutes les Vierges.

Ainsi ces trois évêques dédièrent avec respect, à des jours fixés, sept autels qui, à la louange de Dieu, furent, suivant l'usage ecclésiastique, consacrés aux ordres glorieux des bienheureux qui, dans une joie éternelle, entourent le Saint des Saints au royaume des cieux.

Plusieurs grands seigneurs de la Normandie se trouvèrent à cette dédicace, et les fidèles des deux ordres présentèrent à Dieu le tribut de leurs prières. En effet, Guillaume, abbé du Bec, Radulphe, abbé de Sées, Arnoul, abbé de Troarn, Geoffroy, évêque de Coutances, Richard d'Ansgerville [1], Guillaume de Glanville [2], Etard et Guillaume d'Evreux, Hugon, fils de Saffred, Guillaume d'Ernes [3], des archidiacres, des doyens et d'autres clercs honorables assistèrent à cette cérémonie, et, de concert avec leurs évêques, ils remplirent solennellement le ministère du service divin.

Alors Guillaume de Breteuil donna à l'église d'Ouche dix livres par an de ses revenus de Glos. Robert de Grandménil fit don à Dieu de la grande église de Saint-Samson à Mont-Chauvet, d'une terre d'une charrue, et de la dîme tant des foires du même lieu que du moulin et de la forêt. Gilbert de L'Aigle concéda à Saint-Evroul la moitié de cette ville, de manière que le chevalier Richard la tînt des moines comme il l'avait tenue jusque-là de Gilbert : ils possédaient déjà dans leurs domaines l'autre portion que leur avait donnée Richard son père. Raoul de Conches concéda à Saint-Evroul Caudecotte et Alvington, qui sont en

---

[1] C'est probablement Angerville-en-Auge, arrondissement de Pont-l'Evêque.

[2] Cette commune est de l'arrondissement de Pont-l'Evêque.

[3] *De arenis* ; Ernes, ou peut-être Eraines, toutes deux dans l'arrondissement de Falaise.

Angleterre, trois arpens de vignes à Toëni, et tout ce qu'il possédait à Warville [1], ainsi que six hôtes dans trois de ses terres; puis il confirma de bonne grâce tout ce dont ses vassaux avaient fait la donation.

Dans le même temps, il y eut en Occident des troubles funestes à beaucoup de monde. Une hideuse confusion éclata publiquement, par la désertion d'un grand nombre de Chrétiens. En effet, le pape Urbain avait décidé dans son autorité supérieure, et prescrit, en vertu de la puissance apostolique, d'observer inviolablement dans toute l'Eglise latine ce qui suit : savoir, que tous ceux qui auraient pris la croix du Christ, et qui par changement de volonté n'avaient pas entrepris le voyage de Jérusalem, le feraient au nom du Seigneur, ou bien, frappés de l'anathême, seraient séquestrés de l'Eglise, pour être punis. C'est pourquoi, Etienne, comte de Blois, qui avait été retenu par plusieurs nécessités, s'en affligea profondément, et se prépara de nouveau au pélerinage. Un semblable desir s'accrut avec ferveur dans le cœur de beaucoup de milliers d'hommes : car ils avaient entendu faire des rapports favorables sur les glorieux héros du Christ qui, forts de la foi de la Sainte-Trinité, avaient combattu contre les nations païennes, obtenu une heureuse victoire par la vertu du bon Sauveur, et mérité d'éternelles louanges dans tous les siècles.

Maintenant, avec l'aide du Saint-Esprit, je crois à propos de revenir à nos pélerins, pour rapporter en peu de mots les aventures ou la fin de ceux qui, après

[1] *Guarlenvilla.*

leurs triomphes, demeurèrent en Judée ou en Syrie, ainsi que de ceux qui rentrèrent chez eux par un pénible voyage.

L'an de l'incarnation du Seigneur 1099, au mois d'août, Godefroi, fils d'Eustache comte de Boulogne, et d'Ita, prit le sceptre de David à Jérusalem, et régna trois ans. Dans le cours du même mois, secondé encore par tous ses compagnons d'armes, il combattit l'émir, et, conduit par Dieu même, remporta heureusement la victoire sous les murs d'Ascalon. Quand les païens, combattus par le suprême roi des armées lui-même, eurent mordu la poussière, les principaux chefs se déterminèrent en automne à partir avec leurs frères d'armes, et, disant adieu à leurs amis et à leurs compagnons, se mirent en marche pour leur retour. En conséquence, Robert duc des Normands, Robert marquis des Flamands et Raimond comte de Toulouse, partirent après avoir fait éprouver aux Turcs leur prouesse. Comme ils s'en retournaient, ils rencontrèrent de grandes troupes de pélerins, qui, lors du premier départ, n'avaient pu les accompagner, mais qui, dès que l'occasion s'en présenta et qu'ils le purent, accomplirent le vœu qu'ils avaient fait de visiter le sépulcre du Seigneur. Ces malheureux éprouvèrent beaucoup de misère en chemin, et souffrirent des peines presque mortelles : car les premiers croisés qui, les années précédentes, avaient ravagé le pays entre Antioche et Jérusalem, avaient semé, pour ceux qui les suivaient par le même chemin, la disette qui fit leur perte, parce que, ayant tué ou mis en fuite les paysans de ces provinces, on ne trouva que des champs incultes qui n'offraient rien à manger. Cependant les chefs qui revenaient en Europe apprirent des pélerins qu'ils rencontrèrent que le duc Boémond assiégeait Laodicée, et que les soldats de l'Empereur, qui en formaient la garnison, lui résistaient de toutes leurs forces.

Il débarqua [1] là près de vingt mille pélerins qui arrivaient en hâte d'Angleterre et des autres îles de l'Océan, pour visiter le sépulcre du Seigneur, dans le même temps que les Païens assiégeaient Antioche, et pressaient vivement les Chrétiens dans cette ville. Les Laodicéens accueillirent parfaitement ces Chrétiens insulaires et se confièrent à leur protection contre les Turcs. Parmi ces nouveaux arrivés, le plus remarquable était Edgar-Athelin, qu'après la mort de Harald les Anglais avaient vainement élevé au trône. Il se chargea de défendre Laodicée, la conserva fidèlement au duc Robert, et, après la victoire remportée sur les Païens, la remit à ce prince. Edgar était beau de corps, éloquent, libéral et généreux, comme il convenait à un fils d'Edouard roi de Hongrie: mais son bras était faible; il aimait comme un frère nourri du même lait le duc qui était de son âge.

C'est ainsi que le duc Robert obtint en Syrie la ville de Laodicée, et s'y arrêta quelque temps avec les Normands, les Anglais et les Bretons. Il établit dans les fortifications de la place une garnison pour la garder pendant qu'il ferait son pélerinage au tombeau du Seigneur Jésus-Christ. Sur ces entrefaites, Ravendinos, protospathaire de l'empereur Alexis, et quelques autres de ses officiers arrivèrent par mer, et

[1] Ici Orderic Vital interrompt son récit pour remonter à une époque antérieure.

assiégèrent la ville avec une nombreuse armée. Les Laodicéens, pour favoriser leurs compatriotes, chassèrent les Cisalpins. Ainsi les gouverneurs impériaux furent introduits par les Grecs et par les Syriens. Boémond, apprenant ces nouvelles, vola aussitôt, avec son armée, à Laodicée, l'assiégea long-temps, et lui livra de fréquens assauts. Les habitans et les Thraces, informés du retour des croisés, craignant qu'en se réunissant à l'armée de Boémond, ils ne la rendissent invincible, cherchèrent à les séduire en leur envoyant adroitement des députés et des présens, et leur mandèrent d'accourir avec sécurité pour défendre leur ville. Les croisés, informés de ces dispositions, se réjouirent, et étant arrivés, furent accueillis pacifiquement dans la ville par les citoyens. Ensuite, le bruit de ce qui était arrivé s'étant répandu, et la tranquillité s'étant rétablie partout, le duc Robert, de concert avec ses compagnons d'armes, manda à Boémond de se retirer en paix, sinon de se préparer promptement à la guerre. A la réception de ces dépêches, Boémond assembla son conseil, et lui demanda ce qu'il fallait faire dans une telle occurrence. Tout le monde lui persuada de se retirer en paix, de se contenter de ses biens, et de ne pas envahir injustement ceux d'autrui, de peur qu'il ne lui fallût combattre ses frères et ses braves compagnons : ce qui exciterait contre lui la colère de Dieu, scandaliserait les Chrétiens, provoquerait le rire des Païens, et souillerait par l'effusion du sang des fidèles la gloire de ses hauts faits. Convaincu par ces raisonnemens, le modeste duc en sentit facilement toute la sagesse, et comprenant finement les utiles avis des prudens, il

s'y rendit, et, quoique affligé, partit toutefois avec son armée, par respect pour ses compagnons. Les Grecs et les Syriens, ainsi rassurés, s'occupèrent de leurs affaires, et, quelques jours après, parlèrent ainsi à leurs compatriotes qu'ils avaient convoqués : « Il-
« lustres seigneurs, dont tout l'univers reconnaît la
« foi et la bravoure, écoutez ce que nous allons vous
« dire dans de bonnes intentions. Nous savons clai-
« rement qu'à cause de votre pélerinage vous avez
« abandonné de riches royaumes, et que vous desi-
« rez les revoir après avoir noblement accompli votre
« vœu, pressés que vous êtes surtout par votre ten-
« dresse pour vos femmes et vos enfans chéris, par
« votre attachement à vos parens et à vos amis, que
« vous avez tous quittés pour le Christ. Maintenant,
« pour accomplir votre volonté, écoutez favorable-
« ment notre avis que, sans nul doute, par la faveur
« de Dieu, vous approuverez comme étant pour vous
« salutaire et avantageux. Remettez-nous pour l'Em-
« pereur les villes et les places fortes que vous pos-
« sédez en Syrie et en Romanie. Nous équiperons
« pour vous une flotte considérable ; nous vous con-
« duirons sans frais à Constantinople auprès de l'Em-
« pereur, vous et tous ceux qui voudront vous sui-
« vre, et, dans tout le trajet nous vous procurerons
« abondamment le pain, le vin et tous les objets né-
« cessaires. Nous connaissons en cela la volonté de
« l'Empereur, et nous souhaitons ardemment lui
« plaire par un tel service. Il éprouve un vif désir
« d'avoir avec lui des Français ; il admire et chérit
« leur constance et leur vivacité. D'après notre avis,
« allez en toute confiance le trouver, et vous éprou-

« verez combien nos conseils vous seront avanta-
« geux. »

Les Français tinrent aussi conseil entre eux, et examinèrent habilement les divers partis à prendre ; chacun communiqua librement son opinion. Les chefs se séparèrent chacun suivi de ses amis, et se parlèrent ainsi : « Voilà que nous sommes éloignés de notre
« patrie dans les contrées étrangères, et que nous
« desirons avec ardeur retourner chez nous ; mais une
« double difficulté nous arrête. En effet, nous ne pou-
« vons rester ici honorablement, comme il convient à
« notre noblesse, et il nous est impossible de retour-
« ner en France sans de graves dangers. Boémond,
« qui possède Antioche et les provinces circonvoi-
« sines, étend au loin son empire, et ne veut dans
« ces contrées souffrir aucun égal. Nous n'avons pas
« de vaisseaux pour traverser les mers, et par terre
« il n'existe pas d'autre chemin que par les Etats de
« l'Empereur. Or, cette route est semée de périls s'il
« ne nous accorde sa bienveillance, et tout serait à
« craindre dans des sentiers douteux, à travers des
« peuples barbares. Nous sommes poursuivis par tou-
« tes sortes de privations, et tourmentés par la crainte
« de toute espèce de dangers. Fatigués d'immenses
« travaux, nous avons le desir, comme on l'a suffi-
« samment répété, de retourner dans notre patrie ;
« et c'est ce que nous ne pouvons faire, soit par mer,
« soit par terre, que par la faveur de l'Empereur. Que
« ferons-nous donc ? Nous ne voulons pas rester ici
« plus long-temps ; et il n'y a pas de temps à perdre
« pour des expatriés fatigués et malades, qu'afflige la
« disette de toutes choses. Accueillons donc les pro-

« messes des Grecs, quoiqu'ils soient ordinairement
« perfides ; acceptons avec joie, puisqu'ils sont chré-
« tiens, ce qu'ils nous offrent pacifiquement, et ce
« qu'autrement nous eussions dû leur demander par
« d'instantes prières. »

Sur ce les Français se recommandèrent à Dieu, aux mains de qui sont toutes choses, et consentirent de bonne grâce à tout ce que leur avaient promis les Grecs. Ceux-ci furent au comble de la joie, et exécutèrent fidèlement leurs promesses.

L'Empereur reçut honorablement les Français à leur arrivée : ayant appris le traité conclu entre eux et ses gens, il s'en réjouit, et le confirma de son autorité impériale. Il offrit de grands honneurs à ceux qui voudraient rester avec lui, et combla de magnifiques présens ceux qui préférèrent retourner en Occident. En conséquence Raimond, comte de Toulouse, tant qu'il vécut, resta avec Alexis, et demeura au nombre de ses commensaux, de ses amis et de ses conseillers. L'Empereur l'aimait beaucoup, et l'écoutait favorablement, parce qu'il savait que dans Antioche, par fidélité pour lui, il avait tenu tête avec fermeté à Boémond. La femme de Raimond, fille d'Ildefonse[1], roi de Galice, avait partagé un si long pélerinage ; elle lui donna à Constantinople un fils, nommé aussi Ildefonse, qui, après la mort de Bertrand, son frère, comte de Toulouse, posséda l'héritage paternel, et, jusqu'à ce jour, a gouverné les Goths en Provence. Le comte Raimond conserva long-temps à Constantinople, dans sa chapelle, la lance du Seigneur, que Pierre Abraham avait découverte à Antioche. L'Empereur honora par de

[1] Alphonse.

grands présens, et enrichit par des soldes considérables, les autres chevaliers qui voulurent rester avec les Grecs.

Il combla de dons Robert, duc de Normandie, Robert, comte de Flandre, et leurs compagnons d'armes, qui étaient fort empressés de retourner chez eux, et leur accorda dans ses Etats la liberté du passage et la faculté de s'approvisionner. Ainsi, de ceux qui abandonnaient les contrées orientales, il retenait les uns avec lui, et faisait transporter les autres avec grand soin dans leur pays natal, parce qu'il employait tous ses efforts à affaiblir en Syrie la puissance qui lui était contraire, ainsi qu'à empêcher l'arrivée de ceux qui marchaient au secours de ses ennemis.

Dès que l'actif Boémond eut appris ce que nous avons rapporté, c'est-à-dire, que les officiers de l'Empereur et tous les Français avaient, avec leurs troupes, traversé les mers, il rassembla en hâte une nombreuse armée de Normands, d'Arméniens, d'Allobroges et d'autres nations, assiégea Laodicée, l'attaqua vigoureusement, la prit, la conserva douze ans, et la transmit à ses successeurs jusqu'à ce jour. Il soumit de même vaillamment à ses lois, pour la louange de Dieu et l'assistance des Chrétiens, Tarse, Mamistra, Albar, Marrah, et d'autres places, au milieu desquelles se trouve Antioche. Il eut beaucoup d'égards pour les Grecs, les Arméniens et les Syriens, qui observaient dans leurs couvens, selon leurs rites, les règles monastiques, et leur confirma fidèlement les possessions qu'ils avaient eues jadis. Ce vaillant héros donna à des moines et à des clercs latins certains monastères que, dans leur cruauté, les Turcs avaient dépouillés, et dont ils avaient mis en fuite les religieux ; il leur donna en outre libéralement d'amples propriétés, afin qu'ils eussent tout en abondance pour le culte de Dieu, et qu'ils pussent faire le service de la divine Majesté, selon l'usage des Latins.

L'an de l'incarnation du Seigneur 1100, les comtes dont nous avons parlé ayant, comme nous l'avons dit, été honorés de présens par l'Empereur, partirent avec leur monde, et furent accueillis avec amitié en Italie par les Normands, qui y possédaient de grandes richesses. En effet, Roger, comte de Sicile, son neveu Roger, duc de Pouille, Geoffroi de Conversano, neveu du duc Guiscard, et leurs autres compatriotes et parens se réjouirent de leur heureux retour; ils s'efforcèrent de procurer des plaisirs à ces champions qui s'étaient fatigués pour le Christ dans des combats multipliés. Ce fut là que Robert, duc de Normandie, s'éprit d'amour pour la généreuse Sybille, fille de Geoffroi de Conversano, qu'il épousa et conduisit avec lui en Normandie. Cette jeune princesse se distinguait par ses bonnes mœurs, était ornée des plus belles qualités, et fut toujours aimable aux yeux des personnes qui la connaissaient. Trois ans après son mariage, elle mit au monde, à Rouen, un fils que Guillaume, archevêque de cette ville, baptisa et qu'il appela de son nom. Pendant que le duc Robert était dans les pays étrangers, il n'oublia pas qu'il avait reçu dix mille marcs d'argent de son frère, et lui avait engagé pour cinq ans la Normandie. C'est pourquoi il obtint une grande quantité d'or, d'argent et de choses précieuses de son beau-père, qui était seigneur de Brindes, ville dans laquelle Caïus César renferma le grand Pompée, comme le raconte Lucain : ces dons et ceux de ses autres amis lui procurèrent une grande somme d'argent, qu'il destina avec prévoyance à rembourser son créancier, pour retirer de ses mains son duché quitte de charges.

Les mémorables événemens accomplis avec éclat en Orient, en l'honneur du Christ, par les princes et les autres fidèles, ne tardèrent pas à être annoncés dans l'Occident, grâce au vol rapide de la Renommée ; et les enfans de l'Eglise s'y réjouirent de l'éclatante délivrance de Jérusalem, ainsi que de la confusion de Babylone. Guillaume, duc de Poitiers, ayant appris ces nobles triomphes, fut enflammé de l'amour du pèlerinage. Une armée de trois cent mille hommes de l'Aquitaine, de la Gascogne et des autres contrées de l'Hespérie suivirent ses drapeaux. Il résolut d'engager son duché d'Aquitaine et toutes ses terres à Guillaume-le-Roux, roi des Anglais, et d'obtenir de son trésor une forte somme d'argent, afin d'accomplir noblement le voyage qu'il desirait entreprendre. C'est pourquoi il envoya au Roi d'habiles ambassadeurs, et lui fit part, grâce à leur entremise, des projets qu'il avait conçus. Le fastueux monarque, qui, comme l'hydropique altéré, desirait d'autant plus qu'il avait davantage, prêta une oreille avide aux propositions des ambassadeurs, et aspira vivement à joindre les vastes possessions du duc aux anciens Etats du duché et du royaume de son père. C'est pourquoi il fit équiper une flotte considérable, emmena avec lui d'Angleterre une nombreuse cavalerie, projetant, lorsqu'il aurait passé la mer, de se tenir prêt, en armes, comme le lion sur sa proie, à défendre à son frère l'entrée de la Normandie, à faire l'achat, à grands frais, du duché d'Aquitaine, et à porter les frontières de son Empire jusqu'au rivage de la Garonne, après avoir vaincu dans les combats tous ceux qui s'opposeraient à ses vues. Telles étaient les pensées de ce jeune orgueilleux ; tel était le but auquel aspirait son arrogance : mais le Créateur tout-puissant, qui gouverne toutes choses, faisait d'autres dispositions.

Alors, vers les Rogations, un lugubre événement arriva dans la Forêt-Neuve. Pendant que les chevaliers de la cour du Roi s'exerçaient à la chasse, et cherchaient à atteindre à coups de flèches des daims ou des cerfs, un chasseur tira sur un de ces animaux, et frappa par malheur Richard, jeune homme distingué, fils du duc Robert. Richard tomba mort à l'instant même, et ce fut pour beaucoup de monde l'occasion d'un grand deuil. Le chevalier, épouvanté de cette grave infortune, s'enfuit aussitôt à Saint-Pancrace, s'y fit moine sans différer, et par ce moyen prévint une double vengeance. En effet, abandonnant le monde, il expia dans la pénitence le crime de son homicide, et évita la haine des parens et des amis du jeune prince. Beaucoup de personnes avaient présagé à ce chevalier une grande somme de bonheur ; mais les hommes, lorsque le roi Sabaoth juge à propos d'en agir autrement, sont souvent trompés et trompent fréquemment, parce que leurs vaines pensées sont obscurcies par les ténèbres de l'ignorance.

Il me semble à propos de dire quelque chose du jeune Robert. Lorsque le duc Richard, dans sa jeunesse, s'était follement révolté contre son père, et s'é tant mis, dans son exil, à la tête d'une grande troupe de brigands, ravageait la Normandie par le pillage et toutes sortes d'attentats, il s'éprit d'amour, sur les frontières de France, pour la belle concubine d'un vieux prêtre, et en eut deux fils, Richard et Guillaume. Cette femme éleva long-temps avec soin ses enfans; elle les présenta déjà grands au duc en Normandie, et lui donna des preuves non équivoques de l'intimité où elle avait vécu avec lui dans sa jeunesse. Comme il reconnut la vérité d'une partie de ses allégations, mais qu'il hésitait toutefois à reconnaître ses enfans, la mère porta en public un fer ardent, et, n'en ayant reçu aucune brûlure, prouva par là qu'elle avait eu ces enfans du fils du Roi. Ces deux frères furent braves et aimables; mais ils tombèrent bientôt flétris en un moment, comme la fleur au milieu du foin que fait tomber la faulx. L'un d'eux, comme nous venons de le dire, fut tué à la chasse; l'autre, quand Henri eut fait Robert prisonnier à Tinchebrai, se rendit à Jérusalem, s'y distingua beaucoup par les armes, et ne tarda pas à périr.

Maintenant voici, lecteur, pourquoi la forêt où fut tué le jeune prince avait été appelée la Forêt-Neuve. Depuis les anciens temps, cette contrée était très-populeuse, et elle était couverte partout de fermes appropriées à l'habitation des hommes. La nombreuse population de Southampton cultivait ce territoire avec des soins habiles autant qu'assidus: aussi cette province méridionale fournissait-elle abondamment à la ville de Winchester les riches productions de ses champs. Mais Guillaume-le-Conquérant, s'étant emparé du royaume d'Albion, dévasta à dessein, comme il aimait beaucoup les forêts, plus de soixante paroisses, força les habitans d'émigrer en d'autres lieux, et y substitua à des hommes des bêtes sauvages, pour se procurer le plaisir de la chasse. C'est là qu'il perdit ses deux fils Richard et Guillaume-le-Roux, et, comme nous l'avons dit, Richard son petit-fils : c'est là aussi que toutes sortes de fantômes apparaissaient terriblement à quelques personnes, et que, par ce moyen, Dieu manifestait clairement combien il lui déplaisait que l'on eût abandonné les édifices consacrés à son service pour élever à la place des bêtes fauves.

Au mois de juillet, comme on équipait avec tout l'appareil des pompes royales la flotte du Roi, et que lui-même, rassemblant de toutes parts avec obstination une immense quantité d'or, attendait sur le bord du détroit un moment favorable, des personnes de tous les rangs eurent, dans les monastères et les évêchés, d'horribles visions concernant Guillaume. Aussi les peuples s'en entretenaient partout publiquement dans les places et dans les cimetières, et le monarque lui-même en fut instruit.

Un moine de bonne renommée, et d'une conduite meilleure encore, habitait le monastère de Glocester; il rapporta que, dans une vision nocturne, il avait eu le songe suivant : « Je voyais, dit-il, le Seigneur
« Jésus assis sur un trône élevé, et autour de lui la
« glorieuse milice du ciel, et le chœur des saints.
« Pendant que, dans mon extase, j'étais ravi au des-
« sus de moi-même, frappé d'étonnement, et, dans
« l'excès de mon admiration, considérant attentive-
« ment ces choses extraordinaires, voilà qu'une cer-

« taine vierge, répandant un très-grand éclat, se pro-
« sterna aux pieds de Jésus-Christ, et le pria hum-
« blement en ces termes : — Seigneur Jésus-Christ,
« sauveur du genre humain, pour lequel, attaché à la
« croix, vous avez versé votre précieux sang, jetez
« un œil de clémence sur votre peuple qui gémit mi-
« sérablement sous le joug de Guillaume. Vengeur
« des crimes, et juge très-équitable de toutes choses,
« vengez-moi, je vous prie, de ce prince. Arrachez-
« moi de ses mains, car il m'a violée autant qu'il
« est en lui, et m'a cruellement affligée. — Le Sei-
« gneur lui répondait : Souffrez patiemment, atten-
« dez un peu; dans un bref délai vous serez suf-
« fisamment vengée de lui. — En entendant ces
« paroles, je me mis à trembler, et ne doutai pas
« que notre monarque ne fût prochainement menacé
« de la colère céleste, car je compris que les cris
« de l'Eglise, vierge et mère très-sainte, étaient
« parvenus aux oreilles du Seigneur à cause des ra-
« pines, de la honteuse débauche et de l'intolérable
« fardeau de toutes sortes de crimes, par lesquels le
« Roi et sa cour ne cessent de transgresser journel-
« lement les lois divines. »

A ces mots, le vénérable abbé Serlon écrivit des lettres d'avertissement, qu'il adressa amicalement de Glocester au Roi, et dans lesquelles il inséra éloquemment ce que le moine avait appris dans sa vision. Le jour des calendes d'août (1er août), on célébra solennellement la fête de Saint-Pierre-aux-Liens dans le même monastère, où se réunit un grand concours de personnes de tous les rangs. Alors Foulchered, moine fervent du couvent de Sées, premier abbé de

Shrewsbury, commentateur éloquent des divines Ecritures, choisi parmi les plus âgés, monta en chaire, et fit au peuple un sermon sur la parole salutaire de Dieu. Il y condamna ouvertement les prévaricateurs de la loi divine, et, comme rempli de l'esprit prophétique, il fit hardiment plusieurs prédictions à peu près en ces termes : « L'Angleterre est abandonnée en
« héritage au profane pour qu'il l'écrase, parce que
« cette terre est remplie d'iniquités. Tout son corps
« est souillé de la lèpre d'une perversité infinie, et,
« de la tête aux pieds, il est en proie aux maux
« qu'engendre la méchanceté. En effet, partout s'é-
« tend un orgueil effréné qui méprise toutes choses,
« et même, s'il est permis de le dire, jusqu'aux astres
« du ciel. Le libertinage effronté souille tous les
« vases, et même ceux qui sont d'or; une avarice
« insatiable dévore tout ce qu'elle peut atteindre.
« Voyez-vous une révolution prochaine qui nous me-
« nace? Les libertins n'ont pas long-temps à nous
« opprimer : le Seigneur Dieu viendra juger les en-
« nemis publics de son épouse. Il frappera Moab et
« Edom du glaive de sa vengeance éclatante, et bou-
« leversera par une épouvantable commotion les
« montagnes de Gelboé. La colère de Dieu n'épar-
« gnera pas plus long-temps les impies : la céleste
« colère frappera les enfans de l'infidélité. Voyez-
« vous tendu contre les réprouvés l'arc de la su-
« prême fureur? voyez-vous sortir du carquois la
« flèche prompte à frapper? Ses coups seront bientôt
« portés, et c'est en se corrigeant que tout homme
« sage les évitera. »

Ces paroles, et beaucoup d'autres semblables, furent

prononcées devant le peuple dans le temple de Dieu, et soudain les fléaux commencèrent à se manifester d'une manière évidente. Le lendemain matin, le roi Guillaume se mit à table avec ses parasites, et se prépara, après le dîner, à partir pour la chasse dans la Forêt-Neuve. Comme il se livrait à la joie avec les personnes de sa suite, et qu'il chaussait ses bottes, un serrurrier survint, et lui présenta six flèches. Le prince les reçut avec satisfaction, donna à l'ouvrier des éloges sur son travail, et, sans prévoir ce qui en devait arriver, en retint quatre pour lui et en remit deux à Gaultier Tyrrel. « Il est juste, dit le Roi, « de donner les flèches les mieux aiguisées à celui « qui saura le mieux s'en servir pour porter des « coups mortels. » Ce Tyrrel était un chevalier distingué né en France, riche châtelain de Poix et de Pontoise, puissant parmi les grands, et vaillant guerrier. C'est pourquoi il vivait dans la familiarité du Roi, et l'accompagnait assidûment partout. Enfin, comme on perdait le temps à parler de frivolités, et que les gens de la maison du Roi étaient réunis autour de sa personne, un moine de Glocester se présenta et remit au Roi une lettre de son abbé. Après avoir lu, le Roi se mit à rire, et en se moquant parla ainsi au chevalier Tyrrel : « Gaultier, ayez soin d'exécuter ce « que je vous ai recommandé. » Celui-ci répondit : « Oui, seigneur. » En conséquence Guillaume faisant peu de cas des avertissemens des vieillards, et oubliant qu'avant le malheur le cœur se livre à la joie, s'exprima ainsi sur le contenu de la lettre qu'il avait entendue : « Je m'étonne pourquoi mon seigneur Serlon a eu la « fantaisie d'écrire de pareilles choses, lui qui, comme

« je le pense, est un abbé de bien et un vieillard
« plein de maturité. Dans l'excès de sa simplicité, il
« me raconte, au milieu des occupations dont je suis
« accablé, les rêves de gens qui sommeillent, et il
« les place dans un écrit qu'il a dessein d'envoyer
« dans plusieurs contrées. Croit-il que je suivrai les
« usages des Anglais qui renoncent à leurs voyages
« ou à leurs affaires, d'après l'éternument ou les
« songes des vieilles femmes ? »

A ces mots il se leva promptement, et, montant son coursier, courut vers la forêt. Le comte Henri son frère, Guillaume de Breteuil et plusieurs autres personnages illustres se trouvaient là ; ils se rendirent dans les bois, et tous les chasseurs se dispersèrent en divers lieux, ainsi qu'il convenait. Comme le Roi et Gaultier de Poix s'étaient établis avec un petit nombre de compagnons dans un quartier de la forêt, et que, bien armés, ils attendaient avidement le gibier, tout à coup un animal s'étant jeté parmi eux, le Roi quitta sa place, et Gaultier tira sa flèche. Ayant rasé les soies du dos de l'animal, la flèche vola rapidement et blessa mortellement le Roi, qui se trouvait à portée. Ce prince tomba aussitôt par terre, et malheureusement expira sur l'heure. Alors, à la mort d'un seul homme, il s'éleva parmi les mortels une grande commotion, et le trépas du prince fit retentir la forêt d'horribles clameurs. Henri courut à toute bride au château de Winchester, où était renfermé le trésor royal, dont, comme héritier légitime, il exigea, par son ordre suprême, qu'on lui remît les clefs. Guillaume de Breteuil, tout essoufflé, arriva au même lieu, et s'opposa adroitement aux entre-

prises de Henri. « Nous devons, dit-il, nous rap-
« peler soigneusement la foi que nous avons pro-
« mise à votre frère Robert. En effet, il est le fils
« aîné du roi Guillaume; vous et moi, mon seigneur
« Henri, rendons-lui hommage. Aussi devons-nous
« lui garder fidélité en toutes choses, absent comme
« présent. Depuis long-temps il travaille péniblement
« pour le service de Dieu, qui lui rend, sans coup
« férir, avec la couronne de son père, le duché
« que comme pélerin il avait quitté pour l'amour du
« Ciel. »

Au milieu de cette altercation, la discussion s'ai-
grit; de toutes parts il s'assembla une grande multitude d'hommes, et la vigueur de l'héritier présent qui réclamait son droit se déploya fortement.
Henri mit avec vivacité la main à la garde de son
épée, la tira du fourreau, et ne permit point, par un
vain retard, qu'aucun étranger s'emparât du sceptre
paternel.

Enfin, des amis et de sages conseillers s'étant réunis, la dispute se calma de part et d'autre. D'après
une prudente détermination, de peur qu'une scission
fâcheuse ne s'élevât, on remit le château avec le trésor royal aux mains de Henri, fils de l'avant-dernier
Roi. C'est ce qui, depuis long-temps, avait été prédit
par les Anglais, qui desiraient avoir pour maître ce
prince né noblement sur leur trône.

A la mort du Roi, plusieurs seigneurs quittèrent
la forêt pour retourner chez eux, et mettre leurs
affaires en règle, dans la crainte où ils étaient de
voir s'élever des troubles. Quelques domestiques
couvrirent comme ils purent le Roi tout sanglant

avec des étoffes sans valeur, et le transportèrent de la forêt à la ville de Winchester, comme un sanglier féroce que viennent de percer les chasseurs. Les clercs et les moines, les habitans de la ville, les pauvres avec les veuves et les mendians allèrent en procession au devant du corps, et, par respect pour la dignité royale, il fut enterré au plus vite dans l'ancien monastère de Saint-Pierre. Toutefois les docteurs ecclésiastiques et les prélats ne craignirent pas dès lors de juger ce monarque d'après sa vie corrompue et sa fin tragique : comme ayant péri de mort violente, ils le trouvèrent indigne de l'absolution de l'Église, car ils n'avaient pu le châtier salutairement pour ses crimes pendant qu'il respirait l'air de la vie. Dans quelques églises on ne sonna pas même les cloches pour ce prince, tandis que fréquemment et long-temps on les met en mouvement pour les pauvres et les femmes de la plus basse condition. De l'immense trésor où l'on avait entassé des monceaux d'or provenant de la sueur des malheureux, on ne tira aucune aumône pour les pauvres en faveur de l'ame de son ancien et cupide possesseur. Au contraire, la soldatesque, des hommes perdus, de viles courtisanes gaspillèrent cet or à la mort du prince débauché : ils pleurèrent sa fin misérable, non pas tant par piété que parce qu'ils regrettaient de ne pouvoir plus se livrer à leurs détestables désordres, et cherchèrent avidement Gaultier Tyrrel, qu'ils voulaient mettre en pièces comme auteur de la mort de son maître. Mais celui-ci, après avoir consommé son attentat[1], s'enfuit précipitamment vers la mer ; ayant passé

[1] *Perpetrato facinore.*

le détroit, il se rendit dans les forts qu'il possédait en France, et là, se trouvant en sûreté, brava les menaces et les malédictions des malveillans. Il épousa Adelide, fille de Richard, de l'illustre famille des Giffard; elle lui donna pour fils Hugues de Poix, chevalier d'une grande valeur. Enfin, après beaucoup d'années, Gaultier, se rendit à Jérusalem, et mourut en faisant pénitence dans le pélerinage de Dieu.

L'an de l'incarnation du Seigneur 1100, le jeudi, le 4 des nones d'août (2 août), Guillaume-le-Roux mourut ainsi d'un coup de flèche dans la Forêt-Neuve, après avoir possédé le royaume d'Angleterre pendant douze ans et près de dix mois. Cependant Henri se hâta de se rendre à Londres avec Robert, comte de Meulan. Le dimanche suivant, il prit la couronne royale à Westminster, dans l'église de l'apôtre Saint-Pierre: il y fut consacré par le vénérable Maurice, évêque de Londres; car Anselme, archevêque de Cantorbéry, se trouvait, comme nous l'avons dit, en exil dans les contrées étrangères. Quant à Thomas, archevêque d'York, il était mort récemment, et son siége métropolitain était encore vacant. Henri était âgé de trente ans, lorsqu'il monta sur le trône, qu'il occupa pendant trente-cinq ans et quatre mois. Il gouverna, dans la prospérité comme dans l'infortune, le royaume que Dieu lui avait confié, avec autant de prudence que de succès. Parmi les princes les plus remarquables de la chrétienté, il brilla d'un grand éclat par le maintien de la paix et de la justice. De son temps, l'Eglise de Dieu fut joyeusement comblée de richesses et d'honneurs, et tous les ordres religieux s'accrurent considérablement, pour la plus grande gloire de Dieu. C'est ce qu'attestent les moines et les clercs qui, sous son règne, gagnèrent beaucoup en nombre et en élévation. C'est ce que peuvent à bon droit confirmer les ermites qui cultivent les points les plus épais des forêts, s'y réjouissent de voir s'élever les combles des monastères et des palais, et chantent, dans le calme du cœur, la gloire de Dieu aux mêmes lieux où des brigands sans loi avaient coutume de se cacher naguère pour commettre toutes sortes d'attentats.

Dès le commencement de son règne, Henri eut la sagesse de se concilier l'affection de tout le monde, et par sa munificence royale il sut s'en faire aimer. En effet, il honora avec bonté les grands, augmenta leurs richesses et leurs honneurs, et se les attacha par d'habiles caresses. En rendant de justes lois, il plut aux peuples qui lui étaient soumis; sa protection les garantit des injustes exactions et du brigandage. C'est ainsi que ce prince sublime se distingua parmi les seigneurs et les rois de l'Occident, et mérita les applaudissemens des clercs et des laïques qui se réjouissaient d'être gouvernés raisonnablement.

Henri commença à consoler les églises veuves de leurs pasteurs, et, de l'avis des sages, leur donna des docteurs instruits. En conséquence il confia le siége épiscopal de Winchester à Guillaume surnommé Giffard[1], qui avait été chancelier du feu Roi; il éleva à la métropole d'York, Girard évêque d'Hereford. Il envoya promptement des courriers au-delà des mers, pour rappeler à son siége le vénérable Anselme, archevêque de Cantorbéry, qui avait été, ainsi que nous

---

[1] Frère de Gaultier-Giffard, comte de Longueville.

l'avons dit, chassé par les iniques attaques de Guillaume-le-Roux. Il donna le monastère d'Ely à Richard, fils de Richard de Bienfaite, moine du Bec, et l'abbaye de Saint-Edmond, roi et martyr, au jeune Robert, moine d'Ouche, fils de Hugues, comte de Chester; il confia Glastonbury à Herluin de Caen, et Abington à Faris de Malmesbury.

Hugues, comte de Chester, Robert de Bellême et d'autres grands seigneurs qui se trouvaient en Normandie, ayant appris l'accident survenu à leur infortuné monarque, et la révolution subite qui venait d'arriver, après avoir mis ordre à leurs affaires dans la province, se hâtèrent de passer en Angleterre, offrirent au nouveau Roi la soumission qu'ils lui devaient, et lui ayant fait hommage reçurent de lui la confirmation de leurs terres et de toutes leurs dignités avec des présens dignes de la majesté royale.

Le roi Henri ne suivit pas, comme Roboam, les conseils d'une jeunesse imprudente; mais il écouta prudemment les argumens des sages et les avertissemens des vieillards. En conséquence il attacha à ses conseils Robert de Meulan, Hugues de Chester, Richard de Reviers, Roger Bigod, et plusieurs autres hommes habiles et courageux; et, comme il obéit prudemment aux avertissemens des hommes sages, il commanda avec raison à beaucoup de pays et de nations. Quatre mois après qu'il fut monté sur le trône, ce prince, ne voulant pas se livrer à la débauche comme le cheval et le mulet qui sont privés d'intelligence, épousa avec toute la pompe royale une princesse illustre nommée Mathilde, de laquelle il eut deux enfans, Mathilde et Guillaume. Elle était fille de Melculf, roi des Ecossais, et de la reine Marguerite. Elle tirait son origine de la famille du roi Elfred, fils du roi Egbert qui posséda le premier la monarchie de toute l'Angleterre après le massacre commis par les Danois et la mort de saint Edmond, roi et martyr. Depuis que les Angles étaient venus de l'île d'Anglie où est située la métropole de la Saxe, pour s'emparer de la Grande-Bretagne, après avoir vaincu ou détruit les peuples appelés Gallois, et fait la conquête de toute l'île sous Hengist leur premier chef, ils appelèrent cette contrée Angleterre, du nom de leur patrie. Cinq rois s'y succédèrent, comme nous l'apprend le Breton Gildas et l'Anglais Bède.

Le sage Henri, connaissant donc tout le mérite de la princesse, et desirant depuis long-temps jouir de l'honnêteté de ses mœurs, se la choisit pour compagne en Jésus-Christ, et l'éleva au trône à ses côtés en la faisant consacrer par Gérard, évêque d'Hereford. Je n'ai dit que peu de choses sur les événemens qui eurent lieu en Angleterre; mais je juge à propos d'ajouter quelque chose dans cet ouvrage sur ce qui concerne la Normandie.

Au mois d'août, dès qu'on eut appris dans la Neustrie la mort du malheureux Guillaume, l'orgueil furieux des Normands les porta à se déchirer les entrailles. En effet, dans la même semaine, Guillaume comte d'Evreux et Raoul de Conches firent une irruption avec une forte armée sur le territoire de Beaumont[1], d'où ils enlevèrent un butin considérable des terres de Robert comte de Meulan, à cause de quelques injures qu'il avait faites à leurs alliés, et

[1] Beaumont-le-Roger.

des conseils perfides qu'il s'était depuis long-temps appliqué à donner contre eux à Guillaume-le-Roux. A leur exemple, plusieurs autres seigneurs donnèrent un libre cours à la fureur et à la méchanceté qu'ils avaient depuis long-temps conçues, mais qu'ils n'avaient pas osé manifester par des attentats, parce qu'ils redoutaient la rigueur du prince. Désormais, libres de tout frein, ils employèrent tous leurs efforts à s'armer les uns contre les autres, et désolèrent par des massacres et des pillages réciproques cette malheureuse province privée de son chef.

Dans le courant du mois de septembre, le duc Robert arriva en Normandie, et, reçu par les siens, ainsi que Sybille sa femme, il alla au Mont-de-l'Archange-Saint-Michel-en-Péril-de-Mer. Il y rendit grâces à Dieu de son retour après un pèlerinage lointain; il y connut [1] ensuite sa femme, qui était fille de Goisfred de Conversano, et qui, l'année suivante, lui donna un fils que baptisa l'archevêque Guillaume [2], lequel lui donna son nom. Le duc Robert prit sans obstacle possession de son duché, et le gouverna, du moins de nom, pendant près de huit années. En effet, engourdi d'une manière blâmable dans la nonchalance et la mollesse, il se rendit méprisable à ses sujets turbulens et déloyaux. Le vol, le brigandage et la rapine s'étendaient partout sans relâche, et toutes les calamités se multipliaient de toutes parts au grand détriment de toute la patrie.

Hélie, fils de Jean de La Flèche, ayant appris l'événement qu'il avait desiré, c'est-à-dire, ayant su

---

[1] *Cognovit.*
[2] Guillaume Bonne-Ame, archevêque de Rouen.

que véritablement le roi Guillaume était mort, se rendit au Mans avec un corps d'hommes armés : bien reçu par les habitans qui l'aimaient, il prit en paix possession de la ville, et appela Foulques comte d'Anjou son seigneur, avec l'aide duquel il assiégea long-temps la citadelle. Haimeri de Morie et Gaultier de Rouen, fils d'Ansger, gardaient cette tour avec une garnison suffisante. Ils avaient pour résister assez de provisions de guerre et de bouche, et tout ce qui pouvait être nécessaire à des assiégés. De part et d'autre on se parlait journellement, on se menaçait mutuellement; et le plus souvent on mêlait les plaisanteries aux menaces. Les assiégés accordèrent au comte Hélie le privilège de se revêtir d'une tunique blanche toutes les fois qu'il le voudrait, et de venir ainsi en toute sûreté trouver ceux qui gardaient la tour. Confiant dans la foi de ceux qu'il avait toujours connus pour des hommes preux et loyaux, et remarquable par la blancheur de son habillement, il se rendait souvent auprès de ses ennemis, et, tout seul, ne balançait pas à s'entretenir avec eux. Les gens du dedans comme ceux du dehors se livraient mutuellement à des entretiens enjoués, et, sans esprit de malveillance, se disaient de part et d'autre des plaisanteries : ce qui dans le pays excitera l'admiration et le plaisir de la postérité.

Enfin Gaultier et Haimeri, au bout de quelques jours, parlèrent ainsi à Hélie : « Nous gardons, telle que
« notre maître nous l'a confiée, cette citadelle très-
« forte, remplie de toutes sortes de biens ; et nous ne
« craindrons ni vous ni vos machines de guerre, tant
« que nous voudrons vous résister. Nous pouvons vous
« atteindre avec nos pierres et nos flèches, parce que,

« placés sur cette tour élevée, nous nous trouvons
« au-dessus de vous ; mais par la crainte de Dieu, et
« par l'amitié que nous vous portons, nous vous épar-
« gnons, d'autant plus qu'en ce moment nous igno-
« rons pour qui notre défense conserve cette forte-
« resse. C'est ce qui nous fait croire juste et avanta-
« geux de conclure mutuellement une trêve, jusqu'à
« ce que notre envoyé soit de retour d'auprès de nos
« princes, qui sont les maîtres de l'Angleterre et de la
« Normandie. Quand il sera revenu, nous ferons ce
« que la raison nous dictera. » Hélie, plein de joie,
rapporta cette communication à Foulques. Ainsi tout
le monde fut satisfait, et la demande des Normands
fut bien accueillie.

Cependant le député envoyé auprès du duc de Normandie s'exprima en ces termes : « Gaultier et Hai-
« meri, avec leurs fidèles compagnons, gardent la ci-
« tadelle du Mans, comme le leur a prescrit le roi
« Guillaume ; assiégés par les Manceaux et les Ange-
« vins, ils vous demandent des secours. Ils desirent
« savoir ce qu'ils doivent faire pour exécuter votre
« volonté. Si vous voulez rester maître de cette for-
« teresse, venez avec une puissante armée pour les
« secourir et les délivrer des ennemis qui les assiégent ;
« sinon, apprenez-leur comment ils pourront échapper
« au péril de la mort. » Abattu par les travaux de son
long pélerinage, et plus disposé à chercher le repos
du lit qu'à se livrer aux fatigues belliqueuses, le duc
Robert répondit aux assiégés, par l'intermédiaire de
leur député, qu'ils eussent à conclure une paix honorable avec les assiégeans. « Je suis, dit-il, fatigué de
« mes longs travaux, et le duché des Normands me

« suffit. Au surplus, les seigneurs anglais m'invitent
« à passer la mer en toute hâte, parce qu'ils sont prêts
« à me recevoir comme roi. »

Quand il eut entendu ce discours, le député ne reprit pas son chemin; mais ayant traversé le détroit avec célérité, il se rendit auprès du roi d'Angleterre, et lui rapporta avec détail et clarté le discours que je viens de citer. Henri, occupé des affaires de ses Etats d'outre-mer, eut le bon esprit d'aimer mieux s'acquitter loyalement de ses obligations, que de se surcharger par orgueil d'entreprises étrangères, que ses devoirs ne lui imposaient pas. Il rendit grâces de leur bonne volonté pour lui aux chefs de la garnison de la citadelle du Mans, et renvoya leur délégué avec de dignes et honorables présens. Cet envoyé retourna vers ses mandataires, et leur fit part de la réponse qu'il avait obtenue des deux fils du roi Guillaume. En conséquence Gaultier et Haimeri ayant fait preuve d'une louable fidélité, engagèrent Hélie à revêtir sa tunique blanche, qui fut cause que l'on prit l'habitude de l'appeler le Blanc Bachelier [1]. Aussitôt Hélie y consentit. La garnison, qui le vit venir en toute hâte, lui fit un bon accueil, et lui dit en riant :
« Blanc Bachelier, vous pouvez maintenant vous
« réjouir à bon droit, car nous touchons au terme
« que vous avez long-temps desiré. Si vous avez dans
« votre trésor une grande somme d'argent, vous pou-
« vez conclure avec nous un bon marché. » Hélie leur ayant demandé ce qu'ils entendaient par ces paroles, ils répondirent : « Le puissant Guillaume, roi des
« Anglais, a bâti cette forteresse, que son héritier

[1] *Candidus Bachularis.*

« nous a confiée ; mais, hélas ! il est mort récemment.
« En conséquence nous vous la cédons, et nous con-
« sentons à ce que vous soyez désormais comte des
« Manceaux. Si nous voulions vous résister plus long-
« temps, nous ne serions ni effrayés par votre va-
« leur, ni vaincus, ni privés de courage pour tenir
« bon pendant long-temps. En effet, nous avons
« des armes, de la vaillance et des vivres ; mais nous
« manquons d'un maître légitime, à qui nous puis-
« sions consacrer le service de notre bras. C'est pour-
« quoi, vaillant guerrier, connaissant votre mérite,
« nous vous élisons, et, après vous avoir rendu cette
« place, nous vous constituons dès aujourd'hui comte
« des Manceaux. » C'est ainsi que ces preux guerriers
parlèrent à Hélie, conclurent la paix avec lui, et lui
remirent cette forte citadelle avec tout ce que Guillaume-le-Roux y avait fait entrer. Alors, la paix étant
faite, la vaillante garnison sortit de la place avec armes
et bagages, et fut accueillie par les deux comtes, non
comme un ennemi vaincu, mais comme un ami fidèle.
Hélie, à la tête de deux cents chevaliers, la fit sortir
de la ville en sûreté, et la protégea de bon cœur contre
les habitans qui auraient bien pu l'attaquer, parce que,
l'année précédente, elle avait brûlé leurs maisons.
Ainsi le comte Hélie, après trois ans, recouvra son
comté, et, pendant près de dix ans, le gouverna honorablement jusqu'à sa mort.

Cependant, au bout de quelques années, Hélie donna
sa fille Eremburge en mariage à Foulques, comte
d'Anjou, fils de son seigneur, et le fit même son successeur dans le comté du Maine. Il fit ensuite un
traité d'amitié avec le duc Robert et le roi Henri, aux

guerres desquels il prit une part active : il nuisit beaucoup à l'un, et rendit à l'autre de grands services. A la mort de sa femme, il ne voulut pas rester dans le célibat : il prit pour femme Agnès, fille de Guillaume de Poitiers, dont Ildefonse, roi de Galice[1], avait été obligé de se séparer[2]. Il célébra ses noces illustres avec une grande joie ; mais l'année suivante il mourut, au grand regret de beaucoup de personnes. L'évêque Hildebert ensevelit respectueusement son corps dans la basilique de l'apôtre Saint-Pierre-de-la-Couture.

L'an de l'incarnation du Seigneur 1101, il s'éleva de grands troubles en Angleterre et en Normandie. Les grands, disposés à la sédition, redoutant la magnanimité du roi Henri, et lui préférant la mollesse du lâche duc Robert, afin de se livrer criminellement à toutes leurs passions, se mirent à former des assemblées perfides, et l'engagèrent à préparer une flotte pour passer en toute hâte en Angleterre. Robert de Bellême et ses deux frères, Roger de Poitiers et Arnoul, Guillaume de Varenne comte de Surrey, Gaultier-Giffard, Yves de Grandmenil, Robert fils d'Ilbert, et plusieurs autres seigneurs approuvèrent cette trahison, et prirent parti pour le duc, d'abord en secret, puis ouvertement. Non seulement ce duc imprudent ne conserva pas ses États, mais il les perdit follement pour avoir voulu s'emparer du royaume qui était sous la puissance de son frère plus habile que lui.

Ce fut alors qu'il donna à Robert de Bellême l'évêché de Séés et la place d'Argentan, ainsi que la fo-

---

[1] Alphonse IV, roi de Castille et de Léon, puis de Galice.
[2] En 1080, pour cause de parenté.

rêt de Gouffern; puis il livra le château de Gisors à Thibault-Pains qui lui avait donné asile une seule fois. Ensuite il fit beaucoup de dons de son trésor à quelques autres seigneurs, et promit à plusieurs, s'il devenait roi, beaucoup plus qu'il n'eût pu leur donner. Comme il aimait la société des courtisanes et des bouffons, et que, les applaudissant avec impudence, il dilapidait ses biens pour eux, il se trouva plusieurs fois réduit à manquer de pain malgré les richesses de son puissant duché : souvent il ne sortait de son lit qu'à la sixième heure, faute d'habits décens; et faute de vêtemens, il ne se rendait point à l'église, pour y entendre les offices divins. En effet, les courtisanes et les libertins, qui connaissaient sa faiblesse, le circonvenaient sans cesse, et lui dérobaient fréquemment avec impunité ses culottes, ses caleçons et ses autres vêtemens. C'est ainsi que s'accomplit manifestement en lui ce qu'a dit un certain sage :

Qui sua demergunt, hi post extranea pergunt[1].

Les grands de la Normandie, méprisant leur duc, et préférant prendre parti pour le roi d'Angleterre, résolurent de lui transmettre le duché, et, par de fréquens messages, excitèrent son ambition à ce sujet. Ainsi les deux partis, déterminés par la perfidie, se dépravaient, et, infidèles à leur maître, cherchaient comment ils pourraient lui nuire. Quelques révoltés entreprirent une guerre ouverte contre ceux de leurs voisins qui étaient fidèles, et souillèrent le sein de leur fertile patrie par des dévastations, des incendies et de sanguinaires attentats. Le vénérable archevêque

[1] Ceux qui perdent leurs biens sont obligés de quitter leur pays.

Anselme, tous les évêques et les abbés avec leur saint clergé, et tous les Anglais, étaient attachés à leur Roi par des nœuds indissolubles; ils priaient sans cesse le roi Sabaoth pour le salut du monarque et le maintien de son règne. Robert de Meulan et plusieurs autres barons loyaux et prudens tenaient fidèlement à leur maître, et le secondaient de leurs forces et de leurs conseils.

Le principal instigateur de cette folle entreprise fut Ranulfe Flambart, évêque de Durham. Sorti d'une race plébéïenne, il avait flatté bassement Guillaume-le-Roux, et, à force de le servir avec adresse, il fut élevé par lui au-dessus de tous les grands du royaume. Créé grand trésorier et grand justicier, il se rendit odieux par d'innombrables cruautés qu'il répéta souvent, et se fit redouter du plus grand nombre. Comblé de richesses amassées de toutes parts, et de dignités chaque jour croissantes, il devint excessivement opulent, et, quoiqu'il fût presque illétré, il parvint jusqu'au siége épiscopal, non par le mérite de la piété, mais par l'emploi de la puissance séculière. Toutefois, comme aucun pouvoir de la vie mortelle n'est de longue durée, quand son Roi eut été tué, Flambart fut jeté en prison par le nouveau monarque, comme le déprédateur usé de la patrie. A cause de beaucoup d'injures dont il avait vexé Henri lui-même, et d'autres enfans du royaume, tant pauvres que riches, qu'il avait outrageusement maltraités à diverses reprises et de plusieurs manières, il fut renversé du sommet élevé de la puissance, grâce à la Providence divine qui fit changer le vent de ses prospérités, et, mis aux fers dans la tour de Londres, il fut livré à la garde de Guillaume de Magneville. Mais, comme dit Ovide en parlant de Dédale :

Ingenium mala sæpe movent..........[1]

le prélat, fécond en expédiens, s'appliqua à se délivrer des rigueurs de la prison, et, par l'entremise de ses amis, s'en procura la sortie. Habile et éloquent, quoique cruel et irascible, libéral cependant et le plus souvent joyeux, il s'était ainsi rendu agréable et cher à la plupart de ceux qui le connaissaient. Il recevait par l'ordre du Roi deux sous sterling tous les jours pour sa table. C'est pourquoi, avec l'aide de ses amis, il se réjouissait dans sa prison, et faisait servir journellement, pour lui et ses gardiens, un splendide festin. Un certain jour on lui apporta une corde dans une bouteille de vin, et il fit servir généreusement un banquet somptueux. Ses gardiens mangèrent avec lui, et puisèrent une grande joie dans une copieuse libation de Falerne. Quand ils furent entièrement enivrés, et qu'ils se furent endormis avec sécurité, l'évêque attacha la corde à la colonne qui se trouvait au milieu de la fenêtre de la tour; puis se saisissant de son bâton pastoral, il descendit. Mais, comme il avait négligé de prendre des gands, la rudesse de la corde lui écorcha les mains jusqu'à l'os; et comme la corde n'atteignait pas jusqu'à terre, ce prélat replet fit une lourde chute, et, presque tout brisé, poussa de tristes gémissemens. Ses fidèles amis et ses satellites éprouvés attendaient au pied de la tour, où ils lui avaient tenu prêts, non sans une grande frayeur, d'excellens chevaux. Il s'en servit pour fuir au plus vite et fut re-

[1] L'infortune souvent aiguise l'esprit.

joint, avec son trésor, par ses fidèles compagnons, sous l'escorte desquels il gagna en toute hâte par mer la Normandie, et se rendit auprès du duc Robert. La mère de Flambart, qui était sorcière, et s'entretenait souvent avec le démon, dans l'intimité duquel elle avait perdu un œil, passait par mer en Normandie sur un autre bâtiment avec le trésor de son fils. Elle était ballottée çà et là par ses compagnons de voyage avec des gestes dérisoires à cause de ses enchantemens criminels.

Cependant des pirates étant survenus pendant la traversée, tout le trésor fut pillé, et la vieille sorcière, mise toute nue et fort affligée, fut jetée sur les côtes de Normandie avec les nochers et les passagers. Enfin le prélat fugitif, bien accueilli par le duc, fut mis à la tête des affaires de la province, et ce prince usa de ses conseils autant que sa nonchalance le lui permit. Flambart excita surtout le duc à entreprendre la guerre contre son frère; il employa tous ses efforts à augmenter la haine contre le Roi; il donna à Robert les conseils qu'il crut propres à lui faire obtenir le royaume d'Angleterre, et lui promit son assistance en toutes choses.

Enfin, pendant l'automne, le duc Robert traversa le détroit et se rendit en Angleterre : bien reçu par des personnages illustres et puissans qui s'étaient coalisés et qui l'attendaient, il se prépara à combattre le Roi. Sa flotte différait beaucoup de celle de son père Guillaume : aussi ce ne fut pas par la valeur de l'armée, mais par les machinations des traîtres qu'il aborda au port de Portsmouth. Aussitôt le duc, conduit dans la province de Winchester par les grands du royaume, qui depuis long-temps lui avaient fait hommage, s'y arrêta; et, excité par les séditieux, provoqua son frère au combat, à moins qu'il ne déposât le diadême. Plusieurs seigneurs qui, seulement pour les apparences, s'étaient jusque-là attachés au roi Henri, reçurent volontiers le duc à son arrivée, et réunirent leurs troupes à son armée[1]. En effet, Robert de Bellême, Guillaume, comte de Surrey, et plusieurs autres seigneurs abandonnèrent le Roi: d'autres, en grand nombre, pour trouver le prétexte de se séparer de lui, lui demandèrent des choses injustes, et le menacèrent de quitter son service s'il ne satisfaisait pas à leurs réclamations. Robert de Meulan, Richard de Reviers et plusieurs autres barons de distinction firent à Henri un rempart de leurs corps. De leur côté, tous les Anglais, ignorant les droits de l'autre prince, restèrent fidèles à leur monarque, et témoignèrent assez le desir qu'ils avaient de prouver leur fidélité les armes à la main.

Sur ces entrefaites, Hugues, comte de Chester, tomba malade, et, après avoir souffert long-temps, se fit moine dans le couvent qu'il avait bâti à Chester même; puis, trois jours après sa profession, il mourut le 6 des calendes d'août (27 juillet). Richard, jeune homme très-beau, seul enfant qu'il eût eu d'Ermentrude, fille de Hugues de Clermont, gouverna le comté pendant près de douze ans. Il se rendit agréable à tout le monde, et prit pour femme Mathilde, fille d'Étienne, comte de Blois, et d'Adèle, sœur du roi Henri, avec laquelle il périt malheureusement, le 7 des calendes de décembre (27 novem-

---

[1] Il y avait là dans l'imprimé une omission importante.

bre), dans le naufrage de la Blanche-Nef, dont nous parlerons en détail ci-après.

Le comte de Meulan, s'apercevant de l'astuce et de la défection de ses compatriotes, et cherchant les moyens de garder sa foi, dans la prospérité comme dans le malheur, au roi qui était son ami, agita habilement dans le fond de son cœur toutes sortes de projets, et s'occupa avec sollicitude des moyens de soutenir l'État qui chancelait. En conséquence il dit au Roi : « Tout honnête homme, tout ami de la jus-
« tice, voyant son ami dans la détresse, doit, s'il
« veut prouver une loyauté à toute épreuve, em-
« ployer tous ses efforts pour secourir dans son mal-
« heur celui qu'il chérit. Occupé d'un tel soin, il
« doit moins penser au prix qu'il recevra de ses ser-
« vices que songer aux moyens de le tirer de l'in-
« fortune. Toutefois nous voyons beaucoup de gens
« agir différemment, et, par une infâme prévarica-
« tion, souiller l'honneur de la foi qu'ils avaient
« jurée à leur maître. Certes, c'est ce que nous aper-
« cevons clairement, et sentons en nous-mêmes par
« de poignantes piqûres. Nous donc, auxquels Dieu
« a confié le soin de l'intérêt commun, nous de-
« vons chercher de toutes parts ce qui peut contri-
« buer au salut du royaume ainsi qu'à celui de l'É-
« glise du Seigneur. Que notre premier soin ait pour
« but de vaincre pacifiquement par la grâce de Dieu,
« de manière que, sans effusion du sang chrétien,
« nous puissions obtenir la victoire et maintenir dans
« la sérénité de la paix un peuple fidèle. Maintenant
« donc, seigneur Roi, écoutez mon avis, et ne dé-
« daignez pas de suivre mes conseils. Portez des pa-

« roles bienveillantes à tous vos chevaliers, caressez
« tous vos enfans comme un bon père, gagnez cha-
« cun par des promesses, accordez tout ce qu'on
« vous demande, et par ces moyens conciliez-vous
« habilement tous les cœurs. Si l'on vous demande
« Londres ou bien York, ne balancez pas à promet-
« tre de grandes choses, comme il convient à la muni-
« ficence royale. En effet, il vaut mieux donner une
« petite partie du royaume que de vous exposer à
« voir la multitude de vos ennemis vous arracher
« la victoire et la vie. Lorsque, avec l'aide de Dieu,
« nous serons parvenus heureusement au terme de
« cette affaire, nous vous donnerons d'utiles con-
« seils pour ressaisir les domaines que de téméraires
« déserteurs de votre cause auraient usurpés pen-
« dant la guerre. Il est certain que quiconque aban-
« donne de son propre mouvement son maître en
« péril de mort, et en desire un autre par spécula-
« tion d'avarice, ou bien vend à son roi le service
« militaire qu'il devrait lui offrir volontairement pour
« la défense de ses Etats, et cherche à le dépouiller
« de ses propres domaines, doit, aux yeux de la rai-
« son et de l'équité, être jugé comme traître et en-
« voyé en exil après avoir été à bon droit dépouillé
« de ses biens héréditaires. »

Tous les grands qui se trouvaient auprès du roi Henri s'accordèrent à donner des éloges au discours du comte, et engagèrent le monarque à suivre ses conseils. Henri, doué d'une grande sagesse, rendit grâce à des conseillers si bien disposés, céda de bon cœur à leurs salutaires exhortations, et s'attacha, par des promesses et des présens, plusieurs seigneurs dont la foi lui était suspecte. Enfin il marcha au devant de son frère avec de grandes forces, et lui envoya des ambassadeurs pour lui demander positivement pourquoi il avait eu l'audace d'entrer sur le territoire de l'Angleterre avec des troupes armées. La duc Robert fit la réponse suivante : « Je suis entré « avec les seigneurs qui me sont attachés dans le « royaume de mon père, et je le réclame comme « m'étant dû par droit de primogéniture. »

Les deux frères s'arrêtèrent quelques jours dans une plaine, et s'envoyèrent mutuellement chaque jour de nobles députés. Les traîtres séditieux desiraient plutôt la guerre que la paix; et comme ils s'occupaient beaucoup plus de leurs avantages particuliers que de l'intérêt public, les perfides courriers dénaturaient les paroles des princes, et semaient entre les frères plutôt la zizanie que la concorde. Cependant le sage Henri songea à obtenir de son frère un entretien face à face, et tous deux en se réunissant ressentirent les douceurs de l'amour fraternel. Cette grande armée fit un noble cercle autour des princes, et là brilla de tout son éclat dans les armes la formidable troupe des Normands et des Anglais. Seuls au milieu de tant de spectateurs, les deux frères eurent un entretien, et sans fraude se dirent de bouche ce qu'ils éprouvaient dans leur cœur. Enfin, après un petit nombre de paroles, ils s'embrassèrent mutuellement, et s'étant donné de doux baisers, ils se réconcilièrent sans réserve. Je ne saurais ici insérer leurs discours, parce que je n'assistai pas à la conférence; mais j'ai appris, pour l'avoir entendu, ce qui résulta de l'entrevue de ces illustres frères.

D'abord le duc Robert renonça, en faveur de Henri, aux prétentions qu'il avait sur le trône d'Angleterre, et le dégagea, suivant la dignité royale, de l'hommage qu'il lui avait fait depuis long-temps. De son côté, le roi Henri promit de payer annuellement au duc trois mille livres sterling, et lui abandonna tout le Cotentin ainsi que tout ce qu'il possédait en Normandie, à l'exception de Domfront. Il ne retint que cette place, parce qu'il avait promis par serment aux gens de Domfront, quand ils le reçurent, de les conserver toujours en sa puissance, et de ne jamais changer leurs lois ni leurs coutumes. Ayant écarté tous arbitres, les deux princes arrêtèrent entre eux seuls leurs déterminations, et, à la vue de tous les spectateurs qui les entouraient avec admiration, ils décidèrent qu'ils se secourraient mutuellement comme il convient à des frères, qu'ils se ressaisiraient de tous les domaines de leur père, et que de part et d'autre ils puniraient également tous ceux qui avaient criminellement semé la discorde entre eux.

Ainsi, la paix faite, les perfides furent couverts de confusion, devinrent un objet de mépris pour ceux même auxquels ils avaient prodigué d'iniques adulations, et furent forcés, honteux et pâles de crainte, de fuir la présence du Roi. Les peuples fidèles, occupés de justes travaux, furent comblés de joie, et les bataillons armés, licenciés avec la permission de Henri, regagnèrent gaîment leurs demeures. Tout le royaume d'Angleterre éprouva l'allégresse tranquille que donne le calme de la paix; l'Eglise de Dieu, forte d'un repos durable, resplendit dans la divine loi, et, rassurée contre le tumulte des batailles, combattit pour son Dieu.

La sincérité de notre récit est confirmée évidemment par les nouvelles basiliques et les nombreux oratoires récemment construits dans les villages d'Angleterre, par les vastes cloîtres des couvents et les autres édifices monastiques qui furent bâtis du temps du roi Henri. Tous les ordres religieux, jouissant de la paix et de la prospérité, s'appliquèrent, au dedans et au dehors, à manifester leur zèle dans tout ce qui concernait le culte de la Divinité toute-puissante. Dans la ferveur même de leur dévotion, les fidèles songèrent à renverser les temples et les habitations pour leur substituer de plus belles constructions. En conséquence on démolit les anciens bâtimens qui avaient été élevés sous Edgar, Edouard et les autres rois chrétiens, afin de les perfectionner convenablement pour la plus grande gloire du Créateur, soit par la hauteur, soit par l'étendue, soit par l'élégance du travail.

Après avoir passé deux mois avec le Roi son frère, le duc Robert, à l'approche de l'hiver, retourna en Normandie, comblé de présens dignes de la majesté royale; il emmena avec lui Guillaume de Varenne et plusieurs autres qui avaient été pour sa cause dépouillés de leurs biens.

Peu après, le vieux Gislebert, surnommé Maminot, évêque de Lisieux, mourut au mois d'août. Foulcher, frère de Flambart, fut, au mois de juin, consacré évêque du même siége par l'archevêque Guillaume. Foulcher, presque illétré, fut, grâce à son frère, tiré de la cour pour être promu à l'épiscopat. Digne d'éloges pour sa magnificence, il jouit de l'évêché pendant sept mois, et mourut en janvier. Ensuite Ranulfe Flambart, qui était exilé en Normandie, et qui était privé de l'évêché de Durham par suite de la haine du Roi, auquel il avait résisté, obtint l'évêché de Lisieux pour son fils Thomas encore enfant, et pendant trois ans gouverna ce diocèse, non comme un prélat, mais comme un magistrat civil. Cependant Guillaume de Paci ayant donné une grande somme d'argent au comte, essaya d'usurper l'évêché; mais, condamné pour crime de simonie, d'abord à Rouen, ensuite à Rome, il fut misérablement puni de sa témérité. Ainsi, pendant près de cinq années, l'évêché de Lisieux manqua de guide, et le troupeau du Seigneur, privé d'un digne pasteur, fut exposé à la dent des loups jusqu'à ce que la grâce de Dieu envoya l'évêque Jean pour consoler son peuple.

Des bruits favorables s'étant répandus concernant les illustres champions qui avaient quitté leur patrie, et qui, dans l'Orient, combattant au nom du Christ contre les Païens, avaient remporté de glorieux triomphes, les princes d'Occident furent jaloux de ces invincibles prouesses et de ces succès inespérés. A l'exemple de tant de bravoure, leurs parens et leurs voisins s'excitèrent à entreprendre une pareille expédition. C'est pourquoi beaucoup de personnes furent enflammées du desir de voyager, de visiter le tombeau du Sauveur et les lieux saints, et d'exercer contre les Turcs leur valeur et leurs armes. Un grand nombre furent contraints de partir, effrayés qu'ils étaient de la malédiction apostolique; car le pape Pascal anathématisa publiquement et sépara de toute la chrétienté tous ceux qui, ayant pris volontairement la croix du Seigneur, étaient revenus sans avoir accompli leur entreprise, à moins qu'ils ne recommençassent leur voyage, et que, faisant satisfaction à Dieu, ils n'acquittassent pieusement les vœux qu'ils avaient jurés.

En conséquence, l'an de l'incarnation du Seigneur 1101, Guillaume, duc de Poitiers, rassembla une grande armée d'Aquitains et de Gascons, et entreprit gaîment le saint voyage. C'était un prince entreprenant et brave, enjoué jusqu'à l'excès, et même surpassant par ses plaisanteries les histrions les plus facétieux. On assure qu'à sa sortie du territoire d'Aquitaine, trois cent mille hommes armés suivirent ses drapeaux. Etienne, comte palatin, de Blois, était décrié auprès de tout le monde, et se voyait en butte à un mépris continuel pour avoir fui honteusement du siége d'Antioche et abandonné ses glorieux compagnons qui souffraient le martyre pour le Christ. Beaucoup de personnes le réprimandaient fréquemment, et il se sentait forcé autant par la crainte que par la honte de reprendre les armes avec les croisés. Adèle, sa femme, l'excitait fréquemment à cette entreprise, et, dans l'intimité conjugale, lui disait : « Gardez-vous, mon seigneur, de souffrir plus
« long-temps les reproches de tant de monde ; rap-
« pelez-vous les exploits célèbres de votre jeunesse ;
« et, pour le salut de plusieurs milliers d'hommes,
« prenez les armes dans une noble carrière, afin qu'il
« en résulte dans tout l'univers une grande joie pour
« les Chrétiens, de la terreur pour les Païens, et l'hu-
« miliation publique de leur loi criminelle. »

Cette femme sage et courageuse dit à son mari ces choses et plusieurs autres semblables ; mais, comme comme il connaissait les dangers et les difficultés de l'entreprise, il craignait d'avoir à souffrir de nouveau de si rudes travaux. Enfin il reprit courage et force ; il se mit en marche avec plusieurs milliers de Français, et malgré les plus fâcheux obstacles se rendit jusqu'au sépulcre du Christ. Alors Harpin vendit à Philippe, roi des Français, la ville de Bourges, et prit la route de Jérusalem avec Joscelin de Courtenai et Milon de Brai.

Etienne, duc de Bourgogne, Etienne, comte de Châlons-sur-Saône, et un autre Etienne, fils de Richeld, avec plusieurs corps de guerriers bourguignons, s'empressèrent de se réunir à la milice du Christ. L'archevêque de Milan et Albert de Blandraie, le plus puissant des Italiens, se mirent en route pour Jérusalem avec des troupes de Liguriens. Tous ces croisés quittèrent leur pays pour l'amour de Dieu. Parvenus en Macédoine, ils envoyèrent des ambassadeurs à l'empereur Alexis pour lui demander le libre passage et la faculté de s'approvisionner.

Ce souverain habile, apprenant qu'il arrivait une si grande troupe d'occidentaux, fut saisi d'effroi, et, leur accordant sans balancer tout ce qu'ils lui demandaient, il les flatta avec prudence. Souvent il avait éprouvé les effets de l'audace et de la bravoure des Cisalpins sous Boëmond et Guiscard : en conséquence il prenait de grandes précautions pour ne pas les offenser ni les provoquer à la guerre. C'est pourquoi il résolut de leur accorder un libre passage par ses

États, et acquiesça libéralement à toutes leurs demandes quelles qu'elles fussent. Il fit de grands présens aux princes, et fit conduire heureusement toute l'armée jusque dans la Cappadoce, qui est au-delà de Constantinople. Là, on fit le recensement de tous les occidentaux, et on trouva plus de cinq cent mille combattans.

On consulta les hommes habiles sur la continuation du voyage; mais ils prévoyaient des dangers inévitables. Dans leurs réunions, ils recherchaient avec soin les accidens qui pouvaient menacer, et parlaient ainsi dans leurs communications réciproques : « Jus« qu'à ce moment nous avons marché avec sécurité, « parce que nous sommes restés parmi nos frères « dont nous connaissons les habitudes et le langage. « En effet, depuis que nous avons quitté nos maisons, « nous avons été, pour l'amour du Père suprême, bien « accueillis par les Chrétiens : désormais un autre sort « nous attend. Les horribles tempêtes des guerres font « éclater d'atroces fureurs entre l'empereur Alexis « et Boémond, qui commande à Antioche. Les con« trées que nous allons parcourir sont incultes : les « Turcs y font jusqu'à la mer de fréquentes incur« sions; et comme les loups ont naturellement soif « du sang des brebis, de même ces barbares cher« chent à détruire toute la race des Chrétiens. Prions « humblement le Dieu tout-puissant de nous protéger, « parce que de toutes parts nous sommes entou« rés de dangers. Voilà que nous laissons derrière « nous un Empereur perfide ainsi que ses peuples, « que nous devons tenir pour grandement suspects : A « droite est la mer dans laquelle se trouvent l'île de

« Crète, celle de Chypre, l'illustre Rhodes et plu-
« sieurs autres, qui toutes sont soumises à l'Empereur,
« et qui nous détestent à cause des méfaits de ceux
« de nos compatriotes qui nous ont précédés. Vers
« l'Orient et vers le Nord, des nations barbares oc-
« cupent le sol jusqu'aux extrémités du monde;
« elles éprouvent une insatiable ardeur de répandre
« le sang des Chrétiens. Le trajet d'ici à Antioche est
« de plus de trente journées à travers des lieux in-
« cultes, où va nous manquer toute espèce d'ali-
« mens, parce que ces contrées naturellement fer-
« tiles ont été désolées par la guerre qui a duré si
« long-temps entre Boémond et l'Empereur. Que fe-
« rons-nous au milieu de tant de périls? De toutes
« parts la désolation nous menace. »

Enfin, après avoir recherché de toutes manières quelle était l'opinion de chacun, le duc de Poitiers parla ainsi : « Dirigeons des ambassadeurs vers l'Em-
« pereur; tous de concert demandons-lui qu'il en-
« voie le comte de Saint-Gilles avec la lance du
« Sauveur pour nous conduire sûrement à travers
« des pays inconnus jusqu'au sépulcre du Christ.
« C'est un homme sage qui exerce une grande
« influence, et qui, dans la première expédition,
« s'est placé en toutes choses au premier rang des
« plus illustres. D'après une longue expérience, il
« connaît les difficultés et les routes, tandis que nous
« les ignorons; et sa valeur dès-long-temps éprou-
« vée est également célèbre chez les Chrétiens et
« chez les Païens. C'est pourquoi, si nous en faisons
« notre guide et notre conseiller, nous obtiendrons

« sécurité de la part de l'Empereur, et de sages pré-
« cautions contre les barbares. »

De l'accord de tout le monde on expédia des envoyés, qui exposèrent éloquemment à l'Empereur le sujet de leur mission. Dès qu'il eut connaissance du message des croisés, il en fit aussitôt part au comte Raimond, qui lui répondit : « Par la grâce de Dieu,
« j'ai beaucoup travaillé pour prendre Jérusalem ;
« accablé de vieillesse et de toutes sortes de fatigues,
« je veux désormais goûter le repos. Seigneur Au-
« guste, j'ai cherché un asile auprès de Votre Ma-
« jesté : épargnez-moi, je vous prie ; ne me forcez
« pas de voyager davantage. » L'Empereur répondit aux ambassadeurs : « J'ai engagé le comte de Saint-
« Gilles à vous accompagner ; mais il expose que sa
« vieillesse et ses infirmités l'empêchent de voyager
« avec vous. Marchez, assurés d'être en paix avec
« moi. Je ne veux pas, car je n'en ai pas le droit,
« éloigner un comte illustre qui a recours à la pro-
« tection de notre Majesté. »

Les ambassadeurs se retirèrent aussitôt, et firent le rapport de ce qu'ils avaient entendu. Comme tout le monde en fut troublé, et qu'on murmurait en divers sens, le comte de Poitiers parla en ces termes : « Cou-
« rons promptement aux armes ; retournons sur nos
« pas ; assiégeons Constantinople, et attaquons vail-
« lamment cette ville. Nous n'en reviendrons pas sans
« avoir mis à mort ce perfide Empereur, ou ar-
« raché par la force, et malgré lui, ce que nous de-
« mandons. Par ses coupables fraudes, il a fait périr
« d'innombrables milliers de fidèles : c'est pourquoi

« ce sera, si je ne me troupe, offrir un sacrifice
« agréable à Dieu, que d'arracher la vie, n'importe
« comment, à celui qui n'est sur la terre que pour la
« perte de tous. »

Etienne de Blois et quelques autres princes sages ne se rendirent pas à une telle proposition ; ils s'y opposèrent également en développant avec raison des argumens appuyés sur une vérité certaine. Toutefois les Aquitains et les Gascons, et quelques autres audacieux qui se laissaient gouverner par l'imprudence de la jeunesse, approuvèrent l'étourderie de leur prince emporté. En conséquence ils revinrent en fureur sur leurs pas, et durant trois jours assiégèrent Constantinople. L'empereur ayant eu connaissance de leur entreprise, et considérant combien sa ville était peuplée, et d'ailleurs entourée d'un triple mur, fit d'abord peu de cas de cette marche hostile : mais quand il sut que ses ennemis persistaient dans leur entreprise, il fit lâcher entre le mur extérieur et celui du milieu trois lions très-féroces et sept léopards. Il établit des gardes sur le troisième mur, auquel touchaient intérieurement les palais des grands : il fit en outre fermer les portes. Il pensa qu'il lui suffirait d'employer des bêtes féroces pour effrayer les Français, et qu'il pourrait défendre sa capitale sans aucune assistance humaine. Mais les ruses des hommes n'ont de pouvoir qu'autant que le juge à propos la sagesse divine. Les Français en armes ayant pris position dans leur camp, et voyant que personne ne se présentait devant eux, avides de combats, pénétrèrent par la première porte, et, regardant avec curiosité de tous côtés, attendirent qu'il se présentât des ennemis. Aussitôt, dès leurs premiers pas, des lions cruels accoururent, et se servant avec fureur de leurs dents et de leurs ongles, ils blessèrent quelques personnes, et en déchirèrent quelques autres qui s'avançaient sans précaution, et ignoraient ce genre de combat.

Toutefois cette attaque ne put résister long-temps à l'habileté humaine. En effet, des guerriers armés d'épieux et de traits percèrent les bêtes; après avoir détruit les lions, ils mirent en fuite les léopards, et les poursuivirent jusqu'au mur du milieu. Alors les léopards, gravissant comme des chats, franchirent le mur, et les bataillons français ayant passé la porte de la seconde muraille, se disposèrent à attaquer vigoureusement la troisième. Les citoyens de la ville jetèrent de grands cris; un horrible tumulte s'éleva, et il se réunit un nombreux concours de personnes qui ignoraient ce qu'il y avait à faire dans des événemens si imprévus. Quand il entendit le bruit de cet assaut extraordinaire, l'Empereur fut saisi de crainte, et gémit d'avoir été déçu par une vaine espérance. Enfin il envoya des ambassadeurs pour supplier les nobles pèlerins; il calma leur colère en faisant toutes sortes de promesses, et les détourna d'attaquer la ville royale dont ils étaient déjà presque les maîtres.

Comme les Français victorieux regagnaient leurs tentes, l'Empereur attristé manda le comte de Toulouse, et, dans sa douleur et son abattement, lui tint ce discours : « Glorieux comte, je me réfugie « vers vous, plein de confusion, et je vous de-

« mande conseil pour savoir ce que je dois faire
« dans ce désastre inattendu. Voilà que l'insolence
« des Français se permet d'attaquer en armes et d'une
« main audacieuse cette ville royale, qui est la ca-
« pitale de l'Orient. Ils ont violé la majesté du saint
« Empire; ils me forcent de les supplier pour préve-
« nir de plus grands malheurs; après avoir versé le
« sang de mes fidèles sujets, ils excitent la colère de
« la toute-puissante Providence. La puissance impé-
« riale, qui avait jadis coutume de donner des lois
« aux étrangers et aux nationaux, est maintenant,
« hélas! réduite à subir les conditions que veulent lui
« imposer d'insolens voyageurs. » Le comte Raimond
fit cette réponse : « Mes compatriotes ont souvent
« l'habitude de faire de telles attaques, et je connais
« bien, en de telles circonstances, leurs violentes
« entreprises contre leurs concitoyens. La sagesse de
« Votre Majesté n'a pas besoin des longs argumens
« du discours : il faut faire à propos la paix avec ces
« insolens. Ainsi l'exige l'intérêt public pour lequel,
« si je ne me trompe, beaucoup de gens perdront
« la vie. Les pervers Gascons demandent que je les
« accompagne dans leur expédition; ils ont la témé-
« rité d'exiger que je voyage malgré moi.

Non impune ferent ausis quòd talibus hærent.[1]

« Je m'afflige profondément, grand Empereur, de
« l'injure qui est faite au saint Empire, et je ne dirai
« pas tout ce que j'en pense. Nous trouverons le
« temps de la vengeance pour faire expier aux mé-

---

[1] Leur obstination dans une telle entreprise ne restera pas sans vengeance.

« chans leur criminel attentat. Vous voyez les murs
« de Constantinople teints et souillés du sang de
« leurs habitans. Quelle honte pour nous d'être
« maintenant témoins d'un si triste spectacle! »

C'est ainsi que l'Empereur et le comte s'entretinrent mutuellement, et s'occupèrent de rendre à l'ennemi la peine du talion pour le punir du mal qu'ils éprouvaient. Alexis fit choix d'illustres ambassadeurs qu'il envoya aux Français pour leur garantir ses promesses avec serment, les priant humblement de se retirer en paix, et d'attendre à l'entrée de la Cappadoce le comte de Toulouse qui allait s'y rendre avec vingt mille Turcopoles. D'après cette assurance, les Français se retirèrent, et, pour se préparer au départ, prirent quelque repos. Quelques jours après, le comte les suivit : alors l'Empereur envoya plusieurs bâtimens chargés de tartarons, et ordonna de les distribuer à chacun comme il convenait, selon son rang et sa dignité. Les Thraces appellent tartarons des pièces de monnaie de cuivre qui sont carrées, et dont on se sert comme des philippes et des besans pour le commerce en Thrace et en Bithynie. Les pèlerins qui étaient dans l'indigence reçurent avec avidité les présens de l'Empereur, sans soupçonner la perfidie et les ruses perverses de ce traître détestable. Par ce moyen adroit, il s'instruisit du nombre des croisés, calculant la quantité de ceux qui recevaient son argent par celle des sommes qu'il donnait à chacun. Ensuite il la fit connaître à Daliman, à Soliman, ainsi qu'aux autres princes des Turcs, et il leur manda en Paphlagonie de réunir toutes les forces des Païens pour faire la guerre aux croisés.

Nos compatriotes, qui ne soupçonnaient aucune fraude, se réjouirent de l'arrivée du comte : ils se mirent en marche précédés par les Turcopoles qui connaissaient la langue des Gètes, les usages du pays ainsi que les routes ; et, pendant trois semaines au milieu des plus grandes difficultés, ils errèrent çà et là jusqu'à ce qu'ils arrivassent à une grande ville des Barbares, dont le nom est Gandras. En effet, ils laissèrent tout-à-fait à droite la route qui conduit à Jérusalem par la Romanie et la Syrie, et traversèrent des pays impraticables au nord jusqu'en Paphlagonie, au milieu du Pont, ancien empire de Mithridate, qui possédait vingt-deux royaumes. Je suis incertain si le comte de Saint-Gilles s'égara ainsi par ignorance des lieux, ou s'il s'écarta de la route par malveillance et pour se venger de ses compagnons. Les Chrétiens ayant traversé des lieux impraticables, des fleuves périlleux et d'inaccessibles forêts, étaient à peine au bout de trois semaines à la ville de Gandras, et avaient résolu de s'y reposer quelque temps après tant de fatigues, lorsque tout à coup se présenta devant eux une multitude de Païens innombrables comme le sable des mers, qui les attaquèrent lorsqu'ils n'y étaient point préparés, et qu'ils étaient fatigués par toutes sortes de calamités. En effet, ces barbares conduisaient avec eux leurs femmes et leurs troupeaux, et traînaient à leur suite, dans des chariots, de grandes richesses, afin de conserver soigneusement sous leurs yeux cette immense opulence, de montrer leurs trésors tant à leurs ennemis qu'à leurs voisins, de manière à inspirer la terreur à tous ceux qui verraient tant de biens, et enfin à se trouver partout au sein de l'abondance de toutes choses, tant en paix qu'en guerre. Quant aux Chrétiens, excédés de faim, de soif et de toutes sortes de privations, dès qu'ils commencèrent à être pressés par l'ennemi, oubliant leurs peines passées, ils s'avancèrent en armes; ayant repris force et courage, ils rangèrent leurs corps en bataille, et durant cinq jours combattirent virilement au nom du Seigneur. Là, comme le rapportent de véridiques pélerins, on compta cinq cent mille Chrétiens, et, si je ne me trompe, ils furent terriblement attaqués par un million de Païens. De part et d'autre on combattit avec acharnement, et plusieurs milliers de combattans perdirent la vie. Le cinquième jour, quand les Turcs s'aperçurent que leurs phalanges diminuaient, et qu'ils eurent appris à redouter la force invincible des Chrétiens, ils ordonnèrent, par un décret public, à leurs femmes qui étaient sous les tentes, aux eunuques et aux autres domestiques qui gardaient le trésor des princes, de disposer avec soin tous les bagages et les trésors, et de se préparer la nuit suivante à fuir loin de la présence de l'ennemi. Les Chrétiens, ignorant l'abattement des Turcs, se laissèrent honteusement abattre eux-mêmes : dès le commencement de la nuit, le comte Raimond, avec les Turcopoles de l'Empereur et les troupes de ses propres Etats, tourna le dos, et, à l'insu des autres princes, prit secrètement la fuite. Ce que voyant l'écuyer du comte de Toulouse, animé d'une pieuse compassion pour l'armée chrétienne, il renversa la tente de son maître, afin que ses compagnons d'armes qu'il avait trompés connussent son évasion subite.

Albert de Blandraie, guerrier d'un grand courage, fut

tué dans la bataille ainsi que plusieurs milliers d'hommes, dont le nombre certain est inconnu. Le duc de Poitiers, Etienne de Blois et plusieurs autres seigneurs avec leurs troupes, ayant eu connaissance de la fuite de leur perfide compagnon, résolurent de fuir sur divers points, effrayés qu'ils étaient et manquant de résolution. Quand les Turcs, qui, dans l'excès de leur fatigue, avaient voulu faire leur retraite, s'aperçurent de celle des Français, ranimant l'ardeur de leur courage, ils s'attachèrent à la poursuite de leurs ennemis, et, tombant sur les traînards, tuèrent plusieurs milliers d'hommes. Ils en emmenèrent en captivité quelques-uns qui étaient encore dans la fleur printanière de leur jeunesse. Près de quatre cent mille [1] Chrétiens moururent corporellement, mais vivent spirituellement dans l'éternel repos avec le Christ dans lequel ils sont morts.

Le comte de Toulouse avec les siens, et les Turcopoles revinrent en fuyant à Constantinople ; et, ayant rapporté le malheur arrivé aux Chrétiens, causèrent à l'Empereur une grande joie. Cependant Daliman, Soliman et les autres princes de la nation ennemie triomphèrent au milieu des pompes de la victoire, rendirent en entier à l'empereur Alexis la quantité de tartarons que, sous le faux nom de charité, il avait donnés traîtreusement aux Chrétiens, et lui envoyèrent la moitié de tout le butin qu'ils avaient enlevé à leurs ennemis vaincus. En effet, c'est à ces conditions que ce perfide traître avait traité avec les Turcs, et vendu à ce prix les fidèles aux infidèles. Ainsi, recevant la récompense de sa trahison, c'est-à-dire un

---

[1] Le texte imprimé porte 40 mille.

immense amas de tartarons pour le sang des baptisés, il éprouva une joie insensée.

Les illustres ducs d'Aquitaine et de Bourgogne, et quelques autres princes distingués, prirent la fuite, et, selon que l'occasion les favorisait, se cachèrent dans des antres, dans les retraites des cavernes ou dans l'épaisseur des forêts. Dans ces contrées, les Syriens et les Arméniens avaient leurs habitations mêlées à celles des barbares. Ceux qui étaient dispersés dans les campagnes, obéissaient aux Turcs, leur payaient publiquement un tribut annuel pour acheter d'eux la paix et la sécurité, et néanmoins conservaient avec dévotion la loi chrétienne, éprouvés qu'ils étaient par les persécutions comme l'or dans le creuset. La déroute des Chrétiens contrista vivement ces peuples : ils compatirent fraternellement à la détresse de ceux qui erraient dans des lieux impraticables; et, autant que le leur permettait la crainte qu'ils avaient des infidèles dont ils dépendaient, ils secouraient avec bonté les fugitifs; ils les cachaient dans des retraites sûres; ils portaient des alimens à ceux qui s'y étaient retirés, et, pendant l'obscurité des nuits, ils les conduisaient par des routes qui mènent à Antioche; et les guidant ainsi vers des voisins connus et des compatriotes, ils les mettaient en sûreté. Un grand nombre de Chrétiens furent conduits en captivité par les barbares dans des contrées inconnues, et restèrent quelque temps dans la servitude et les fers, parmi ces peuples dont ils n'entendaient pas le langage. Là, observant les préceptes de leur religion, ils éprouvèrent la grâce de Dieu, et furent miraculeusement secourus par elle de plusieurs manières, comme les Israélites parmi les Assyriens et les Chaldéens. C'est ce qui fit que plusieurs revinrent de captivité, soit en prenant la fuite, soit avec la permission des princes de la Perse et des autres contrées.

Avec l'aide du Créateur bienveillant, qui secourt tous ceux qui l'aiment, il échappa donc près de cent mille Chrétiens, dont quelques-uns revinrent sur leurs pas en traversant l'Illyrie, et dont les autres poursuivirent leur route, non sans de grandes craintes et de nombreuses difficultés. Le duc de Poitiers, qui était sorti du territoire des Limousins, avec trois cent mille guerriers, et qui, dans l'excès de sa fierté, avait effrayé l'Empereur en assiégeant Constantinople, maintenant réduit à l'indigence et à la mendicité, atteignit avec peine la ville d'Antioche, et y fit son entrée avec six compagnons d'infortune. Quelques autres chefs, des comtes et des capitaines illustres, perdirent toutes leurs troupes; et, privés de leurs serviteurs chéris et de leurs richesses, éprouvèrent l'excès de la désolation au sein des cruautés d'un pays barbare. Ranimés toutefois par la constance dans la vraie foi et l'amour du bienveillant Jésus, ils coururent à son sépulcre. Quoique par un jugement secret de Dieu ils eussent été retardés par mille obstacles, toutefois reconfortés intérieurement par le nectar spirituel, ils firent toute sorte d'efforts pour visiter les lieux saints, et pour devenir les compagnons sanglans des martyrs bienheureux qui, ayant versé leur sang pour le Christ, jouissent avec félicité des célestes lauriers.

Le roi Godefroi régna deux ans[1] à Jérusalem;

[1] L'auteur a dit plus haut *trois ans*.

presque toujours les armes à la main, il combattit contre les Philistins, et, fort de sa grande bravoure, étendit les bornes de ses Etats. Les Païens du pays gardaient un repos perfide dans les villes et dans les bourgs, et ils n'osaient murmurer hautement contre les Chrétiens. Cependant, plongés dans la tristesse, ils tramaient avec ruse des machinations contre les fidèles, et ces traîtres attendaient un temps favorable pour les mettre à exécution. Enfin les habitans de Joppé profitèrent du séjour que fit parmi eux le roi Godefroi pour l'empoisonner, et faire ainsi périr, au grand regret des Chrétiens, ce glorieux monarque. Depuis que le Sauveur avait souffert pour nous à Jérusalem, Godefroi, le premier des Chrétiens, fut déterminé par une élection ecclésiastique à y prendre le diadême, à la gloire de celui qui, pour le salut des hommes, daigna porter une couronne d'épines, et à recevoir le nom de roi de Jérusalem pour la terreur des Païens. Quand il fut mort, comme nous l'avons dit, on s'occupa bientôt dans un conseil de lui donner un successeur. En conséquence, aussitôt on envoya des courriers à Edesse pour annoncer sa mort à son frère Baudouin, que l'on appela au trône de Jérusalem pour lui succéder. Il remit sans retard son duché à Baudouin-du-Bourg son cousin; et lui-même, comme la foudre, traversa le territoire ennemi et les nations barbares. Il rencontra près de quarante mille Païens à Sarepta, ville des Sidoniens: suivi d'un petit nombre de braves, il les chargea virilement, leur causa une merveilleuse terreur, par la puissance de Dieu, les mit tous en déroute, et, rempli de joie, continua son chemin vers la Judée.

Les Turcs avaient d'avance appris son arrivée; et, d'après cette information, se promettant une grande joie, ils l'avaient attendu en armes dans une embuscade : mais trompés dans leurs vaines espérances, ceux qui purent éviter la mort regagnèrent leurs foyers pleins d'épouvante et avec perte et déshonneur.

Le héros dont nous venons de parler, bien accueilli par les habitans de Jérusalem, reçut le sceptre de David, et le tint courageusement pendant près de douze ans. C'était un prince beau de corps, d'une haute stature, remarquable par son esprit entreprenant et par sa bravoure, magnanime pour supporter les travaux, instruit dans les lettres, doué d'éloquence, et orné de beaucoup de qualités distinguées. Sous son règne, Etienne de Blois, et les seigneurs dont nous avons parlé, vinrent à Jérusalem après beaucoup d'obstacles, et y furent honorablement reçus par le roi Baudouin et par le patriarche Ebremar. Quant au duc de Poitiers, après qu'il eut terminé ses prières à Jérusalem, il s'en retourna chez lui, et quand, par la suite, il goûta la prospérité, comme il était joyeux et beau diseur, il raconta souvent en présence des rois, des grands et des sociétés chrétiennes, et en vers rhythmiques, sur des airs agréables, les déplorables aventures de sa captivité. Etienne, comte de Blois, et plusieurs autres restèrent en Judée pour l'amour du Christ, et résolurent d'offrir à Dieu leur courage et leurs prouesses. Ils attendirent donc le roi de Babylone dont ils apprirent la prochaine arrivée avec d'innombrables armées. Enfin, ayant su par des rapports certains que l'émir de Babylone était arrivé à Ascalon, et qu'il avait résolu d'attaquer le lendemain

les Chrétiens avec beaucoup de troupes, le roi Baudouin, Etienne, et plusieurs autres princes Chrétiens s'encouragèrent mutuellement dans le Seigneur, et, en son nom, prirent fidèlement les armes pour mériter la victoire par leur propre mort ou par celle de l'ennemi. Ils envoyèrent une partie de l'armée à Joppé : le Roi et la plus grande partie de la noblesse se rendirent à Ramla ; car ils ne voulaient pas être renfermés dans Jérusalem, et ils ignoraient quelle était la ville que les Turcs attaqueraient la première. Enfin, par un mouvement inattendu, l'émir et son innombrable armée enveloppèrent Ramla, et tentèrent d'en renverser les murs avec des projectiles et diverses machines, ou de les saper avec la pioche ou par des fossés. Il y avait dans la ville de braves chevaliers, mais en petit nombre, et ils n'étaient pas de force à résister à la masse immense de cette étonnante multitude. C'est pourquoi Etienne, Harpin, Guillaume-Sans-Avoir, et quelques autres, engagèrent le Roi à se rendre en toute hâte à Jérusalem. « Prince vaillant, partez promptement, di-
« rent-ils, pour la ville sainte, de peur que tant de
« bataillons ne la trouvent sans défenseurs quand
« ils l'attaqueront, et que, dans un assaut imprévu, ils
« ne détruisent la mère avec tous ses enfans. Nous
« sommes ici tous également enfermés, et nous atten-
« dons avec certitude la fin de notre vie dans la con-
« fession du Christ, demandant de toute notre ame à
« notre Créateur de devenir ses vrais martyrs, d'être
« lavés de tous nos péchés par l'effusion de notre
« sang en son nom, et de pouvoir contempler avec
« ses élus sa face gracieuse pour nous. Adieu, bon

« Roi, sortez au plus vite, quoique parmi tant et
« de si cruelles phalanges d'ennemis, le passage soit
« difficile, à moins que la divine miséricorde ne vous
« accompagne. »

Les barons inquiets dirent au Roi ces choses, et plusieurs autres semblables, et le forcèrent de fuir un péril pour se jeter dans un plus grand. Il se rendit, quoique malgré lui, aux exhortations de si grands guerriers. Accompagné d'un seul chevalier, il monta une cavale aussi rapide que forte, que l'on appelle *farisie;* il sortit, et, protégé de Dieu, il traversa de nuit sans accident les troupes de l'ennemi. Comme il passait par le camp des Païens pour se rendre aussitôt par divers détours à Jérusalem, les gardes qui veillaient, voyant des chevaliers inconnus, se mirent à crier, et, ayant réveillé leurs cohortes, poursuivirent les fugitifs pendant deux milles avec un grand bruit et des cris affreux. Cependant le Roi s'échappa par des sentiers détournés qu'il connaissait, et s'évada sans blessure, avec l'aide de Dieu, mais non sans de grandes difficultés. Alors le prince tout tremblant quitta dans les montagnes la route qu'il avait prise pour se rendre à Jérusalem, et, à travers des précipices, parvint difficilement à la ville que l'on appelle Arsur, où il trouva une garnison effrayée qui veillait. Aussitôt il lui adressa la parole, et voulut entrer ; mais il fut repoussé, quoiqu'il répétât fréquemment : « Je suis Baudouin ; vous
« n'avez rien à craindre ; recevez-moi parmi vous. »
La garnison, qui craignait les ruses multipliées des ennemis, refusa de le croire jusqu'à ce qu'ayant allumé du feu sur les murailles, elle le reconnut après

qu'il se fût découvert la tête. Alors on le fit entrer avec joie : il fortifia le courage de ses chevaliers, et leur ayant rapporté ce qui se passait les engagea à faire une belle défense. Ensuite Baudouin remonta sur sa cavale [1] avec son compagnon; il gagna en hâte Joppé, où il entra, après s'être fait reconnaître par les habitans, et il leur fit part des tristes événemens qui avaient lieu. « D'innombrables troupes de Païens, dit-il, in« vestissent Ramla, et combattent à mort ceux qui « sont dans la place. Le glorieux héros Etienne, comte « palatin de Blois, Milon de Brai, Harpin de Bourges, « Guillaume-Sans-Avoir, Simon son frère et quelques « autres braves d'élite se font martyrs du Christ dans « Ramla d'où ils m'ont renvoyé par force, afin que je « vinsse vous fortifier vous et nos autres frères dans la « résolution de les imiter. Nos ennemis nous poursui« vent avec insolence, et je crois qu'ils ne tarderont « pas à venir ici. Maintenant, s'il vous plaît, envoyons « un courrier à Jérusalem ; mandons au patriarche et « à tous nos frères de nous secourir dans notre dé« tresse au plus vite et comme il convient, ainsi que « nous le leur prescrirons. » Tout le monde ayant approuvé cet avis, le Roi fit approcher un écuyer plein de résolution, et lui dit : « Mon cher frère, allez à « Jérusalem, amenez-nous une troupe bien armée de « nos frères ; et, pourvu que Dieu nous prête vie, je « vous ferai chevalier à notre première entrevue. » Cet écuyer s'acquitta parfaitement de la mission qu'on lui donnait, et mérita vaillamment de recevoir l'ordre de chevalerie qui lui était promis.

L'exécrable armée des Païens détruisit Ramla : elle

[1] Gazella.

tua, on conduisit en captivité tous ceux qu'elle trouva dans la place. De là, fière de son triomphe, elle se rendit le même jour à Joppé, et, semblable aux sauterelles, couvrit de sa multitude la face de la terre. Le comte Etienne et quelques autres, qui étaient regardés comme les plus nobles, furent dirigés sur Ascalon. Cette troupe assiégea en silence Joppé pendant deux jours, et le troisième se retira avec perte et déshonneur : car les sentinelles de la citadelle de Joppé découvrirent sur les montagnes les étendards des troupes qui venaient de Jérusalem, et elles annoncèrent au Roi, en le félicitant, qu'ils approchaient du fort des Bourguignons. Baudouin rassembla aussitôt la troupe des fidèles; et les fortifiant par une exhortation courageuse leur dit : « Voici le temps desiré par les « braves soldats, où les illustres champions feront « leurs preuves pour la vengeance de ceux qui leur « sont chers, et qui sera terrible pour les nonchalans, « les lâches, les perfides et les hommes sans cœur. « Vous voyez devant vos portes un peuple exécrable, « odieux au Seigneur et à tous les fidèles. Allons, « hommes courageux, levez-vous avec éclat contre « les ennemis de tout bien. Pour venger Dieu, armons-nous virilement, faisons une sortie à l'approche de nos compagnons, et, forts par la foi dans « la protection de Dieu, marchons au combat. Rappelez-vous au fond du cœur les injures et les dommages que vous avez éprouvés, et que l'étranger « senté tout le poids et l'activité de vos bras. Il a mis « à mort le comte Etienne, Harpin, et plusieurs autres « grands barons; il nous a enlevé d'excellens chevaliers et plusieurs de nos chefs : je le dis les larmes

« aux yeux, le monde entier n'en pourrait pas offrir
« de plus vaillans. Que la récente douleur de la mort
« de vos amis vous enflamme, et vous porte avec fu-
« reur à la perte de l'ennemi. Rappelez-vous le vail-
« lant roi David et ses capitaines Joab et Abisaï, Ba-
« naïas et Urie-Hethéen, Jonathas et Judas-Machabée,
« et tant d'illustres guerriers de votre nation. Sor-
« tons d'ici, commençons le combat; et les troupes de
« Jérusalem, qui viennent nous secourir, chargeront
« l'étranger d'un autre côté. Que le grand Emmanuel,
« fils de la sainte Vierge Marie, notre Roi, qui marche
« devant nous, et qui est l'invincible défenseur de
« son Eglise, vous prête son assistance! »

Cependant les gens de Jérusalem s'approchèrent du château, et leurs drapeaux parurent aux yeux des Turcs. De leur côté, le roi Baudouin et les gens de Joppé adorèrent la sainte croix du Seigneur, et la portant avec eux, s'élancèrent aussitôt en armes, et commencèrent à porter des coups terribles sur les ennemis désarmés. Alors les étrangers, voyant qu'on les attaquait de tous côtés, pris au dépourvu et manquant de résolution, épouvantés par Dieu même, prirent la fuite; et, semblables à l'armée d'Holopherne, souffrirent une égale infortune. Dans cette circonstance, le roi Baudouin et les Chrétiens poursuivirent les Païens jusque sous Ascalon, et, tombant sur les traînards, firent un grand carnage, et délivrèrent tous les prisonniers que les barbares menaçaient dans leurs fers. Cependant les plus illustres qui avaient été envoyés devant à Ascalon furent perdus, et les porteurs de nouvelles ne nous ont rien appris de certain à leur égard, excepté sur le compte de Harpin.

C'est ainsi qu'après beaucoup d'angoisses, les Chrétiens triomphèrent au nom du Christ, rentrèrent à Jérusalem, chargés des dépouilles des Païens, et, comblés de joie, rendirent grâces au Dieu triomphateur. Ensuite ils mirent Ramla dans un meilleur état de défense qu'il n'était auparavant, et rétablirent dévotement, au nom du Seigneur, la chaire épiscopale avec des revenus convenables. Je ne saurais mettre par écrit quel fut le nombre des morts, parce que je n'assistai pas à cette bataille : ceux qui s'y trouvaient s'occupèrent moins de compter que de tuer, et d'emporter avec eux les dépouilles des morts.

Harpin de Bourges fut conduit en captivité à Babylone, et y fut retenu plusieurs jours dans les prisons de l'émir. Là, se souvenant des martyrs qui, pour le nom du Christ, avaient jusqu'à la mort livré d'innombrables combats, il invoqua souvent le Seigneur, et, reconforté par lui, il fut mis en liberté, et lui rendit de pieuses actions de grâces. Voici comme il obtint sa délivrance : des marchands de Constantinople vinrent à Babylone avec des marchandises de diverses espèces, et, suivant les lois des nations, payèrent aux ministres du gouvernement les droits établis, et restèrent assez long-temps dans la ville. Comme ils étaient Chrétiens, et d'ailleurs fort riches, ils fréquentaient les basiliques du Christ, visitaient les galetas des fidèles indigens, et portaient des consolations à ceux qui étaient dans les fers. En conséquence Harpin eut un entretien avec eux. Il les chargea de ses dépêches, et manda ce qui suit à l'Empereur Alexis : « Harpin de Bourges, votre serviteur, est re-
« tenu dans les fers à Babylone, où il souffre de

« grandes afflictions et gémit depuis long-temps ; il
« requiert humblement de la magnificence de Votre
« Majesté impériale qu'elle lui compatisse et le se-
« courre, et qu'elle obtienne de l'émir son affran-
« chissement des angoisses de la prison. »

Quand il apprit ces choses, l'Empereur eut une
pieuse compassion du noble Français, et manda bientôt à l'émir de lui rendre à l'instant même Harpin,
sinon qu'il ferait saisir dans tout l'empire de Constantinople tous les marchands et tous les sujets de
Babylone. L'émir, effrayé d'un ordre dicté par tant
d'indignation, tira aussitôt Harpin des fers, le retint
quelques jours avec lui, lui fit voir des choses extraordinaires ; et enfin, après lui avoir donné des bi-
joux précieux et d'autres présens, le renvoya comblé
d'honneurs vers l'Empereur. Ainsi mis en liberté,
Harpin alla à Constantinople auprès d'Alexis, lui
rendit grâces de son assistance efficace, et ensuite,
chargé de ses présens, retourna en France.

Il alla trouver le pape Pascal, lui raconta ses pénibles aventures et ses souffrances, et lui demanda avec
sollicitude des conseils pour sa conduite. Cependant
l'habile pontife, ayant entendu le récit des grands
malheurs de Harpin, lui parla en ces termes : « Il
« faut soigneusement prendre garde que celui qui a
« été lavé par le bain, et que l'on a ensuite revêtu
« d'habits propres, blancs comme la neige, ou bien
« d'étoffes de soie, ne s'expose à marcher pendant la
« nuit par un chemin bourbeux, de peur qu'il ne tombe
« dans la fange, et que, honteusement souillé, il n'ait
« à rougir devant ceux qui le regarderont. Que ce
« miroir, mon cher fils, vous serve à vous considé-

« rer, et profitez de cet exemple pour vous corriger.
« Vous êtes purifié par la pénitence et la confession;
« votre pénible voyage et les combats du martyre
« vous ont couronné des insignes de la vertu. Dans
« les angoisses de la prison, vous avez pour vos pé-
« chés satisfait à Dieu; vous avez, au milieu des souf-
« frances, appris à pratiquer la patience, la chasteté
« et les autres vertus. La vie présente est une nuit
« obscure qui est entièrement enveloppée des ténè-
« bres de l'ignorance. L'homme ne sait s'il est digne
« d'amour ou de haine, et il ne saurait prévoir ce que
« lui réserve le lendemain. La vie du siècle est un
« chemin fangeux que vous devez éviter de tous vos
« efforts, de peur de vous y salir, et de perdre la
« couronne de souffrances qui fait votre gloire. En
« conséquence gardez-vous d'imiter le chien qui re-
« tourne à son vomissement, et le pourceau qui se
« vautre dans l'infection du bourbier. Désormais ne
« portez plus les armes contre les Chrétiens; mais,
« comme un vrai pauvre du Christ, méprisez le faste
« mondain. C'est ainsi que, marchant sur les traces
« du Sauveur, abandonnant votre propre volonté
« pour les œuvres de la justice, dans l'espérance des
« récompenses éternelles, vous arriverez au séjour
« de la suprême vocation avec les fidèles, dans le sein
« d'Abraham. »

Harpin reçut ensuite la bénédiction du pape: avec sa permission il gagna la France; et là, reçu honorablement par les siens, il ne resta pas long-temps avec eux. En effet, d'après le conseil du pape, ou plutôt du Christ lui-même, il abandonna le siècle, et, se rendant à Cluni pour s'y faire moine, il persévéra jusqu'à la mort dans le service de Dieu.

Vers cette époque, il arriva aux Chrétiens en Syrie d'autres événemens très-graves. L'illustre duc Marc Boémond entreprit une expédition contre les Turcs. Daliman fondit inopinément sur lui avec une grande armée, tua beaucoup de Chrétiens, et fit prisonnier Boémond avec Richard-de-la-Principauté, ainsi que quelques autres nobles et preux chevaliers, qu'il retint long-temps enchaînés en prison. Mais Tancrède, chef de l'armée, ayant appris le malheur de Boémond, qui était son seigneur et son parent, fut profondément affligé : il ne se borna pas, comme les femmes, à de vaines larmes et de stériles lamentations ; il rassembla de tout le pays voisin toutes les troupes fidèles, fortifia en grande diligence Antioche, les bourgs et les châteaux voisins ; et tant que le duc fut dans les fers, il se défendit dignement contre les attaques de l'ennemi, et il étendit même noblement ses frontières. Dès que l'empereur Alexis eut appris que Boémond était tombé dans les mains des Turcs, il envoya, plein de joie, des ambassadeurs avec de grands présens à Daliman ; il le pria instamment de recevoir une forte rançon pour Béomond, et de le lui remettre pour cent mille philippes. Il en agit ainsi, non pas pour délivrer le duc captif, et, en lui rendant la liberté, le mettre en état d'être de nouveau le défenseur de la chrétienté, mais pour le retenir à perpétuité, enchaîné dans ses propres cachots : car il était resté violemment affligé de ce que Boémond avait usurpé sur lui Antioche. Il est certain que cette ville est la métropole de l'Empire de Constantinople ; mais les Turcs l'avaient enlevée de vive force à l'Empereur quatorze ans avant que les Cisalpins ne la reprissent et ne tuassent Cassien. Alexis réclama toujours ses droits; mais la valeur des Normands lui opposant un insurmontable obstacle, il ne put accomplir ses desirs. Il employa toutes sortes de moyens et de ruses; mais il travailla vainement, soit par les prières, soit par l'argent, auprès des Chrétiens et des Païens, et ses démarches étant demeurées inutiles, la ville resta aux mains des vainqueurs, à ceux-là même qui, ayant avec une valeur extraordinaire vaincu les Agarins, l'avaient conquise, et ensuite, soutenus par la puissance de Dieu, l'avaient admirablement défendue. Au surplus, Daliman refusa la demande de l'Empereur, et résolut de garder à jamais dans les fers Boémond, que les Turcs appelaient *le petit dieu des Chrétiens*. Honneur suprême pour sa loi, qui lui semblait d'un prix inestimable.

Du temps des Turcs, un certain Grec était le patriarche d'Antioche: il se montrait intraitable aux Normands victorieux. En effet, ceux-ci, devenus maîtres de la ville, résolurent de soumettre au rit latin le clergé et le peuple: ce que les Grecs, qui tenaient aux anciens usages, eurent la témérité de regarder comme inconvenant. Après la prise de Boémond, le bruit courut parmi le peuple que ce même prélat se disposait à livrer traîtreusement Antioche à l'Empereur. Lorsqu'il eut appris qu'un tel bruit se répandait sur son compte, il éprouva une vive colère; et je ne sais si ce fut parce qu'il était indigné de voir soupçonner la pureté de sa conscience, ou s'il éprouva quelque remords de l'accusation, et quelque crainte d'une entreprise aussi criminelle, qu'il se retira dans un ermitage après avoir quitté son évêché, et n'osa plus désormais revenir auprès de ceux dont il abhorrait les usages. Les Normands, maîtres de la ville, se réjouirent beaucoup du départ du Grec; ils firent connaître tous les détails de cette affaire à Boémond dans sa prison, et lui demandèrent son avis sur le remplacement du patriarche. Il ordonna de tirer de l'évêché de Maschenia pour le patriarchat d'Antioche le suffragant Bernard, qui avait été chapelain de Haimar[1], évêque du Puy, lequel, en mourant, avait recommandé son ami à son ami. En conséquence, par l'ordre du duc, le clergé et le peuple élurent Bernard et l'établirent pontife dans la chaire de l'apôtre saint Pierre. Ce patriarche était imbu de la connaissance des lettres; mais, quand il fut connu de ses sujets, il leur devint odieux, parce qu'il était avare, et que, conformément au caractère dur des Goths, dont il descendait, il se montrait d'une sévérité excessive. Il gouverna long-temps l'Eglise de Dieu; et, jusqu'à la décrépitude, il conserva son siége. De son temps, comme on l'a dit, et comme on le dira encore plus clairement, la tempête des malheurs exerça ses ravages.

Tout le monde apprit que Boémond était enchaîné dans les fers des Païens. La totalité des Chrétiens le pleura, et les Païens même l'honorèrent dans sa prison. L'Eglise entière priait Dieu pour qu'il daignât le tirer de la main de ses ennemis. Comme le Dieu propice qui a créé toutes choses, sait punir par des tribulations ses serviteurs pour leurs péchés, de même il secourt admirablement ceux qui le sup-

[1] Adhémar.

plient et l'invoquent avec humilité; il se sert même de leurs ennemis pour leur donner l'espoir d'être secourus. C'est ce qu'éprouvèrent, sous Pharaon, Abraham et Joseph chez les Egyptiens; Tobie et Raguel sous Salmanassar, Sennacherib et Assarhaddon chez les Assyriens; Daniel, les trois enfans de la transmigration sous Nabuchodonosor, et Evilmérodach chez les Chaldéens; Esdras, Néhémie et Mardochée avec sa nièce Esther, sous Cyrus, Darius et Artaxerce chez les Perses et les Mèdes. C'est aussi ce dont ont fait l'heureuse épreuve les apôtres et les autres saints prédicateurs qui souvent commençaient par passer pour des étrangers et des mendians méprisables quand ils arrivaient subitement dans les contrées étrangères habitées par les barbares : peu après, les miracles éclatans qu'ils opéraient et le tonnerre de leur langue les faisaient paraître admirables, et soumettaient au joug de la loi sacrée les peuples jusqu'alors indociles à toutes bonnes actions. Ainsi, celui qui a dit : « Mon père jusqu'à ce jour ne cesse « point d'agir, et j'agis aussi, » visita récemment dans la prison, et réjouit abondamment du doux nectar de sa bonté, les guerriers dont je parle dans mes écrits, afin d'instruire la postérité, et pour faire admirer l'œuvre de Dieu. En effet, les mortels expient sous les verges de l'oppression les crimes de l'humaine fragilité, et, gémissant sous les coups du Ciel, sont forcés d'implorer, les larmes aux yeux, la clémence du Créateur. Dieu, qui est notre roi, et qui sauve ceux qui espèrent en lui, exauça puissamment les prières de l'Eglise son épouse, et vint au secours de Boémond enchaîné et de ses compagnons, en employant l'adresse et le secours de la fille de son ennemi, comme autrefois dans Béthulie il prêta son assistance au peuple souffrant, en employant le courage de Judith, veuve courageuse qui trancha la tête du superbe Holopherne.

Daliman avait une fille nommée Mélaz, fort belle, très-sage, exerçant un grand pouvoir dans toute la maison de son père, jouissant de richesses considérables, et possédant beaucoup d'esclaves pour son service. Cette princesse ayant entendu parler de la bravoure des Français, les aima ardemment, rechercha leur amitié, à tel point que, payant généreusement les geôliers, elle descendait fréquemment dans les prisons, s'y entretenait ingénieusement avec les captifs de la foi chrétienne et de la vraie religion, et, après de sages conversations, sortait en poussant de profonds soupirs. Elle préféra la douceur de ses rapports affectueux avec eux à toute la tendresse de ses parens, et fournit abondamment à ces infortunés tout ce qui était nécessaire à leur nourriture et à leur habillement. Quant au père de Mélaz, occupé d'un grand nombre d'affaires, il ignorait ce qui se passait, ou peut-être n'y apportait pas d'attention, à cause de la confiance qu'il avait dans la sagesse de sa fille bien-aimée.

Au bout de deux ans, il s'éleva une guerre plus que civile entre Daliman et son frère. En effet, Soliman, dans l'excès de son orgueil, prit les armes contre Daliman, et ayant réuni une grande troupe de soldats, il franchit la limite des Etats de son frère qu'il eut l'insolence de provoquer au combat. Cependant Daliman, forcé par une telle attaque, se procura des se-

cours de toutes parts, et, tout fier du nombre de ses anciens trophées, aspira au carnage des batailles: le moment de combattre étant arrivé, bien disposé il alla camper avec ses légions. Pendant ce temps-là, Mélaz eut un entretien particulier avec les Chrétiens, et leur parla en ces termes : « J'ai dès long-temps
« entendu vanter par beaucoup de personnes l'habi-
« leté militaire des Francs; j'en voudrais aujourd'hui
« faire l'épreuve dans la conjoncture imminente où se
« trouve mon père, afin que

« *Quod probat auditus, probet experientia visus* »[1].

Boémond répondit : « Heureuse et honorable dame,
« s'il plaît à la béatitude de Votre Majesté qu'il nous
« soit permis de marcher au champ de bataille avec
« nos armes de chevaliers, sans nul doute nous fe-
« rons voir clairement, l'épée et la lance à la main,
« quels sont les coups que portent des bras francs,
« et nous en ferons l'épreuve à vos yeux sur vos en-
« nemis. »

La jeune princesse reprit en ces termes : « Promet-
« tez-moi, par votre foi de Chrétiens, que, dans l'af-
« faire qui nous occupe, vous agirez en tout selon
« mes avis, et que vous ne vous permettrez pas de
« rien entreprendre contre mes ordres. Confirmez-
« moi cette promesse par serment, et ensuite je ne
« tarderai pas à vous manifester les secrets de mon
« cœur. » Boémond le premier promit sur sa foi ce que demandait Mélaz, et il fut imité par tous ses autres compagnons. Alors la princesse, pleine de joie, s'exprima ainsi : « Maintenant je suis sûre de vous,

[1] L'expérience prouve aux yeux ce que l'oreille a entendu.

« parce que vous êtes loyaux, comme je le pense, et
« que vous ne violerez votre foi en quoi que ce
« soit. Courez au secours de mon père qui est déjà
« sur le point de combattre au champ d'honneur, et
« employez vivement à son service la valeur qui vous
« anime. Si vous êtes victorieux, ce que Dieu veuille !
« cessez de poursuivre nos ennemis en fuite ; revenez
« ici promptement avec vos armes, et ne les déposez
« pas que je ne vous l'ordonne. Cependant je ferai
« descendre tous les geôliers du sommet de la tour
« aux portes inférieures, et je leur ordonnerai de res-
« ter avec moi dans la cour comme pour vous attendre.
« A votre retour, je les chargerai de vous enchaîner
« comme à l'ordinaire : alors portez virilement sur
« eux vos mains vigoureuses, saisissez-les tous sans
« tarder, et renfermez-les à votre place dans la pri-
« son. A cette vue, je m'enfuirai loin de vous comme
« devant des loups féroces. Quant à vous, emparez-
« vous de la forteresse ; conservez-la soigneusement
« jusqu'à ce que vous puissiez faire avec mon père
« une paix convenable. La citadelle a des portes éle-
« vées par lesquelles vous pourrez, au moyen de de-
« grés de pierre, descendre dans le palais, et vous
« emparer de tous les trésors et des appartemens de
« mon père. Toutefois, si dans sa colère, il veut me
« punir de ces fautes, je vous en prie, mes amis, vous
« que j'aime comme mon cœur, accourez prompte-
« ment à mon secours. »

En parlant ainsi, elle arma les chevaliers, et les mit aussitôt en liberté. Auparavant, elle avait trompé et corrompu les geôliers ; et, après les avoir instruits de cette affaire, leur avait dit entre autres choses : « J'é-

« prouve pour mon père une grande terreur en voyant
« marcher contre lui une si grande multitude de na-
« tions; comme il est guerrier intrépide, il a dé-
« daigné de solliciter l'assistance des prisonniers.
« Cependant sachez qu'il m'a confié lui-même le
« pouvoir de fournir des armes aux Chrétiens, et de
« les envoyer au combat pour notre défense. S'ils
« viennent à bout de vaincre les troupes de l'ennemi,
« l'honneur et l'avantage seront pour nous. S'ils
« succombent et meurent sous le glaive de nos ad-
« versaires, nous n'éprouverons aucune douleur
« du sort funeste de ces étrangers, dont toute la
« nation des Agarins déteste les usages et les céré-
« monies. »

En entendant ces discours, les geôliers obéirent, et louèrent beaucoup la sage prudence de la princesse. Aussitôt elle fit tomber les fers des captifs, les tira de la prison, et les envoya bien armés au combat. Au moment de leur arrivée, ils trouvèrent l'action déjà vivement engagée, et pleins de confiance poussèrent le cri de guerre des Normands : *Que Dieu nous aide!* A ces cris et à la charge formidable des chevaliers, les troupes de Soliman s'ébranlèrent. Il y avait dans l'armée quelques Chrétiens qui, ayant reconnu le fameux duc Boémond, furent comblés de joie, abandonnèrent Soliman, et se réunirent à leurs frères.

Soliman avait un jeune fils fort orgueilleux nommé Marciban. Dès qu'il apprit que Boémond se trouvait là, il le chercha dans la bataille en l'appelant par son nom, et desira en venir avec lui à un combat singulier. Enfin les deux guerriers se rencontrèrent en présence de Daliman, et se portèrent de rudes coups;

mais le guerrier normand renversa le turc, et, ayant tiré l'épée, il lui coupa la tête. Comme Daliman criait : « Epargnez, épargnez ce jeune homme, il est mon « neveu, » le héros chrétien, ayant reconnu la chose, cacha la joie de son cœur sous la tristesse de son visage, et répondit ainsi avec un rire moqueur : « Pardonnez-moi, seigneur, ce que j'ai fait par ignorance; « car je n'ai pas cru trouver là votre neveu, mais un « ennemi, dont j'ai tranché la vie pour vous plaire. »

Après un grand carnage de part et d'autre, l'armée de Soliman fut anéantie, et toute la journée ses fuyards furent poursuivis par l'ennemi. Cependant les Chrétiens, comme il était convenu, revinrent sans tarder, et trouvèrent devant la tour leur maîtresse qui les attendait avec des archers. Aussitôt elle dit aux geôliers : « Sans nul doute, les Français sont loyaux, et ils gar- « dent parfaitement leur parole. Allez au devant « d'eux, recevez leurs armes, reconduisez-les dans « leur prison, jusqu'à ce que mon père, à son retour, « récompense dignement leur valeur. » Les Turcs quittèrent la princesse, et voulurent exécuter ses ordres. Mais les Français les enveloppèrent, les prirent et les renfermèrent dans la prison, puis en fermèrent soigneusement les portes avec des barres, et, sans tumulte apparent, s'emparèrent de tous les points de la tour, et sans effusion de sang se trouvèrent au comble de leurs vœux. En effet, la ville était vide de guerriers, puisqu'ils en étaient sortis pour combattre : les femmes seules et les enfans gardaient en tremblant les maisons. Dans la citadelle il se trouvait une prison où l'on conservait un trésor considérable, divers effets précieux et beaucoup de richesses.

Cette tour était contiguë au palais principal du Roi.

La nuit suivante, Mélaz introduisit les Chrétiens de la citadelle dans le palais, leur fit voir toutes les chambres ainsi que les lieux les plus secrets, et leur dit ce qu'ils devraient faire à l'arrivée de Daliman. Le lendemain le vainqueur arriva avec ses satrapes, ses généraux et les grands de son Empire. Sa fille accourut au devant de lui joyeuse et réunie à ses jeunes amies. « Salut, lui dit-elle, triomphateur glorieux. » Daliman furieux lui répondit : « Tais-toi, méchante courti« sane, je ne me soucie pas de tes feintes salutations, « je compte pour rien tes adulations fallacieuses. Par la « divine couronne de Mahomet qui m'a donné la vic« toire, je te ferai mourir demain ainsi que tes amans. « Tu as fourni des armes pour ma honte à mes enne« mis, avec lesquels tu seras brûlée par les flammes « dévorantes comme une criminelle traîtresse. » Ce prince ignorait encore que ses archers étaient enchaînés dans l'obscurité de la prison, que les Français au contraire étaient libres et glorieux au sommet de la citadelle, et qu'avec l'aide du Christ ils se préparaient à lui résister. La jeune princesse, tremblante et pâle, s'enfuit de la présence de ce furieux; triste et effrayée elle chercha une retraite dans sa chambre.

Quelques heures après, Daliman furieux s'étant assis sur son tribunal, et n'ayant avec lui que ses principaux seigneurs (car le peuple, les écuyers et les autres guerriers étaient dispersés dans leurs logemens et s'occupaient de leurs chevaux, de leurs armes et de leurs autres affaires), ce prince ordonna qu'on se rendît à la chambre de sa fille, et que l'on amenât devant lui cette traîtresse téméraire. Pendant

qu'elle était en présence du tyran en fureur, et que seule, sans secours, plongée dans l'opprobre, elle entendait les plus terribles menaces, Boémond vit, du haut de la tour par une fenêtre, l'intérieur du palais, et s'affligea en contemplant sa libératrice désolée paraître en jugement. « Voilà, dit-il, notre
« protectrice accablée d'angoisses; il s'agit mainte-
« nant de sortir d'ici, et de la secourir de toutes nos
« forces. » Aussitôt Boémond et ses compagnons descendirent doucement par les degrés de la tour dans le palais; ils entourèrent en armes Daliman, tous ses généraux et ses officiers, fermèrent exactement les portes, et s'emparèrent de tous les points fortifiés autour d'eux. Toute l'assistance éprouva une égale inquiétude, et ne sut ce qu'elle devait faire. En effet, les portes étant fermées, les Turcs ne pouvaient prendre la fuite, entourés qu'ils étaient de chevaliers armés; d'ailleurs, privés d'armes et en petit nombre, il leur était impossible de résister aux hommes les plus vaillans, et qui avaient pour eux le nombre et les moyens d'attaque. Dans ce moment les Chrétiens pouvaient tuer tous les Païens; mais à cause du serment qu'ils avaient fait à la princesse, ils n'osaient sans son ordre frapper personne, ni l'offenser en aucune manière. Tous les chevaliers la regardaient donc et attendaient ses ordres, parce qu'ils évitaient de violer leurs promesses.

Enfin Mélaz, rassurée, se mit à rire; et s'asseyant parmi les Français, comme si elle eût été leur souveraine, elle dit à Daliman : « Mon cher père, c'est
« injustement que vous êtes irrité contre moi, que
« vous m'effrayez par d'excessives menaces, et que

« vous m'accablez d'outrages pour le secours salu-
« taire que je vous ai donné habilement dans vos in-
« térêts, et avec une grande bonté ; car les Français,
« étant survenus dans la bataille, ont fortifié votre
« parti et avancé la destruction de vos ennemis. Con-
« sidérez quelle est la loyauté des Chrétiens : ils vous
« ont fidèlement secondé dans le combat, et, sous
« leurs coups, l'ennemi a tourné le dos. Ils ont eu
« suffisamment les moyens de s'échapper, comme
« cela est évident même pour les moins clairvoyans ;
« mais ne voulant pas vous quitter sans prendre
« congé de vous, ils sont revenus d'eux-mêmes, et
« demandent avec confiance à votre générosité le
« prix de leur valeur. Déjà ils ont la main à la garde
« de leur épée, déjà ils peuvent nous égorger s'ils
« le veulent, déjà ils sont maîtres de la citadelle,
« du palais et de toutes les richesses qui s'y trouvent,
« et vos gardes enchaînés n'oseraient murmurer
« contre eux. Dans ces circonstances, mon père,
« songez à ce que vous devez faire, et prenez des
« avis salutaires des conseillers qui vous assistent. »
A ces mots la princesse se mit à la tête des Chrétiens. Cependant Daliman, s'étant retiré à l'écart, se
consultait avec les siens. Enfin s'asseyant, il dit :
« Avant tout, ma fille, nous voulons avoir votre
« avis. » La princesse fit cette réponse : « Je ne tar-
« derai pas à vous dire ce que je crois sage. Faites la
« paix avec les Chrétiens ; et tant que vous vivrez,
« qu'il existe entre vous un traité d'amitié inviolable.
« Mettez en liberté tous les captifs qui sont sur le
« territoire de votre domination, et qu'eux, de leur
« côté, vous rendent tous vos sujets qui sont en leur

« pouvoir. Accordez un digne prix de leurs glorieux
« services à Boémond et à ses frères d'armes, par le
« secours favorable desquels vous avez obtenu la vic-
« toire. Sachez, en outre, que je suis chrétienne, que
« je veux être régénérée selon les mystères de la loi
« du Christ, et que je ne saurais demeurer ici plus
« long-temps avec vous. La loi des Chrétiens est
« sainte et honnête, tandis que la vôtre n'est rem-
« plie que de vanité et souillée de toutes sortes d'or-
« dures. »

En entendant ce discours, les Turcs furent vivement irrités, et manifestèrent leurs sentimens par
leurs regards farouches et par leurs gestes emportés.
Mais, arrêtés par Dieu même, ils ne purent par des
actions accomplir les méchans projets de leurs cœurs
profanes. Pendant qu'ils s'occupaient de leurs affaires, Mélaz, ayant pris à part les Chrétiens, leur
dit : « Courage, preux chevaliers, éprouvés par beau-
« coup d'accidens et de malheurs, vous qui êtes ve-
« nus volontairement des pays lointains, et avez,
« par votre valeur persévérante, échappé à tant de
« dangers et de calamités; agissez à cette heure vi-
« rilement au nom de votre Dieu, que vous m'assu-
« rez être tout-puissant. Vous avez besoin maintenant
« de tout votre courage et de vos armes pour termi-
« ner louablement ce que vous avez commencé avec
« vigueur. Mon père est violemment en courroux,
« et il emploie tous ses efforts avec ses amis pour ma-
« chiner notre perte. Jusqu'ici vous avez parfaite-
« ment observé les conditions que je vous ai pres-
« crites; désormais je vous tiens quittes des pro-
« messes que vous m'avez faites avec serment. For-

9.

« tifiez maintenant la citadelle, le palais, la muraille
« qui l'entoure, et tous les appartemens tant grands
« que petits. Faites partout d'exactes recherches;
« gardez les avenues de peur que personne n'entre
« ou ne sorte sans que vous le voyiez. Si mon père
« venait à quitter ces lieux, il réunirait tous les peu-
« ples d'alentour, et, après un siège cruel, vous
« pousserait à une honteuse reddition ou à une perte
« certaine. Renfermez-le donc avec tous les siens dans
« une même chambre; forcez-le, par une rigueur
« nécessaire, à conclure la paix; mais, autant que
« vous le pourrez, défendez à vos mains l'effusion du
« sang. Vous, seigneur Boémond, qui avez une grande
« expérience en tout, et dont tout l'univers loue la
« maturité et la prudence, je vous recommande la
« prévoyance et la direction de tout ce que je vous
« dis. Désormais je serai votre sœur inséparable, et
« je supporterai le bonheur comme l'infortune avec
« vous dans la foi du Seigneur Jésus-Christ. »

En conséquence, Boémond, plein de joie, enferma
de force Daliman, et ceux qui se trouvaient avec lui,
dans une certaine chambre qu'il confia à la garde
d'hommes armés. Ensuite il plaça en divers lieux quelques autres chevaliers, prescrivit à chacun ce qu'il
aurait à faire, et gouverna ainsi, pendant près de
quinze jours, le palais du prince avec tout ce qui s'y
trouvait. Il laissa entrer les épouses, leurs femmes
de service et les eunuques sans défense, et leur fit
fournir une suffisante quantité d'alimens et des autres
choses qui leur étaient nécessaires. Daliman gémit
profondément de ce que son palais s'était changé pour
lui en une prison, et de ce que sa fille était devenue

un maître qui contraignait rudement ses volontés. Aussi maudissait-il fortement son dieu Mahomet, et damnait-il exécrablement ses sujets et ses voisins qui le laissaient, au milieu de son royaume, traiter si mal par un petit nombre de captifs et d'étrangers. Les seigneurs renfermés avec lui lui persuadèrent de faire la paix avec les Chrétiens, afin qu'il pût au moins vivre encore quelque temps. Enfin la peur amollit la dureté du cœur de Daliman. Après une entrevue, il demanda la paix à Boémond, lui permit de se retirer en liberté avec les siens, et brisa les fers de tous les captifs qui gémissaient sous sa puissance ; puis il lui promit sa fille en mariage.

Quand l'adroite Mélaz eut appris ces choses de Boémond, elle lui répondit : « On dit facilement tout ce « qu'on veut; mais toutes ces choses ne paraissent « pas croyables. Prenez en bonne part les promesses « flatteuses mais ambiguës de mon père; toutefois « gardez avec vigilance ce que vous tenez, jusqu'à « ce qu'étant bien affermis, vous puissiez triompher « dans une sécurité certaine. Envoyez de toutes « parts des courriers bien connus à Antioche; que « l'on vous amène une troupe bien armée de vos che- « valiers qui, vous entourant honorablement, vous « conduisent sans embûche dans votre pays, et vous « mettent à portée d'éviter les perfidies de tous les « malveillans. » Ce conseil plut à tous les Chrétiens. En conséquence Richard-de-la-Principauté et Sarcis furent envoyés de la Mésopotamie à Antioche, et racontèrent ces événemens aux habitans comblés de joie. Alors Tancrède, chef de l'armée, rassembla aussitôt, par des commissaires qu'il envoya, les chevaliers et les captifs païens, et les adressa aux seigneurs que nous venons de nommer, pour qu'ils les emmenassent avec eux. Alors la fille de Cassien, émir d'Antioche, fut rendue après avoir été tirée de la prison des Chrétiens, avec une grande affliction. Interrogée pourquoi elle pleurait ainsi, elle répondit que le sujet de ses larmes provenait de ce qu'elle ne pourrait plus manger de cette excellente chair de porc dont usent les Chrétiens. En effet, les Turcs et plusieurs autres nations sarrasines ont horreur de cette viande, quoiqu'ils dévorent avidement la chair des chiens et des loups, et prouvent ainsi qu'ils ne connaissent pas les lois de Moïse et du Christ, et qu'ils ne tiennent ni aux Juifs ni aux Chrétiens.

Cependant Boémond avait de fréquentes conversations avec Daliman; et, comme il était modeste et sage, il s'entretenait doucement avec lui. Il le flattait même à propos pour le bien disposer en faveur de beaucoup de personnes que ce tyran pouvait opprimer à l'excès. Obséquieux et usant de douces paroles, il le calma, ainsi que tous ceux qui étaient auprès de lui, et s'enfit aimer par les soins qu'il mit dans ses rapports avec eux. Peu à peu les gouverneurs des provinces et les grands apprenaient à connaître leur nouveau chef, cherchaient avec grand soin à se faire bien venir du prince étranger qui se trouvait le maître de leur roi; et, conversant avec ce dernier par la permission de Boémond, lui faisaient grandement son éloge. Ils engageaient Boémond, comme leur maître légitime, à servir l'Etat; ils recherchaient l'amitié d'un si grand seigneur par toutes sortes de moyens, et se rappelaient souvent cette pensée d'un poète comique.

Quoniam non potest id fieri quod vis, id velis quod possis [1].

Ils ajoutaient ces paroles : « Dans la victoire que
« nous avons dernièrement remportée, nous avons
« été trompés grandement, puisque les ennemis de
« notre loi nous ont efficacement aidés à faire périr
« nos compatriotes, et nous nous sommes réjouis
« méchamment et follement de notre perte commune.
« Voilà l'exécrable Mahomet notre Dieu qui nous
« abandonne entièrement, et qui tombe sans force
« devant le Dieu des Chrétiens. Voilà que le Christ
« crucifié, que ces gens assurent être tout-puissant,
« et sans doute à bon droit, comme tous leurs en-
« nemis l'éprouvent et le sentent pour leur malheur,
« se sert inopinément de votre fille pour briser les
« fers de ceux que vous croyiez enchaînés étroite-
« ment en prison, et que vous vous disposiez à y
« retenir à jamais. Il leur a prodigué la gloire de
« brillans trophées, lorsqu'ils ont paru armés sur le
« champ de bataille, en teignant leurs lances du
« sang de nos frères et de nos neveux ; il leur a
« surtout livré votre principale forteresse, où sont
« tous vos trésors ; il a renfermé sous leur puissance
« vous-même et les principaux seigneurs de votre
« royaume, et vous tient gémissant dans votre pro-
« pre palais, où vous êtes tous arrêtés sans combat
« comme de faibles servantes. Du dehors, nous ne pou-
« vons venir vers vous sans la permission des étran-

[1] Puisque ce que vous voulez ne se peut pas, veuillez ce qui se peut.

« gers, ni vous procurer aucun secours. Nous n'osons
« nous réunir pour les attaquer, parce qu'aussitôt
« ils exerceraient sur vous les fureurs de leurs ven-
« geances. Si le grand soudan des Perses[1] venait ici
« avec toute sa puissance et cherchait à attaquer cette
« place, les Français ont tant de bravoure, et leur
« résistance serait si vigoureuse, qu'ils auraient l'au-
« dace de lui tenir tête, et causeraient de grands
« dommages à nos concitoyens avant qu'on pût les
« prendre. Il vaut donc mieux faire la paix amica-
« lement avec l'ennemi que d'exciter témérairement
« sa rage meurtrière. »

Daliman se rendit à ces conseils. S'étant donc lié d'amitié avec le vaillant duc, il donna librement des ordres dans son palais sur ce qui concernait leurs intérêts communs, et tira de ses trésors des sommes considérables, dont il fit présent aux Chrétiens. Il ordonna aussi de mettre en liberté tous leurs captifs dans ses Etats. On les chercha avec soin; on les conduisit; et une fois trouvés ils furent bien vêtus par Daliman, et remis à Boémond. Celui-ci aussitôt les réunit à leurs compatriotes, et leur donna divers emplois pour soutenir et protéger leurs compagnons, de peur qu'ils ne fussent la dupe de quelque malin artifice des Païens.

Richard et Sarcis, ayant accompli leur mission, revinrent au bout de quinze jours, et amenèrent avec eux une nombreuse troupe de Chrétiens. Daliman les fit recevoir avec de grands honneurs, leur fit préparer en abondance des vivres selon l'usage de leur pays, et leur fit largement donner tout ce qui leur

---

[1] *Magnus rex Persarum soldanus.*

était nécessaire. Alors Boémond et Daliman firent entre eux une paix perpétuelle, et mirent trois jours à disposer ce qui était convenable. Ensuite Boémond et Richard, et leurs compagnons de captivité, sortirent gaîment de prison, comme Zorobabel et Néhémie bénirent le Seigneur Dieu d'Israël. Daliman et les seigneurs de sa cour, joyeux aussi, puisqu'ils recouvraient également leur liberté, conduisirent les Chrétiens à quelque distance ; mais c'était avec perfidie, puisque chemin faisant ils cherchèrent tous les moyens de leur nuire. Toutefois, comme Dieu protége les siens, ils n'en purent venir à bout. En effet, les fidèles étaient en crainte : aussi marchaient-ils armés et comme préparés à la guerre. Ils gardèrent soigneusement leurs otages jusqu'à ce qu'ils fussent parvenus aux lieux qu'ils regardaient comme sûrs. Enfin Daliman demanda comme ami à ses alliés la permission de retourner chez lui ; l'ayant obtenue, il s'en revint fort triste, parce qu'il n'avait pu, par aucune ruse, leur faire aucun mal pendant la route.

La prudente Mélaz quitta le palais de son père avec ses valets, ses eunuques et sa noble maison, et se réunit dévotement et de bon cœur aux Chrétiens avec toute sa suite. C'est ainsi que Bithia, fille de Pharaon, accompagna, pour son salut, Moïse et les Hébreux, quand les Egyptiens vinrent à périr. Les habitans d'Antioche, pleins de joie, vinrent au devant de leurs princes long-temps desirés ; le clergé et tout le peuple bénirent fidèlement le roi Adonaï, qui sauve tous ceux qui espèrent en lui. Ensuite Boémond envoya en France Richard son compagnon de captivité, adressa par lui au saint confesseur Léonard des chaînes d'argent, et rendit dévotement des actions de grâces pour sa délivrance.

La généreuse Mélaz ayant été régénérée dans l'Eglise catholique par le saint baptême, Boémond lui tint le discours suivant, en temps convenable, au milieu de l'assemblée des grands : « Noble vierge, qui,
« païenne encore, nous avez à l'improviste secou-
« rus merveilleusement ; qui avez sagement offert à
« toute votre maison de suivre le Seigneur Jésus ;
« qui l'avez avec bonté chéri en nous qui sommes
« ses membres et ses serviteurs, et avez par là en-
« couru la colère de votre père presque jusqu'au
« danger de la mort, choisissez parmi nous l'époux
« que vous voudrez au nom du Christ. En effet, il
« n'est pas équitable que nous résistions en aucune
« manière à vos justes demandes, quand nous som-
« mes tant et depuis si long-temps redevables à vos
« mérites. Avant tout, écoutez dans ce moment mon
« avis, qui, je l'espère, ma douce amie, vous sera
« profitable. A la vérité, je l'avoue, vous m'avez été
« donnée par votre père, mais je veux vous servir
« plus utilement : écoutez attentivement pour quelle
« raison. Depuis ma première jeunesse, je n'ai goûté
« aucun repos ; j'ai vécu au milieu des fatigues ; j'ai
« souffert beaucoup de peines, et je crains bien d'en
« avoir encore à supporter de plus grandes ; car je
« suis engagé dans les combats avec l'Empereur, et
« de toute part avec les Païens. J'ai en outre fait vœu
« au Seigneur, lorsque j'étais en prison, que, si j'é-
« tais affranchi des fers des Païens, je me rendrais
« auprès de saint Léonard, qui se trouve au pays

« d'Aquitaine. Je vous présente ces excuses, qui sont
« le fruit d'une sincère amitié pour vous, parce que
« je ne veux pas vous voir affligée en aucune manière,
« pas plus que si vous étiez ma fille ou ma sœur,
« ni vous enchaîner dans les nœuds du mariage, qui
« peu de temps après vous causeraient du repentir.
« En effet, quelle joie ou quel plaisir goûteriez-vous
« dans notre union, quand il faudrait qu'aussitôt
« après les noces j'entreprisse un immense voyage
« par mer et par terre, et que je partisse pour des
« contrées lointaines près des confins de la terre?
« Ainsi, d'après ces considérations, choisissez, ma-
« dame, le meilleur parti. Voici Roger, fils du prince
« Richard, et mon cousin : il est plus jeune que moi;
« il est d'une grande beauté ; sa noblesse, ses ri-
« chesses et sa puissance sont égales aux miennes.
« Je vous fais son éloge, afin que vous le preniez
« pour mari, et je desire qu'avec lui vous viviez long-
« temps. »

Tous ceux qui étaient présens se rangèrent à l'avis du sage Boémond. La prudente princesse se rendit facilement aux conseils de tant de héros. En conséquence Roger épousa Mélaz honorablement, avec une grande joie, et leurs noces furent célébrées dans Antioche au milieu des applaudissemens et de la satisfaction générale : Boémond et les principaux du pays y firent les fonctions de sénéchaux. Au bout de six ans, Boémond et Tancrède étant morts, Roger posséda la principauté d'Antioche; et, deux ans après, il fut tué avec sept mille Chrétiens dans les plaines de Sarmatam par le Persan Amirgazis[1].

[1] L'émir Al-Ghazi.

J'ai déjà dit beaucoup de choses sur les révolutions des peuples et les malheurs des hommes ; mais, si je continue de vivre, il m'en reste encore beaucoup à dire dans les livres suivans. Je termine ce livre de l'histoire ecclésiastique,

Et mihi jam fesso requies aliquantula detur.[1]

[1] Et déjà fatigué, j'ai besoin qu'on m'accorde quelque repos.

LIVRE ONZIÈME.

Bienfaisant Dieu Sabaoth, roi puissant, qui gouvernez tout, et régnez pendant tous les siècles, sauvez votre ouvrage ; anéantissez le pouvoir de Satan, qui constamment exerce ses fureurs contre vous en cherchant partout à tourmenter vos serviteurs. Bienveillant Créateur du monde, exaucez, je vous prie, les vœux que je vous adresse. Je vous adore, je vous recherche, et je m'applique avec raison à vous plaire. Maintenant, parvenu à la vieillesse, j'esquisse l'histoire des pontifes et des rois : sexagénaire, j'offre mes travaux à la jeunesse. Pour une telle peine, je ne lui demande aucun salaire ; je lui présente ceci gratuitement, satisfait que je suis de l'amour de mes frères. Si de nos jours de nouveaux miracles s'opéraient avec évidence, je tâcherais de les publier avec véracité. Je crois que racontés d'une manière concise, ils en seraient plus agréables à mes contemporains et à la postérité, que moi-même j'en tirerais plus d'avantage, et qu'ils plairaient beaucoup plus aux autres que si je recherchais vainement et donnais avec détail les événemens mondains et ce qui concerne les honneurs périssables. J'aspire aux choses glorieuses, je voudrais écrire des merveilles, et me lancer, au nom du Christ, au milieu des prodiges. J'aime à louer celui qui commande à tout l'univers, et qui peut facilement nous guérir de nos maux. Mais nous sommes forcés de parler des choses affreuses que nous voyons ou dont nous avons à souffrir ; nous racontons, sans stabilité, des événemens inconstans. En effet, un attrait mondain emporte le troupeau des hommes loin de l'équité, et ne les défend pas des ordures de la rouille du péché. Enclins au mal, ils ne songent qu'aux choses terrestres, ils méprisent celles qui sont célestes, et sont même trop courbés vers la terre pour contempler les cieux. Voyez ces pécheurs chargés d'un poids mortel : aussi c'est justement que cessent d'éclater les miracles des saints. Prévaricateurs qui transgressent la loi, ce ne sont pas des miracles que méritent les pécheurs, mais bien les peines du céleste courroux. On peut s'étendre sur les procès et les guerres que leur suscite à l'excès l'avidité cruelle d'acquérir. Si les doctes hommes daignaient rapporter tant de turpitudes, ils pourraient faire mention de meurtres, d'incestes et de mille attentats coupables. L'insensé est vainement frappé et perd le temps de son loisir, tandis que le sage le met à profit. En effet, c'est perdre son temps que de faire des vers inutiles, et c'est un travail périssable que celui qui ne rapporte aucun avantage. Les élus pleins de ferveur courent au bien, et, dans leur vigilance, s'occupent avidement de louables études. On ne doit point réprimander ceux qui se chargent volontairement d'un fardeau, qui saisissent les gerbes et les portent au grenier. L'éperon est inutile au coursier qui de lui-même marche avec assez de rapidité ; il suffit de le gouverner modérément pour qu'il ne s'abatte pas. Le cavalier presse de l'éperon acéré sa monture inactive, et la frappe à coups redoublés pour la forcer à courir. Telle est la loi de l'Eglise enseignée par de savans docteurs : par leurs avis, ils stimulent la lenteur et calment l'emportement. La bête perverse aux dix cornes triomphe déjà, et partout une populace cruelle est souillée de la lèpre du crime. Le Seigneur montra allégoriquement Behemoth à son ami Job, et ce démon insidieux exerce ses fureurs sur un monde livré à l'iniquité. Erynnis parcourt avec rage cet univers, et journellement précipite au fond des enfers ceux qui lui sont dévoués : cette hideuse furie se joue des mortels abusés, auxquels ses tromperies ravissent la félicité du paradis. Hélas! le mortel serpent leur verse son affreux poison qui leur fait perdre la raison et les dispose à s'entre-égorger. Les insensés et les hommes iniques sont en proie à toutes les maladies, et par leurs vices attirent sur eux toutes sortes de calamités. Nous voyons des chutes humaines et de misérables ruines dont un auteur habile peut remplir ses livres [1]; s'il veut faire des discours oiseux sur ces événemens divers, il ne manque pas de sujets au milieu de tant d'accidens cruels.

Le jaloux ennemi du genre humain porte beaucoup de noms dans les écrits inspirés par le Ciel. En effet, c'est un lion, un loup, un dragon, une perdrix, un basilic, un milan, un sanglier, un renard, un chien, un ours, une sangsue, un céraste et une couleuvre cruelle, qui tous nous tendent des piéges, et s'occupent de nuire aux insensés par ruse ou par violence. Mille

---

[1] *Pelles ovinas.*

autres noms encore n'échapperont pas aux lecteurs ingénieux, car ils proviennent des divers artifices qu'emploie cet ennemi des hommes. Il en corrompt et en tue des quantités innombrables. Quelle douleur! le plus souvent on les voit périr en nombreuses phalanges.

Roi saint, bon Jésus, suprême pontife, préservez-nous d'être, avec les damnés, atteints par l'antique serpent; tirez-nous, au contraire, pur de vice, du milieu des tempêtes de ce monde, et, par votre clémence, réunissez-nous aux saints dans votre cour céleste. Ainsi soit-il![1]

L'an de l'incarnation du Seigneur 1102, Henri, roi des Anglais, ayant fait la paix avec son frère Robert, se trouva plus affermi sur son trône, et s'employa à se venger peu à peu des traîtres qui avaient abandonné son parti au moment où il avait besoin d'eux. Il appela en jugement Robert, surnommé Malet, Yves de Grandménil, Robert de Pontefract, fils d'Ilbert de Lasci, Robert de Bellême, plus puissant qu'eux tous, et plusieurs autres seigneurs : il ne les assigna pas ensemble, mais séparément, en divers temps et par plusieurs accusations de trahison. Il en condamna à de fortes sommes quelques-uns qui ne purent se justifier du crime dont ils étaient accusés; il en bannit quelques autres qui lui étaient plus suspects, après les avoir dépouillés de leurs biens sans leur laisser aucun espoir de les recouvrer.

L'année suivante, Guillaume de Varenne, fort triste, alla trouver Robert, duc de Normandie, et lui rap-

[1] Ce début est en vers hexamètres.

porta qu'il avait éprouvé à cause de lui un grand dommage, puisqu'il avait perdu le comté de Surrey qui lui rapportait annuellement mille livres d'argent; en conséquence, il assura qu'il méritait de rentrer en grâce, par son entremise, avec le Roi son frère, et de recouvrer, par son intervention, ses anciens biens. Le duc se rendit facilement à cette proposition, et passa en Angleterre. Le Roi ayant entendu la demande de Robert, entra en courroux, et parla ainsi à ceux qui l'entouraient et à ses conseillers : « Que dois-« je faire de mes ennemis, qui ont osé fondre sur « moi sans mon autorisation et envahir les frontières « de mon royaume? » Chacun fit au Roi une réponse à sa manière. Henri envoya au devant de son frère sa propre garde pour lui faire connaître clairement sa volonté. Alors le duc mal avisé apprit, par des rapports clandestins, qu'il s'était hasardé mal à propos à pénétrer en Angleterre, et qu'à moins qu'il ne reçût prudemment de sages conseils, il ne pourrait retourner à son gré dans ses Etats, renfermé qu'il était dans une sorte d'enclos insulaire. Pendant ce temps-là, d'après les ordres du rusé monarque, il fut conduit honorablement à la cour avec ses compagnons d'armes, et on le priva de leurs utiles conseils, de peur que les étrangers ne semassent l'aigreur entre les frères. Le duc, effrayé, dissimula ses craintes sous l'apparence de la gaîté; et le Roi, de son côté, cacha sa fureur profonde sous un visage serein. Entre autres choses, le Roi blâma le duc d'avoir violé le traité, puisqu'il n'avait encore tiré aucune vengeance des traîtres publics, puisqu'il ne se servait pas de son autorité pour punir rigoureusement les révoltés, puisque, dans la même année, il avait reçu amicalement en Normandie Robert de Bellême, et lui avait donné des domaines qui appartenaient au roi leur père, savoir, le château d'Argentan, l'évêché de Séés et la forêt de Gouffern. Alors ce brigand avait passé en Normandie, et avait acquis le comté de Ponthieu au droit de Guillaume Talvas, parce que Gui, comte d'Abbeville, son beau-père, était venu à mourir. Enfin le duc, effrayé de ces reproches, promit humblement de réparer ses torts. Il remit aussi à la Reine, qui l'en pria adroitement, le tribut de trois mille livres qui avait été convenu. En conséquence, le Roi apaisé fit la paix avec son frère, renouvela l'ancien traité, et rendit à Guillaume de Varenne le comté de Surrey. Ce comte ayant recouvré les biens de son père, qu'il avait formellement perdus, bien corrigé pour son avantage, s'attacha fidèlement au Roi pendant les trente-trois ans qu'ils vécurent ensemble, et jouit d'une grande considération parmi les principaux et les plus intimes amis de ce prince.

Ensuite le duc Robert retourna en Normandie, et devint pour ses sujets plus méprisable encore qu'il ne l'avait été auparavant. En effet, de ce voyage il n'avait retiré que de la crainte, de la peine et de la honte; le roi, au contraire, heureux en toutes choses, s'éleva de plus en plus, et fut célébré parmi les plus grands potentats, dans les quatre climats du monde, par l'effet de sa renommée qui s'étendit partout. Nul monarque n'avait été plus puissant que lui sur le trône d'Angleterre, ni plus riche en possessions au-delà de son île, ni plus heureux par l'abondance de tout ce qui est utile aux mortels. C'est ce que par la suite, avec l'aide de Dieu, si nous vivons, notre récit fera connaître évidemment. Il soumit tous ses ennemis par sa sagesse ou sa valeur; il récompensa par des richesses ou par des titres ceux qui le servirent; il précipita du faîte de la puissance, à cause de leur témérité, plusieurs personnages illustres, et les condamna à la perte éternelle de leurs droits héréditaires. Par une disposition contraire, il accorda la faveur de l'anoblissement à certaines personnes qui le servirent; il les tira pour ainsi dire de la poussière, et, leur ayant donné de grands biens, les éleva au-dessus des comtes et des châtelains illustres. C'est ce que prouvent Goisfred de Clinton, Raoul Basset, Hugues de Bouchelande, Guillegrip et Rainier de Bath, Guillaume Troussebot, Haimon de Falaise, Guigan-Algazon, Robert de Bostare et plusieurs autres. Ayant acquis des richesses et bâti des maisons, ils se trouvèrent bien au-dessus de ce qu'étaient leurs pères, et se vengèrent de ceux qui les avaient opprimés par de fausses et injustes accusations. Ainsi le Roi tira de la dernière classe, pour les anoblir, ces gens-là, et plusieurs autres qu'il serait ennuyeux de nommer en détail; par son autorité royale, il les fit sortir de la bassesse, les établit au faîte de la puissance, et les rendit redoutables même aux plus grands seigneurs de ses Etats.

Comme Henri récompensait magnifiquement ceux qui lui étaient fidèles, de même il était pour les perfides un ennemi implacable; et il ne laissait aucun crime avéré sans en punir l'auteur, soit dans son corps, soit par la privation de ses dignités, soit par des amendes. C'est ce qu'éprouvèrent misérablement plusieurs criminels, qui moururent dans les fers dont ils ne purent être délivrés, ni en considération de leurs familles, ni à cause de la noblesse de leur extraction, ni par le paiement de sommes d'argent. Il appela en justice Robert de Ponte-Fract et Robert Mallet, et les bannit après les avoir dépouillés de leurs terres. Yves[1], qui avait entrepris de faire la guerre en Angleterre, et qui avait ravagé par l'incendie les champs de ses voisins (ce qui est dans ce pays un crime inouï qu'on ne saurait expier sans de grandes punitions), accusé par le prince rigoureux, auprès duquel il ne put se justifier, fut condamné par lui à une forte amende, et affligé de la tribulation de plusieurs peines. C'est ce qui détermina ce chevalier à réclamer l'assistance de Robert, comte de Meulan, qui était un des principaux conseillers du Roi : contraint par plusieurs causes d'infortune, il se confia à sa protection. Il était surtout honteux des reproches moqueurs qu'on lui faisait de ce qu'il était sorti d'Antioche comme un danseur de corde en descendant du haut des murs. Plein de crainte, il était convaincu, en y réfléchissant beaucoup, qu'il recouvrerait à grand'peine, ou même jamais, l'amitié du Roi, qu'il avait perdue. C'est pourquoi il résolut de faire un nouveau pèlerinage. En conséquence il fut convenu que le comte le remettrait en grâce avec le Roi; qu'il lui donnerait cinq cents marcs d'argent pour faire son voyage; qu'il retiendrait en gage toutes ses terres pendant quinze ans; que, ces conditions remplies, il donnerait au jeune Yves en mariage la fille de Henri comte de Warwick, son frère, et lui rendrait l'héritage paternel. Ce traité fut garanti par serment,

[1] De Grand-Ménil.

et fortifié de la concession royale. Yves partit avec sa femme pour les contrées étrangères; il mourut pendant le voyage, et ses biens passèrent à des étrangers.

La ville de Leicester avait quatre maîtres, savoir : le Roi, l'évêque de Lincoln, le comte Simon, et Yves, fils de Hugues. Le comte de Meulan eut l'adresse de prendre le parti d'Yves, qui était bourgeois, vicomte et fermier du Roi, à l'aide duquel, et par sa propre habileté, il devint possesseur de toute la ville; ensuite, fait comte en Angleterre, il surpassa en richesse et en puissance tous les grands du royaume, et l'emporta sur presque tous ses parens. Il épousa Isabelle, princesse d'une grande beauté, et nièce du roi de France, de laquelle il eut deux jumeaux, Galeran et Robert, puis Hugues, surnommé le Pauvre, et cinq filles. L'ame aveuglée par tant de richesses, il manqua au serment qu'il avait fait au fils d'Yves, puisqu'au temps prescrit il ne donna pas à ce jeune homme la femme qu'il lui avait promise, et ne lui rendit pas son patrimoine.

L'an de l'incarnation du Seigneur 1102, le roi Henri appela à sa cour le puissant comte Robert de Bellême, l'accusa de quarante-cinq crimes qu'il avait commis en actions ou en paroles, tant contre lui que contre son frère, le duc de Normandie, et lui ordonna de répondre en public sur chaque imputation. Pendant une année, le Roi l'avait fait diligemment espionner, avait fait ainsi rechercher avec soin ses actions répréhensibles, et les avait fait écrire avec exactitude. Robert ayant, suivant l'usage, demandé la faculté de se présenter au conseil avec les siens, sortit après l'avoir reçue, et reconnut qu'il ne pourrait se justifier des imputations qui lui étaient faites ; aussitôt, tremblant et hors de lui-même, il monta à cheval, et s'enfuit dans ses châteaux. Comme Henri attendait avec ses barons la réponse de Robert, un officier de ce monarque rapporta aussitôt que le comte s'était enfui. Le Roi fut fâché d'avoir été pris pour dupe : il attendit, avec certitude de le trouver, le temps de la vengeance. Il déclara tout haut que Robert était coupable pour ne s'être pas légalement justifié après avoir été cité juridiquement ; il le désigna comme un ennemi public, s'il ne revenait pas promptement se présenter en jugement. Il fit de nouveau sommer le rebelle ; mais celui-ci refusa absolument de se présenter : au contraire il fortifia ses châteaux de retranchemens et de murailles, et demanda des secours à ses parens en Normandie, aux étrangers du pays de Galles et à tous ses voisins. Cependant le Roi rassembla l'armée anglaise ; il mit le siége devant le château d'Arundel, qui est situé près du rivage de la mer ; il bâtit des forts devant la place, et y laissa pendant trois mois des officiers avec des troupes. Sur ces entrefaites, les assiégés demandèrent humblement au Roi une trève pour solliciter de leur maître, ou du secours pour se défendre, ou la permission de se rendre à composition. Ce monarque y ayant consenti, des courriers allèrent chercher Robert dans le pays des Merciens ; et l'y ayant trouvé, ils lui exposèrent, dans leurs anxiétés, de quels intolérables malheurs ils étaient menacés. Le comte était dans cette contrée occupé à bâtir Bridge, château très-fort sur la Saverne, et cherchait, mais en vain, des auxiliaires pour résister de toutes ses forces. Il gémit de voir l'abattement de ses partisans, et, comme il ne pouvait les secourir, il les dégagea de leurs promesses, en même temps que, profondément affligé, il leur donna la faculté de traiter avec Henri. Au retour des délégués, la garnison, pleine de joie, rendit le château au Roi, qui la reçut avec bonté, et la combla de présens. De là, le monarque fit avancer son armée au château de Blithe, qui avait appartenu autrefois à Roger de Buthley. La garnison vint au devant de lui avec joie, et, le reconnaissant pour son seigneur légitime, le reçut avec satisfaction. Après ces événemens, le roi Henri donna un peu de repos à ses peuples, et rendit sa prudence et son courage redoutables à la plupart des grands. Pendant ce temps-là, Henri envoya des députés en Normandie, et par des dépêches véridiques fit connaître au duc comment Robert de Bellême avait forfait à leur égard, et s'était furtivement enfui de la cour. Ensuite il l'engagea, d'après les conventions qu'ils avaient faites en Angleterre, à punir le traître d'une manière exemplaire. En conséquence le duc réunit l'armée normande, et assiégea le château de Vignats, dont la garde était confiée à Girard de Saint-Hilaire. La garnison desirait l'assaut, parce qu'elle était disposée à rendre la place si l'attaque était vive ; car ils n'osaient capituler sans coup férir, de peur de passer à bon droit pour des déserteurs déloyaux. Comme le duc était nonchalant et livré à la mollesse, et qu'il manquait de la fermeté qui convient aux princes, Robert de Montfort et les autres complices de sa révolte, qui n'étaient point d'accord entre eux, mirent eux-mêmes le feu à leurs tentes, jetèrent le désordre dans toute l'armée, prirent la fuite sans être poursuivis, et déterminèrent à fuir honteusement les autres corps qui cherchaient à faire détester le duc Robert. La garnison, voyant le désordre qui arrivait dans l'armée normande, se mit à jeter de grands cris après les fuyards, dont elle se moqua; et, reprenant courage, fit une guerre cruelle dans l'Exmois. Robert de Grand-Ménil, Hugues de Montpinçon, Robert de Courci et leurs vassaux résistèrent autant qu'ils purent à ces brigands cruels, et firent tous leurs efforts pour bien défendre leur patrie; mais les ennemis du bien public, excités par l'amour du pillage, attaquèrent avec un grand acharnement, fiers de posséder Château-Gonthier[1], Fourches et Argentan. Ils entrèrent dans un grand courroux de ce que quelques-uns de leurs voisins osaient, sans avoir le duc à leur tête, se permettre de les menacer. Ils dépouillaient tous les paysans de la province, et livraient aux flammes leurs maisons, après les avoir pillées.

Cependant le roi des Anglais, qui ne restait pas comme son frère engourdi dans l'oisiveté, réunit pendant l'automne toutes les légions anglaises, les conduisit dans le pays des Merciens, et y assiégea Bridge pendant trois semaines. Robert de Bellême s'était retiré à Shrewsbury, et avait confié la garde de la place à Roger fils de Corbat, à Robert de Neuville et à Ulger le veneur, auxquels il avait réuni

---

[1] Château-Gaultier au Houlme, forteresse aujourd'hui détruite, dans la commune de La Courbe, arrondissement d'Argentan; et non pas la ville de Château-Gontier, dans le département de la Sarthe.

quatre-vingts chevaliers qu'il avait pris à sa solde. Il avait en même temps conclu la paix avec les Gallois, et s'était attaché leurs rois Caducan et Gervat, tous deux fils de Résus, qu'il envoyait souvent harceler l'armée royale avec leurs troupes. Il avait dépouillé de ses biens Guillaume Pantoul, vaillant et preux chevalier, et l'avait même repoussé positivement lorsqu'il lui offrait ses services dans une urgente nécessité. Dédaigné par Robert, celui-ci se retourna vers le Roi : ce monarque, qui connaissait tout le mérite de Pantoul, l'embrassa en le félicitant de sa détermination. Aussitôt il lui confia deux cents chevaliers et l'envoya garder le château de Stafford, qui était dans le voisinage. Ce chevalier nuisit plus à Robert que qui que ce soit, et le poursuivit opiniâtrément par ses conseils et par ses armes jusqu'à ce qu'il l'eût renversé.

Dans cette circonstance, les comtes et les grands du royaume se réunirent, et s'occupèrent surtout de rétablir la paix entre le révolté et son Roi. Ils disaient entre eux : « Si le Roi soumet par la force cet illus-« tre comte, et parvient, comme il le cherche, à le « dépouiller avec une excessive opiniâtreté, il nous « traitera désormais comme de faibles servantes. Il « faut donc essayer de ramener la paix entre eux, « afin de servir loyalement notre maître et notre pair; « et ainsi calmant le trouble, ils nous auront l'un et « l'autre de grandes obligations. » En conséquence ils allèrent un jour trouver le Roi tous ensemble : ils lui parlèrent, au milieu du camp, de la nécessité de la paix, et tâchèrent de tempérer la sévérité du Roi par de bonnes raisons. Alors, sur une colline voisine, se trouvaient trois mille chevaliers du pays, qui, se doutant bien des tentatives de ces seigneurs, criaient au Roi de toutes leurs forces : « Seigneur Henri, ne « croyez pas ces traîtres; ils font tous leurs efforts pour « vous tromper, et pour désarmer la rigueur de la jus- « tice royale. Pourquoi prêtez-vous l'oreille à ceux « qui vous pressent d'épargner un traître et de laisser « impunie une conjuration ourdie contre vos jours ? « Nous voici prêts à vous servir fidèlement, et à vous « obéir en toutes choses. Attaquez vivement cette « place, resserrez le traître de tous côtés, et ne faites « pas la paix avec lui jusqu'à ce que vous le teniez « dans vos mains, mort ou vif. »

Quand il eut entendu ce discours, Henri reprit sa colère, et, revenant bientôt sur ses pas, il anéantit les efforts des factieux. Ensuite il chargea Guillaume Pantoul d'aller trouver les rois de Galles, et de les détacher adroitement du parti de son ennemi, à force de présens et de promesses : il les fit ainsi entrer dans ses intérêts avec leurs troupes. Il fit venir les trois principaux de la garnison, et leur jura publiquement que si, dans trois jours, ils ne rendaient la place, il ferait pendre tous ceux qu'il pourrait attraper. Les assiégés, effrayés de la violence du Roi, prirent conseil sur ce qu'ils avaient à faire, et disposés à accueillir ce que Guillaume Pantoul, qui était leur voisin, leur conseillerait, ils s'adressèrent à lui. Celui-ci, s'établissant médiateur entre eux et le Roi, alla les trouver, et, par un discours persuasif, les engagea à rendre la place à leur roi légitime, de la part duquel il leur promit par serment que leurs biens seraient augmentés d'une terre de cent livres. Les assiégés, trouvant dans cette proposition leur commun avantage, y consentirent, et cédèrent à la volonté de la majesté royale, de peur que leur résistance ne les exposât à beaucoup de dangers. Enfin, avec la permission de Henri, ils envoyèrent à Robert de Bellême, leur seigneur, un député pour lui faire connaître qu'ils ne pouvaient plus long-temps tenir contre les violentes attaques de ce prince invincible. Quant aux chevaliers soldés, ils ignorèrent le traité que la garnison et les bourgeois, peu disposés à périr, avaient conclu sans les consulter; mais lorsqu'ils découvrirent cette chose inattendue, ils en furent indignés, et ayant pris les armes s'efforcèrent d'empêcher qu'elle n'eût d'exécution. La garnison les renferma de force dans une partie du château, et, à la satisfaction du plus grand nombre, les soldats de Henri furent reçus avec le drapeau royal. Ensuite le Roi accorda une libre sortie, avec leurs armes et leurs chevaux, à ces chevaliers qui restaient fidèles à leur seigneur, comme il était convenable. A leur sortie, au milieu des troupes des assiégeans, ils versaient des larmes; ils se plaignaient ouvertement d'avoir été indignement trahis par la perfidie des gens du fort et de leurs chefs, et, en présence de toute l'armée, découvraient la fraude de leurs camarades, de peur qu'un tel événement ne fût un sujet de honte pour les autres soldats. Aussitôt que Robert de Bellême eut appris que le château très-fort de Bridge, sur la défense duquel il se confiait principalement, s'était soumis au Roi, il gémit avec inquiétude, et tombant presque en démence, il ne sut quel parti prendre. Cependant le Roi fit passer son armée à travers Huvel-Hegen [1], et assiéger la ville de Shrewsbury, située sur une montagne, et qui, de trois côtés, est environnée par la Saverne. Les Anglais appellent certaines traversées de forêts Huvel-Hegen : c'est ce qu'en latin on peut nommer *malus callis vel vicus* (sentier impraticable ou mauvaise route). En effet, cette route, dans une longueur de mille pas, était creuse, hérissée de grands rochers, et tellement étroite qu'elle pouvait à peine contenir deux cavaliers de front. Elle était de tous côtés couverte de bois épais, dans lesquels des archers se cachaient et frappaient à l'improviste les passans à coups de traits ou de flèches. L'expédition se composait alors de plus de soixante mille hommes de pied, auxquels le Roi ordonna de couper la forêt et de construire une grande route pour lui et pour tous ceux qui y passeraient à l'avenir. L'ordre du Roi fut promptement exécuté, et le bois ayant été abattu, la multitude aplanit un vaste chemin.

Quand il connut ces événemens, Robert, excessivement effrayé, et se voyant de toutes parts enveloppé par l'infortune, s'humilia, et fut forcé d'implorer la clémence de l'invincible monarque. Mais le Roi, sévère et n'oubliant pas les injures qu'il avait reçues, prit le parti d'attaquer son ennemi avec une vaillante armée, et de ne lui faire grâce que lorsqu'il se serait rendu à discrétion. Enfin Robert, désespéré de sa déplorable position, alla, d'après le conseil de ses amis, se présenter au-devant du Roi qui s'approchait de la ville, faire l'aveu du crime de sa trahison, et remettre

---

[1] Et non pas Hunel-Hegem, ni Hunelge-Hem, comme le porte l'imprimé en deux endroits.

au vainqueur les clefs de la place. Ainsi Henri eut en ses mains tous les biens de Robert et des vassaux qui s'étaient révoltés avec lui ; il lui permit de se retirer sain et sauf avec ses chevaux et ses armes, et le fit conduire en sûreté à travers l'Angleterre, jusqu'à la la mer. En voyant exiler le cruel tyran, toute l'Angleterre se livra à une grande joie, et plusieurs, pour féliciter le roi Henri en le flattant, lui dirent : « Roi Henri, réjouissez-vous, rendez grâce au Sei- « gneur votre Dieu de ce que vous avez commencé « à régner en liberté depuis que vous avez vaincu « Robert de Bellême, et que vous l'avez expulsé des « terres de votre royaume. »

Robert ainsi mis en fuite, le royaume d'Albion jouit de toute la tranquillité de la paix ; Henri régna heureusement pendant trente-trois ans, durant lesquels personne n'osa plus en Angleterre se révolter, ni tenir aucune place contre lui. Au comble de la colère et de la douleur, Robert de Bellême passa en Normandie, attaqua cruellement ceux de ses compatriotes qui avaient tenté de secourir leur duc efféminé, et leur fit sentir violemment toutes les calamités du fer et de l'incendie. En effet, comme ce dragon dont parle Jean dans l'Apocalypse, qui, jeté du ciel sur la terre, y exerça cruellement sa rage contre les mortels, de même le cruel bourreau qui avait été chassé de l'Angleterre, fondit furieux sur les Normands. Il livra leurs terres aux flammes après les avoir pillées ; il faisait souffrir des tourmens, jusqu'à la mort ou à la perte des membres, aux chevaliers ou aux autres personnes qu'il pouvait prendre. Il était en cette circonstance si barbare qu'il aimait mieux livrer ses prisonniers aux tortures que de s'enrichir de leurs fortes rançons.

Roger de Poitiers [1] et Arnoul, frères de Robert, possédaient de riches comtés en Angleterre, et grâces aux soins du comte Roger de Mont-Gomeri leur père, ils avaient été comblés de grandes faveurs. En effet, Arnoul avait épousé la fille du Roi d'Irlande nommé Lafracoth, au moyen de laquelle il eut le desir de s'emparer du royaume de son beau-père. La cupidité sans frein cherche plus qu'elle ne doit : aussi fait-t-elle perdre subitement à la plupart des hommes ce qu'ils ont justement acquis. Le courageux roi des Anglais eut en haine tous les enfans et toute la famille de Robert, à cause de sa perversité, et résolut de les extirper de son royaume jusqu'à la dernière racine. En conséquence il chercha contre les deux frères une occasion favorable; quand il l'eut trouvée, il la saisit vivement, et les chassa de l'Angleterre après les avoir dépouillés. Impatient de se venger, il enleva sans pitié, à un couvent de filles, la terre que le vieux comte Roger avait donnée aux religieuses d'Almenêches, parce que leur abbesse Emma était sœur de ces comtes, et il donna cette propriété à Savari, fils de Chama, pour récompense de ses services militaires.

Cette famille ayant été expulsée de l'Angleterre, un violent accès de perversité se développa en Normandie, et, pendant trois ans, y fit éclater d'innombrables attentats. En conséquence plusieurs villes

---

[1] Ou Roger-le-Poitevin, ainsi surnommé parce qu'il avait épousé l'héritière du comté de la Marche (Almodie, sœur de Boson IV, mort en 1091).

furent dépeuplées, on brûla plusieurs églises avec les personnes qui s'y étaient réfugiées, comme des enfans dans le sein de leurs mères. Presque toute la Normandie s'était révoltée contre le comte Robert, et, d'accord dans les conspirations, les conjurés lui résistaient ; mais leurs tentatives furent vaines, puisqu'on manquait d'un bon chef contre un si grand brigand. Ses forces et les ressources de son esprit étaient grandes ; et il avait placé la masse de richesses qu'il avait autrefois recueillies dans quarante-quatre châteaux forts construits pour soutenir sa révolte. Il possédait à lui seul presque tout l'héritage de son père, dont il ne cédait rien à ses frères, qui pourtant avaient été dépouillés à cause de lui. C'est pourquoi Roger se retira au château de Charost, qu'il tenait du patrimoine de sa femme. Il y resta jusqu'à la vieillesse ; et y ayant terminé sa carrière, il laissa pour successeurs des fils d'un grand mérite. Quant à Arnoul, il se rendit indigné auprès du duc de Normandie. Après plusieurs malheurs qu'il avait endurés en pure perte pour son frère Robert, il livra au duc le château d'Almenêches, dont il s'était emparé par surprise, et emmena avec lui plusieurs des partisans de son frère. Il y eut alors des troubles très-violens dans le territoire de Sées. Beaucoup de gens du pays, se liant à Arnoul, abandonnèrent Robert de Bellême, et remirent leurs places fortes aux partisans du duc. Robert, qui se trouvait abandonné par son propre frère, éprouvait de tous côtés de telles craintes qu'il ne se fiait à personne ; et comme il était redouté de presque tout le monde, il soupçonnait la fidélité de ceux mêmes qui lui étaient encore attachés.

Au mois de juin, l'armée du duc se réunit à l'abbaye d'Almenêches, et, disposée à ravager le pays, elle fit des saints lieux des écuries pour ses chevaux. Dès qu'il le sut, Robert de Bellême y vola, et mit le feu au monastère. Il prit Olivier de Frênai et plusieurs autres, dont il condamna les uns aux afflictions misérables d'une longue et dure prison, et les autres à la mort ou à la mutilation. Le duc Robert se rendit avec une armée à Exmes pour protéger ses partisans. Alors Roger de Lasci commandait cette armée : il confia la garde de cette place forte à Mauger, surnommé Malherbe. Beaucoup de personnes se réjouirent des calamités qui menaçaient l'odieux tyran, et se réunirent avec empressement pour fondre sur lui. Guillaume, comte d'Evreux, Rotrou, comte de Mortagne, Gislebert de L'Aigle, et les Exmois tous ensemble conspirèrent contre lui; mais ils ne pouvaient à leur gré lui faire payer, par un juste talion, tout le mal qu'il leur avait fréquemment causé. Cependant Robert de Saint-Ceneri, Burchard son sénéchal, et Hugues de Nonant lui résistèrent long-temps, et plus que tous les autres Normands, lui firent essuyer des dommages et des affronts.

A l'arrivée du duc avec une armée, Robert disposa ses troupes, fit plusieurs fausses attaques contre son maître nonchalant; et l'ayant chargé hardiment à Chailloué[1], il le mit en fuite, et prit Guillaume de Conversano, frère de la duchesse Sibylle, et plusieurs autres personnages. Les courageux Normands ressentirent une grande honte de ce que, vainqueurs éclatans des nations étrangères dans les contrées barbares,

[1] *Calceta*, à peu de distance de Séès, sur la route de Nonant.

ils se trouvaient, au sein de leur propre pays, vaincus et mis en fuite par un de ses enfans. Robert de Bellême, enflé d'un excessif orgueil pour cette victoire, se montra plus fier que jamais, et, méprisant le duc à cause de cet événement, essaya de faire la conquête de toute la Normandie. Les habitans manquant de guide, et ne pouvant d'ailleurs supporter la dure tyrannie du comte, se virent, quoique malgré eux, forcés de fléchir la tête sous son joug, et prirent entièrement parti pour lui bien moins par amour que par terreur; soutenus de son pouvoir, ils firent une guerre cruelle à leurs rivaux. C'est ainsi que les forces du duc s'étant affaiblies, Robert de Bellême s'éleva plus redoutable, et que les seigneurs d'alentour ayant quitté le duc pour lui, il s'empara de la place d'Exmes et soumit à son pouvoir Château-Gonthier, et plusieurs autres forteresses des environs.

Le monastère des religieuses d'Almenêches ayant été brûlé, comme nous l'avons dit, la faible troupe des vierges fut misérablement dispersée. Chacune d'elles, selon que le hasard lui en fournit les moyens, se retira chez des parens ou des amis. L'abbesse Emma, avec trois religieuses, s'enfuit à Ouche, et demeura six mois dans la chapelle, où le saint père Evroul, appliqué aux célestes contemplations, menait une vie solitaire. L'année suivante, elle retourna à son église, et, avec l'aide de Dieu et des fidèles, elle travailla à rebâtir ce qui avait été détruit. Elle y vécut encore près de dix ans, pendant lesquels elle ériga avec célérité l'église de la Vierge-Mère, avec les édifices propres à l'observation des règles, et rappela avec soin dans le cloître les religieuses dispersées.

A sa mort, Mathilde, fille de son frère Philippe, lui succéda, et répara avec beaucoup de peine le couvent et les autres édifices qui avaient été de nouveau la proie d'un incendie imprévu.

Dans le même temps, plusieurs seigneurs illustres de la Normandie, Gaultier-Giffard, Guillaume de Breteuil et Raoul de Conches vinrent à mourir, et eurent pour successeurs des jeunes gens.

Gaultier-Giffard, comte de Buckingham, mourut en Angleterre, d'où son corps fut, comme il l'avait ordonné, transporté en Normandie. Il fut inhumé à Longueville, à l'entrée de l'église de la bienheureuse Vierge-Marie. On écrivit l'épitaphe suivante qui le concerne sur la muraille que l'on décora de peintures:

« Gaultier, l'honneur des illustres Giffard, occupe
« ici, mort, la brillante tombe qu'il mérita vivant.
« Il fonda et bâtit ce temple dans lequel il repose
« comme en son propre tombeau. Il se montra ma-
« gnifique et ami de sa patrie, ce duc puissant par la
« valeur et resplendissant par la piété; il se signala
« surtout par sa tendresse respectueuse pour les
« moines, et servit l'Eglise de toutes les manières. »

Les moines de Cluni rendirent de grands honneurs à ce vaillant baron; par des prières assidues ils recommandèrent son ame à Dieu, reconnaissans qu'ils étaient des biens qu'il leur avait prodigués à Longueville. Agnès sa femme était sœur d'Anselme de Ribemont. Au bout de quinze ans de mariage, elle donna à son mari un fils nommé Gaultier, qu'après la mort de son père elle éleva avec beaucoup de soin pendant sa jeunesse, et qui gouverna sagement un grand nombre d'années son héritage paternel. Cette femme, trop enflammée de l'ambition de son sexe, aima le duc Robert, et se l'attacha d'une manière illicite, en l'enchaînant dans les filets insidieux de l'amour. Elle lui promit de grands secours contre tous ses ennemis, et par elle-même, et par sa puissante famille: ce qui ne tarda pas à séduire ce prince indolent, à tel point que lorsque la mort lui eut enlevé sa femme, il épousa Agnès et lui confia la régence de toute la Normandie. Peu de temps après sa liaison avec Agnès, la duchesse Sibylle, attaquée par le poison, tomba malade, et, à la grande douleur de tout le monde, mourut pendant le Carême. Guillaume, archevêque de Rouen, célébra ses funérailles et l'inhuma honorablement en présence du clergé et du peuple dans la basilique métropolitaine de Sainte-Marie mère de Dieu. Une table polie de pierre blanche couvre son tombeau, dans la nef de cette église, où l'épitaphe suivante se présente aux regards gravée avec éclat:

« La noblesse, la beauté, les éloges, la gloire ni
« la grande puissance ne font vivre l'homme éter-
« nellement; car tout illustre, puissante et riche
« qu'était la duchesse Sybille, elle repose en ce tom-
« beau, convertie en une simple cendre. Sa main
« libérale, son esprit prudent, sa vie pudique eus-
« sent été utiles à son pays, si elle eût vécu plus long-
« temps. Les Normands pleurent en elle une maî-
« tresse, et les Apuliens une élève tombée avec une
« grande gloire. Comme le soleil entrait dans la cons-
« tellation de la Toison d'or, Sibylle succomba sous

« les souffrances de la mort. Que Dieu soit pour elle
« la vie ! »

Après ces événemens, le fracas des guerres, depuis long-temps commencées, s'accrut soudain effroyablement par toute la Normandie, à la suite de certaines causes qui alors prirent naissance. Pendant leurs mortelles fureurs, le duc ne put se marier, et Agnès restée veuve desira vainement monter au lit du prince. Alors s'éleva une grande guerre entre les peuples de Breteuil et d'Evreux, et d'autres lieux voisins. Guillaume de Breteuil avait épousé Adeline, fille de Hugues de Montfort ; mais il n'avait point d'enfans de ce mariage légitime. Ce seigneur mourut au Bec le 2 des ides de janvier (12 janvier) ; il fut inhumé dans le couvent de Lire, que son père avait bâti sur ses propres terres. Ses neveux, Guillaume de Guader et Rainauld de Draci, eurent la prétention de lui succéder ; mais les Normands préférèrent Eustache, que Guillaume de Breteuil avait eu d'une concubine, parce qu'ils aimèrent mieux obéir à un bâtard, qui était leur compatriote, qu'à un Breton ou à un Bourguignon, tout légitimes qu'ils étaient. En conséquence il s'éleva une guerre violente entre les partis ennemis, et la désolation du pays s'en accrut grandement. Guillaume de Guader étant accouru promptement, Rainauld prit les armes, et fut secouru par Guillaume, comte d'Evreux, et par plusieurs autres seigneurs. En effet, Raoul de Conches, fils d'Isabelle[1], Ascelin Goël, et Amauri de Montfort se réunirent avec leurs forces ; puis, favorables à Rainauld, ils firent mé-

[1] Fille de Simon de Montfort.

chamment beaucoup de mal à leurs voisins, ravagèrent leur patrie, et servirent de peu à celui qu'ils voulaient seconder; car Eustache ayant avec lui Guillaume Alis, Raoul-le-Roux, Thibauld et d'autres barons de sa dépendance, résista courageusement : de leur avis, il rechercha l'assistance du roi des Anglais contre tant d'adversaires. Le Roi lui donna pour femme sa fille Julienne, et lui promit un secours efficace contre Goël et tous ses autres ennemis, en même temps qu'il maria à Rotrou, comte de Mortagne, son autre fille, qui donna à son mari une fille nommée Philippine.

L'an de l'incarnation du Seigneur 1103, le pape Pascal vint en France, et, reçu par les Français avec de grands honneurs, célébra pieusement le service divin. Alors le vénérable Yves, évêque de la ville de Chartres, florissait parmi les principaux docteurs de la France par son érudition dans les lettres, tant divines que séculières. Invité par ce prélat, le pape célébra à Chartres la solennité de Pâques. La comtesse Adèle offrit au pontife, pour son service, de grandes sommes d'argent, et mérita du siége apostolique une éternelle bénédiction pour elle et sa maison. Cette princesse, digne d'éloges, gouverna honorablement le comté de Chartres après le départ de son mari pour la Terre-Sainte, et éleva habilement ses jeunes enfans dont elle fit des protecteurs à la sainte Eglise.

Guillaume, qui était leur aîné, épousa la fille de Gilon de Sully, et ayant obtenu la possession des héritages de son beau-père, il vécut long-temps en paix et devint le père d'Odon et de Rahier....., tous deux dignes d'éloges¹. Thibault, comte palatin, se distingua dans la carrière militaire : ami de la paix, il se montra très-équitable, et brilla au premier rang des principaux seigneurs de France par ses richesses et son courage. Il épousa Mathilde, fille du duc Ingelbert, et, après la mort du roi Henri son oncle, il obtint le duché de Normandie, et réprima les fureurs de la discorde en frappant les rebelles de la verge d'une rigueur nécessaire. Quant à Etienne, troisième fils d'Etienne de Blois, il reçut du Roi son oncle l'armure de chevalier ; et ayant devant Tinchebrai fait prisonnier Guillaume, comte de Mortain, il obtint son comté de la munificence royale. Il épousa Mathilde, fille d'Eustache, comte de Boulogne, et dont la mère s'appelait Marie : il posséda son comté par droit héréditaire. Enfin le roi Henri étant mort le 4 des nones de décembre (2 décembre), au château de Lions², Etienne passa la mer, et prit le sceptre d'Angleterre au commencement de l'an 1136 de l'incarnation du Seigneur. Ensuite Henri, le plus jeune des enfans d'Etienne, devenu dès son enfance moine de Cluni, fut, en Angleterre, à l'époque de son adolescence, élevé à la dignité d'abbé de Glaston, et depuis succéda à Guillaume Giffard sur le siége épiscopal de Winchester.

Enfin la mère de cette noble lignée, ayant médité au fond de son cœur sur les sombres approches des ténèbres de la mort, après avoir joui de grandes richesses et des délices dans lesquelles la foule des pé-

¹ Le manuscrit de l'abbaye de Saint-Evroul offre une lacune d'un mot après Rahier. Cette lacune n'est pas indiquée dans l'imprimé.
² Suivant d'autres, le 1ᵉʳ décembre 1135, à Saint-Denis-le-Thibout.

cheurs souille et perd son ame, abandonna volontairement les biens périssables du siècle et l'orgueil de ses pompes; elle se fit religieuse à Macilli, et combattit pour le roi Sabaoth sous le poids des règles de Cluni. Nous avons donné par anticipation ces détails sur cette noble mère et ses enfans dont l'histoire douteuse m'est encore peu connue. Maintenant je crois qu'il est à propos de ramener ma plume à la suite de la narration dont je me suis un peu écarté.

Le roi des Anglais envoya Robert, comte de Meulan, en Normandie, pour y apaiser la guerre intestine, et manda au duc Robert et aux autres seigneurs de favoriser son gendre et de combattre ses ennemis, sinon de s'attendre à encourir son inimitié royale. En conséquence, connaissant la bienveillance du roi Henri pour Eustache, plusieurs seigneurs restèrent tranquilles, et ceux qui auparavant lui étaient opposés s'appliquèrent de tous leurs efforts à le seconder. Cependant Rainauld de Draci, Goël et quelques autres téméraires persistèrent opiniâtrément dans leur méchanceté; sans égard pour l'invitation du Roi, ils continuèrent de poursuivre son gendre, et, dans l'impudence de leurs attentats, commirent des meurtres et des incendies. Et effet, entre autres crimes que Rainauld consomma cruellement, il attaqua vigoureusement une place de ses ennemis, la prit, et, saisissant tous ceux qui étaient dedans à mesure qu'ils sortaient, il leur plongea sans pitié sa propre épée dans le corps, et les égorgea comme de vils animaux. Il se rendit, surtout par cette action, odieux à tout le monde, et fut chassé de la Normandie, lorsqu'Eustache eut repris brillamment des forces, et obtenu tout l'héritage de son frère. Retourné chez lui, Rainauld tendit des piéges à Guillaume de Guader son frère aîné ; mais, par un équitable jugement de Dieu, il tomba aux mains de ce frère au milieu des entreprises qu'il tramait, et fut puni par la prison, comme il le méritait pour ses criminels attentats.

A cette même époque, Goël guetta Jean, fils d'Etienne, bourgeois de Meulan, le fit prisonnier à son retour d'une entrevue avec le comte [1] son seigneur, qui était alors à Beaumont [2], en Normandie, et pendant près de quatre mois retint en prison cet avare usurier. Le comte dont il s'agit travailla de toutes ses forces à délivrer son bourgeois, qui était très-riche ; mais il ne put le tirer de la gueule du loup sans apaiser d'abord beaucoup de seigneurs. En conséquence, l'adroit comte Robert fit la paix avec Guillaume comte d'Evreux, et promit à son neveu Amauri sa fille, qui n'était encore âgée que d'un an. Dans ce traité, il réunit Raoul de Conches, Eustache, Goël et quelques autres seigneurs belligérans. La paix ainsi faite, Jean fut rendu à la liberté, et plusieurs autres recouvrèrent la sécurité et la sérénité de la paix.

L'année suivante [3], Isabelle, femme du comte de Meulan, mit au monde deux jumeaux, Galeran et Robert ; et quelques causes d'empêchement étant survenues, Amauri ne put épouser l'enfant qui lui avait été fiancée.

Quand le duc, engourdi dans la mollesse, vit l'excès

---

[1] Robert, comte de Meulan.
[2] Beaumont-le-Roger. — [3] 1104.

de la désolation où se trouvait sa patrie, et qu'il ne pouvait défendre ses États contre Robert de Bellême, il viola le traité qu'il avait fait avec le Roi, et, sans sa permission, fit alliance avec Robert, auquel il remit le patrimoine de son père, c'est-à-dire, l'évêché de Séés, et les autres terres dont nous avons parlé plus haut. Le vénérable Serlon, évêque de Séés, crut indigne de lui de supporter la tyrannie du comte de Bellême. Il aima mieux quitter son évêché que de demeurer sous ses lois. Ayant abandonné son siége, il erra dans les pays étrangers, et, frappant de l'anathême Robert et ses adhérens, il le dévoua à l'exécration.

Ce comte tourmenta de plusieurs manières Raoul, abbé de Séés, homme gai, enjoué et aimable; il opprima par des exactions injustes les vassaux du saint prélat Martin [1], et força Raoul de prendre la fuite à la vue des afflictions auxquelles ses hommes étaient indûment exposés. Ainsi l'évêque et l'abbé, fatigués du joug du tyran, se retirèrent en Angleterre, et y furent bien reçus par le roi Henri, qui les réconforta.

A cette époque, le vénérable Gondulfe, évêque de Rochester, quitta la vie : l'abbé Raoul lui fut substitué par élection ecclésiastique, et consacré évêque de Rochester par le révérend Anselme, archevêque de Cantorbéry, auquel, quelques années après, il succéda.

Dans ce temps-là, Magnus, puissant roi des Norwégiens, fit le tour des îles Britanniques, et aborda avec une grande flotte dans celles qui étaient dé-

---

[1] L'abbaye de Saint-Martin-de-Séés.

sertes, même en Irlande. Il y établit habilement des colonies, et y fit bâtir, à la manière des autres nations, des places fortes et des villages. C'est ce qui fit que les Irlandais conçurent contre lui une excessive jalousie, employèrent tous leurs efforts pour lui nuire, et tentèrent de perdre leurs ennemis, soit par la ruse, soit par la force. Le magnanime roi de Norwège attaqua les Irlandais, et vint avec sa flotte débarquer sur leurs rivages. Ceux-ci, qu'effrayait un roi si puissant, s'adressèrent aux Normands : Arnoul et ses auxiliaires volèrent à leur secours. Toutefois, s'étant réunis, ils redoutèrent le formidable Magnus, et n'osèrent entreprendre de le combattre de près ; ils préférèrent employer contre lui une criminelle trahison.

Quelques hommes enjoués et éloquens allèrent perfidement trouver ce prince, le trompèrent par de vaines promesses, et lui persuadèrent de descendre de ses vaisseaux avec un cortége peu nombreux pour visiter la province et la recevoir à composition. Ce monarque, trop confiant dans ces hommes perfides, laissa sur le rivage ses bataillons armés, et, suivant ses ennemis jusqu'à deux milles dans les terres, marcha de lui-même à sa perte. En effet, il se trouva au milieu des corps nombreux de ses ennemis, qui s'élancèrent de leurs embuscades : l'intrépide Norwégien, dédaignant de fuir, se mit à combattre vaillamment. Une poignée d'hommes ne put résister à d'innombrables assaillans. Le roi Magnus leur fit face en s'adossant à un arbre, et, couvert de son bouclier, en blessa plusieurs avec les traits qu'il leur lança ; mais, accablé par le nombre, il tomba mort misérablement.

Un riche habitant de Lincoln gardait le trésor du roi Magnus, et lui fournissait les ornemens, les vases, les armes, les meubles et les autres objets nécessaires à la maison du prince. Quand cet homme connut la mort de Magnus, il se rendit en toute hâte chez lui, et s'emparant du trésor royal, il devint extrêmement riche.

Cependant le roi des Anglais, ayant appris la mort du roi de Norwège, fut comblé de joie, comme s'il eût été délivré d'un énorme fardeau : quelque temps après, il réclama le trésor de ce monarque auprès de l'habitant de Lincoln. Cet homme commença par nier le dépôt : ce qui détermina le Roi à le faire arrêter aussitôt après l'avoir convaincu de mensonge, et il lui enleva, dit-on, plus de vingt mille livres d'argent. Les Irlandais ayant goûté du sang du roi Magnus et de ses compagnons, devinrent plus cruels, et se tournèrent à l'improviste vers les Normands pour les égorger. Le roi d'Irlande enleva à Arnoul sa fille, et maria illégitimement cette princesse à un de ses cousins. Il résolut de faire tuer Arnoul pour le récompenser de son alliance; mais celui-ci, découvrant l'exécrable perfidie de ce peuple barbare, s'enfuit vers ses compatriotes, et vécut ensuite pendant près de vingt années sans avoir d'asile certain. Enfin, devenu vieux, il se réconcilia avec le Roi, pour la forme seulement, se maria, et, après les noces, le lendemain il s'endormit à la suite du repas; puis, terminant sa carrière, laissa à l'assemblée de lugubres cantiques à chanter au lieu de chansons joyeuses.

Le roi Henri triompha de ses ennemis, accablés de

toutes parts par divers accidens ; il fut surtout fort rassuré par la mort du roi Magnus, et eut sujet de s'en féliciter, car il s'enrichit de grandes sommes d'argent.

Dans le même temps, le jeune Louis passa en Angleterre de l'aveu de son père avec un petit nombre de personnes sages, et se rendit à la cour du roi Henri, pour le servir en débutant brillamment dans la carrière militaire. Ce jeune prince fut reçu honorablement comme fils de roi par Henri, et fut par lui traité avec bonté dans toutes les circonstances. Cependant un courrier de Bertrade, belle-mère de Louis, le suivit à la piste, et remit au Roi des dépêches signées du sceau de Philippe, roi des Français. Henri, qui était lettré, en prit lecture ; puis convoqua son conseil, et s'y occupa long-temps de cette affaire avec beaucoup de soin. En effet, il avait lu que le roi de France lui mandait de faire arrêter son fils Louis, qui s'était rendu à la cour d'Angleterre, et de le garder en prison toute sa vie. Le sage Henri discuta habilement avec ses fidèles barons tout ce qu'il y avait d'absurde et d'inconvenant dans la lettre que le roi des Français lui adressait à l'instigation d'une femme insolente, et repoussa bien loin de lui et de tous les siens une action si criminelle à tous égards. Guillaume de Buschelei, chevalier prudent qui accompagnait Louis, découvrit la chose qui était encore secrète. En conséquence, comme par plaisanterie, il se présenta, sans y être appelé, au milieu du conseil. Aussitôt le roi Henri le chargea d'engager Louis tout doucement à se retirer en paix, et le fit reconduire en France, lui et sa suite, après les avoir honorés de grands présens. Louis, ayant ainsi découvert la perfidie de sa belle-mère, se rendit en courroux auprès de son père, et lui rapporta les choses cruelles qu'il avait découvertes dans le pays étranger par ses dépêches. Le Roi, ignorant cette criminelle trahison, nia toute cette affaire, et le jeune prince enflammé de colère conçut le desir de tuer Bertrade; mais elle s'occupa par divers moyens à le prévenir dans cette tentative. Ayant fait venir trois sorciers qui appartenaient au clergé, elle leur donna une grande récompense pour qu'ils fissent périr le prince. Ils commencèrent à se livrer pendant quelques jours à des maléfices secrets, et promirent à cette adultère cruelle la mort de son ennemi, s'ils pouvaient terminer leurs coupables opérations d'ici à la neuvième journée. Sur ces entrefaites, l'un d'eux révéla les maléfices de ses complices: tous deux furent arrêtés, et, par la volonté de Dieu, leur manœuvre imparfaite avorta. Ensuite l'audacieuse marâtre employa des empoisonneurs, les tenta par la promesse de grandes récompenses, et fit donner du poison au fils du Roi. Il en résulta que l'illustre jeune homme tomba malade, et pendant quelques jours, ne put ni manger ni dormir. Presque tous les Français étaient désolés du danger que courait l'héritier naturel de leur Roi. Enfin les médecins de la France ayant épuisé leurs talens, un certain homme, à demi sauvage, se présenta, et se mit à exercer, sur le malade désespéré, tous les moyens de son habileté médicale: avec la permission de Dieu, il réussit malgré la jalousie des médecins du pays. Cet homme avait demeuré long-temps parmi les Païens; il y avait subtilement appris les profonds secrets de la physique de quelques maîtres qu'une longue étude de la philosophie avait élevés, dans la connaissance des choses, au-dessus de tous les sophistes barbares. Enfin le fils du Roi se rétablit; mais il resta pâle tout le reste de sa vie. La marâtre gémit beaucoup de voir la convalescence de son beau-fils : la crainte qu'elle éprouvait à cause des maux qu'elle lui avait autrefois suscités, excitait sa haine, qui chaque jour s'aigrissait davantage. C'est pourquoi elle avait vivement travaillé à la perte du prince, et s'en était occupée avec une grande ardeur, en employant plusieurs complices de son iniquité, afin que, délivrée de la crainte de celui qu'elle avait trop offensé, elle triomphât sur le trône, et s'occupât, s'il venait à mourir, à y placer avec plus de sécurité ses fils Philippe et Florus. Le Roi suppliant implora son fils en faveur de Bertrade, lui demanda le pardon des crimes commis par cette coupable marâtre, promit qu'elle se corrigerait, et pour gage de la réconciliation lui céda Pontoise et tout le Vexin. D'après l'avis des prélats et des barons qu'il reconnut assez lui être favorables, et par respect pour la majesté paternelle, Louis accorda le pardon. Bertrade, voyant ainsi son crime découvert, trembla d'effroi; couverte de honte et se soumettant comme une servante, elle obtint son pardon, et bien malgré elle cessa de nuire au prince, auquel elle avait suscité tant de maux. Au bout de cinq ans, Philippe étant mort, Louis monta sur le trône de France, et régna vingt-sept ans. Il aima toujours Henri, roi des Anglais, dans lequel, comme nous l'avons dit, il avait trouvé beaucoup de bonne foi; et il n'eut jamais de querelles avec lui que contre son gré, et par la suggestion de traîtres calomniateurs.

Raoul de Conches, après la mort de son père, passa en Angleterre, et, bien accueilli par le Roi, obtint l'héritage paternel; puis il épousa Adelise, fille du comte Guallève et de Judith, cousine de ce monarque, de laquelle il eut Roger, Hugues et plusieurs filles. C'est ainsi que plusieurs autres seigneurs, pleins de cœur, abandonnèrent leur duc qui en manquait, se rendirent sagement auprès d'un monarque prudent, et le prièrent, les larmes aux yeux, de venir au secours de l'Église de Dieu qui souffrait, et du pays qui était malheureux. Henri fut donc invité par un grand nombre de Normands, et prié instamment par les plus honorables personnages, tant du clergé que de l'ordre laïque, devenir visiter l'héritage de ses pères, qui était misérablement ravagé, d'accorder la satisfaction de sa présence à cette province qui manquait de guide, et de la recevoir pour la défendre avec la verge de l'équité contre de profanes brigands.

L'an de l'incarnation du Seigneur 1104, Henri, roi des Anglais, passa en Normandie avec une flotte considérable, et visita en grande pompe Domfront et les autres places qui lui appartenaient. Reçu avec de grands honneurs par les seigneurs de la contrée, il fut comblé de magnifiques présens, comme on en use avec les rois. Robert, comte de Meulan, Richard, comte de Chester, Etienne, comte d'Aumale, Henri, comte d'Eu, Rotrou, comte de Mortagne, Eustache, comte de Breteuil, Raoul de Conches, Robert, fils d'Haimon, Robert de Montfort,

Raoul de Mortemer, et plusieurs autres, tenaient de lui des terres considérables en Angleterre; ils avaient, avec leurs vassaux, embrassé son parti en Normandie, et ils étaient tous prêts à combattre sous lui avec ardeur contre tous les habitans. Quelques jours après, le roi appela son frère à une entrevue; il s'aboucha avec lui en présence de ses parasites; il le blâma d'avoir rendu inutile le traité qu'ils avaient conclu en Angleterre, puisqu'il avait, sans son avis, fait la paix avec Robert de Bellême, qui les trahissait tous deux ; de lui avoir donné les domaines de leur père, contre le droit et les lois; de s'abandonner, engourdi de mollesse, aux brigands, aux ravisseurs, et aux autres bandits ; de laisser impunément toute la Normandie sous la main des libertins dont il était l'esclave ; d'occuper inutilement la place de pasteur et de prince, puisqu'il ne gouvernait pas pour l'avantage de l'Église de Dieu et du peuple désarmé, qu'il laissait persécuter sans mesure, comme les brebis livrées à la dent des loups. Le Roi s'expliqua dans un discours plein de raison et de sagesse : il dit que le duc avait violé le traité fraternel par des infractions graves et nombreuses qu'il ne pouvait nier, et dont il ne pouvait se justifier par ses méprisables associés. En effet, le duc était privé de raison et d'amis, parce qu'il faisait peu de cas de la société des gens de bien et de l'avis des sages, et recherchait follement ce qui lui était contraire, au grand détriment de ses intérêts et de ceux de beaucoup de personnes. Le duc, embarrassé dans ses affaires, prit conseil de ses amis, et, comme il convenait au plus faible, implora l'amitié du plus puissant : il lui céda Guillaume, comte d'Evreux, avec son comté et tous ses vassaux. Il y fut déterminé, parce qu'il craignait, ainsi que ses adhérens, d'être vaincu à force ouverte, de se voir justement dépouillé du duché qu'il ne gouvernait que de nom, et d'avoir à soutenir une formidable guerre contre les armes de son frère, qui l'anéantiraient d'une manière irréparable. L'illustre comte, entendant qu'on le donnait comme un cheval ou comme un bœuf, voulant rester fidèle à ses vertus et à sa parole, dit publiquement : « J'ai « toute ma vie servi fidèlement votre père; je n'ai ja- « mais, en quoi que ce soit, violé la foi que je lui ai « jurée; je l'ai aussi conservée jusqu'à ce jour à son « héritier, et j'ai résolu d'y tenir toujours de tous « mes efforts. Ainsi que Dieu le déclare dans l'Evan- « gile, et que je l'ai souvent entendu dire aux gens « sages, comme il est impossible de bien servir « deux maîtres qui ne sont point d'accord, je veux « ne me soumettre qu'à une puissance, de peur « qu'occupé d'une double obéissance, je ne puisse « plaire à aucune des deux. J'aime le roi et le duc, « car tous deux sont fils du Roi mon maître; je dé- « sire leur témoigner mon respect à l'un et à l'autre, « mais je ne rendrai hommage qu'à un seul, et je « n'obéirai loyalement qu'à lui comme à mon sei- « gneur. » Ce discours d'un homme généreux convint à tout le monde.

Alors le duc Robert présenta le comte par la main au Roi; et la paix étant conclue entre les deux frères, Henri repassa en Angleterre avant l'hiver. Bientôt des brigands insensés recommencèrent la guerre, et contrevinrent témérairement à tout ce que le Roi et les grands avaient fait pour le salut commun du pays. En effet, Robert de Bellême, portant une excessive envie aux avantages qu'avait obtenus le Roi, qu'il haïssait violemment, en éprouva une grande affliction, et, de concert avec Guillaume son neveu, comte de Mortain, et tous ceux qu'il put séduire, s'efforça de faire la guerre avec acharnement aux partisans du Roi. Alors les mauvais sujets du pays se portèrent à des excès plus grands qu'on ne peut dire: bientôt ils souillèrent le pays de meurtres et de brigandages, et livrèrent partout les habitations à l'incendie, après les avoir pillées et avoir massacré les habitans. Les cultivateurs s'enfuirent en France avec leurs femmes et leurs enfans, et souffrirent de grandes peines pendant cet exil. C'est ainsi que les Normands, qui se glorifiaient d'avoir vaincu les Anglais et les Apuliens dans leur propre pays, maintenant attristés et malheureux, travaillaient et gémissaient dans les campagnes de la France. Dans leurs jardins, qui, faute de culture, étaient réduits en déserts, les chardons et les orties, ainsi que les autres plantes sans utilité, couvraient le sol et se multipliaient à l'excès.

Au milieu de ces calamités, la sainte Eglise était violemment opprimée, et, contemplant fréquemment la mort des enfans innocens et la perte irréparable des ames, élevant vers le Ciel un cœur et des mains pures, elle invoquait l'assistance de son époux, qui préside au firmament. Les pleurs et les gémissemens de la Normandie en deuil passèrent le détroit, et le roi des Anglais se rendit aux plaintes de tant de malheureux désolés. Gunhier d'Aunai, qui avait la garde de

Bayeux, Rainauld de Varenne, qui tenait au parti du duc, et les autres satellites de ce prince rompirent le traité de paix, prirent Robert, fils d'Aimon, et quelques autres des gens du Roi, qu'ils gardèrent longtemps en prison, autant pour le desir de la rançon que par mépris et par haine pour le Roi leur maître. Aussitôt que ce monarque vigilant eut appris ces choses, il fit équiper une flotte; au printemps, il passa en Normandie, et, dans la dernière semaine du Carême[1], aborda au port que l'on appelle Barfleur[2] : le samedi de Pâques, il prit ses logemens, et se reposa dans un bourg que l'on nomme Carentan[3], sur les gués de la Vire[4].

Alors le vénérable Serlon, évêque de Séès, arriva en ce lieu. Il accourut le premier de tous les Normands offrir ses services à Henri, et célébra, pour le Roi des rois, les solennités pascales. Comme il entrait dans l'église, revêtu de ses habits pontificaux, qu'il se trouvait auprès du Roi, et voulait commencer l'office, en attendant patiemment la réunion du peuple et des gens du prince, le prélat s'aperçut que l'église était encombrée des meubles des paysans, de divers ustensiles, et de toutes sortes d'effets. Alors poussant avec douleur de longs soupirs, il dit au roi Henri, qui était assis avec quelques grands dans un endroit peu convenable, au milieu des paniers de ces laboureurs : « Les cœurs de « tous les fidèles ont bien raison de s'affliger de voir « l'avilissement de l'Eglise leur sainte mère, et l'abat-

[1] En 1105. — [2] Barbaflot. — [3] *Carentonus*. — [4] *Vada Viræ*, aujourd'hui les Vais ou Vés.

« tement de ce peuple affligé. Il est assez évident
« ici que le Cotentin est misérablement dévasté, et
« que même toute la Normandie, subjuguée par des
« brigands profanes, est privée d'un chef habile.
« La maison de la prière était autrefois appelée la ba-
« silique de Dieu, et vous la pouvez voir aujourd'hui
« honteusement remplie de cet immonde attirail; les
« édifices dans lesquels on ne doit célébrer que les
« divins sacremens sont devenus les magasins du
« peuple privé d'un juste défenseur. Les assistans ne
« peuvent fléchir le genou devant l'autel, ni se pré-
« senter devant la majesté divine avec la satisfaction
« et la dévotion convenables, à cause de cet encom-
« brement d'objets de toute espèce que le peuple sans
« défense apporte dans la maison de Dieu, pour les
« soustraire aux scélérats qui le remplissent d'effroi.
« Ainsi l'Eglise est devenue la sauvegarde du peu-
« ple, quoiqu'elle-même ne goûte pas une sécu-
« rité parfaite. Dans cette année même, Robert
« de Bellême a brûlé dans mon diocèse l'église de
« Tournai[1], et il y a fait périr quarante-cinq per-
« sonnes des deux sexes. C'est en gémissant que je
« rapporte ces détails en présence de Dieu. Seigneur
« Roi, je fais parvenir ces choses à votre oreille, afin
« que votre esprit s'enflamme du zèle de Dieu et s'ef-
« force d'imiter Phinée, Matthathias et ses fils. Levez-
« vous avec ardeur au nom du Seigneur; faites, avec
« le glaive de la justice, l'acquisition de l'héritage
« paternel; arrachez de la main des méchans les pos-
« sessions de vos aïeux et le peuple de Dieu. En ef-
« fet, votre frère ne possède pas la Normandie; il ne

[1] Arrondissement d'Argentan.

« commande pas comme doit le faire un duc à son
« peuple, qu'il devrait conduire par les sentiers de
« l'équité ; il est engourdi dans la nonchalance,
« et subjugué par Guillaume de Conversano, par
« Hugues de Nonant, qui gouverne Rouen, par
« Gunhier, neveu de Hugues, et par d'autres in-
« dignes personnages. Quelle douleur! comme il dis-
« sipe en bagatelles et en frivolités les richesses de
« son puissant duché! il est souvent, faute de pain,
« obligé de jeûner jusqu'à nones. La plupart du temps
« il n'ose se lever de son lit, et, faute de vêtemens,
« il ne peut aller à l'église, parce qu'il manque de
« culottes, de bottines et de souliers. Les bouffons et
« les courtisanes qui l'accompagnent fréquemment,
« lui dérobent la nuit ses vêtemens pendant qu'il
« dort cuvant son vin, et se font gloire en riant d'avoir
« dépouillé le duc. C'est ainsi que quand la tête
« souffre, tout le corps est malade : sous un prince
« insensé, tout le pays est en péril, et le peuple, en
« son malheur, est désolé de toutes manières. Depuis
« le temps de Rollon, qui le premier des Normands
« commanda à la Neustrie, et dont vous tirez votre
« origine, jusqu'à ce prince vicieux, la Normandie a
« toujours eu des chefs courageux. Dans cette grande
« affliction du sol natal, généreux monarque, livrez-
« vous à un utile courroux, et, comme le roi pro-
« phête David nous le dit, ne péchez pas, et prenez
« les armes pour la défense de la patrie, et non pour
« l'ambition d'accroître votre puissance terrestre. »

A ce discours de l'évêque, le Roi fut enflammé
d'ardeur, et ayant pris conseil des grands qui l'entouraient, il parla en ces termes : « Au nom du Sei-

« gneur, je m'exposerai aux fatigues pour obtenir la
« paix, et, avec votre aide, je chercherai soigneu-
« sement les moyens de rendre le repos à l'Eglise de
« Dieu. »

Le comte de Meulan appuya cette détermination, et aucun des autres seigneurs présens ne fut d'un avis différent : au contraire, ils exhortèrent vivement et engagèrent le père commun à faire pour l'avantage général de la Normandie une guerre vigoureuse à ceux qui dévoraient le peuple.

L'éloquent prélat reprit sa sainte prédication, et, se souvenant sagement de ses devoirs, il ajouta : « Nous devons tous les jours chercher la bonne
« route de la vie et obéir en toutes choses à la loi
« divine, qui est infaillible. Quoique nous ne puis-
« sions prévenir tout ce qui se fait de coupable en
« secret, du moins, pour ce qui se fait contre Dieu
« en public, il convient de le frapper du glaive de
« l'esprit, et de le retrancher de nous par tous les
« moyens, selon les préceptes divins et les institu-
« tions des saints Pères. Tous, comme les femmes,
« vous portez de longs cheveux; c'est ce qui ne peut
« vous convenir à vous qui êtes faits à la ressem-
« blance de Dieu, et devez jouir d'une force virile.
« L'apôtre Paul, ce vase d'élection, ce docteur des
« nations, fait voir ainsi aux Corinthiens combien il
« est inconvenant et détestable que les hommes por-
« tent de longs cheveux. L'homme ne doit pas voiler
« sa tête, parce qu'il est l'image et la gloire de Dieu;
« quant à la femme, elle est la gloire de l'homme. » Il ajoute un peu après : « Si l'homme entretient sa che-
« velure, c'est une honte pour lui; tandis que si la

« femme prend soin de ses cheveux, c'est un hon-
« neur pour elle, puisqu'ils lui ont été donnés pour
« lui servir de voile. Ce n'est pas pour leur ornement
« ou leur plaisir que l'on ordonne aux pénitens de
« ne pas se raser la barbe, et de ne pas couper leurs
« cheveux. En effet, comme ils se montrent devant
« Dieu les cheveux hérissés et l'intérieur négligé, de
« même ils marchent devant les hommes dans cet
« état extérieur, et manifestent par l'ignominie du
« dehors la difformité du dedans. Par leur longue
« barbe, ils ressemblent à des boucs dont les liber-
« tins et les courtisanes imitent honteusement l'in-
« fâme lubricité; et les honnêtes gens les regardent
« à bon droit comme abominables à cause de la dé-
« testable odeur de leurs débauches. Quant à ceux
« qui soignent leur chevelure, ils se font imitateurs
« des femmes dont la mollesse les conduit au crime
« en les éloignant de la force virile, et souvent les
« précipite misérablement dans une exécrable apos-
« tasie. Quelle douleur! Voici; l'heureux remède
« que les docteurs de l'Eglise, qui sont les mé-
« decins spirituels, ont dès long-temps établi avec
« prudence d'après l'inspiration de Dieu pour le salut
« des ames, les enfans de la perdition, à l'instiga-
« tion de Satan, s'en sont servi pour mettre le comble
« à leur damnation, et, par un long usage, l'ont
« changé en habitude. Les pontifes romains et les
« autres prêtres se sont opposés à cette téméraire
« usurpation, et l'ont condamnée dans leurs conciles
« d'après l'autorité divine; mais les prévaricateurs
« endurcis persistent follement et opposent opiniâ-
« trément le bouclier de la malice aux traits de la

« sainte prédication. Ils évitent de se raser de peur
« que leur barbe coupée ne blesse les maîtresses aux-
« quelles ils donnent des baisers, et, couverts de
« soie, ils imitent beaucoup plus les Sarrasins que
« les Chrétiens. Voilà qu'ils ont tourné l'extérieur
« négligé du pénitent en appareil de luxure. En ef-
« fet, ces fils obstinés de Bélial se couvrent la tête
« de la chevelure des femmes, tandis qu'ils portent
« au bout de leurs pieds des queues de scorpion, se
« montrant ainsi femmes par la mollesse, et serpens
« par l'aiguillon. Cette espèce d'hommes a été dé-
« signée sous la forme de sauterelles, il y a mille
« ans, par Jean dans l'Apocalypse qu'il publia à
« Patmos, et dans laquelle il nous donne à cet
« égard des détails évidens. Beaucoup de personnes
« suivent l'habitude d'une si grande perversité, igno-
« rant combien est criminelle la chevelure dont ils
« se parent. C'est pourquoi, glorieux monarque, je
« vous prie de donner à vos sujets un louable exem-
« ple; que surtout ils voient par vous-même comment
« ils doivent se coiffer. »

A ces mots, le Roi et tous les grands obéirent avec joie, et l'expéditif prélat tira aussitôt de sa manche des ciseaux, et tondit de ses propres mains d'abord le Roi, puis le comte de Meulan, et plusieurs autres seigneurs. Toute la suite du Roi et les assistans se firent de tous côtés tondre à l'envi, et, craignant les édits du prince, coupèrent leurs cheveux, qui leur semblaient si précieux naguères, puis foulèrent aux pieds comme de viles ordures cette chevelure qu'ils avaient chérie long-temps. Après avoir célébré les fêtes de Pâques, le roi des Anglais envoya des ambassadeurs à Philippe, roi des Français; il manda Geoffroi-Martel, comte des Angevins, et déploya virilement sa vengeance contre les ennemis de Dieu.

L'an de l'incarnation du Seigneur 1106, il se fit dans l'univers plusieurs changemens de princes, et il arriva en divers lieux plusieurs événemens mémorables. Dans la dernière semaine de février, une merveilleuse comète parut du côté de l'Hespérie, et, projetant sa longue chevelure vers les contrées orientales, épouvanta le cœur d'un grand nombre de mortels; et, durant trois semaines, brillant le soir avec un vif éclat, força les hommes à révéler beaucoup de secrets.

Au mois de mars, le duc Boémond, ainsi qu'il l'avait promis au Seigneur dans les prisons de Daliman, se rendit en France, et accomplit son vœu dans le Limousin, au célèbre tombeau du saint confesseur Léonard. Avant d'entrer en France, il avait envoyé des ambassadeurs en Angleterre; il y avait mandé au roi Henri la cause de son arrivée en Italie, et lui avait fait entendre qu'il avait le projet de passer la mer pour se rendre à sa cour. Le prudent monarque, craignant que Boémond ne parvînt à enlever de ses Etats ses chevaliers d'élite, l'engagea à ne pas s'exposer aux dangers de la navigation pendant l'hiver, surtout ayant le projet, avant la célébration de la Pâque, de passer en Normandie, où ils pourraient avoir ensemble une entrevue convenable. C'est ce qui eut lieu.

En conséquence, quand Boémond eut quitté Saint-Léonard-le-Noblet[1], où se trouve le tombeau du pieux

[1] *Nobiliacum.*

confesseur, et qu'il y eut terminé ses prières; il parcourut pendant le Carême les villes et places fortes de France, et partout accueilli avec vénération, tant par le clergé que par le peuple, il racontait les divers événemens auxquels il avait assisté. Il offrit respectueusement aux saints autels des reliques, des manteaux de pure soie ainsi que d'autres objets précieux; il eut même sujet de se réjouir beaucoup dans les monastères et les évêchés, où il fut reçu avec empressement, et rendit grâces à Dieu de la bienveillance des Occidentaux. Il était accompagné du fils de l'empereur Diogène, ainsi que de plusieurs autres personnages illustres de la Grèce et de la Thrace : leurs plaintes contre l'empereur Alexis, qui, par trahison, les avait privés de la couronne de leurs ancêtres, disposaient les Français naturellement fiers à l'irritation contre ce prince. Beaucoup de nobles personnages venaient le trouver, et lui présentaient leurs enfans qu'il tenait de bon cœur sur les fonts baptismaux, et auxquels même il donnait son nom[1]. En effet, il avait été appelé Marc au baptême; mais son père ayant entendu raconter dans une conversation enjouée le conte du géant Boémond, donna ce nom par plaisanterie à son fils. Ce nom retentit ensuite par tout le le monde, et fut honorablement connu par d'innombrables personnes dans les trois climats du monde; il devint célèbre en France après avoir été presque inconnu à tous les Occidentaux.

Le héros dont nous venons de parler eut une entrevue avec le roi Philippe, et lui demanda en mariage sa fille Constance. Il épousa cette princesse

[1] *Cognomen.*

après Pâques, à Chartres, où la comtesse Adèle donna un magnifique banquet à toute l'assistance. Là, le roi des Français se trouva avec une grande multitude de ses officiers ; il y présenta à Boémond sa fille, que je ne sais pour quelle cause il avait enlevée à Hugues, comte de Troyes. Alors le duc d'Antioche, remarquable parmi les plus illustres, se rendit à l'église, et là, devant l'autel de la Vierge-Mère, il monta sur les gradins, et raconta à l'assemblée nombreuse qui s'y était réunie ses aventures et ses exploits ; il fit approcher tous ceux qui prenaient les armes contre l'Empereur, et promit à ces preux chevaliers d'élite des villes et des places d'une grande richesse. Il en résulta que beaucoup de personnes s'enflammèrent d'une vive ardeur, prirent la croix du Seigneur, abandonnèrent tous leurs biens, et, courant comme au festin, prirent le chemin de Jérusalem. Ainsi partirent Raoul-du-Pont-Echenfrei, surnommé le Roux, Gauscelin son frère, Simon d'Anet, Robert de Maulle, Hugues-Sans-Avoir son cousin, et plusieurs autres dont je ne puis mettre par écrit tous les noms en particulier.

La même année, les événemens suivans se passèrent en Normandie. Robert d'Estouteville, homme brave et puissant, tenait fortement au parti du duc Robert, et veillait dans le pays de Caux au bon état de ses troupes et de ses places fortes. Il arriva que le jour de Pâques, lorsque le chapelain faisait communier ce seigneur et ses gens, et qu'un chevalier s'avançait suivant l'usage vers l'autel pour y recevoir l'Eucharistie, le prêtre prit le pain céleste, voulut le mettre dans la bouche ouverte du communiant, mais ne put en aucune manière lever la main de dessus l'autel. Dans un tel embarras, l'un et l'autre furent grandement effrayés. Enfin le prêtre dit à ce chevalier: « Prenez, si vous pouvez ; car je ne saurais nullement remuer la main ni vous offrir le corps du Seigneur. » Cet homme avança la tête vers l'autel, s'approcha avec peine du calice, et de sa bouche ouverte prit l'hostie de la main du prêtre. Cet événement extraordinaire fit rougir le chevalier ; ne sachant ce que présageait l'avenir, il redouta de grands malheurs : c'est ce qui le détermina à distribuer au clergé et aux pauvres une partie de ses vêtemens et de ses autres effets. Ensuite il fut tué à Marrone, dans le voisinage de Rouen, au premier combat qui eut lieu après Pâques. Le chapelain nommé Robert m'a raconté ce qui lui était arrivé, comme nous l'avons dit, à lui et à l'infortuné chevalier, pendant la célébration des mystères vivifians.

Alors Foulques, abbé de Saint-Pierre-sur-Dive, mourut en Angleterre à Winchester le 3 des nones d'avril (3 avril); et un certain Robert, homme de rien, ayant donné au duc cent quarante marcs d'argent, lui succéda par intrusion. Il avait fait sa profession à Saint-Denis : au lieu d'être le pasteur du troupeau du Seigneur, il le dispersa, et se rendit nuisible à beaucoup de personnes, comme un vrai sectateur de Simon-le-Magicien. Aussi les moines s'enfuirent-ils loin de ce loup dévorant, et se dispersèrent pour trouver le salut de leur ame dans d'autres monastères. Il bâtit sur le bord de la Dive une forteresse dans le couvent même; il y réunit une troupe de soldats, et fit du temple de Dieu une caverne de brigands. Il vendit les ornemens ecclésiastiques que les fidèles avaient mis beaucoup de soin à procurer à l'Eglise, et ce châtelain simoniaque en employa le prix à soudoyer ses satellites.

Au mois de mai, un fléau pestilentiel ravagea tout l'Occident; et la fluxion faisant des progrès très-graves, tous les yeux se remplirent de larmes, et dans toute la France, où je me trouvais alors, on voyait toutes les joues mouillées de pleurs. L'été, par la violence de ses chaleurs, accéléra la maturité des moissons, et à l'été succéda sans relâche une automne semblable. La fièvre ardente, d'autres fièvres et différentes infirmités affligèrent cruellement les mortels, et en força beaucoup de s'aliter.

Dans le même mois, Geoffroi-Martel[1], comte des Angevins, assiégea, sur Normand de Montrevaud, le château de Condé[2], qu'il attaqua vigoureusement. Ce prince était vaillant et ferme dans son équité, et il frappait sévèrement de la verge de la discipline la tête des voleurs et des brigands que son père avait eu long-temps l'habitude d'épargner, parce qu'il se réjouissait avec eux d'un butin et d'un pillage dont il avait fréquemment sa part. Quand Geoffroi fut parvenu à l'adolescence, et qu'il vit l'Anjou en proie à l'effervescence d'une grande iniquité, à cause de la détestable négligence de son père, animé du zèle de Dieu, il eut pitié de son misérable pays, qui eût été dans l'abondance de toutes choses s'il eût joui de la paix.

Par l'ordre de Geoffroi son oncle, Foulques, qui

---

[1] Fils de Foulques III, surnommé *Nerra*.
[2] *Condatum*.

était son héritier légitime, mais qui se montra parjure[1], avait enlevé le comté à son frère[2], et l'avait tenu prisonnier pendant près de trente ans dans le château de Chinon, d'où, en présence et par l'ordre du vénérable pape Urbain, il était sorti à grand'peine. Avec le consentement de son père, Geoffroi-Martel prit le gouvernement du comté d'Anjou, se donna beaucoup de peine pour rendre la justice aux simples et aux pauvres, et conserva louablement une paix solide à l'Eglise de Dieu. Avec l'aide du Seigneur, il ne tarda pas à pacifier toute sa province, surpassa glorieusement presque tous ses prédécesseurs en courage et en équité; mais terminant promptement sa carrière, il fit beaucoup en peu de temps. Trois ans après son avénement, Geoffroi-Martel assiégea Condé, comme nous l'avons dit ci-dessus, et pressa vivement, avec un grand courage, les rebelles qui y étaient renfermés. Les principaux des assiégés étant sortis pour se présenter à lui, traiter de la paix et rendre la place pour le lendemain, aussitôt un balistier, inspiré par le diable, tira du haut des murs un trait, frappa le jeune guerrier qui discutait cette affaire avec ses principaux officiers, et blessa mortellement au bras ce vertueux prince. Le lendemain, ce légitime défenseur de la patrie mourut, et, au milieu du deuil général, fut inhumé dans l'église du couvent de Saint-Nicolas, évêque de Myre.

A sa mort, Philippe, roi des Français, confirma le comté d'Anjou à Foulques son beau-fils, et, comme il était encore fort jeune, il le confia à Guillaume,

[1] Foulques IV, surnommé *Rechin*.
[2] Geoffroi III, dit *le Barbu*.

duc de Poitiers, qui se trouvait alors par hasard à la cour, afin qu'il le protégeât pendant la route, et le remît sain et sauf à son père. Ce duc conduisit l'enfant qui lui était confié jusqu'aux limites de ses terres; et là, manquant à la loyauté, et sans prévoir les suites de cette infraction aux traités, il se saisit de Foulques et le retint plus d'un an en prison. Cependant le roi de France, qui était très-replet, ayant appris cet événement, fut profondément affligé, et employa les prières et les menaces pour tâcher de délivrer l'enfant, parce que Bertrade sa femme était la mère du jeune prince, qu'elle l'excitait fortement, et qu'elle pressait tout le monde de secourir le prisonnier. Enfin le Roi, aiguillonné par de fréquentes instances, résolut de punir un si grand crime par la terreur des menaces; mais le duc orgueilleux, faisant peu de cas d'un roi peu dispos à cause de sa corpulence, retint l'enfant en prison pendant long-temps jusqu'à ce que, pour sa rançon, il eût obtenu du père les places qui se trouvaient sur les confins de l'Anjou et du Poitou. Peu de temps après, Guillaume, qui était avancé en âge, vint à mourir, et le jeune comte épousa Eremburge, fille d'Hélie, comte du Maine, de laquelle il eut une généreuse lignée de l'un et de l'autre sexe.

La même année, comme nous l'avons dit, le roi Henri vint au printemps en Normandie, et réclama l'héritage paternel que des parjures, des brigands et des hommes sans aveu opprimaient outre mesure. Il conduisit avec lui le comte Hélie avec ses troupes, et assiégea la ville de Bayeux, qui était gardée par Gunhier d'Aunai. Ce Gunhier sortit pour aller au devant du Roi, et, par égard pour ce monarque, lui rendit

Robert, fils d'Haimon, qu'il avait autrefois fait prisonnier; mais il refusa de lui remettre la place malgré l'ordre qu'il en recevait. En conséquence, sans nul retard, le Roi attaqua cette ville, et, y ayant jeté des feux, il la brûla de fond en comble, et prit Gunhier avec ses gens et ses soldats.

Ayant appris la destruction de cette importante cité, les autres garnisons furent saisies d'effroi, et craignirent de résister insolemment à un prince si actif et si opiniâtre. Aussi les gens de Caen, connaissant le désastre de ceux de Bayeux, et craignant d'avoir à souffrir une pareille calamité, députèrent vers le Roi, qui déjà marchait sur eux en toute hâte et avec un grand courroux, et se rendirent à discrétion. En conséquence, ils chassèrent aussitôt le châtelain Engerran, fils d'Ilbert, et remirent la place entre les mains du Roi. Ce prince fit don, aux quatre principaux habitans de Caen, de Darlington, en Angleterre, qui rapporte quatre-vingts livres de revenu annuel, et qui, jusqu'à ce jour, a porté le nom de *Ville des Traîtres*, quoiqu'elle ne leur ait pas été soumise. De là Henri marcha sur Falaise; mais il ne l'attaqua pas, parce que le comte Hélie, d'après l'invitation des Normands, se retira. Il y eut toutefois là un engagement militaire dans lequel Roger de Glocester, vaillant chevalier, perdit la vie.

Les deux frères, Henri et Robert, se réunirent dans la semaine de la Pentecôte à Cintheaux[1], et pendant deux jours s'y entretinrent de la paix; mais, comme des séditieux turbulens y mirent obstacle, les princes se séparèrent après avoir rompu toute négociation. Ils

---

[1] *Sancella.*

se remirent à faire la guerre de toutes leurs forces ; les grands et les jeunes chevaliers choisirent le parti auquel ils voulaient s'attacher ; et, de la Pentecôte à la fête Saint-Michel, ils brûlèrent et pillèrent le pays.

Alors Henri, empereur des Allemands, mourut le 7 des ides d'août (7 août) ; mais, comme il n'avait point satisfait à l'Eglise, en présence de Dieu, pour ses crimes nombreux, il n'eut point de tombeau et n'obtint pas les honneurs de la sépulture pendant un grand nombre d'années. Henri v, son fils, régna après lui, et, au bout de trois années, épousa Mathilde, fille de Henri 1er. roi des Anglais, de laquelle il n'eut point d'enfans.

Robert, abbé intrus de Saint-Pierre-sur-Dive, joignit aux autres crimes dont il était coupable l'attentat pervers de Simon Judas. Il convint à Falaise, avec le duc Robert et ses seigneurs, qu'il leur amènerait bientôt le roi Henri avec un petit nombre des siens, et dit qu'il fallait se tenir prêt à le recevoir. Ayant ainsi disposé sa trahison, l'abbé Robert se rendit à Caen, alla trouver le Roi, et lui dit avec les apparences de l'amitié : « Si vous voulez venir avec moi, je vous « rends la place que je possède sur la Dive. » Le Roi ayant accepté sa proposition avec plaisir, il ajouta : « Il n'est pas nécessaire de mener avec vous une « grande armée, de crainte que l'on n'entende le « bruit de la multitude, et qu'on ne mette des ob- « stacles à notre entreprise. J'ai dans la place un pe- « tit nombre de vassaux qui me sont entièrement « dévoués. »

Le Roi se leva donc nuitamment avec sept cents

chevaliers, courut à cheval toute la nuit, et, dès l'aube du jour, se trouva près de Saint-Pierre-sur-Dive. Sur ces entrefaites, Rainauld de Varenne et le jeune Robert d'Estouteville, fils de Robert, dont nous venons de parler, s'étaient d'avance établis dans la place avec cent quarante chevaliers; au lever de l'aurore, ils accueillirent, avec des moqueries et des injures, le Roi qui s'approchait. Beaucoup d'autres chevaliers les suivirent de Falaise et d'autres places des environs, pour se mesurer de près avec le Roi et ses partisans. Henri, voyant le piége, ordonna, dans son courroux, de livrer aussitôt l'assaut à la garnison. Les chevaliers du Roi firent à l'instant même une attaque vigoureuse, et ayant lancé du feu, brûlèrent le château et le couvent. Alors Rainauld et Robert, jeunes chevaliers pleins de bravoure, et plusieurs autres guerriers furent faits prisonniers. Beaucoup d'autres, qui s'étaient réfugiés dans la tour de l'église, y furent brûlés. Leurs partisans, qui se hâtaient de venir les secourir, voyant ce vaste incendie, s'enfuirent au plus vite à Falaise. Le Roi, vainqueur, s'attacha à leur poursuite; mais aucun d'eux n'osa sortir de cette ville contre lui. C'est à bon droit qu'il arriva malheur à ces perfides, selon les paroles de l'apôtre : « Si quelqu'un viole le temple de Dieu, Dieu le fera périr. » Voilà que ces gens avaient fait témérairement de la maison divine une caverne de voleurs, et l'avaient souillée, sans respect, des infâmes ordures des hommes et des chevaux. Ils méritèrent de périr par le fer ou les flammes dévorantes.

Alors on prit le traître abbé Robert, et l'ayant, comme un sac, jeté en travers sur un cheval, on le conduisit en présence de Henri. Ce monarque lui parla en ces termes : « Perfide, quittez mes terres. « Si je ne respectais l'ordre sacré dont vous portez « l'habit extérieur, je vous ferais à l'instant même « déchirer par morceaux. » Cet apostat ayant été relâché, s'enfuit honteusement aussitôt en France, d'où il était originaire, et obtint d'être prévôt d'Argenteuil, parce qu'il ne pouvait supporter dans le cloître la pauvreté ni le repos monastique. La même année, cet homme ayant poursuivi en jugement un certain Jean, et ayant exigé de lui violemment je ne sais quelle contribution, fut frappé à mort par ce paysan. Ainsi le malheureux fut tué sans avoir fait pénitence pour ses péchés, qui en avaient grand besoin.

L'automne de cette année fut signalé en Normandie par les tempêtes de la foudre, de la pluie et des guerres; et le foyer des combats, favorisé par beaucoup de causes, s'enflamma avec éclat. En effet, Robert de Bellême, Guillaume, comte de Mortain, et plusieurs autres seigneurs tenaient opiniâtrément au parti du duc Robert, et, comme ils redoutaient le Roi, ils refusaient absolument de se soumettre à son joug, et lui résistaient de tous leurs efforts. C'est pourquoi le roi Henri, ayant réuni un grand nombre de ses partisans, fit construire un château devant Tinchebrai; il y plaça, pour contenir les assiégés, Thomas de Saint-Jean [1], avec beaucoup de chevaliers et d'hommes de pied. Cependant Guillaume, comte de Mortain, dont on assiégeait la place, ayant eu connaissance de cette construction, réunit une noble troupe de chevaliers, conduisit à Tinchebrai un convoi

[1] Saint-Jean-le-Thomas, arrondissement d'Avranches.

considérable de subsistances et de tout ce qu'il savait manquer aux assiégés, et l'introduisit dans la place à la vue des troupes royales, qui en furent fort affligées. Il fit couper dans les champs les moissons vertes encore, et les procura à la garnison pour le fourrage des chevaux. Ce jeune guerrier était si habile, et avait un si grand fond de valeur, que les troupes du Roi n'osaient devant lui sortir de leurs retranchemens, ni s'avancer contre lui pour lui interdire l'entrée de la place. Le Roi ayant appris ces choses, éprouva un violent courroux, et fit tous ses efforts pour attaquer plus vivement ses ennemis. En effet, ayant réuni son armée, il se rendit devant Tinchebrai, et en pressa le siège pendant quelque temps.

Dans ces conjonctures, Guillaume, comte de Mortain, réclama l'assistance du duc Robert, de Robert de Bellême, ainsi que de ses autres amis, et se procura ainsi, avec beaucoup de zèle, des forces contre le Roi. Le duc, ayant donc réuni son armée, ordonna à son frère de lever le siége qu'il avait mis devant une place qui lui appartenait, et lui déclara que, faute de se retirer, il l'appelait au combat. Henri persista dans son entreprise avec opiniâtreté, et pour obtenir une paix future, accepta la guerre plus que civile où il se trouvait engagé. Il avait avec lui quatre comtes, Hélie du Mans, Guillaume d'Évreux, Robert de Meulan, Guillaume de Varenne, ainsi que quelques autres illustres barons, tels que Ranulfe de Bayeux, Raoul de Conches, Robert de Montfort, Robert de Grand-Ménil, et plusieurs autres avec leurs vassaux. Dans l'autre armée, le duc Robert avait avec lui Robert de Bellême, et son neveu Guillaume de

Mortain, Robert d'Estouteville, Guillaume de Ferrières, et plusieurs autres seigneurs avec leurs troupes. Toutefois il n'avait pas, comme le Roi, beaucoup de chevaliers de marque avec lui; mais il avait une plus nombreuse troupe d'hommes de pied. Dans les armées qui étaient en présence se trouvaient des frères et des parens dont quelques-uns se disposaient à se frapper mutuellement. Quelques déserteurs fallacieux étaient sous les armes; mais ce n'était pas d'un cœur courageux qu'ils s'attachaient à leur duc, et, dans leur malveillance, ils aspiraient plutôt à fuir qu'à combattre.

Plusieurs religieux essayèrent de prévenir un si grand attentat, et craignirent beaucoup de voir l'effusion du sang fraternel. C'est ainsi que l'ermite Vital, qui était alors au premier rang parmi les personnages vénérables, plus ardent que les autres à s'interposer comme arbitre entre les frères divisés, leur défendit hardiment d'en venir aux mains, de peur que l'on ne vît reproduire le forfait détestable des enfans d'OEdipe, et que les combattans n'éprouvassent à bon droit l'horrible et criminelle destinée d'Etéocle et de Polynice.

Enfin le Roi considéra avec habileté la complication de ces événemens, et, ayant recueilli dans son esprit les avis des sages, pesa habilement leurs diverses propositions. En conséquence il adressa à son frère le message suivant : « Mon frère, dit-il, ce n'est
« point par cupidité des biens terrestres que je suis
« venu en ces lieux, et je n'ai point résolu de vous
« ravir les droits de votre duché; mais, appelé par
« les plaintes et les larmes des pauvres, je desire se-

« courir l'Eglise de Dieu, qui est comme un vais-
« seau sans pilote, courant les plus grands dangers
« au milieu des tempêtes de la mer. Quant à vous,
« vous n'occupez la terre que comme un arbre sté-
« rile, et vous n'offrez en sacrifice à notre Créateur
« aucun fruit d'équité. A la vérité, vous portez le
« nom de duc; mais vous êtes ouvertement l'objet
« des railleries de vos sujets, et vous ne vengez pas
« l'affront des mépris auxquels vous êtes en butte.
« Aussi les cruels enfans de l'iniquité oppriment mé-
« chamment, à l'ombre de votre nom, le peuple chré-
« tien ; ils ont déjà dépeuplé en Normandie plusieurs
« paroisses. A l'aspect de ces calamités, je ressens
« l'ardeur du zèle du Dieu qui nous gouverne, et je
« demande à exposer ma vie pour le salut de mes
« frères, d'une nation que j'aime, et de ma patrie.
« En considération de ces choses, profitez, je vous
« prie, de mes conseils, et vous éprouverez avec
« évidence que ce n'est point par ambition que j'agis
« ainsi, mais bien avec de bonnes intentions. Aban-
« donnez-moi toutes vos places fortes, toute la jus-
« tice du pays, le gouvernement de la Normandie et
« la moitié du duché, et possédez sans soin et sans
« travaux l'autre moitié : je vous paierai sur le trésor
« de mon royaume chaque année le revenu de l'autre
« année. Ensuite vous pourrez, en toute sûreté,
« vous livrer aux banquets, aux jeux et à tous
« les plaisirs. Quant à moi, pour le maintien de la
« paix, je supporterai le pénible fardeau qui me me-
« nace, je m'acquitterai sans faute envers vous de
« mes promesses pendant que vous goûterez le re-
« pos; et je contiendrai justement, avec l'aide de

« Dieu, la rage des méchans, pour les empêcher d'op-
« primer son peuple. »

D'après ce message, le duc convoqua ses conseillers, et leur fit part de ce que le Roi lui mandait. Ils manifestèrent aussitôt leur horreur pour de pareilles propositions, et détournèrent par des discours violens le duc Robert d'accepter ces conditions de paix. Les ambassadeurs de Henri lui ayant annoncé que le duc et ses partisans ne voulaient nullement de la paix, et qu'ils préféraient la guerre, le Roi, se recommandant à Dieu, s'écria : « Le Seigneur tout-puissant, en qui
« je crois, sait que je ne marche au combat que pour
« secourir ce peuple désolé. J'implore du fond du
« cœur ce Créateur de toutes choses, pour que, dans
« la bataille d'aujourd'hui, il donne la victoire à celui
« par lequel il a résolu de procurer à son peuple la
« protection et le repos. »

A ces mots, il réunit les officiers de ses troupes; il leur donna ses ordres pour le combat, et les harangua en peu de mots selon les convenances des lieux et des temps. Il rendit la liberté à Rainauld de Varenne et à tous ceux qu'il avait pris dans l'église de Saint-Pierre-sur-Dive, et fit vœu de rebâtir cette basilique, qui avait été brûlée. On mit ensuite en bataille les corps d'armée qui s'avancèrent rangés en ordre. Le commandement du premier corps fut donné à Ranulfe de Bayeux; le second, à Robert, comte de Meulan; et le troisième, à Guillaume de Varenne. Ce dernier était surtout satisfait de la mise en liberté de son frère, et il engagea hardiment tous ses compagnons à combattre vaillamment. Le Roi garda avec lui l'infanterie anglaise et normande; puis plaça à l'écart dans la campagne les Manceaux et les Bretons sous les ordres du comte Hélie.

Dans l'armée opposée, Guillaume de Mortain commanda le premier corps, et Robert de Bellême le dernier. Quand les deux armées furent en présence, comme les troupes du comte Guillaume pressaient vivement le corps de Ranulfe, il se fit une si épaisse mêlée, et les soldats étaient tellement confondus, qu'ils ne pouvaient se frapper les uns les autres, et que chacun rendait sans effet les coups de son adversaire. Pendant que, de part et d'autre, on poussait des cris et des hurlemens affreux, le comte Hélie chargea soudain avec ses troupes, prit en flanc la cavalerie à découvert du duc Robert, et lui tua bientôt deux cent vingt-cinq hommes. A la vue de cet échec, Robert de Bellême prit la fuite, et abandonna aux coups des vainqueurs les troupes en déroute de son prince.

Alors Gauldri se saisit de la personne du duc, et le livra aux gardes du Roi. Ce Gauldri était chapelain de Henri; réuni à quelques chevaliers, il se trouva à la bataille; peu après, il fut fait évêque de Laon, et vexa beaucoup ses diocésains. Aussi un vendredi, veille d'une fête, fut-il tué par eux dans un verger avec sept des principaux ministres de son église.

Les Bretons, de leur côté, prirent Guillaume, comte de Mortain. Le Roi et ses amis eurent beaucoup de peine à l'arracher de leurs mains. Robert d'Estouteville, Guillaume de Ferrières, et plusieurs autres furent pris aussi; quelques-uns d'eux, mis en liberté par ordre du Roi, éprouvèrent une grande joie; tandis que d'autres, à cause des crimes qu'ils avaient commis, furent condamnés à une prison perpétuelle.

Le Roi, triomphant ainsi, rassembla avec joie son armée, mit prudemment ordre à ses affaires, et confia à des mains sûres les ennemis qu'il avait faits prisonniers. Le duc Robert lui parla en ces termes : « Quelques traîtres normands m'ont égaré par leurs « perfidies, et m'ont empêché de profiter, mon cher « frère, de vos avis, qui m'eussent été bien salu- « taires si je les avais suivis. J'ai conjuré les gens de « Falaise, en les quittant, de ne rendre la place à « personne qu'à moi ou à Guillaume de Ferrières, « dont j'ai toujours éprouvé la fidélité en toutes « choses. Maintenant, mon frère, ne perdez pas de « temps; envoyez Guillaume pour qu'on lui remette « cette place, de peur que Robert de Bellême ne « vous prévienne par quelque ruse, et, s'emparant « de cette place très-forte, ne vous y résiste quelque « temps. » Le Roi emmena avec lui son frère, d'une manière amicale, mais avec précaution; et envoya promptement Guillaume de Ferrières pour se faire remettre Falaise. Il le suivit aussitôt, se rendit en cette ville sans tarder, et, par l'ordre du duc même, reçut la place et la foi des bourgeois. Alors on amena au Roi le jeune Guillaume[1], que l'on élevait dans cette ville. Le Roi regarda cet enfant, qui tremblait de peur, et consola par de douces promesses celui qui, dans un âge si tendre, était déjà en butte aux coups de l'infortune. Ensuite, de crainte qu'il ne se présentât quelque motif de calomnie, si l'enfant ve-

[1] Guillaume Cliton, fils du duc Robert.

nait à éprouver quelque malheur dans ses mains, Henri ne voulut pas le retenir sous sa garde particulière ; il confia son éducation à Hélie de Saint-Saens. Le duc Robert avait depuis long-temps marié à ce chevalier une fille qu'il avait eue d'une courtisane, et, lui donnant le comté d'Arques, il l'avait élevé au premier rang des barons de la Normandie.

Le bruit de la victoire du Roi s'étant répandu, tous les religieux furent comblés de joie. Les hommes sans loyauté, et les partisans du crime, gémirent attristés, parce qu'ils s'aperçurent bien que Dieu permettait enfin qu'un joug fût imposé sur leur front indompté. En effet, les brigands séditieux voyant que le Roi, qu'ils avaient jadis trouvé courageux justicier, était, avec l'aide de Dieu, vainqueur de ses ennemis dans les batailles, et ne pouvant douter des vertus de ce grand homme, s'enfuirent aussitôt en divers lieux, et, par la seule crainte de sa puissance, s'abstinrent des forfaits qui leur étaient ordinaires. Ainsi, les attroupemens criminels ayant été dispersés çà et là, les brigands changèrent d'habits, parce qu'ils craignirent grandement d'être rencontrés et reconnus par les malheureux qu'ils avaient opprimés.

Le Roi se rendit à Rouen avec le duc son frère ; il y fut favorablement accueilli par les citoyens ; il renouvela les lois de Guillaume-le-Conquérant, son père, et rendit à la ville ses anciennes prérogatives. Par l'ordre du duc, Hugues de Nonant remit au Roi la citadelle de Rouen ; il recouvra, grâce à l'autorité royale, ses propres fiefs que le comte de Bellême son seigneur lui avait enlevés, et les posséda tranquillement toute sa vie. D'autres châtelains furent aussi déliés de leur serment par le duc dans toute la Normandie ; et, d'après son consentement, remettant leurs places, se réconcilièrent avec le vainqueur.

Au milieu d'octobre, le Roi vint à Lisieux, convoqua tous les grands de la Normandie, et tint un concile très-avantageux à l'Eglise de Dieu. Il y décida, de son autorité royale, que la paix serait immuablement observée dans toutes les terres du duché ; que, le brigandage étant comprimé, les églises, ainsi que tous les autres propriétaires légitimes, auraient la possession de tous leurs biens comme ils les tenaient le jour de la mort de Guillaume son père. Il rattacha à ses domaines ceux dont son père avait été le maître ; et, de l'avis des sages, annula les donations que son frère Robert avait faites par imprudence, et tout ce que, malgré lui, par faiblesse, il avait promis ou permis. Le Roi envoya en Angleterre les ennemis qu'il avait pris pendant la guerre, et condamna à une prison perpétuelle Guillaume de Mortain, Robert d'Estouteville et quelques autres. Il resta inflexible à leur égard, et, quoique pressé par les prières, les promesses et les présens de plusieurs personnes, il ne voulut jamais se laisser attendrir.

Robert de Bellême, voyant ses espérances déçues contre son sentiment, gémit à l'excès, et, tentant encore le sort des combats contre le roi Henri, alla trouver Hélie comte du Mans. « Seigneur comte,
« dit-il, secourez-moi, je vous prie, puisque je suis
« votre vassal, et que j'ai une grande confiance en
« vous. Voilà que maintenant j'ai besoin de votre
« assistance, car une excessive confusion règne
« dans les affaires de ce monde. Vous voyez un jeune

« frère s'armer contre son aîné, le serviteur vaincre
« son maître et le jeter dans les fers. Il lui enlève
« l'héritage de ses aïeux, et par ce parjure usurpe
« les droits de son seigneur. Quant à moi, j'ai gardé
« ma foi à mon seigneur naturel ; je lui ai obéi fidè-
« lement comme à un père, et toute ma vie j'obéi-
« rai à ses enfans. Je ne souffrirai jamais, tant que
« je vivrai, que celui qui enchaîne dans une prison
« mon seigneur, et même le sien, exerce en Nor-
« mandie une domination tranquille. Je possède en-
« core trente-quatre places très-fortes, d'où je pour-
« rai, certes, causer à l'usurpateur de très-fâcheux
« dommages. Je vous demande votre assistance seu-
« lement pour pouvoir, avec votre aide, secourir
« mon seigneur prisonnier, et lui restituer, à lui-
« même ou à son héritier, le duché de Normandie. »

A un tel discours, Hélie répondit ainsi : « Tout
« homme prudent doit en toutes choses regarder
« au commencement, afin de ne pas entreprendre
« ce qu'il ne pourrait ou ne devrait pas accomplir.
« Il doit en outre chercher à ne vouloir élever plus
« qu'il ne convient aucun personnage indigne ni
« procurer d'autres honneurs à celui qui ne sait pas
« se gouverner lui-même; car, comme dit le pro-
« verbe vulgaire : « Qui cherche à soutenir un insensé
« dans l'élévation s'expose à combattre contre son
« maître. » J'ai fait alliance avec le roi Henri, et je ne
« saurais trouver dans sa conduite aucun motif de
« me séparer de lui. Je ne veux pas offenser folle-
« ment un si grand prince ; et, dans une telle affaire,
« je ne saurais prêter l'oreille ni à vous, ni à qui que
« ce soit. Ce monarque n'est pas moins remarquable

« par la prudence que par la puissance et les ri-
« chesses, et personne, je pense, ne peut l'égaler
« en Occident. Si, comme vous le prétendez, il a
« combattu contre son frère aîné, qui était en même
« temps son seigneur, il y a été forcé par une im-
« périeuse nécessité, et excité par les prières des
« hommes consacrés à Dieu, qui étaient misérable-
« ment opprimés par des scélérats dignes de mourir
« de mort violente. Au reste, comme le peuple le
« dit journellement, le mal doit se faire pour faire
« cesser un plus grand mal. Je ne dis cela que d'a-
« près l'expression vulgaire, et je ne m'appuie pas
« sur une autorité divine. Dans cette circonstance,
« deux frères ont combattu une fois l'un contre
« l'autre, pour que désormais cessent les batailles
« qui journellement enivraient[1] la terre du sang
« de ses enfans. En effet, depuis que le duc est de
« retour de Jérusalem, et qu'il a pris le gouverne-
« ment du duché de Normandie, il s'est livré à la
« nonchalance et à l'engourdissement. Aussi, en-
« couragés à tous les crimes par tant de mollesse, les
« ennemis de la loi ont jusqu'ici, en cachette et ou-
« vertement, exercé en Normandie d'intolérables
« fureurs; et la sainte mère Eglise a été durant six
« ans vexée par l'incendie et le brigandage. Des
« troupes d'hommes réduits à l'indigence ont été
« forcées de s'exiler dans les pays étrangers, et les
« couvens des moines ont été dépouillés des effets
« et des terres que de pieux barons leur avaient
« donnés. La violence des méchans ne faisait grâce
« à personne : tout était rempli de terreur et de

[1] *Inebriabant.*

« deuil. Comme l'iniquité des pervers s'accroissait
« journellement de toutes manières, il ne subsistait
« presque plus de respect pour le culte divin. Il
« serait superflu d'énumérer les longs malheurs qui
« en ont résulté. Ne voyons-nous pas les églises
« brûlées sur plusieurs points de la Normandie,
« les diocèses vides de fidèles, et les villes ainsi
« que les campagnes remplies partout de méchan-
« cetés et d'infortunes? Vous aussi, ainsi que vos com-
« plices, vous avez infesté cette noble province, et
« excité contre vous-même la colère de Dieu. C'est
« par un juste jugement de Dieu même qu'il est ar-
« rivé que la victoire a été miraculeusement accordée
« à l'ami de la paix et de la justice, et que ses adver-
« saires ont été entièrement détruits. Je ne cherche-
« rai donc point à m'armer contre Henri, de peur
« qu'offensant Dieu, qui est son protecteur, je ne
« paraisse le provoquer contre moi; mais si vous re-
« noncez aux tentatives de la méchanceté et à l'as-
« tuce malveillante, et que vous cherchiez à vous
« concilier l'amitié de ce puissant monarque, vous
« pourrez me considérer dans cette occasion comme
« disposé à vous seconder auprès de lui. »

Robert de Bellême ayant trouvé Hélie invincible-
ment opposé à de criminelles factions, et sentant combien ses avis étaient prudens et judicieux, ce rusé
personnage, comme totalement changé, rendit grâce
au sage conseiller, et le pria de le réconcilier avec
le Roi. Comme il existait une intime familiarité entre
le Roi et le comte du Maine, Robert obtint Argentan, restitua tout ce qu'il avait pris sur le domaine
du prince, et fut réintégré aussi dans la vicomté de

Falaise et dans les autres biens qui avaient appartenu à son père[1].

Ainsi, avec l'aide de Dieu, le roi Henri humilia tous ses ennemis, et fit raser les châteaux que Robert et d'autres séditieux avaient illégalement bâtis. De peur que les factieux, sous prétexte de secourir le duc Robert, ne portassent au désordre les hommes simples et ne troublassent les personnes tranquilles, le roi envoya ce prince en Angleterre, le retint en prison pendant vingt-sept ans, et lui procura abondamment toutes sortes de délices. Ce monarque gouverna parfaitement le duché de Normandie ainsi que le royaume d'Angleterre, chercha toujours à maintenir la paix, et, jouissant comme il le voulut du bonheur de sa position, il ne s'écarta jamais de son ancienne fermeté ni de la sévérité de la justice. Pour prévenir les révoltes, il contint adroitement les comtes les plus puissans, les châtelains et les tyrans audacieux; en tous temps il soutint avec clémence et protégea les gens tranquilles, les religieux et le bas peuple. Des deux côtés du détroit, affermi au faîte du pouvoir, dans la huitième année de son règne, Henri s'occupa toujours de procurer la paix à ses sujets, et punit rigoureusement, par des lois sévères, les transgresseurs des lois. Au milieu de l'abondance, des richesses et des délices, il fut trop livré à ses passions. Criminellement subjugué par le libertinage depuis sa jeunesse jusqu'à ses dernières années, il eut de diverses courtisanes plusieurs enfans de l'un et l'autre sexe. Dans sa rigoureuse habileté, il augmenta beaucoup les revenus du fisc et amassa de grands tré-

[1] Roger de Mont-Gomeri.

sors d'objets mondains. Il s'attribua à lui seul la totalité des chasses de l'Angleterre entière, alla même jusqu'à faire couper une patte aux chiens qui se trouvaient dans le voisinage des forêts, et n'accorda le privilége de chasser dans ses bois qu'à un très-petit nombre de nobles et d'amis. Curieux de son naturel, il étendait ses recherches à tout, et conservait dans sa mémoire ce qu'il avait appris ; il voulait savoir à fond quelles étaient les affaires des ministres et des magistrats, et, s'établissant juge avec habileté, il réglait ce qui concernait l'Angleterre ou la Normandie; il connaissait même les choses cachées et tout ce qui se faisait secrètement, et causait ainsi l'étonnement de ceux qui ne concevaient pas comment ce prince pouvait parvenir à la connaissance de leurs secrets. Après avoir exactement consulté les anciennes histoires, je puis avancer avec assurance qu'aucun roi en Angleterre, pour ce qui concerne le gouvernement séculier, n'a été plus riche et plus puissant que Henri.

L'an de l'incarnation du Seigneur 1107, le roi Henri convoqua les grands et appela en jugement Robert de Montfort, comme ayant violé sa foi. Ce comte, qui se sentait coupable, obtint la faculté d'aller à Jérusalem, et abandonna toutes ses terres au Roi ; ensuite il partit avec quelques compagnons. Il trouva Boémond dans la Pouille, et y reconnut avec joie plusieurs de ses compatriotes : Hugues du Puiset, Simon d'Anet, Raoul du Pont-Echenfrei, Joscelin son frère et plusieurs autres Cisalpins se trouvaient avec Boémond. Quelques autres chevaliers de différentes nations attendaient le moment favorable pour passer la mer, desirant tous, sous les ordres de ce duc, combattre contre l'Empereur. Dans cette attente, ils vivaient, eux et leurs chevaux, aux frais de Boémond. Ce duc nourrit tant de troupes pendant deux ans, qu'il épuisa presque tout son trésor, et fournit à tous de bon cœur des vaisseaux de transport sans leur faire payer le passage. Il accueillit avec de grands honneurs Robert de Montfort; et ne sachant pour quelle cause il avait quitté sa patrie, il le plaça dans un poste élevé, parce qu'il avait été maréchal héréditaire de la Normandie. Boémond avait long-temps retenu dans ses ports les vaisseaux et les étrangers auxquels il avait fourni une abondante subsistance à ses frais, et il avait mis beaucoup de soin à équiper contre l'Empereur une flotte montée d'hommes vaillans. Enfin, l'armée du Christ, favorisée par les vents, passa en Thessalie, et assiégea long-temps la ville de Durazzo. Le magnanime duc s'efforçait de toutes manières d'emporter la place; mais ceux qui auraient dû le seconder le mieux mettaient obstacle à ses desseins. En effet, Gui, son frère, et Robert de Montfort, dans lesquels il avait le plus de confiance, avaient eu la perfidie de se tourner du parti de l'Empereur; et, séduits par ce prince, qui leur avait envoyé en présent de grandes sommes d'argent, ils déjouaient les efforts de leur chef. Tandis qu'il disposait ses machines de guerre et fixait un jour pour l'assaut, ces perfides, prétextant frauduleusement quelques motifs, demandaient un délai, ou faisaient secrètement informer l'ennemi de la manière dont le danger le menaçait. C'est ainsi que, par la trahison des siens, Boémond fut long-temps trompé comme ses troupes, et que l'armée du Christ, faute de vivres, fut anéantie dans les contrées étrangères. Enfin, ne pouvant plus supporter les calamités de la famine, les soldats désertèrent peu à peu; et, dispersés en Macédoine, traitèrent avec l'Empereur, qui, les ayant reçus à composition, leur donna la libre faculté de rester avec lui ou bien d'aller où ils voudraient. Plusieurs même reçurent de lui beaucoup de présens, et lui rendirent grâces de ses largesses et de l'abondance qui avait succédé à leur grande misère.

Boémond, voyant qu'il ne pouvait venir à bout de ses vastes entreprises, s'affligea beaucoup, et résista long-temps à l'invitation que lui faisaient ses compagnons d'armes de rechercher les faveurs de l'Empereur. Ils disaient : « Nous portons la peine de
« notre témérité pour avoir tenté des entreprises
« orgueilleuses au-delà de nos forces et loin de
« notre pays natal, et pour avoir eu l'audace de lever
« la main contre le saint Empire. Nous n'avons point
« été déterminés à ces grandes entreprises par des
« droits héréditaires ; aucun prophète ne nous a été
« envoyé de Dieu pour nous faire connaître les céles-
« tes oracles : c'est le desir d'envahir le bien d'autrui
« qui vous a engagé dans cette pénible carrière ; et,
« de notre côté, l'amour de l'argent nous a con-
« duits à supporter l'intolérable poids des fatigues et
« des batailles. Comme Dieu ne souffre pas qu'on se
« joue de lui, qu'il ne casse pas ses jugemens, et ne
« renverse point ce qui est équitable, il a exaucé
« avec bonté les prières des justes qui, dans la Grèce,
« élèvent leurs voix vers lui contre nous : il a dispersé

« nos bataillons en les affaiblissant, bien moins par
« la guerre que par la famine ; et, sans effusion de
« sang, il a détruit nos forces. Faites donc, nous
« vous en prions, la paix avec l'Empereur avant que
« vous ne tombiez entre ses mains, avant que vous
« ne soyiez condamné à mort, et que, par votre
« chute, tous ceux qui vous appartiennent ne soient
« plongés dans d'irréparables malheurs. »

A ces mots, le vaillant duc vit bien que la défection de ses troupes était assurée ; et, de peur d'encourir avec perte un incurable affront, il céda malgré lui, fit la paix avec l'Empereur, et retourna fort triste dans la Pouille. Il eut beaucoup à rougir devant les Français, auxquels il avait promis de grands royaumes, et leur laissa honteusement la liberté de continuer leur voyage. Alors Raoul du Pont-Echenfrei, Hugues du Puiset, avec Joscelin son frère, et plusieurs autres, se rendirent à Constantinople, où ils furent comblés d'honorables présens par l'Empereur Alexis, et d'où ils partirent pour Jérusalem. La femme de Raoul, qui était fille de Goislin de Lieux[1], mourut dans la ville royale, et y fut honorablement ensevelie. Quelques-uns, après avoir fait leurs prières, regagnèrent le sol natal, et terminèrent leur carrière par divers accidens. Gui tomba malade peu de temps après, et reconnut ouvertement la trahison dont il était coupable ; mais il ne put jamais obtenir de son frère le pardon de son crime. Robert, complice de la même trahison, vint à mourir, et personne ne fit l'éloge de son mérite.

L'an de l'incarnation du Seigneur 1111, Marc Boé-

[1] De *Leugis*. Lieux, département de Seine-et-Oise.

mond mourut à Antioche, après beaucoup de combats et de triomphes au nom de Jésus-Christ : Tancrède, chevalier digne d'éloges, lui succéda pendant quelques années, à la grande confusion des Païens. A sa mort, Roger, fils de Richard, cousin des princes dont nous venons de parler, obtint la principauté d'Antioche ; mais, accablé par l'infortune, il la conserva peu de temps. Tout le monde retentit du bruit de la mort de ces princes invincibles : il en résulta un grand deuil pour les Chrétiens, et pour les Païens une grande allégresse. En conséquence Amirgazis[1], neveu du soudan, prince des Perses, déclara la guerre aux Chrétiens, et assiégea avec une nombreuse armée Sardanas[2], place forte des Chrétiens, et qui est à dix lieues d'Antioche. Cependant Roger, fils de Richard, prince d'Antioche, marcha au combat, malgré le patriarche Bernard, et ne voulut pas attendre Baudouin, roi de Jérusalem, dont ils avaient imploré l'assistance. Roger était un chevalier hardi et actif, mais inférieur à ses deux prédécesseurs, parce qu'il était méchant, obstiné et téméraire.

Ce pontife, plein de sollicitude pour son peuple, comme l'est un bon père, dit au duc qui montrait trop de précipitation : « Vaillant duc, modérez pru-
« demment votre valeur, attendez l'arrivée du roi
« Baudouin, de Joscelin, et de quelques autres sei-
« gneurs fidèles, qui s'occupent avec grand zèle
« de vous secourir. La précipitation nuit excessive-
« ment à la plupart des hommes, et a même enlevé
« la vie et la victoire aux plus grands princes. Par-

---

[1] C'est l'émir Al-Gazi, sultan d'Alep, de 1117 à 1121. — [2] Ailleurs *Sarmatam*; peut-être Saraam : c'est Sardone dans Guillaume de Tyr.

« courez l'histoire ancienne et moderne, et consi-
« dérez attentivement le résultat des choses merveil-
« leuses. Rappelez-vous Saül, Josias et Judas Mac-
« chabée, ainsi que les Romains vaincus à Cannes
« par Annibal, et prenez les plus grands soins pour
« ne pas vous précipiter avec vos sujets dans une
« ruine pareille. Attendez vos respectables compa-
« gnons d'armes qui sont distingués par leur foi et
« par toutes sortes de mérites : fort de la vertu du
« Tout-Puissant, combattez avec eux contre les
« Païens, et, avec l'aide de Dieu, vous jouirez de
« la victoire que vous desirez. »

Le sage prélat dit ces choses et beaucoup d'autres semblables; mais l'orgueilleux prince, méprisant ses avis, se mit en marche, et alla camper avec sept mille hommes dans la plaine de Sarmatam. Alors Amirgazis et ses nombreux bataillons de Païens levèrent promptement le siége, descendirent des montagnes voisines dans la campagne, et, comme des sauterelles, couvrirent de leur multitude la surface de la terre; puis, volant aux tentes des Chrétiens, qui ne les attendaient pas, ils les chargèrent avec fureur et tuèrent dans les champs de Sarmatam le prince Roger avec sept mille hommes. Cependant Robert de Vieux-Pont[1], ainsi que d'autres chevaliers ou écuyers, qui dès le matin étaient allés au fourrage ou à la chasse aux oiseaux, ou bien étaient sortis des tentes pour d'autres causes, voyant cette attaque imprévue, prirent la fuite vers la ville pendant sept lieues, et engagèrent à la défense de la patrie les ci-

[1] Arrondissement de Lisieux, ou celui de l'arrondissement d'Argentan.

toyens qu'ils agitèrent par de tristes rapports. Près de cent quarante hommes étaient sortis des tentes, et, sauvés par la main de Dieu, furent conservés pour les fidèles.

Ayant appris ces choses, le patriarche Bernard, avec tous les clercs et les laïcs qu'il put trouver, se disposa virilement à défendre la ville. Cécile[1], fille de Philippe, roi des Français, veuve de Tancrède[2], arma chevalier Gervais-le-Breton, fils d'Haimon, vicomte de Dol, et conféra le même grade à plusieurs autres écuyers, pour qu'ils combattissent les Païens. Ces barbares, fiers du grand carnage qu'ils avaient fait des Chrétiens, volèrent pêle-mêle devant Antioche, où ils essayèrent d'entrer à l'improviste après l'avoir privée de ses défenseurs; mais, grâce à Dieu, la main d'un petit nombre de fidèles suffit pour les repousser entièrement loin des retranchemens de la place.

Au bout de quinze jours, le roi de Jérusalem et Pons[3], comte de Tripoli, se réunirent avec leurs troupes au château de Harenc, et ayant engagé le combat au nom du bon Jésus, victorieux, ils taillèrent en pièces les troupes païennes. Là, le jeune Gervais tua Amirgazis, neveu du soudan, et la valeur chrétienne anéantit les forces des barbares. En conséquence, les Chrétiens s'enrichirent des dépouilles des Gentils, et de bon cœur rendirent grâces à Dieu.

Alors le roi Baudouin, à défaut d'héritier de la race de Tancrède, prit possession d'Antioche, et la défendit quelques années contre les Païens. Enfin

---

[1] *Sicilia*. — [2] Après la mort de Tancrède, prince d'Antioche, elle épousa Pons, comte de Tripoli. — [3] Second comte de Tripoli, suivant Guillaume de Tyr.

le jeune Boémond arriva de la Pouille en Syrie, et, accueilli avec une grande joie par tout le monde, épousa la fille du Roi. Il recouvra tous les Etats de son père, dont il suivit les traces pendant près de quatre ans, florissant avec éclat ; mais comme une belle fleur, il se flétrit promptement.

Sur ces entrefaites, Balad Sathanas, c'est-à-dire le vicomte Baldac[1], qui avait épousé la fille de Roduan[2] roi d'Alep, et qui régnait avec elle, combattit longtemps et avec vigueur contre les Chrétiens. Ce vieux guerrier étant occupé au siége de la ville de Monbec[3], et songeant en outre à la perte des fidèles, apprit que le roi Baudouin, Joscelin et plusieurs autres voulaient se rendre à Rages, et avaient résolu d'y célébrer les solennités de Pâques. C'est pourquoi, dans la dernière semaine du Carême, il quitta secrètement le siége avec quarante mille hommes, et le jeudi de la Cène du Seigneur, il fit prisonniers Joscelin de Torvescel[4] et Galeran du Puiset[5] qui marchaient en avant. Ensuite il se cacha avec les siens comme un loup au sein d'un bois épais d'oliviers, et, dans cette embuscade, le samedi de Pâques, il attendit au pont de Toreis sur l'Euphrate le roi Baudouin, qui ignorait ce qui était arrivé aux guerriers qu'il avait envoyés en avant. Le rusé espion vit venir des chapelains et des gens de peu de conséquence qui étaient sans armes ; mais comme il desirait évidemment une meilleure proie, il les laissa passer impunément. Enfin il s'empara du Roi, qui suivait avec

---

[1] Foulcher de Chartres l'appelle Balak. — [2] Rodoan dans Guillaume de Tyr. — [3] Malbek. — [4] D'après Guillaume de Tyr et Foulcher de Chartres, c'est Turbessel. — [5] Ailleurs Hugues du Puiset.

sécurité ses gens, n'ayant avec lui que trente-cinq chevaliers; puis il envoya toutes ses troupes comme des tigres enragés après les malheureux qui venaient de passer, et ordonna de les massacrer tous jusqu'au dernier. C'est ce qui eut lieu; car tous les chapelains du Roi et les hommes sans armes qui l'avaient précédé furent égorgés comme des moutons le samedi de Pâques.

Alors Balad, fier de tant de prospérité, triompha de joie, et emmena le Roi et les chevaliers enchaînés à Charran[1], et ensuite à Carpetra[2]. Il y a là une tour très-grande, riche et très-forte, et l'une des principales parmi celles qui servent de rempart aux tyrans du monde. C'est là que le roi Baudouin, Joscelin, Galeran, le vicomte Pons, le jeune Gervais, le breton Guiumar, fils du comte Alain, et trente-deux chevaliers furent ensemble mis aux fers pendant un an, avec quarante Chrétiens d'Arménie et de Syrie, qu'ils y trouvèrent, et qui depuis longtemps y étaient enfermés. Balad confia à trois cent cinquante chevaliers la garde de la tour et des prisonniers, fit condamner le Roi au jeûne, jusqu'à ce qu'il eût rendu ses forteresses que le barbare desirait par-dessus tout, et assujétit les autres dans la prison à divers emplois et à des travaux journaliers. Enfin, il réunit une grande armée, marcha en hâte contre les Chrétiens qu'il croyait sans chef, et pressa par un long siége le château de Sardanas, qui est

---

[1] Carrhes.

[2] Cartapète dans Foulcher de Chartres; Cartapiert dans Guillaume de Tyr: c'est Kortobret, où Baudouin fut fait prisonnier au mois de février 1124.

voisin d'Antioche; mais, comme le puissant roi Sabaoth fortifia les assiégés, Balad ne put emporter la place.

Pendant ces événemens, les prisonniers servaient les satellites des Païens et obéissaient à leurs ordres, enchaînés par un pied. Tous les jours ils apportaient de l'eau de l'Euphrate pendant un mille de chemin, et faisaient gaîment les autres travaux qui leur étaient ordonnés : aussi les Païens les aimaient comme de bonnes bêtes de somme; ils les traitaient avec affabilité, et les nourrissaient abondamment comme de bons employés et de bons ouvriers, de peur qu'ils ne vinssent à succomber. Le roi Baudouin et Joscelin étaient seuls livrés au repos; mais on les gardait avec un grand soin. Par l'ordre de Balad, le Roi ne mangeait chaque semaine que le dimanche et le jeudi, tandis qu'il fournissait une nourriture suffisante aux trois cent cinquante chevaliers préposés à sa garde. Il payait aussi, tant par un effet de sa munificence royale que pour se concilier la faveur de ses gardiens, la subsistance abondante qu'il faisait donner à tous ses compagnons, et aux quarante captifs qu'il avait trouvés en prison. Cette générosité lui devint très-avantageuse : car les soldats païens lui rendaient beaucoup d'honneurs en le gardant, et, contre l'ordre de Balad, lui fournissaient secrètement des mets en abondance. L'émir de Caloiambar, oncle de sa femme, venait à son secours en lui envoyant toutes les semaines cent besans.

L'astuce des Païens était quelquefois favorable aux Chrétiens; mais périsse à jamais leur foi canine! En effet, dans les solennités de leurs fêtes, deux fois ils tirèrent au sort les chevaliers chrétiens : ils en enchaînèrent un à un pieu pour le percer de flèches, et le tuèrent avec d'amères moqueries. A cette vue, les captifs furent profondément attristés, et desirèrent mourir noblement plutôt que de vivre si misérablement. En conséquence, au bout d'un an, les Chrétiens s'animèrent d'un courage viril, et un certain dimanche ils enivrèrent leurs gardes, que le Roi avait copieusement rassasiés. Pendant que les Païens étaient endormis, les Français se saisirent de leurs armes, et, s'étant réunis aux quarante Chrétiens d'Arménie et de Syrie qui depuis long-temps étaient prisonniers, ils massacrèrent tous les Turcs, et ayant mis à mort les portiers, ils se rendirent maîtres de toute la forteresse.

Le lendemain, ils firent une sortie vigoureuse dans la ville, tuèrent plusieurs milliers de Païens, et, ayant enlevé du butin, gardèrent pendant près de huit mois cette place très-forte. Alors ils firent sortir Joscelin et Goisfred-le-Grêle, et les chargèrent d'aller demander l'assistance de tous les Chrétiens.

Vers ce même temps, la reine de Jérusalem, qui était originaire d'Arménie, envoya au secours de son mari cent Arméniens fidèles, portant les armes et l'habillement des Turcs. Arrivés à Carpetra, ils entrèrent dans la tour, et, habiles dans la langue et les manières turques, ils rendirent de grands services aux Français.

Joscelin et Goisfred, s'étant engagés dans un chemin qu'ils ne connaissaient pas, et dans cette barbare contrée redoutant tous ceux qu'ils rencontraient comme s'ils eussent été leurs ennemis, se réunirent

à un paysan qui, monté sur un âne avec sa femme, allait de Mésopotamie en Syrie. Comme ils voyageaient et causaient ensemble, le paysan reconnut aussitôt le vaillant Joscelin qui trembla à la voix du barbare, et lui dit qu'il se trompait. Le paysan lui répondit :
« Ne niez pas qui vous êtes, bon et vaillant chevalier
« Joscelin, je vous connais pour mon maître. Je vous
« ai plusieurs fois servi dans votre maison, et je
« me suis réjoui tant que j'ai pu rendre des services
« au moindre de vos gens. J'ai porté l'eau, j'ai al-
« lumé le feu, et j'ai obtenu de votre largesse la
« nourriture et l'habillement parmi vos domestiques.
« Au bout de quelques années, je suis retourné chez
« mes parents qui sont Turcs, et que j'abandonne de
« nouveau à cause de leur religion; je reviens chez
« les Chrétiens parmi lesquels j'ai demeuré avec plus
« de bonheur que parmi mes parents et mes compa-
« triotes. Braves chevaliers, j'ai entendu parler de
« vos infortunes, et j'ai été naguère fort affligé du
« malheur qui vous est arrivé ainsi qu'aux vôtres.
« Maintenant que vous êtes libres de vos fers et que
« vous retournez chez vous, je continuerai de vous
« accompagner fidèlement, et je vous guiderai jusqu'à
« Antioche. » Le païen dit ces choses et beaucoup d'autres semblables; Joscelin et son compagnon furent comblés de joie. Aussitôt ils échangèrent leurs vêtemens. Le barbare les précédait comme s'il eût été leur maître, et s'entretenait avec ceux qu'il rencontrait. Les deux seigneurs chrétiens suivaient comme de vils esclaves, et priaient tout bas le roi Sabaoth pour qu'il les sauvât. Ils portaient avec joie dans leurs

bras, alternativement, la fille du Sarrasin, âgée de six ans, et passaient sans être connus dans les places fortes et les villes.

Apprenez maintenant ce qui arriva à ceux qui étaient réduits à toute extrémité à Carpetra. Trois des femmes de Balad étaient dans la forteresse où, pendant quinze jours, les Chrétiens ne soupçonnèrent pas leur existence. Fatumie, fille d'Ali roi des Mèdes, se distinguait par sa beauté et sa puissance; l'autre était fille de Roduan d'Alep, et la troisième de l'émir de Caloiambar. La fille de Roduan écrivit une lettre, qu'elle envoya de sa tour par le moyen d'un pigeon au cou duquel elle l'attacha, à son mari qui assiégeait Sardanas avec cent mille hommes : elle y racontait clairement tout ce qui concernait la prise de la forteresse, le massacre des gardiens et le ravage du pays. Aussitôt Balad effrayé leva le siége, et se hâta de regagner Carpetra, que pendant huit mois il assiégea avec toutes ses forces. Ce fut alors que Joscelin avec ses compagnons de route passa sans être reconnu au milieu des armées de Balad, et, parvenu dans ses foyers, récompensa dignement son guide. Il fit régénérer par le baptême cette famille, et donna des biens considérables au mari ainsi qu'à la femme. Il maria avec de grands avantages, à un chevalier chrétien, la jeune fille qu'il avait portée en traversant inconnu les contrées païennes.

Balad assiégea long-temps Carpetra avec une nombreuse armée; mais Baudouin et les siens firent une brillante résistance. Il y avait dans cette citadelle plusieurs appartemens beaux et spacieux, et des chambres fermées dans l'intérieur des principales murailles où se trouvaient de grands trésors, c'est-à-dire beaucoup d'or et d'argent, des pierres précieuses, de la pourpre et de la soie, et toutes sortes de richesses en abondance. Un ruisseau considérable y venait de l'Euphrate, conduit admirablement par un canal souterrain, et servait largement à l'usage des assiégés. La provision de pain, de vin et de viandes, tant fraîches que salées, eût suffi pour dix ans à mille chevaliers. Aussi les courageux Français pouvaient-ils en toute confiance attendre que Joscelin revînt avec un renfort de Chrétiens.

En conséquence, Balad, fort inquiet, s'adressa souvent au roi Beaudouin au moyen d'habiles ambassadeurs. Il fit beaucoup de promesses, et parfois de sévères reproches. « O roi, dit-il, vous commettez un
« honteux attentat, qui, maintenant et chez les na-
« tions futures, attirera le mépris sur votre mérite.
« Quelle honte pour vous ! vous affligez cruellement
« de nobles dames. Vous les opprimez d'une manière
« inconvenante, ce qui est contraire à la générosité
« royale et à la religion chrétienne. Pourquoi rete-
« nez-vous enchaînées en prison, comme des captives,
« mes femmes qui sont sans défense, et qui jamais ne
« vous ont offensé en rien ? Pourquoi chargez-vous
« de fers, comme des voleurs ou des traîtres, des
« Reines issues du sang royal ? Ce que vous faites
« attire un grand déshonneur sur votre nation ; et
« dans tous les siècles sera imputé à votre religion
« comme un forfait exécrable. Je vous en prie, amol-
« lissez votre cœur de fer ; ayez pitié de ma vieillesse,
« faites grâce à la fragilité féminine. Rendez-moi mes

« femmes, je vous en supplie, et je vous donnerai à
« vous et aux vôtres toute garantie, sous la foi du ser-
« ment, de ne vous attaquer en aucune manière d'ici
« à un an, jusqu'au retour de Joscelin, votre député,
« et jusqu'à ce qu'il vous amène le secours dont vous
« avez besoin. En attendant, si vous m'accordez la
« douceur de me rendre mes femmes que je desire
« obtenir, je me retirerai d'ici pour me livrer aux
« affaires de mes Etats, et jusqu'au temps prescrit
« vous serez en paix avec moi. Jouissez dans tous
« mes Etats de la faculté de vous approvisionner, et
« dépensez librement tout ce que vous voudrez de
« mon grand trésor dont vous vous êtes peut-être
« emparé. » Gazis, Bursethin[1], et plusieurs autres
personnages illustres furent porteurs de ce message,
et exhortèrent éloquemment le roi Baudouin à satisfaire le roi Balad.

Baudouin convoqua tous ceux qui étaient dans la
citadelle; il leur fit connaître les dépêches de Balad,
et leur demanda leur avis. Comme chacun était partagé à cet égard; et qu'on hésitait, dans cette affaire
difficile, à manifester une opinion positive, la reine
Fatumie s'exprima ainsi : « Je vois, vaillans hom-
« mes, que vous hésitez sur la réponse que vous de-
« vez faire aux propositions de mon seigneur. Je
« vous en prie, daignez m'écouter. Faites peu de cas
« de tout ce qu'il vous dit, parce qu'il n'y a rien de
« vrai dans ses discours. Tout ce qu'il vous promet
« est faux; il cherche ainsi à vous tromper. Tant que
« vous tiendrez bon dans cette citadelle qui est im-

---

[1] *Bursethinus.* D'autres historiens l'appellent Borsakin et Boursequin : c'est Bourski.

« prenable, et que vous m'y garderez ainsi que mes
« compagnes, Balad vous craindra sans nul doute,
« et n'osera vous livrer aucun assaut. En effet,
« il considère sagement, et le dit souvent en présen-
« ce de ses amis intimes, dans leurs réunions, que,
« si vous nous faites mourir pour vous venger des
« maux que vous endurez, il ne cessera jamais d'être
« en guerre; car toute notre famille, qui possède
« la plus grande partie de l'Orient, le combattra à
« mort. Ainsi, attendez avec confiance le secours du
« Ciel et de vos fidèles amis, et défendez-vous avec
« prudence des piéges funestes de votre fallacieux
« ennemi. Vous occupez un point élevé, et vous pou-
« vez repousser les assaillans avec des traits et des
« pierres. Que vous manque-t-il, si vous êtes magna-
« nimes? Vous avez des armes et des vivres en abon-
« dance; cette inexpugnable forteresse renferme du
« pain, de l'eau, du vin et de la viande. Rappelez-
« vous le siége de Troie qui dura dix ans, et songez
« aux merveilleux exploits des héros que vos his-
« trions [1] vous représentent journellement ; que ces
« récits vous rendent la force et fortifient votre cou-
« rage. Combattez vaillamment comme font les Fran-
« çais; persévérez jusqu'à ce que vous ayez remporté
« la victoire, de peur que dans tout l'univers on ne
« chante sur votre compte d'offensantes chansons.
« Jusqu'à ce jour, le monde a retenti des louanges
« glorieuses données aux prouesses occidentales, et la
« réputation des Français a pénétré jusqu'au royaume
« de Perse. Nous ne sommes pas fâchées d'être en-
« fermées avec vous, quoique le roi Balad considère

[1] *Histriones.*

« notre captivité comme un malheur. Nous suppor-
« tons plus volontiers cet emprisonnement que le
« culte du démon avec les idolâtres. Nous embras-
« sons en effet vos usages qui nous semblent bons ;
« nous applaudissons à votre foi et à votre religion,
« et nous desirons, si par la grâce de Dieu nous
« pouvons sortir d'ici saines et sauves avec vous,
« recevoir de cœur les sacremens célestes des Chré-
« tiens. »

Les autres Reines approuvèrent de bon cœur le discours de Fatumie. Les Chrétiens furent très-satisfaits de ces exhortations données par des femmes étrangères ; animés par elles, ils résistèrent plusieurs jours, et se maintinrent dans la forteresse. Enfin le roi Baudouin, cédant aux demandes et aux grandes promesses de Balad, accéda à ses propositions, lui rendit ses trois femmes malgré elles, et les lui fit remettre par cinq braves chevaliers. Aussitôt qu'ils les lui eurent remises avec de décentes parures, les chevaliers voulurent retourner à la citadelle vers leurs compagnons ; mais, à la grande douleur de beaucoup de monde, ils furent retenus par le tyran. Ainsi le breton Guiumar, Gervais de Dol, Robert de Caen, Musched du Mans et Rivallon de Dinan furent pris par le perfide Balad, qui les donna en présent à Ali, roi des Mèdes. C'était un prince très-puissant: après avoir gardé les Français honorablement pendant neuf mois, il les donna au calife de Baldac [1]. Le lendemain, le soudan les reçut de ce calife, les rendit à la liberté, et les combla de présens. Là, les quatre héros se donnèrent pour chef Guiumar, fils du comte Alain, et restèrent

[1] Bagdad.

trois ans et demi avec de grands honneurs sous les lois du soudan. La quatrième année, ils retournèrent à Antioche. Le Dieu des Chrétiens ne priva pas de son assistance ses enfans exilés : en effet, les cinq chevaliers, dont nous venons de parler, et qui furent si loin conduits en captivité, furent traités avec de grands égards chez les barbares. Le roi des Mèdes les recommanda au gouverneur de la ville, et leur enjoignit de se trouver tous les jours auprès de lui vêtus à la française. Ils étaient habillés de vêtemens de soie et d'or; ils avaient des chevaux, des armes, toutes sortes d'effets, et tout ce qu'ils demandaient soit au roi, soit au gouverneur. Les Perses les trouvaient admirables, et les Mèdes, qui aimaient les manières des Français, en faisaient l'éloge. Les filles des Rois aimaient leur beauté, et souriaient à leurs plaisanteries. De leur côté, les Rois et les princes desiraient posséder de petits enfans issus de ces chevaliers; mais personne ne put leur faire quitter le culte du Christ ni les détourner de leur religion.

On rapporte des choses merveilleuses des richesses du soudan, et des curiosités inconnues que l'on voit en Orient. Ce mot de *soudan* signifie maître unique, parce qu'il commande à tous les princes de l'Orient. Au bout de quatre ans, il leur accorda la permission de se retirer, et leur remit une flèche dorée, qui désignait leur mise en liberté par le prince. Il leur offrit, s'ils voulaient rester avec lui, les filles de ses seigneurs les plus puissans, de grands trésors et des terres. Enfin, comme ils voulurent le quitter, il leur fit voir son trésor qui était considérable, et toutes ses richesses. Comblés de présens de différentes espèces, ils saluèrent les personnes de leur connaissance et leur bienfaiteur ; sous la conduite de David, roi de Géorgie, et de Turold-des-Montagnes [1], ils retournèrent à Antioche, où ils racontèrent joyeusement à leurs amis comment ils étaient restés à Ninive, à Baldac et à Babylone, et parlèrent de beaucoup de choses qui nous sont inconnues, et qu'ils avaient vues dans les contrées orientales. Ils apprirent à Antioche que Balad assiégeait Monbec, et qu'il retenait dans une étroite prison le roi Baudouin, après avoir tué ses compagnons. Car Joscelin, qui était sorti de Carpetra, et avait envoyé de fidèles ambassadeurs à l'empereur Jean, aux Grecs et aux Arméniens, revint au bout de huit mois avec une grande armée au secours du Roi, qu'il avait laissé assiégé, comme nous l'avons dit, dans la tour de Carpetra. Pendant ce temps-là, Balad assiégea la forteresse, envoya souvent auprès du roi Gazis, son neveu, et le jeune Bursechin [2] son premier général, et lui promit avec serment que, s'il voulait rendre sans coup férir la citadelle, il lui donnerait la liberté de se retirer où il voudrait avec les siens, et d'emporter avec lui tout ce qu'il demanderait. Fatigué de la longueur de son séjour dans la tour, le roi Baudouin, se confiant mal à propos à l'astucieux païen, rendit la citadelle, au grand scandale des Chrétiens, et à la grande joie de leurs ennemis. En conséquence, le Roi étant sorti de la place, Balad lui fit extraire quatre dents; il fit arracher l'œil gauche à Galeran du Puiset, lui fit couper les veines du bras droit, afin qu'il ne lui

---

[1] *Turoldus de Montanis.* — [2] *Boursequin*, dans les historiens des Croisades.

fût plus possible de porter la lance, et ordonna de trancher la tête à tous leurs compagnons. C'est ce qui fut exécuté. Galeran mourut des suites de l'opération. Le Roi fut remis en prison, et, durant quatre années, souffrit des maux plus cruels que les premiers. On mit à mort, en leur coupant la tête, vingt-quatre chevaliers et cent quarante Syriens et Arméniens. Qu'ils vivent avec le Christ, qu'ils ont confessé et qu'ils servirent de leur vivant! Joscelin ayant appris en route le malheur du Roi et le meurtre de ses compagnons, s'arrêta en gémissant avec toute l'armée chrétienne. Ayant tenu conseil en ce lieu, chacun retourna chez soi. Cette catastrophe se répandit par tout le monde, et la douleur des fidèles combla de joie les Païens.

Balad, voyant donc que ses vœux étaient comblés dans les choses dont nous avons parlé, et que les Chrétiens résistaient vaillamment dans toute la Syrie et la Palestine, sans plus penser à leur Roi, envoya des courriers dans tous les pays aux Rois et aux émirs. Les ayant réunis avec leurs légions, il assiégea de nouveau la ville de Monbec[1]. Joscelin et tous les Chrétiens, apprenant cet événement, s'en réjouirent, et marchèrent gaîment contre eux pour les combattre. Alors, par la volonté de notre bon Sauveur, les cinq illustres chevaliers, dont nous avons parlé, se présentèrent, après être dans la même semaine revenus de leur captivité chez les barbares. Entre Monbec et le château de Trehaled, il y eut un grand combat au milieu d'une vaste plaine. Balad avait avec lui Masci, Héron son frère, et plusieurs

[1] Malbek.

autres émirs qui combattirent, et tâchèrent de toutes leurs forces de tailler en pièces les Chrétiens. Là, Balad pria, par une dépêche, Goisfred-le-Moine, comte de Marash, de recevoir de lui deux ânes chargés d'or, et de se retirer seul du champ de bataille, de peur qu'ils ne vinssent à y périr le même jour; car sa sœur, qui était une très-habile sorcière, avait lu ce jour même dans les constellations que Goisfred et Balad mourraient des coups mutuels qu'ils se porteraient, et elle avait en pleurant fait connaître ces choses à son frère, pour qu'il prît ses précautions. Le moine-comte méprisa les présens du tyran, comme du fumier, et s'offrit gaîment en sacrifice dans la confession de Dieu : vengeur du sang de tant de saints, il tua Balad, et lui-même, combattant dévotement pour le Christ, succomba avec gloire. On trouva sa bannière sur le corps de Balad, dont la mort retira de la tête des Chrétiens un cruel et pesant fardeau. Là, neuf cents chevaliers chrétiens combattirent contre trois cent mille Païens et les vainquirent, puissamment secondés par le grand dieu d'Israël. Six chevaliers et onze hommes de pied périrent du côté des Chrétiens; mais les Païens eurent treize mille hommes taillés en pièces, dont on trouva les noms écrits sur le contrôle de Balad. Le tout-puissant Emmanuel, fils de la Vierge Immaculée, fortifia heureusement ses Israélites; il les combla de joie, en immolant leurs ennemis, dont il s'était servi comme du marteau ou de la verge de sa fureur pour châtier les coupables; et, après les tempêtes des tribulations, il leur procura le calme de la prospérité. Ainsi, sous la foudre divine, les bataillons des Gentils furent rompus, et les Chrétiens, chantant les louanges de l'invincible roi Sabaoth, levèrent fièrement la tête.

L'émir Gazis, neveu et héritier de Balad, roi d'Alep, lui succéda. Mais les événemens récens et la diminution de ses trésors ne lui permirent pas de tenter de grandes entreprises, et de soutenir les affaires difficiles où son prédécesseur, exercé par une longue habitude, s'était engagé, propre qu'il était, par les ressources de son esprit, à supporter et à faire de grandes choses. C'est pourquoi Gazis mit en liberté le roi Baudouin moyennant une rançon de cent cinquante mille besans, reçut quarante otages pris parmi les principaux enfans de Jérusalem et de la province circonvoisine, et réclama la mise en liberté de tous les Païens que les Chrétiens retenaient en captivité. D'après cette convention, Gazis laissa partir le Roi, et attendit le temps déterminé auprès du château de Gis, dans le pays de Césarée de Philippe. Alors les Chrétiens arrivèrent avec l'or qu'ils avaient promis pour la rançon de leur Roi, et, au nom du Christ, ayant vigoureusement chargé l'ennemi, prirent l'émir, le château, ainsi que leurs otages, et, rendant joyeusement grâces à Dieu, ils retournèrent à Jérusalem. Quant à Gazis, il se racheta moyennant cent mille besans d'or, fit une paix durable avec les Chrétiens, mais resta peu de temps dans sa principauté. Pendant que le roi Baudouin était, ainsi que nous l'avons dit, retenu en prison, et que tout espoir de sa sortie était presque entièrement enlevé aux Chrétiens, l'évêque de Jérusalem engagea le clergé et le peuple à ne pas chanceler dans leurs tribulations, à se confier au Christ pour résister courageusement aux Païens, et à reculer à main armée leurs frontières pour la gloire du Créateur. En conséquence, ayant envoyé des délégués en Italie, on appela le duc de Venise avec une grande flotte; on assiégea la ville de Tyr, si fameuse dans les livres tant divins que profanes; on la resserra par mer et par terre jusqu'à ce qu'elle se fût rendue. Enfin, cette ville étant soumise, on ordonna pour évêque un certain clerc né en Angleterre. On bâtit hors la ville une église en l'honneur du saint Sauveur, dans le lieu où le seigneur Jésus prêcha aux peuples la parole de l'éternel salut, et on fit un autel de la grande pierre sur laquelle il s'était assis pour parler. Il n'avait pas voulu aller dans cette ville d'incirconcis, de peur de paraître donner aux Juifs un motif de scandale, si, étant Hébreu, il entrait dans une ville occupée par les Gentils, et avait avec eux quelque communication. Les fidèles rassemblèrent les fragmens que les tailleurs avaient, avec leurs marteaux, détachés de cette pierre informe; ils les emportèrent dans tous les climats du monde, par respect pour le lieu où s'était assis le Seigneur, et on les plaça dans les temples sacrés, parmi les saintes reliques.

Un certain Grec, du nom de Ravendinos, se rendit à Antioche, et remit un message de l'empereur Alexis au prince Roger dont nous avons parlé plus haut. Cette dépêche avait pour objet de lui demander en mariage sa fille pour Jean, fils de l'Empereur. Son long courroux s'était un peu calmé, parce que, doué d'une grande sagesse, il avait vu clairement que le sort commun des hommes avait enlevé Boémond, Tancrède et d'autres rebelles, et qu'il craignait beaucoup qu'une pareille destinée ne lui fût réservée prochainement. C'est pourquoi il résolut d'unir son sang à celui d'une race belliqueuse, afin que son héritier obtînt au moins la principauté d'Antioche par l'alliance du mariage, puisqu'il n'espérait guère la recouvrer les armes à la main. Alexis envoya donc vers les Normands le Grec dont nous avons parlé, qui éprouva un grand malheur en attendant la réponse à son message. En effet, pendant que ce guerrier restait à Antioche, dans l'attente d'une honorable réponse d'après la délibération générale, comme le Perse Amirgazis faisait, ainsi que je l'ai rapporté, une violente irruption sur les terres des Chrétiens, le Grec marchant à l'ennemi avec Roger fut fait prisonnier, et se racheta au prix de quinze mille besans. Comme il était Grec, il ne reçut aucune offense des Turcs; ils l'épargnèrent autant parce qu'ils connaissaient sa nation, qui était voisine, que par égard pour l'Empereur. Quand ils eurent reçu sa rançon, ils le renvoyèrent sain et sauf. Cet ambassadeur, voyant que Roger avait succombé avec toute sa puissance, et que le roi Baudouin avait réuni la principauté d'Antioche au royaume de Jérusalem, l'alla trouver de la part de l'Empereur, et lui demanda sa fille en mariage pour le prince Jean. Baudouin accueillit avec joie ce message, accorda la demande, envoya l'ambassadeur à Jérusalem pour voir sa fille, et le chargea de dépêches secrètes qui ne devaient être remises qu'à la Reine. Ravendinos se rendit en conséquence à Jérusalem : la Reine, ainsi que sa fille, le reçut avec joie, et obéit aux ordres de son mari. La belle princesse, paraissant en public, plut beaucoup à tout le monde ; et, entendant parler d'une chose qu'elle desirait, elle éprouva une vaine satisfaction. En effet, rien n'est stable, excepté ce que le Créateur de toutes choses a disposé. L'ambassadeur de l'Empereur, avec sa suite et ses compagnons de voyage, s'embarqua pour l'île de Chypre, dont le duc résolut d'aller avec lui dans quinze jours à Constantinople, et fit donner une honorable hospitalité à tout le cortège jusqu'à la Pentecôte. En conséquence, ils furent logés à la cour avec de grands honneurs, loin du palais; et, dans l'attente du temps prescrit, ils furent bien traités par le duc.

Sur ces entrefaites, par suite d'une conspiration générale, le duc fut tué dans ses appartemens, et on enleva une planche de chacun des vaisseaux qui étaient à l'ancre dans le port. Les cruels conjurés fixèrent même le jour de la mort de l'ambassadeur et des voyageurs; mais elle fut adroitement empêchée et plusieurs fois ajournée par un homme sage qui assistait à leurs conciliabules. Il leur disait : « Je vous
« prie, ô mes frères, ô mes amis, d'épargner ces
« hommes pour votre salut, et de ne pas plonger vos
« mains dans le sang de ceux qui ne vous ont jamais
« fait aucun tort. Modérez vos actions par le frein de
« la discrétion et la balance de l'équité, de peur que
« l'énormité de vos forfaits n'attire sur vous la co-
« lère de Dieu et des hommes, et ne vous fasse en-
« courir de toutes parts la vengeance des plus grands
« princes. Voilà que vous avez déjà commis une abo-
« minable offense contre l'Empereur, en égorgeant
« au milieu de la nuit son cousin, l'un des ducs de
« l'empire de Constantinople. Toutefois vous pou-

« vez encore recourir contre sa vengeance au prince
« de Jérusalem, que vous n'avez pas encore offensé;
« mais si vous irritez le roi de Jérusalem, qui est un
« Français magnanime, et que vous vous attiriez des
« ennemis de toutes parts, que ferez-vous? Où fuirez-
« vous? » Par ces paroles et quelques autres, ce sage
chevalier calma les féroces assassins, détourna avec
peine leurs mains sanglantes de la gorge des innocens, et, non sans difficulté, leur obtint la liberté de
partir vers la fête de Saint-Jean.

Enfin on leur permit de monter sur deux vieux
vaisseaux. Avec de grandes difficultés, ils mirent
beaucoup de temps pour aborder en Illyrie; puis
ils se rendirent en sûreté à Constantinople, en traversant plusieurs villes célèbres dans les compositions
des poètes, savoir : Athènes, la mère de l'éloquence
et des arts libéraux, et Thèbes, la nourrice des tyrans qui n'aspiraient qu'à la guerre civile. L'ambassadeur rapporta à ses maîtres, qui l'avaient envoyé,
de fâcheuses nouvelles du résultat de sa mission, et
apprit en même temps qu'il était survenu dans son
pays plusieurs révolutions.

Effectivement, dans ces conjonctures, comme je l'ai
amplement rapporté plus haut, le roi Baudouin fut
pris par Balad. L'empereur Alexis étant mort en peu
de temps, Jean monta sur le trône impérial. Dans de
tels changemens, les projets du mariage dont nous
avons parlé furent entièrement anéantis.

La généreuse fille de Philippe, roi des Français,
Constance, donna à Boémond un fils qu'elle éleva
avec soin en Italie dans la ville de Tarente, et que,
jusqu'à la puberté, elle garda convenablement sous ses

yeux. Le jeune Boémond, doué d'un heureux naturel, grandit heureusement; et, dès qu'il eut atteint l'âge de l'adolescence, il reçut, à la satisfaction générale, les armes de chevalier. Emule de son père, il s'attacha à imiter son courage et sa conduite, et donna lieu, à ceux qui le considéraient, d'attendre de lui toute l'élévation des prouesses et l'éclat des vertus. Les habitans d'Antioche, ayant entendu parler du jeune prince pendant que le roi Baudouin fut, durant près de six ans, prisonnier de Balad à Carpetra, envoyèrent plusieurs députés pour réclamer l'héritier naturel de leur souverain, le faire passer avec sûreté en Syrie, et lui remettre les droits de la principauté de son père avec l'affection de ses sujets. Mais sa mère, peu rassurée, le retint auprès d'elle, jusqu'à ce que, comme nous l'avons dit, le Roi sortît de prison. Enfin, dès que Baudouin connut le desir des habitans d'Antioche, il crut servir l'intérêt des peuples en offrant au jeune prince sa fille, de l'avis des grands, et en lui mandant de venir promptement occuper le duché de son père. En conséquence cet aimable jeune homme, secondé par le vœu général qui implorait Dieu pour lui, monta sur un vaisseau, s'embarqua pour Antioche, occupa la principauté de son père avec l'assentiment général, et devint l'époux de la fille du Roi, de laquelle il eut une fille. Etabli prince, il gouverna avec douceur ses sujets; mais il entreprit la guerre contre les Païens, et par malheur n'eut qu'une bien courte vie. Il régna près de trois ans, et mourut tout à coup, à la grande douleur et au dommage de beaucoup de monde.

Quelques différens s'étant élevés entre les princes

chrétiens, Boémond et Léon d'Arménie, cette damnable querelle, qui fit couler le sang des fidèles, donna aux Païens la satisfaction de la victoire. Ce Léon était fils de Turold-des-Montagnes et oncle de la femme de Boémond. Ce fut contre lui que ce jeune prince rassembla une armée, pour l'attaquer hostilement. Parvenu aux bords de l'Euphrate, et y ayant assis son camp, il apprit d'un Arménien qu'Amir-Sanguin[1] s'approchait avec une grande armée de Turcs, et se disposait à faire une irruption sur les terres des Chrétiens. Ne croyant pas d'abord à cette nouvelle, il chercha à la vérifier, et, non moins incrédule aux autres rapports qu'on lui fit, il abandonna son armée; puis, marchant à la découverte avec deux cents jeunes gens, il gagna le sommet d'une haute montagne. Il aperçut de là sept détachemens de fourrageurs qui allaient en avant : comme il en fit peu de cas, il marcha à eux, les attaqua vigoureusement, et les tua presque tous; mais il perdit son monde, à l'exception de vingt chevaliers. Cependant s'approchait l'innombrable armée de l'émir : quand le reste des compagnons de Boémond virent avancer cette énorme quantité de troupes, ils prièrent ce jeune prince sans prudence, et que l'étonnement et la douleur accablaient, en lui disant : « Regagnez en toute hâte votre armée, ran« gez-en les corps en bataille, attaquez l'ennemi, « défendez brillamment votre pays. » Il ne les écouta pas, et préféra, après avoir perdu ses compagnons d'armes, le trépas à la fuite. Ainsi ce jeune homme imberbe leva le bras contre d'innombrables ennemis, et, combattant au nom du Christ, termina sa car-

[1] Emmadeddin-Zenghi, sultan d'Alep.

rière. Le petit nombre de Chrétiens qui purent échapper, ayant passé l'Euphrate à gué, regagnèrent leurs compagnons, et firent avec tristesse le cruel récit de la mort de leur duc [1]. Tous s'enfuirent aussitôt pêle-mêle dans les châteaux, et fortifièrent avec activité tout le pays contre les Païens.

Cependant Baudouin, roi de Jérusalem, ayant appris la mort de son gendre, marcha en toute hâte avec ses troupes contre les infidèles. Bien accueilli en ce pays par les Chrétiens, il le défendit contre l'ennemi, et posséda long-temps la principauté d'Antioche, jusqu'à ce qu'il la cédât à Foulques d'Angers, qu'il avait fait son héritier, et qui fut son successeur.

J'ai appris ces événemens concernant les fidèles qui, pour Jésus-Christ, se sont exilés en Orient; pour l'instruction de la postérité, je les ai mis par écrit avec une plume véridique, et simplement comme je les ai appris des personnes qui en furent témoins. Maintenant je reviens à ce que je dois dire de nos affaires en Italie, en France, en Espagne, en Angleterre et en Flandre.

L'an de l'incarnation du Seigneur 1107, Henri, roi des Anglais, ayant soumis la Normandie les armes à la main, appelait souvent à sa cour les magistrats du peuple; il leur inspirait prudemment de la douceur, parce qu'ils étaient depuis long-temps accoutumés aux séditions et aux guerres; et il les engageait tous, soit par prières, soit par menaces, à ne pas s'écarter des voies de l'équité. Au mois de janvier, il y eut à Falaise, en présence du Roi, une assemblée des

[1] En 1118.

grands de la province. Là, Robert, abbé de Caen, frappé d'une maladie subite, dépouilla l'homme mortel; et pendant plusieurs lustres Eudes, moine du même couvent, remplit ses fonctions.

Au mois de mars, le Roi tint aussi une assemblée à Lisieux; de l'avis des grands, il rendit prudemment quelques lois nécessaires à ses sujets, et ayant calmé les tempêtes des guerres, il soumit avantageusement la Normandie à la puissance royale. A son retour de cette réunion, Guillaume de Ros, troisième abbé de Fécamp, tomba malade, et mourut heureusement avant la fin de ce mois. Cet homme vénérable, doué d'une grande piété, vécut louablement. Il excella, depuis son enfance, en toutes sortes de vertus dont il avait savouré le nectar; et comme clerc et comme moine, il resplendit devant le monde comme un miroir de bonnes œuvres. Simple néophyte, sous l'habit monacal, il fut mis à la tête de l'abbaye de Fécamp, la gouverna pendant près de vingt-sept ans, et y fit beaucoup d'améliorations au dedans comme à l'extérieur. En effet, il renversa les barreaux du chœur de l'ancienne église, que le duc Richard avait construite, les remplaça avantageusement par un travail d'une grande beauté, et les agrandit comme il convenait en longueur et en largeur. Il augmenta élégamment l'étendue de la nef de l'église où se trouve l'oratoire de Saint-Fromond; et, quand le travail fut enfin terminé, il le fit consacrer, le 17 des calendes de juillet (15 juin), par l'archevêque Guillaume et par quatre autres prélats. Etant venu à mourir, il fut inhumé devant l'autel de la glorieuse Vierge-Marie, dans la nouvelle construction qu'il avait fait exécuter.

Beaucoup de personnages illustres et sages, attirés par l'amour qu'inspirait cet abbé plein de douceur, accoururent à Fécamp; et, dans l'école du culte divin, servirent avec respect sous lui la souveraine et indivisible Trinité. Ses disciples, amis fidèles, écrivirent sur lui beaucoup de compositions, soit en prose, soit en vers. On fit choix de l'épitaphe remarquable que composa Hildebert, évêque du Mans, et on la grava ainsi en lettres d'or sur le tombeau :

« Riche pour les pauvres, abbé dont le nom reste
« sacré, Guillaume ne fut attaché à la terre que par
« son corps : à son retour d'Egypte[1] il quitta libre-
« ment le désert, et se rendit à Jérusalem vain-
« queur et triomphant. Déclarant la guerre aux vices,
« il fit un traité d'amitié durable avec les bonnes
« mœurs, toujours ferme dans l'une et l'autre réso-
« lution. A l'instant trop fatal qui précéda de six
« jours le mois d'avril, Guillaume rendit son ame au
« au Ciel, et ses os à la terre.

Adelelme, moine de Flavigni, qui resta long-temps à Fécamp, où il se fit respecter, et qui était profondément instruit dans la double science des dogmes divins et humains, fut attaché jusqu'à la mort à Guillaume de Ros, par les liens d'une ardente amitié, comme on le voit dans les profonds écrits qu'il a publiés. Il a écrit éloquemment des détails sur sa vie dans les registres de Fécamp; il a tiré des saintes

---

[1] C'est une phrase figurée pour exprimer le succès des démarches de l'abbé Guillaume auprès du pape contre les tracasseries de l'archevêque de Rouen.

Ecritures, pour orner cette vie vénérable, de brillantes fleurs, dont la vue excite une douce pitié et tire beaucoup de larmes des yeux des lecteurs. Dans cet ouvrage, ce n'est pas tant l'esprit humain, comme je le pense, qui se manifeste heureusement, que la grâce céleste qui fait voir aux lecteurs les faveurs dont elle a glorieusement décoré, pour l'utilité commune, le fidèle protecteur de l'épouse du Christ, comment elle a permis que cette éclatante lumière brillât sur le chandelier dans ce monde. Beaucoup de ces lecteurs répandirent de pieuses larmes sur ce registre, et, admirant les dons des grâces suprêmes, offrirent à Dieu pour cette ame fidèle leurs pleurs et leurs prières. Hildebert composa, à cet égard, trois distiques élégiaques que j'insère ici avec plaisir pour honorer la mémoire d'un serviteur du Tout-Puissant :

« Guillaume, le trésor et l'honneur du clergé,
« brilla dans Bayeux par une triple splendeur. Ayant
« disposé de ses richesses, il se rendit à Caen. En le
« tirant de là, Fécamp l'a rendu célèbre, comme lui-
« même a rendu célèbre Fécamp. Le sixième jour qui
« précéda le mois d'avril, son existence finit, ses ré-
« compenses commencèrent. »

Enfin, après la mort de cet abbé, Roger de Bayeux fut élu ; le vieux métropolitain Guillaume le consacra le 12 des calendes de janvier (21 décembre). Cet abbé fut ainsi le quatrième qui gouverna l'église de Fécamp. En effet, le premier fut Guillaume de Dijon, qui organisa ce monastère avec habileté et dévotion sous le duc Richard, et qui eut pour successeur, pendant soixante-un ans, Jean l'Italien. Le troisième abbé fut Guillaume de Bayeux, qu'à cause de sa pudeur on surnomma la Pucelle[1]. Il avait revêtu de l'habit monacal son successeur, qui apprit de lui ce qu'il devait enseigner. Alors le jour de la fête de l'apôtre saint Thomas, le vieux prélat ordonna Roger, ainsi que cent-vingt autres prêtres, et le lendemain, il lui donna à Rouen sa bénédiction d'abbé. En conséquence, le nouveau prêtre, qui était aussi nouvel abbé, retourna à Fécamp pour y célébrer Noël; et, pendant trente-deux années, y tint le gouvernail qu'il avait reçu.

J'ai parlé sciemment de cette ordination, parce que j'y assistai, et que, par l'ordre de dom Roger, mon abbé, j'y reçus le poids du sacerdoce, tout indigne que j'en étais. Alors il se trouvait à Rouen une grande multitude de prêtres; et, ce même jour, la milice du Christ s'accrut heureusement de près de sept cents clercs, qui reçurent différens ordres. Alors rempli du feu de la jeunesse, je m'occupais de vers hexamètres, dans lesquels je fis entrer ainsi en peu de mots l'énumération de ces prêtres et de ces diacres:

« Le Seigneur me fit avoir cent vingt compagnons
« pour recevoir les honneurs du sacerdoce; tandis
« que l'ordre des lévites orna d'étoles deux cent
« quarante-quatre ministres, pour offrir des sacrifices
« au Christ. »

Au milieu de la tempête et des tribulations que la Normandie, privée d'un digne chef, eut à souffrir, l'évêché de Lisieux, après la mort de Gislebert Maminot, son prélat, resta long-temps dans la désola-

---

[1] Ou la jeune fille : *Puella*.

tion, fut plutôt occupé par des loups que par des pasteurs, et, dans son deuil, fut misérablement soumis, au lieu de défenseurs, à des brigands. Cependant le roi Henri ayant remporté la victoire devant Tinchebrai, Raoul Flambard, son ennemi, qui occupait la ville de Lisieux comme seigneur, ayant cherché par quelle ruse, selon les circonstances, il pourrait se tirer d'affaire, dépêcha en toute hâte des députés vers le Roi, tout joyeux d'un triomphe récent, lui demanda humblement la paix, et offrit, s'il pouvait l'obtenir, la ville qu'il tenait. Le sage monarque, préférant la paix à la guerre, qui amène ordinairement des calamités, pardonna au prélat pacifique ses fautes passées, reçut promptement la remise de Lisieux, et rendit à Flambard, avec lequel il se réconcilia, l'évêché de Durham. Il confia celui de Lisieux à Jean, archidiacre de Séès, et ayant prudemment réglé les affaires de la Normandie, il passa en Angleterre pour s'y occuper de celles du royaume.

Cet archidiacre était fils d'un doyen normand; il avait dès son enfance été élevé dans l'église de Séès, et s'était formé dans la société de Robert, de Gérard et de Serlon, tous trois évêques du même siége. Il excella en toutes sortes de sciences, tant séculières qu'ecclésiastiques. Comme il brillait beaucoup par la sagesse et l'éloquence, il fut promu par ces prélats aux fonctions de l'archidiaconat; il prit place au premier rang des juges équitables, et s'occupa long-temps avec prudence des affaires ecclésiastiques. Enfin la fureur de Robert de Bellême se souleva contre l'évêque Serlon : il détestait l'archidiacre Jean, parce que celui-ci secondait énergiquement son prélat, et se mit à le persécuter par de cruelles menaces et de mauvais procédés. Comme Robert était en ce temps-là armé d'une grande puissance, et que presque personne en Normandie n'osait lui faire la guerre, l'archidiacre Jean, effrayé et sans défense, se réfugia en Angleterre, et, reçu honorablement par le Roi, dont il était depuis long-temps connu, y demeura long-temps en exil. Placé au nombre des principaux chapelains du Roi, il fut souvent appelé à son conseil parmi ses plus intimes. Enfin, comme on l'a dit plus haut, le Roi l'aima beaucoup à cause des vertus dont il était orné, et lui accorda le siége épiscopal de Lisieux. Au mois de septembre, Serlon, pontife de Séès, ordonna prêtre le diacre Jean, qui fut peu de temps après consacré évêque par l'archevêque Guillaume. Pendant près de trente-quatre ans, Jean gouverna habilement l'évêché dont il s'était chargé, et réforma en beaucoup de choses l'Eglise, le clergé et le peuple de Dieu. Dans le même temps, Maurice, évêque de Londres, homme bon et religieux, vint à mourir. De son temps, la basilique de l'apôtre Saint-Paul fut brûlée avec une grande partie de la ville. Cependant Richard de Beaumais[1], vicomte de Shrewsbury, succéda à Maurice, s'occupa beaucoup de la reconstruction de l'église de Saint-Paul, que son prédécesseur avait commencée, et termina en grande partie cet ouvrage. Alors plusieurs grands seigneurs d'Angleterre, Richard de Reviers et Roger, surnommé Bigod, moururent, et furent inhumés dans des couvens qu'ils avaient fondés sur leurs propres terres.

[1] *De Belmasio* : Beaumais-sur-Arque, arrondissement de Dieppe : ou Beaumais-sur-Dive, arrondissement de Falaise.

Roger fut enseveli à Tetford, en Angleterre, et Richard à Montibourg en Normandie. Les moines de Cluni[1] firent cette épitaphe à Roger :

« Roger Bigod, vous êtes renfermé dans ce sépulcre étroit, et il ne vous reste qu'une faible portion de vos biens. Les richesses, la noblesse, l'éloquence, la faveur des rois, tout passe, et personne ne peut tromper la mort. L'opulence corrompt les ames. Que la piété, la vertu et le zèle de Dieu vous élèvent vers les cieux! Depuis vingt-quatre nuits, la Vierge s'était unie[2] au Soleil, quand, par votre trépas, vous payâtes votre dette à la mort. »

Guillaume, comte d'Evreux, déjà avancé en âge, craignant à bon droit les approches d'une fin inévitable, inspiré par Helvise[3] sa femme, résolut de bâtir à Dieu, sur ses terres, un temple dans lequel des moines[4] choisis pussent combattre convenablement, avec les armes de la vraie religion, en faveur du Roi des rois. Sur ce projet, le mari et la femme demandèrent avis et assistance à Roger, abbé de Saint-Evroul, et sollicitèrent nominativement douze moines pour bâtir un couvent à Noyon[5]. Là, se réunirent en conséquence, le 3 des ides d'octobre (13 octobre 1107), les douze frères demandés, avec l'abbé Roger, et là, dans un désert que les habitans appellent Boucheron[6], ils commencèrent à vivre régulièrement près de la chapelle de l'archevêque saint Martin. Plusieurs per-

---

[1] *Cluniacenses, alonaxdi.* Ce dernier mot ne se trouve nulle part, pas même dans Du Cange. — [2] *Nubebat,* et non pas *mœrebat,* comme dit l'imprimé. — [3] De Nevers. — [4] *Alonazontes.* — [5] Noyon-sur-Andelle, aujourd'hui Charleval, dont nous avons parlé, tom. II, liv. III, pag. 96. — [6] *Buschero.*

sonnes de différens âges venant à se convertir y furent bien reçues, et on leur montra de bon cœur le chemin de la vie éternelle, selon la règle de saint Benoît. Au reste, de même que les blés ont beaucoup de périls à subir depuis les semailles jusqu'à la moisson, et que tous les grains ne profitent pas avec un égal succès, soit qu'ils périssent dans un même désastre, soit qu'ils croissent avec difficulté sous les pluies de l'hiver et sous les ardeurs de l'été, ainsi les hommes, dans tous les ordres ou congrégations, sont exposés à diverses calamités, et n'ont pas tous le bonheur de jouir d'une égale prospérité, ni ne sont atteints des mêmes infortunes.

L'an de l'incarnation du Seigneur 1108, le comte d'Évreux et sa femme commencèrent à bâtir une grande église en l'honneur de Sainte-Marie mère de Dieu, et employèrent beaucoup d'argent pour terminer l'ouvrage; mais, tristement empêchés par les calamités du monde, ils n'en purent venir à bout. En effet, le comte avait l'esprit un peu altéré naturellement et par la vieillesse : aussi sa femme, qui avait plus de confiance qu'il ne convenait dans son habileté, gouvernait tout le comté. Elle était, à la vérité, belle et éloquente; elle surpassait en grandeur de taille presque toutes les femmes du comté d'Évreux, et sa naissance était fort illustre, puisqu'elle était fille du célèbre Guillaume, comte de Nevers. Négligeant les conseils des barons de son mari, elle préférait son propre sentiment; le plus souvent dans les affaires du monde elle prenait la voie la plus difficile, et s'empressait de tenter des choses peu raisonnables. Aussi son étourderie l'avait-elle rendue odieuse à Robert, comte de Meulan et à d'autres Normands, dont la malveillance la desservait auprès du Roi, et par de mordantes imputations la lui faisait haïr. Enfin le comte Guillaume et la comtesse Helvise détruisirent de fond en comble un donjon du Roi, près d'Evreux, et offensèrent le monarque dans quelques autres circonstances où ils n'observèrent pas bien la fidélité due au prince : ce qui les fit dépouiller et exiler deux fois en Anjou. Ces contre-temps apportèrent de grands obstacles à la construction du monastère. Bientôt après, la mort de Guillaume et d'Helvise vint désoler beaucoup de monde. La comtesse, qui la première cessa de vivre, fut inhumée à Noyon ; le comte fut ensuite frappé d'apoplexie ; il mourut sans viatique, et son cadavre pourrit à Fontenelle avec celui de son père.

Comme ce seigneur ne laissa pas d'enfans, et qu'Amauri son neveu fut disgracié auprès du Roi à cause de sa témérité, Henri réunit à son domaine le comté d'Evreux ; c'est ce qui fut cause, comme je le dirai par la suite, qu'il s'éleva de grands désordres, et que la ville d'Evreux, avec tout le pays circonvoisin, fut exposée au brigandage et à l'incendie. Le couvent que Guillaume avait commencé à Noyon est resté imparfait jusqu'à ce jour sous les prieurs Robert, Roger et Raoul. Le premier de ces prieurs, Robert de Prunières[1] était fils d'Haimon de Prunerei[2], loyal écuyer : il brilla, par sa grande érudition littéraire, parmi les philosophes éloquens, dans les écoles des grammairiens et des dialecticiens. Tiré de son prieuré

---

[1] *Robertus Pruneriensis.* — [2] *De Prunereto.*

par le Roi, il passa en Angleterre, fut chargé du gouvernement de l'abbaye de Thorney après l'abbé Gontier, et la dirigea habilement pendant vingt ans. Thorney est appelée en anglais l'*Ile des Epines*, parce que ses bois, peuplés de diverses espèces d'arbres, sont partout entourés de vastes gouffres remplis d'eau. Là, se trouve un couvent de moines bâti en l'honneur de Sainte-Marie mère de Dieu, lequel est célèbre par la pureté du culte qu'y reçoit la suprême Divinité, et est éloigné de toute habitation séculière. Le vénérable Adelwold, évêque de Winchester, bâtit cette maison du temps du roi Edelred, et, après le massacre fait par les Danois, dans lequel le bienheureux Edmond, roi des Anglais, souffrit le martyre dans la confession du Christ, il y transféra le corps de saint Botulfe, abbé d'Ichenton, avec beaucoup d'autres saintes reliques. Les moines habitent seuls avec leurs domestiques dans l'obscur asyle de Thorney, et, bien en sûreté dans cette retraite, y combattent fidèlement pour la cause de Dieu. Aucune femme n'entre dans l'île, si ce n'est pour la prière; elle n'y peut demeurer pour quelque cause que ce soit; et toute habitation où se trouvent des femmes a été éloignée, par le zèle des religieux, à une distance de neuf milles. Quand la valeur normande eut dompté l'Angleterre, et que le roi Guillaume l'eut soumise glorieusement à ses lois, il mit à la tête de Thorney Fulcard, moine de Saint-Bertin de Sithiu[1], homme très-instruit, qui, pendant près de seize ans, fit les fonctions d'abbé sans avoir reçu la bénédiction. Il

---

[1] Aujourd'hui Saint Omer, département du Pas-de-Calais.

était affable, agréable, charitable, et fort instruit dans la grammaire et la musique. Il laissa en Angleterre, pour les générations futures, de précieux monumens de ses talens. Il publia plusieurs ouvrages dignes de mémoire, et composa agréablement de belles histoires, propres à être chantées, de saint Oswald, évêque de Worcester et d'autres saints d'Angleterre. Quelques difficultés s'étant ensuite élevées entre lui et l'évêque de Lincoln, il se retira, et eut pour successeur Gontier du Mans, moine de La Bataille [1], qui avait été archidiacre de Salisbury. Celui-ci donna au couvent de Thorney les règles de Marmoutier; il construisit de fond en comble une très-belle église ainsi que des cellules de moines; et il y fut inhumé par ses fidèles disciples. L'épitaphe suivante, composée d'un petit nombre de vers, fait connaître en peu de mots au lecteur ce que fut ce personnage :

« L'illustre fondateur de cette église de Thorney,
« Gontier, célèbre abbé, repose sous ce tombeau.
« Il la gouverna pendant vingt-six ans, et rendit à
« cette maison des services de toute espèce. Il sou-
« mit au culte des vertus tous ceux qu'il put con-
« vaincre, espérant ainsi parvenir au royaume des
« cieux. Enfin, le 15 des calendes d'août (18 juillet),
« il mourut saintement. Bon Jésus, accordez-lui un
« doux repos! »

Robert, son successeur, le surpassa dans la science des lettres, et brilla parmi les principaux prélats de toute l'Angleterre par sa grande constance et son éloquence. Quant à Roger, qui lui succéda au prieuré

[1] Saint-Martin-de-la-Bataille, fondé par Guillaume-le-Conquérant, sur le champ de bataille d'Hastings : *Abbatia de Bello*.

de Noyon, il travailla près de vingt-quatre ans à la construction de la nouvelle église, et au gouvernement des moines. Enfin il tomba malade, et, après avoir reçu ses sacremens, mourut le 12 des calendes de janvier (21 décembre). Un de ses amis l'a chanté dans ce petit poème :

« Le bon Roger, quatrième prieur de Noyon, est
« mort le 21 décembre. Jeune encore, il apprit
« la grammaire, lut de pieux ouvrages, et, avant
« la puberté, se retira du monde périssable. Pen-
« dant près de quarante ans, ce moine digne d'é-
« loge porta avec ardeur le fardeau imposé par le
« Maître suprême. Il fut prieur vigilant pendant
« vingt-quatre années, et édifia ses frères par ses
« bons exemples. Il était ami de la paix, obligeant
« pour tout le monde, et toujours disposé à servir
« son prochain. Il mit beaucoup de zèle à bâtir pour
« Dieu un beau temple à la Vierge-Marie. Dieu puis-
« sant, je vous en prie, remettez-lui ses fautes !
« Tendre monarque, donnez-lui la vie éternelle !
« Ainsi soit-il ! »

Après avoir ainsi parlé de mes amis et des confrères que j'ai connus, je vais revenir à la suite de mes annales, dont je me suis quelque peu écarté.

L'an de l'incarnation du Seigneur 1108, Philippe, roi des Français, tomba dangereusement malade, et, après de longues infirmités, voyant que sa mort était prochaine, s'étant confessé fidèlement, il convoqua les grands de ses Etats, ainsi que ses amis, et leur parla en ces termes : « Je sais que la sé-
« pulture des rois Français est à Saint-Denis ; mais,
« comme je sens que je suis un grand pécheur, je

« n'ose me faire inhumer auprès du corps d'un si
« grand martyr. Je crains beaucoup qu'à cause de
« mes péchés, je ne devienne la proie du démon,
« et qu'il ne m'arrive ce qui, suivant l'histoire, est
« arrivé à Charles-Martel. Je chéris saint Benoît ;
« j'implore humblement ce tendre père des moines,
« et je desire être inhumé dans son église sur la
« Loire. En effet, ce saint est clément et bon ; il se
« montre propice à tous les pécheurs qui desirent
« s'amender, et qui, selon les règles de sa discipline,
« cherchent à se réconcilier avec Dieu. » Après avoir
terminé avec beaucoup de raison ce discours et plusieurs autres semblables, le roi Philippe mourut la quarante-septième année de son règne, le 4 des calendes d'août (29 juillet), et fut inhumé, comme il l'avait desiré, dans le monastère de Saint-Benoît de Fleuri, entre le chœur et l'autel.

Le dimanche suivant, Louis Thibaut son fils fut couronné à Orléans, et porta le sceptre des Français durant vingt-huit ans, au milieu des alternatives de la prospérité et de l'infortune. Il épousa Adélaïde, fille de Humbert, prince du Dauphiné, de laquelle il eut quatre fils, Philippe, Louis-Florus, Henri, et Hugues. Il éprouva des événemens très-variés, comme se succèdent les choses humaines, et il fut souvent trompé dans ses entreprises guerrières par la fortune qui a toute l'instabilité d'une roue en mouvement. Les grands de son royaume se soulevèrent contre lui plusieurs fois et l'affligèrent, ainsi que ses partisans, par de grands dommages et des outrages fréquens. Du vivant de son père Philippe, qui se montra peu actif dans la guerre et dans l'administration de la justice, ils eurent tous deux à souffrir de l'arrogance des grands, qui méprisèrent souvent les ordres du père comme du fils.

Comme le roi Philippe, accablé de vieillesse et d'infirmités, avait perdu beaucoup de sa puissance royale, et que la rigueur de la justice du prince s'exerçait mollement contre les méchans, Louis fut d'abord contraint de réclamer l'assistance des évêques dans toute la France pour comprimer la tyrannie des brigands et des factieux. Alors, les évêques formèrent en France la communauté populaire[1], de manière que les prêtres accompagnaient le Roi dans les sièges et dans les batailles avec leurs bannières et leurs paroissiens.

Dans sa jeunesse, Louis avait été fiancé à la fille de Gui-le-Rouge, comte de Rochefort[2], et s'efforça de soumettre le comté qui lui revenait par droit héréditaire. Il assiégea Chevreuse, Montlhéri, Béthancourt[3] et quelques autres places; mais il ne put les prendre à cause de la résistance d'un grand nombre de nobles, très-acharnés contre lui, parce qu'il avait donné en mariage la jeune Lucienne avec laquelle il avait été fiancé, à Guiscard de Beaulieu.

Alors Mathieu, comte de Beaumont[4], et Bouchard de Montmorenci dévastaient les terres de saint Denis martyr, et, malgré les défenses du Roi, se livraient à l'incendie, aux brigandages et aux meurtres. En conséquence, Louis, auquel son père avait confié le

---

[1] Les communes. — [2] Département de Seine-et-Oise. — — [3] *Bethilcurtis*: peut-être Béthancourt. — [4] Beaumont-sur-l'Oise.

gouvernement du royaume, ayant entendu les plaintes que faisait, les larmes aux yeux, Adam, abbé de ce monastère, mit le siége devant Montmorenci, et en attaqua en même temps vigoureusement les trois portes. Le jeune Simon de Montfort, qui avait succédé dans ses biens à Richard son frère, ajoutait aux forces de l'armée française par sa valeur et son activité. La comtesse Adèle[1] avait envoyé au Roi cent chevaliers en bon ordre, parce que le comte Etienne son mari était parti pour les pays étrangers, et que ses fils aînés, Guillaume et Thibaut, étaient retenus encore par leur grande jeunesse, qui ne leur permettait pas de commander leurs troupes. Enfin les perfides guerriers qui favorisaient les rebelles et se livraient avec impunité à la rapacité et au carnage, prirent la fuite en dépit de la discipline militaire, jetèrent l'effroi parmi leurs camarades, non pas par la crainte de l'ennemi, mais par suite de machinations fallacieuses, et, à la risée de l'ennemi, les déterminèrent à s'enfuir. Là, dans cette circonstance, Raimbaut Créton, qui le premier était entré dans Jérusalem, lors de sa prise, fut, hélas! tué subitement, ainsi que Richard de Jérusalem.

L'année suivante, le Roi réunit de nouveau l'armée française, et assiégea Chambli[2], sur le comte de Beaumont; mais, dupe des mêmes manœuvres, ayant perdu plusieurs de ses chevaliers, il fut forcé de fuir honteusement. Il ne pouvait tirer une vengeance complète de ces crimes, parce que son père vivait encore lorsqu'ils furent consommés, et parce que sa belle-mère, par de secrètes manœuvres, était l'artisan de

[1] De Blois. — [2] *Cambleium.*

ces maux, et lui suscitait méchamment beaucoup d'ennemis.

Le roi Philippe étant mort, Louis monta sur le trône, et, désormais sûr de ses Etats, il leva la tête, saisit le sceptre, et frappa sur les séditieux. D'abord il assiégea le Puiset, et soumit par la force des armes Hugues, qui était beau, mais méchant. Là, les brigands et les hommes déloyaux trouvaient avec certitude une retraite, commettaient des crimes inouïs, et, dans leurs attentats, n'étaient retenus ni par le courroux et les menaces du Roi, ni par les anathêmes de l'évêque. Un certain jour, comme le Roi poursuivait Hugues par un étroit sentier, et que celui-ci cherchait en fuyant à se jeter dans son château, Anselme de Garlande, chef de l'armée française, se présenta soudain devant lui, et, sans perdre de temps, le perça d'un coup de lance. Cependant Thibaut, comte de Blois, vint au secours des assiégés, et força le Roi, les armes à la main, de se retirer avec ses troupes. Enfin ce monarque ayant rassemblé une nouvelle armée, revint devant le Puiset, et, par la supériorité de ses forces, contraignit les rebelles à se rendre. Vaincu par les prières de leurs auxiliaires, il pardonna aux assiégés, et fit grâce de la vie à ces gens qui en étaient indignes; mais il rasa la forteresse, ce qui fut un grand sujet de joie pour les paysans du voisinage et pour les voyageurs.

Louis assiégea aussi Gournai-sur-Marne, et pressa vivement les assiégés qui eurent beaucoup à souffrir de la disette de pain. Hugues de Créci, fils de Gui-le-Rouge, tenait cette place et ne voulait pas la rendre, conformément aux ordres du Roi, aux héritiers de Garlande qui la réclamaient.

Un certain jour, le comte Thibaut s'approcha, avec beaucoup de chevaliers, du ruisseau de Torci, et se mit à attaquer les troupes royales; mais, comme elles furent les plus fortes, le comte et ses compagnons d'armes furent forcés de tourner le dos, s'enfuirent jusqu'à l'entrée de Lagni, et laissèrent beaucoup de soldats qui s'étaient cachés dans les vignes et les haies, où ils furent pris. A la suite de cet événement, la garnison de Gournai, effrayée excessivement, se rendit aussitôt après avoir fait la paix.

Thibaut, issu du sang des rois et des comtes, brillait au premier rang des seigneurs français par ses richesses, sa puissance, ainsi que le lustre de sa noblesse, et possédait beaucoup de vassaux puissans et cruels, qui causaient les plus grands maux à leurs compatriotes et à leurs voisins. Quelques-uns d'eux ne respectaient convenablement ni Dieu ni les hommes, ainsi qu'il résultait évidemment de leurs œuvres. C'est pourquoi le Roi, qui entendait fréquemment parler de leur méchanceté, était fort irrité, et cherchait, par l'emploi de la puissance royale, à imposer un frein aux désordres de ses sujets. Comme les rebelles craignaient d'être domptés par le Roi, et de ne pouvoir en liberté accomplir leurs mauvais desseins, ils avaient recours à la protection de leur puissant seigneur, et, confians dans son assistance, avaient l'audace de commettre les plus mauvaises actions contre Dieu et son Eglise. En conséquence il s'élevait de fréquentes altercations entre le Roi et le comte; et, comme la perversité de beaucoup de gens ne cessait pas, il se faisait de part et d'autre un grand carnage.

Un jour, le Roi fit une incursion dans le pays de Meaux contre Thibaut : il avait avec lui Robert, comte de Flandre, et beaucoup de nobles hommes. Il fut attaqué vigoureusement par les gens du comte; et, comme leurs forces étaient supérieures, il fut obligé de prendre la fuite. Pendant la déroute de l'armée royale, le comte de Flandre fit une chute dans un chemin étroit, et, foulé sous les pieds des chevaux, il ne put se dégager de lui-même : on ne le releva qu'avec beaucoup de difficulté, ayant les membres fracassés; et il expira quelques jours après. Les rois, les princes et beaucoup de gens pleurèrent la mort de Robert, et, jusqu'en Arabie, les Chrétiens et les Païens furent affligés de la perte de ce belliqueux croisé. Son corps fut porté avec un grand deuil par les Flamands dans la ville d'Arras, qu'il avait peu de temps auparavant fortifiée contre l'empereur Henri, et entourée d'une belle muraille de pierres blanches. Il fut enseveli dans l'église de l'évêque Saint-Waast, que le roi Thierri avait fondée dans son repentir de l'injuste mort de Saint-Léger, évêque d'Autun.

Baudouin son fils, très-jeune encore, lui succéda, et quelques années après gouverna, de concert avec Clémence sa mère, son héritage paternel. Débutant par des vertus d'un heureux présage, il donna à ses amis l'espoir d'un grand mérite; mais comme les plus belles fleurs, froissé légèrement, il se flétrit en un instant.

Le roi Henri, vainqueur de son frère, étant retourné en Angleterre, condamna à une prison perpétuelle le duc Robert, et quelques autres qui avaient été pris avec lui. Quant à Guillaume, jeune enfant, dont il avait confié l'éducation à Hélie de Saint-Saens[1], il le fit arrêter d'après l'avis de ses amis; et, pour parvenir à ce but, il envoya soudain au château de Saint-Saens Robert de Beauchamp, vicomte d'Arques. Ce vicomte y arriva un dimanche au matin; le peuple assemblé à l'église, le voyant paraître soudain, éprouva beaucoup d'étonnement. Quoique Hélie, précepteur de Guillaume, fût alors absent, ses amis n'enlevèrent pas moins aussitôt de son lit cet enfant endormi, et le dérobèrent aux mains de ceux qui le cherchaient, de peur qu'il ne fût jeté en prison avec son père. Hélie ayant appris cet événement, chercha en toute hâte son élève chéri, et, l'ayant trouvé, en prit grand soin dans l'exil, chez les étrangers. Le vicomte soumit au domaine du Roi le château d'Hélie, que par la suite le Roi donna à Guillaume de Varenne, cousin de ce comte, afin qu'il s'attachât fidèlement à lui et fît courageusement la guerre à ses ennemis. Toutefois Hélie, fuyant en divers pays, conserva l'enfant, et l'éleva comme son propre fils jusqu'à l'âge de puberté. Il le conduisit dans plusieurs contrées, et fit connaître le mérite du jeune prince à beaucoup de grands seigneurs et de nobles châtelains. Il mit beaucoup d'empressement, par ses prières et ses promesses, à lui concilier leurs bonnes grâces, autant qu'il le put, et ne cacha pas les plaintes qu'il fit éclater sur son malheur. C'est ainsi qu'il inspira à tous les cœurs de la compassion

---

[1] Il avait pour père Lambert, fils de Richard, vicomte de Rouen, qui avait épousé la troisième d'Herfast, frère de Gonnor.

pour sa position. Plusieurs Normands lui étaient favorables, et desiraient vivement le mettre à leur tête : par là ils offensaient le puissant monarque qui les gouvernait, et de plusieurs manières se rendaient suspects. Robert de Bellême surtout se rappelant l'amitié et l'intimité qui avaient régné entre le duc Robert et lui, ainsi que la grande puissance qu'il avait eue sous lui sur les plus grands de la Normandie, faisait tous ses efforts pour seconder dans son exil l'illustre fils de son ancien prince. Ils s'envoyaient fréquemment des courriers, et de rapides messagers leur faisaient connaître mutuellement leurs secrets. Ainsi, par un échange d'avis, Robert et Hélie se donnaient réciproquement des forces, et travaillaient sans relâche à servir le fils de leur duc. Souvent ils communiquaient avec Louis, roi des Français, Guillaume, duc de Poitiers, Henri, duc des Bourguignons, Alain, prince des Bretons, et plusieurs autres princes puissans ; ils leur envoyaient des courriers et des lettres, et les engageaient de toutes les manières à secourir Guillaume-Cliton.

Enfin Foulques, comte d'Anjou, lui promit sa fille Sibylle en mariage, lui concéda le comté du Mans, et, pendant quelque temps, soutint beaucoup le jeune prince ; mais la grande habileté du roi Henri ayant prévalu, cette union fut rompue par l'effet des menaces, des prières, de l'or, de l'argent, et de mille autres moyens. Henri envoya même des orateurs habiles qui discutèrent la question de parenté, dont la solution fut que, selon la loi chrétienne, les deux jeunes gens ne pouvaient se marier. En effet, Richard, fils de Gonnor, fut père de Robert 1er., qui

qui eut pour fils Guillaume-le-Bâtard, duquel
sortit Robert, père de Guillaume Cliton. D'un autre
côté, Robert, archevêque et comte, frère du duc
Richard, eut pour fils Richard, comte d'Evreux :
ce Richard fut père d'Agnès, femme de Simon, laquelle mit au monde Bertrade, mère de Foulques,
dont Sibylle fut la fille. C'est ainsi que la parenté de
Guillaume et de Sybille fut recherchée, et que l'union
des deux illustres jeunes gens, si long-temps desirée, n'eut pas lieu. Le jeune prince déjà illustre fut de
nouveau renvoyé par les Angevins, et forcé de demander avec crainte et peine l'assistance des étrangers. Enfin, après beaucoup de voyages inutiles, il
s'adressa à Baudouin, comte de Flandre, son parent,
dont il réclama la foi, la valeur et l'assistance. Ce
prince l'accueillit avec empressement, promit de le
secourir en toutes choses, et, comme je le dirai par la
suite, entra pour lui avec constance, et jusqu'à la
mort, dans la carrière des combats.

L'an de l'incarnation du Seigneur 1109, la vengeance divine punit les crimes des hommes par plusieurs fléaux, et, dans sa bonté, pénétra les mortels
de terreurs continuelles, afin d'exciter les pécheurs
à la pénitence, et d'offrir avec clémence au repentir
le pardon et le salut. En France, surtout dans l'Orléanais et le pays Chartrain, l'incendie attaqua beaucoup de maisons, rendit les maîtres malades, et en tua
quelques uns. L'excès des pluies fit périr les fruits de
la terre, la stérilité devint horrible, et presque toute
la vendange périt. Aussi, comme les dons de Cérès
et de Bacchus vinrent à manquer, une grande famine
fit périr beaucoup d'hommes sur la surface du globe.

Cette année désastreuse fut la troisième du règne de Louis, fils de Philippe, roi des Français, et la neuvième de celui de Henri, fils de Guillaume-le-Bâtard, duc des Normands, et roi des Anglais.

La même année, le roi Henri donna sa fille Mathilde en mariage à Charles, fils de Henri, Empereur des Allemands : Burchard, évêque de Cambrai, la reçut de son père, et la conduisit à son mari. Roger, fils de Richard, et plusieurs autres seigneurs normands l'accompagnèrent, et crurent que cette union les ferait monter au pouvoir dans l'Empire romain ; ils avaient le desir d'acquérir un jour, par leur bravoure et leur fierté, des dignités considérables. En effet, leurs prédécesseurs avaient dominé en Angleterre, au moyen d'Emma, fille du duc Richard ; et, dans la Pouille, ils avaient exercé leurs fureurs sur les maîtres naturels du pays, au moyen de Sichelgaude, fille de Guaimalch, duc de Salerne. L'empereur, qui était habile, ayant pris beaucoup d'informations, reconnut ces choses, et prit ses précautions pour ne pas s'imposer le fardeau des prétentions illégitimes de ces étrangers. En conséquence, de l'avis des Allemands, il les renvoya tous chez eux après leur avoir fait des présens.

Dans ce temps-là, moururent plusieurs docteurs de l'Eglise, illustres par leur sainteté et leur sagesse, savoir, Anselme, archevêque de Cantorbéry, et Guillaume, archevêque de Rouen ; et de vénérables chefs de monastères, Hugues, abbé de Cluni, Gervais, de Rennes, Guillaume, de Cormeilles, et plusieurs autres furent privés de la lumière du monde. Leurs ames bienheureuses sont dans la main de Dieu, comme nous le croyons sans nul doute. On vit, à la mort de ces grands personnages, le monde s'attrister, car les champs et les vignes refusèrent leur abondance. Les impies, qui ne s'affligèrent point pieusement de la mort de ces illustres Pères, furent du moins forcés de gémir de tant de calamités que leurs impiétés leur attirèrent de la justice de Dieu forcé de frapper.

Anselme gouverna canoniquement, pendant seize ans, l'église de Cantorbéry; et cette fleur des gens de bien brilla de notre temps avec un grand éclat. La vie de ce prélat a été écrite dans un livre sage et élégant par dom Edmar[1], qui avait été moine sous ce bienheureux personnage, et l'avait accompagné dans ses voyages. Enfin ce champion du Seigneur mourut le xi des calendes de mai (21 avril), pour aller recevoir la récompense de ses travaux, et il fut inhumé, devant le crucifix, dans l'église de la sainte et indivisible Trinité. Alors le vénérable Hugues, abbé de Cluni, après avoir célébré la Passion du Christ et sa Résurrection, tomba malade le lundi, et, pendant trois jours, se prépara, par la confession et la prière, à entreprendre son voyage vers le Seigneur. Il ordonna au couvent de lui choisir un successeur: quand on eut élu un jeune homme nommé Pons, il le fortifia du témoignage de son autorité; ensuite il se fit porter à l'infirmerie par ses frères, et là, le jeudi, ce seigneur avancé en âge se rendit auprès du Christ, pour lequel, depuis son enfance, il avait combattu. On rapporte qu'il gouverna le monastère de Cluni pendant soixante quatre ans, admit plus de dix mille moines dans la milice du Seigneur

[1] Eadmer.

Sabaoth, et, après sa mort, fut inhumé dans la basilique dont il avait commencé la construction. Ainsi deux colonnes de l'Eglise furent transférées ensemble de la terrestre Jérusalem, qui est encore exilée au milieu des infidèles, et sont maintenant plantées, comme nous le pensons, d'une manière inébranlable, dans la céleste Sion, à cause de leur sainteté persévérante. Le glorieux Anselme, archevêque de Cantorbéry, mourut avant Pâques, et, le jeudi, se rendit revêtu de ses habits pontificaux à la cour du tout-puissant Adonaï : pendant les mêmes solennités de Pâques, l'abbé Hugues, son ami intime, quitta pareillement ce monde le jeudi. Raoul, évêque de Rochester, obtint les insignes de la cathédrale de Cantorbéry, et les conserva neuf ans, quelquefois retenu par une grave maladie. Pons, fils du comte de Mergueil, prit le gouvernement de Cluni, qu'il abandonna quelque temps après pour divers motifs dont il sera parlé par la suite. Il fit le pélerinage de Jérusalem, et, à son retour, mourut à Rome dans la prison du pape Calixte. Sa sainteté éclata honorablement sur son tombeau par des miracles évidens.

L'an de l'incarnation du Seigneur 1110, l'archevêque Guillaume, après avoir louablement gouverné pendant trente-deux ans la métropole de Rouen, parvenu à une heureuse vieillesse, mourut le 5 des ides de février (9 février). Il fut inhumé dans le chapitre des chanoines qu'il avait fait bâtir, et l'épitaphe suivante, gravée sur la muraille du Levant, fait connaître ce qu'il fut :

« Votre piété, vos largesses, vos saintes pensées
« nous avertissent, Guillaume, de pleurer votre

« trépas. Vos vertus enseignent intérieurement, vos
« travaux prouvent à l'extérieur que vous fûtes un
« pieux prélat, et rempli de bienveillance pour le
« clergé. Lumière de l'Eglise, honneur et protection
« des prêtres, vous étiez justement considéré et dis-
« posé à toutes sortes de bonnes œuvres. Vous avez
« bâti cet édifice ainsi qu'un cloître pour vos frères;
« votre porte ne fut jamais fermée aux pauvres. Votre
« munificence donna, pour la subsistance des reli-
« gieux, des églises, des dîmes, des champs, des re-
« devances et des maisons. Par votre exemple, vous
« avez détourné vos sujets de proférer des paroles
« obscènes et de commettre de honteuses actions.
« Heureux dans une bonne fin, vous avez quitté la
« vie six jours avant que le soleil, poursuivant sa
« marche, atteignît les Poissons. »

Dans le cours de cette même année, une comète fut visible au point le plus élevé du ciel, depuis le 4 des ides de juin jusqu'au 2 des calendes de juillet (du 10 au 30 juin). Peu après mourut Hélie, comte du Mans.

Pendant trois années continuelles, une horrible famine ravagea la France, et diminua considérablement la population.

L'an de l'incarnation du Seigneur 1111, Goisfred-le-Breton, doyen du Mans, fut appelé en Angleterre par le roi Henri, qui le nomma archevêque de Rouen. Distingué par son éloquence et son érudition, il donna de catholiques instructions au clergé, ainsi qu'au peuple, et, durant dix-sept ans, gouverna avec succès l'Eglise de Dieu. Pendant la même année, l'empereur Charles fit prisonnier le pape Pascal et troubla cruellement l'Eglise, comme nous l'avons déjà dit ailleurs.

L'an de l'incarnation du Seigneur 1112, Gislebert, évêque d'Evreux, déjà avancé en âge, après trente-quatre ans d'épiscopat, mourut dans une heureuse vieillesse le 4 des calendes de septembre (29 août). Il fut inhumé dans la basilique de Sainte-Marie mère de Dieu, qu'il avait terminée, dont il avait fait faire la dédicace, qu'il avait enrichie de terres et d'orne-mens, dont il avait augmenté le clergé, et qu'il avait consacrée au culte ecclésiastique pendant le jour comme pendant la nuit. L'année suivante, il eut pour successeur Audin de Bayeux, chapelain du Roi, qui, profondément versé dans les lettres, enseigna régulièrement la voie de Dieu aux fidèles qui lui étaient confiés.

L'an de l'incarnation du Seigneur 1113, Henri, roi des Anglais, accompagné d'un grand nombre de seigneurs, se rendit à Ouche. Il y célébra avec une grande joie la Purification de Sainte-Marie mère de Dieu. Il resta long-temps assis dans le cloître des moines, les examina soigneusement pendant le repas, et, ayant considéré les usages du couvent, il en fit l'éloge. Le lendemain, il se rendit au chapitre, demanda humblement aux religieux la faveur de leur association, et l'obtint. Là, se trouvèrent ses deux neveux, Thibaut et Etienne, Conan, comte de Bretagne, Guillaume, évêque d'Exeter, ainsi que plusieurs comtes et seigneurs avec leurs gens. Alors, d'après l'avis de Robert, comte de Meulan, le Roi fit dresser une charte, et y fit détailler, en peu de mots, tout ce que l'abbaye d'Ouche possédait à cette époque : c'est ce qui eut lieu. Ensuite le prieur Ernauld et Gislebert Des Essarts portèrent à Rouen cette charte qu'ils présentèrent au Roi. Ce prince la signa volontiers d'une croix, et la donna en même temps, pour qu'ils la confirmassent aussi du même signe, aux seigneurs qui se trouvaient présens. En conséquence, elle fut souscrite par Robert, comte de Meulan, par Richard, comte de Chester, par Noël d'Aubigni, par Goël d'Ivri, par Guillaume Peveril, par Roger de Thibouville, par Guillaume de La Londe, par Robert, fils du Roi, et par plusieurs autres. Cette charte fut, d'après l'avis des hommes sages, principalement dressée contre les héritiers avides qui, chaque année, dérobaient les biens donnés au monastère par leurs parens, et forçaient fréquemment les moines à plaider, au grand détriment des affaires ecclésiastiques. C'est ce qui détermina le Roi à faire mettre son sceau à cet acte, et à défendre par son autorité royale à qui que ce fût d'appeler ailleurs qu'à sa cour les moines en jugement sur les choses spécifiées dans son édit. Alors il fit don aux moines d'Ouche de soixante cochons et de dix boisseaux de froment; il ordonna à Jean, évêque de Lisieux, de faire la livraison du blé aux religieux à Argentan. C'est ce dont le prélat s'acquitta de bon cœur et sans retard. Le Roi ayant fêté, comme nous l'avons dit, la Purification à Ouche, continua de visiter le pays, et d'en fortifier les points faibles contre les ennemis et les brigands.

Dans ce temps-là, pendant que les enfans de la lumière se réjouissaient de la paix et de la tranquillité, et que ceux des ténèbres s'excitaient à la méchanceté et à l'injustice, il s'éleva dans le royaume des

Français une grande dissension qui fit cruellement couler beaucoup de sang. En effet, Foulques le jeune, comte d'Anjou, qui était gendre et héritier d'Hélie, comte du Mans, poussé par Amauri son oncle, cherchait à nuire au roi Henri, et appelait de toutes ses forces à son aide le roi Louis. Cependant Henri, qui était doué d'habileté et possédait de grandes richesses, fort d'une belle armée, déjouait, avec l'aide de Dieu, les entreprises de ses ennemis, comme on brise les toiles de l'araignée, et se félicitait de les avoir écrasés sans verser le sang des siens. Il fit bâtir deux forts pour les opposer à Gervais[1] de Neuchâtel, qui faisait tous ses efforts pour lui résister avec opiniâtreté : l'un à Nonancourt et l'autre à Illiers[2]. Il lui en enleva un troisième, que l'on appelle Sorel. Plusieurs seigneurs manceaux se rendirent auprès du roi Henri, et lui ayant juré fidélité, lui remirent leurs châteaux. La même année, Thibaut, comte de Blois, fit une vigoureuse résistance contre le roi Louis, et lui occasiona de grands dommages ; il le contraignit même, par la force des armes, de prendre la fuite pendant qu'il assiégeait le Puiset. C'est en exerçant ainsi sa jeunesse que Thibaut occupait assez le roi de France pour l'empêcher de nuire à son oncle le roi des Anglais, en attaquant la Normandie.

Alors Robert de Bellême manifesta une grande méchanceté, qu'il nourrissait depuis long-temps avec un grand soin, et leva ouvertement la tête contre le Roi, qu'il avait jusqu'alors flatté par une dissimulation empoisonnée. C'était un seigneur puissant et

[1] Fils de Hugues. — [2] Illias ; peut-être Tillières.

rusé, avare et cruel à l'excès, oppresseur implacable de l'Eglise de Dieu et des pauvres; et, s'il est permis de s'exprimer ainsi, ne pouvant être comparé, pour sa perversité, à aucun tyran de l'histoire chrétienne. Ce comte ayant rompu les liens de la fidélité, se parjura publiquement, en abandonnant son seigneur naturel Henri, qui était alors attaqué de tous côtés, et en aidant de ses conseils et de ses forces Foulques d'Anjou et les autres ennemis publics de son maître. C'est pourquoi le 2 des nones de novembre (4 novembre), le roi le cita à Bonneville[1], afin de lui faire expliquer pourquoi il s'était comporté injustement contre son seigneur, pourquoi il ne s'était pas rendu à la cour quoique mandé trois fois, pourquoi, en sa qualité de vicomte et d'officier du Roi, il n'avait pas rendu compte des revenus du prince concernant le vicomté d'Argentan, d'Exmes et de Falaise, et pourquoi il n'avait pas satisfait raisonnablement sur d'autres imputations. D'après un juste jugement de la cour du Roi, Robert fut étroitement enchaîné[2], à cause des énormes et innombrables attentats qu'il ne put nier, et qu'il avait commis tant contre Dieu que contre son prince. Après la prise du tyran qui troublait la terre, et qui, aux brigandages et aux incendies multipliés dont il s'était rendu coupable, se proposait d'ajouter encore de plus grands forfaits, le peuple de Dieu, arraché au joug des brigands, éprouva une grande joie, rendit grâces à son libérateur céleste, et souhaita au roi Henri une longue et bonne

[1] Bonneville-sur-Touques.
[2] Il fut arrêté le 4 novembre 1112. Il s'était présenté comme ambassadeur de Louis-le-Gros.

vie. Ensuite le Roi assiégea Alençon, qui se rendit au bout de quelques jours; il laissa la liberté de se retirer à Godefroi, à Adam-Sor, et aux autres chevaliers qui gardaient la citadelle; il fit tomber les fers de Hugues de Médavi[1], et de deux autres chevaliers qui avaient été pris avec Robert.

Les Français, les Normands et leurs voisins quittèrent peu à peu les armes; et, peu de temps après, par l'entremise d'agens pacifiques, firent entre eux une paix complète. En conséquence, Foulques, comte d'Anjou, se rendit dans l'Alençonnais pendant la première semaine du Carême. Il eut un entretien avec le Roi à la Pierre-Percée[2], lui jura fidélité, reçut de lui comme vassal le comté du Mans, et donna sa fille en mariage à Guillaume Adelin, fils du Roi.

Alors le roi Henri rendit le comté d'Evreux au comte Guillaume, qui, pendant quatorze mois, avait été en exil chez les Angevins. Il pardonna avec bonté à Amauri de Montfort et à Guillaume Crépin, qui l'avaient offensé. Il rappela les exilés, que l'impie Robert de Bellême avait chassés, et leur restitua avec clémence leurs héritages paternels. Il rendit la joie, en les relevant de leurs maux, aux églises de Dieu, savoir, aux monastères d'Ouche, de Séès et de Troarn, qui avaient si long-temps gémi sous la dure oppression d'un dominateur orgueilleux; il les remit en possession des églises, des dîmes et des autres biens qu'ils avaient injustement perdus. Enfin, il rendit à Saint-Evroul trente sous mansois des revenus d'A-

---

[1] Mes-David.

[2] *Petra-Peculata.* C'est peut-être le Pont-Percé, à une lieue d'Alençon, sur la route de Bretagne.

lençon, pour le luminaire de l'église, somme que le comte Roger, d'accord avec son fils Robert, avait donnée chaque année au commencement du Carême; il rendit aussi tous les autres biens que ce comte avait assurés par une charte, mais que son injuste héritier avait méchamment enlevés.

Enfin le roi Louis ayant éprouvé de plusieurs manières la magnanimité du roi Henri, sa grande habileté et sa bravoure, et méprisant les traîtres qui préféraient la révolte à la paix, desira avoir une entrevue avec lui, et résolut de faire une paix durable pour l'avantage de la sainte Eglise. C'est pourquoi les deux rois se réunirent à Gisors, dans la dernière semaine de mars; et, de part et d'autre, ayant juré la paix, ils s'unirent des liens de l'amitié, à la satisfaction générale. Alors Louis céda à Henri de Bellême le comté du Maine et la Bretagne en totalité. Fergan, comte des Bretons, était déjà devenu vassal du roi des Anglais. Ce monarque avait promis sa fille[1] en mariage à Conan, fils du comte.

Cependant Haimeri de Villerei et d'autres seigneurs du Bellemois, que Guillaume Talvas, fils de Robert, avait chargés de la défense de Bellême, lorsqu'il était allé défendre son comté de Ponthieu, confians dans la grande force de la place et dans le nombre de leurs troupes, se disposèrent à résister vigoureusement à toute attaque. Alors le roi Henri rassembla l'armée de toute la Normandie; il assiégea Bellême le jour des calendes de mai (1ᵉʳ mai), et il fut plus heureux qu'il ne l'espérait. En effet, Thibaut, comte de Blois, Foulques d'Anjou, Rotrou de Mortagne et

[1] Mathilde, sa seconde fille naturelle.

plusieurs autres seigneurs illustres vinrent au secours des Normands; ils investirent la place avec leurs troupes, et, le troisième jour, ils y entrèrent en vainqueurs. Comme ce jour était celui de l'Invention de la Sainte-Croix, le Roi avait ordonné à toute l'armée de suspendre ses attaques, et de ne se livrer à aucun exercice militaire; mais les troupes des comtes Thibaut et Rotrou, qui n'avaient pas eu connaissance de l'ordre du Roi, prirent les armes. Alors quelques chevaliers de la place en sortirent pour se battre en combat singulier. Les assiégeans les ayant chargés vigoureusement, comme ceux-ci, ayant tourné bride, fuyaient en toute hâte vers la porte du Levant, à l'entrée même de cette porte, ils furent atteints et renversés par ceux qui les poursuivaient; les portes, contenues par une multitude de lances, ne purent se fermer, et restèrent entièrement ouvertes. Aussitôt l'armée royale entra en poussant de grands cris, et s'empara vaillamment d'une partie considérable de la place. Ensuite, comme ceux qui gardaient le château ne voulaient pas se rendre, on y mit le feu; et cette noble place, que depuis long-temps Robert avait fortifiée et enrichie, fut brûlée de fond en comble.

C'est ainsi que Henri vainqueur, ayant fait la paix avec tous ses voisins, retourna en Angleterre, et, durant cinq ans, gouverna dans une grande tranquillité son royaume d'outre-mer, et en deçà son duché, pendant que ses amis fidèles louaient dévotement le Seigneur Dieu Sabaoth, qui dispose toutes choses avec force et douceur. Ainsi-soit-il!

LIVRE DOUZIÈME.

L'an de l'incarnation du Seigneur 1118, la veille de Noël, un violent ouragan renversa, dans les contrées occidentales, beaucoup d'édifices et de grands arbres. A la mort du pape Pascal, Jean de Gaëte, ancien chancelier et maître de l'Eglise romaine, fut élu pape, prit le nom de Gélase, et, malgré l'Empereur, fut consacré canoniquement par le clergé romain. Alors même Burdin, archevêque de Prague, qui fut appelé par ses fauteurs Grégoire VIII, fut intrus dans l'église de Dieu par l'intervention de l'Empereur. Il en résulta une grave dissension; une cruelle persésécution exerça ses horreurs, et troubla violemment les catholiques. Ce fut alors qu'il éclata une grande inimitié entre Louis, roi des Français, et Henri, roi des Anglais : la guerre que se firent ces princes puissans ravageait mutuellement leurs terres. Le roi Louis donnait des secours à Guillaume-Cliton, qui était exilé, pour lui faire recouvrer son héritage; et une grande partie des Normands faisait tous ses efforts pour le seconder. Henri surprit le château de Saint-Clair [1]; il y tint bon long-temps contre Odmond et autres brigands du voisinage, et de là fit beaucoup de mal aux Français. De son côté, Louis

[1] Saint-Clair-sur-Epte.

s'empara par ruse du Gué-Nicaise, que l'on appelle vulgairement Vani[1], où il pénétra à l'improviste, comme moine, avec les chevaliers dont il était accompagné, portant tous des chapes noires. Il y bâtit un fort, dans la retraite des moines de Saint-Ouen, et fit honteusement une caverne de voleurs dans la maison du Seigneur, où l'on ne doit offrir que des prières à Dieu. Dès que le roi des Anglais eut connaissance de cet événement, il accourut promptement avec son armée, et fit bâtir en ce lieu deux châteaux, que l'ennemi avec dérision qualifia d'expressions injurieuses. En effet, il appela l'un Mal-Assis, et l'autre Gîte-à-Lièvres. En conséquence la fureur des guerres exerça ses cruautés pendant près de quatre ans, et désola les deux Etats par les incendies, les brigandages et les massacres les plus affreux.

Le pape Gélase était surtout instruit dans les lettres, et il avait une longue expérience, ayant été pendant près de quarante ans chancelier des pontifes romains : il ne fut pas deux ans entiers à la tête de l'Eglise. Dans l'excès de son avarice, il se rendit en France, où il opprima les églises, pour satisfaire aux dépenses sans bornes des cardinaux; mais bientôt, comme la gelée du matin, il disparut sous le souffle de Dieu.

Alors, en Bretagne, le diable apparut à une femme en couche, et, sous la forme de son mari, lui apporta les alimens qu'elle avait demandés. Trompée par les apparences, elle mangea, et, après son repas, le diable disparut. Peu après, son mari survint; il fut extrêmement effrayé lorsqu'il apprit ce qui était ar-

---

[1] Aujourd'hui Gâni.

rivé; il en fit le récit à son curé. Ce prêtre, ayant invoqué le nom du Seigneur, toucha la femme, lui fit une aspersion d'eau bénite, et lui enseigna ce qu'elle devait dire si le tentateur se présentait de nouveau. Satan revint, et cette femme lui fit les questions qu'on lui avait enseignées. « Que présage, dit-« elle, ce vent extraordinaire, qui, dernièrement « avant Noël, a fait un bruit si terrible et nous a si « gravement épouvantés? Il a découvert les temples « et les maisons, fait crouler le sommet des tours, et « renversé une énorme quantité de chênes dans les « forêts. » Le diable lui répondit : « Dieu a résolu de « faire périr un grand nombre d'hommes, mais les « prières efficaces de leurs chefs ont obtenu qu'il « leur serait pardonné, et que les arbres seraient « frappés de coups violens. Toutefois avant trois ans « il y aura sur terre une formidable tribulation, et « plusieurs personnes d'un rang élevé viendront à « périr. » A ces mots, la femme répandit de l'eau bénite, et soudain le démon disparut.

Dans le même temps, on vit un prodige en Angleterre. Un paysan acheta dans la ville d'Ely une vache pleine; par l'ordre d'Hervé, évêque de ce diocèse, il la tua et l'ouvrit. Mais, ce qui est merveilleux à raconter, au lieu d'un veau on trouva dans son corps trois petits cochons. Un certain pélerin de Jérusalem qui, par hasard, avait rencontré le paysan amenant l'animal du marché, lui dit, et répéta ensuite à l'évêque et aux autres assistans, que dans la même année trois personnes de distinction parmi les sujets du roi Henri viendraient à mourir, et qu'il s'ensuivrait plusieurs cruelles tribulations. Le résultat justifia dans le temps ce que le pèlerin avait prédit.

En effet, Guillaume, comte d'Evreux, mourut le 14 des calendes de mai (18 avril) : il fut inhumé avec Richard son père à Fontenelle, dans le couvent de Saint-Wandrille. Ensuite la reine Mathilde, qui, au baptême avait été nommée Edith, cessa de vivre le jour des calendes de mai (1er mai), et repose enterrée dans la basilique de Saint-Pierre à Westminster. Robert, comte de Meulan, rendit l'ame le jour des nones de juin (5 juin), et repose à Préaux avec son père et son frère dans le chapitre des moines. Ces personnages étant morts, il s'éleva de grands troubles chez les Normands.

Amauri de Montfort, fils de Simon et d'Agnès, neveu du comte Guillaume par une sœur, réclama le comté d'Evreux, que le roi Henri lui refusa positivement, d'après le conseil d'Audin évêque de la même ville. En conséquence, Amauri fit la guerre de toutes ses forces, et arma presque toute la France contre ce monarque. Ce seigneur était belliqueux et puissant : il possédait des châteaux très-forts, et de vaillans châtelains. Il brillait au premier rang parmi les grands de la France, à cause de ses parens, dont la richesse et la puissance étaient fort étendues.

Dans la même année, Guillaume-Pointel lui livra, pendant le mois d'octobre, la forteresse d'Evreux ; et toute la ville fut abandonnée à des brigands. L'évêché aussi fut totalement pillé ; l'évêque Audin, avec son clergé et ses gens, fut obligé de prendre la fuite. Alors, Hugues de Gournai, Etienne comte d'Aumale,

Eustache de Breteuil, Richer de L'Aigle, Robert du Neubourg et plusieurs autres seigneurs se révoltèrent contre le roi Henri, et firent tous leurs efforts pour rétablir dans ses biens paternels l'exilé Guillaume-Cliton, fils du duc Robert.

Baudouin jeune, comte de Flandre, plein d'ardeur, déploya toutes ses forces contre Henri, afin de rétablir aussi Guillaume son cousin dans ses Etats. Henri, comte d'Eu, seconda surtout les rebelles en s'unissant à eux; mais le prudent monarque, ayant découvert cette manœuvre, le fit saisir à Rouen avec Hugues de Gournai, et le força dans les fers à lui remettre ses places. Alors Baudouin, avec une grande quantité de Flamands, s'avança en Normandie jusqu'à Arques, et mit le feu au village de Talou sous les yeux du Roi, qui, avec ses Normands, put contempler les flammes. Le roi, conservant sa modération, fortifia Bures, et, comme il se méfiait de la plupart des Normands, il établit dans cette place, avec des approvisionemens considérables, des Anglais et des Bretons, qu'il prit à sa solde. Baudouin, animé d'une excessive fierté, se présentait souvent devant Bures, et provoquait les Bretons au combat. Enfin, il fut blessé par un chevalier nommé Hugues-Boterel, et, comme il était surtout favorisé par le comte Etienne et la comtesse Hedvise, il se retira à Aumale, où l'on rapporte que, la nuit suivante, il mangea des viandes trop jeunes, but du vin doux, et coucha avec une femme. Il en résulta pour ce blessé plein d'incontinence une maladie mortelle, à laquelle il succomba enfin après avoir misérablement langui depuis le mois de septembre jusqu'au mois de juin¹. Tous ceux qui fondaient sur lui des espérances purent reconnaître aussitôt que ce n'est pas dans l'homme qu'il faut espérer, mais dans le Seigneur.

Baudouin étant mort, Charles d'Ancre, son cousin, issu d'une fille de Robert-le-Frison, lui succéda, et, s'occupant de ses affaires, fit la paix avec le roi des Anglais et ses autres voisins.

Hugues, fils de Girard de Gournai, que le Roi avait élevé comme son fils, qu'il avait armé chevalier quand il fut dans l'adolescence, qu'il avait placé au premier rang des grands en lui rendant les biens de son père, qui avaient été quelque temps gouvernés par Drogon son beau-père, rentra comme ami dans ses places, que le Roi fut assez crédule pour confier à sa bonne foi. Il ne se montra pas dignement reconnaissant des bienfaits de son magnifique protecteur; car il s'unit aux traîtres, et fut assez audacieux pour se révolter contre son seigneur et son père nourricier.

Au mois de juin, il s'occupa avec le Roi du mariage de sa sœur Gundrée; et, de l'avis du monarque, il la donna à Néel d'Aubigni, homme puissant. Les fiançailles ayant eu lieu, le fiancé célébra ses noces avec la fiancée; tandis que Hugues et ses complices se retirèrent en toute hâte, et le jour même prirent les armes contre Henri. Hugues entra à l'improviste dans la forteresse du Plessis, tua aussitôt Bertrand, surnommé Rumeix, homme vaillant, qui était fidèlement attaché au Roi et à Hugues, et confia cette

¹ Baudouin VII mourut le 17 juin 1119, à vingt-six ans.

place à Hugues Talabot son neveu. Toutefois le Roi ne tarda pas à la recouvrer; il la fortifia beaucoup, et y plaça, pour protéger le pays, Robert et Guillaume, tous deux fils d'Amauri, avec une grande troupe de chevaliers.

Cependant Hugues persista opiniâtrément dans la révolte où il s'était engagé: il garnit d'armes et de soldats ses différens châteaux, tels que Gournai, La Ferté[1], et Gaille-Fontaine[2]; il ravagea horriblement, par l'incendie et le pillage, tout le pays qui se trouve entre la Seine et la mer. Il avait pour partisan Robert, surnommé Hachet, Girard de Fécamp, Enguerrand de Vacœil[3], Anselme et Gislebert de Cressi[4], et plusieurs autres brigands avides qui faisaient une guerre atroce dans le Talou et le pays de Caux. Pendant les nuits d'hiver, ils faisaient de longues excursions; ils enlevaient les chevaliers et les paysans avec leurs femmes, et même les enfans au berceau; ils en exigeaient cruellement, en les emprisonnant, des rançons considérables. Ils avaient dans le pays plusieurs complices qui leur donnaient asile, et même les cachaient long-temps, s'il était nécessaire. De là, ils couraient au crime, et, par leurs incursions, ruinaient partout les cultivateurs. C'est ainsi que les gens du pays de Brai ravageaient le Roumois, l'inquiétaient par des menaces qui faisaient craindre de plus grands crimes encore, et, recevant toutes sortes de secours des Français et des Normands, opprimaient leurs voisins.

Le seul Guillaume de Roumare, châtelain du Neuf-

---

[1] La Ferté-en-Brai. — [2] *Goisleni-Fons*. — [3] *Guascolium*. — [4] Arrondissement de Dieppe.

Marché, et ses compagnons d'armes s'opposaient aux entreprises de ces brigands. Souvent placé dans les prés dont l'Epte entretient la verdure, il emportait chez lui le butin qu'ils avaient enlevé au loin. Alors dix-huit des principaux châtelains de Normandie, dont la réputation et la puissance l'emportaient sur tous les autres, étaient engourdis du froid de la perfidie, favorisaient les partisans de Guillaume proscrit, et se réjouissaient de voir affaiblir le parti du Roi.

Dans ce temps-là, Foulques, comte d'Angers, fut appelé par Robert-Giroie, qui défendait contre le Roi le château de Saint-Céneri; il assiégeait avec cinq cents chevaliers Lamotte-Gautier[1], que le Roi avait fortifié, et l'attaqua pendant huit jours, à la fin de juillet, avec une grande vigueur, et une armée qui s'augmentait sans cesse. Le roi Henri, apprenant cet événement, se rendit à Alençon, et envoya des courriers pour convoquer les troupes de toute la Normandie. Cependant les Angevins fatiguaient les Normands par de fréquens assauts, et écrasaient la place en y lançant d'énormes pierres. Cent quarante chevaliers furent forcés de se rendre en stipulant qu'ils ne subiraient aucune mutilation et conserveraient leurs armes : le Roi choisit parmi eux leur chef Roger de Saint-Jean et Jean son frère. Les Angevins rasèrent Saint-Céneri, le jour des calendes d'août (1er. août), et retournèrent dans leur patrie victorieux et pleins de joie. La garnison, affligée de son infortune, se rendit à Alençon, où elle fut couverte de confusion en présence du Roi, fort irrité de ce qu'elle s'était rendue. Elle s'excusa toutefois par de

---

[1] *Motu Galterii*. Lamotte-Gautier-de-Clinchamp, dans le Perche.

bonnes raisons, ayant souvent demandé par ses courriers, et long-temps attendu, des secours qui avaient trop tardé, et les assiégeans d'ailleurs l'ayant attaquée constamment avec une grande vigueur. Alors Henri donna au comte Thibaut Sées, Alençon, et tout ce qu'avait possédé Robert de Bellême dans cette contrée; mais Thibaut, avec la permission du Roi, les remit à son frère Etienne pour sa part de l'héritage paternel qui était en France. Ainsi le jeune Etienne posséda Sées, Alençon, le Mêle-sur-Sarthe, Almenêches et Lamotte-d'Igé; il fit entrer dans ces places ses soldats et des armes; puis il accabla d'outrages et d'exactions les gens du pays; et, changeant les coutumes qu'ils avaient gardées jusqu'à ce jour sous le Roi, il se rendit odieux à ces peuples, qu'il empêcha de lui rester fidèles.

Dans ce temps-là, les enfans de la perversité étaient assis dans la chaire de la contagion, et commettaient sur la terre beaucoup d'attentats. Richer de L'Aigle réclama les biens que son père avait en Angleterre; mais le roi Henri les refusa positivement, en disant que Goisfred et Ingénulf ses frères servaient dans son armée, et attendaient avec confiance, par droit héréditaire, ces mêmes domaines. Ce jeune seigneur ayant souvent répété sa réclamation, et, par ses insolences redoublées, ayant perdu les bonnes grâces du Roi, ce prince, surchargé d'affaires, repoussa définitivement ses demandes, et l'accabla de propos déshonorans. En conséquence, ce jeune orgueilleux quitta plein de colère la cour de Normandie, et convint bientôt avec le roi de France que, si on ne lui rendait pas son patrimoine, il abandonnerait le parti du roi d'Angleterre. Le roi Louis promit à Richer que s'il se rangeait de son côté, il tiendrait continuellement dans le château de L'Aigle soixante chevaliers, et Amauri cinquante. D'après cette assurance, Richer retourna à la cour, réclama de nouveau son héritage auprès du Roi; mais il n'obtint rien, et se retira fort affligé. Le lendemain, le comte Rotrou son oncle parla au Roi de cette affaire, et lui donna de bons conseils pour empêcher que la sédition ne prît de nouvelles forces. Henri y obtempéra, et chargea Rotrou de dire à Richer qu'il lui rendrait tout ce qu'il avait demandé. Dès qu'il eut appris ces dispositions favorables, Richer fut comblé de joie, et alla au devant du roi Louis, qui s'avançait déjà avec une grande armée. « J'ai, lui dit-il, seigneur, traité récemment « avec vous; mais je ne puis observer mes condi- « tions, car le roi des Anglais, mon seigneur, m'a « rendu tout ce que je lui demandais. C'est pour- « quoi il est juste que je lui garde une entière fidé- « lité. » Louis lui répondit : « Allez! je ferai ce que « je pourrai. » Aussitôt Richer retourna chez lui, et le Roi, le suivant pas à pas avec toute son armée, se présenta aux portes de L'Aigle. Comme la garnison voulait se défendre, Louis pressa la place; et le feu ayant été mis, on ne sait par qui, un grand vent entretint fortement l'incendie, et, secondée par son souffle, la flamme dévorante réduisit toute la place en cendres. Dans une telle calamité, Richer fut contraint d'aller trouver le Roi; et, faisant un traité, il rendit la place aux Français le 3 des nones de septembre (3 septembre). Le roi de France resta là trois jours avec ses troupes dans un grand dénûment; il se retira le quatrième après avoir laissé, pour la défense du château, le comte Amauri, Guillaume Crépin, et Hugues de Château-Neuf[1]. Alors Guillaume de Rai[2], Sencion, Guillaume de Fontenelles[3] et Isnard d'Ecublai[4] se rendirent au Pont-Echenfrei, à cause de la fidélité qu'ils voulaient garder à Henri ; et ayant abandonné tout ce qu'ils avaient possédé sous l'ennemi de la paix, ils s'attachèrent à Raoul-le-Roux pour combattre les ennemis de leur Roi. Les Français, voyant l'embrâsement de la ville, sans s'effrayer comme des lièvres prêts à fuir, mais courageux comme des lions, restèrent sur l'emplacement vide de maisons ; et, disposés à se procurer par les armes les vivres dont ils avaient besoin, ils y établirent leurs tentes.

Ces événemens étant connus, le roi Henri accourut le lendemain avec une grande armée et s'empressa, au grand effroi de ceux qui y étaient renfermés, d'assiéger la ville de L'Aigle, qui était plongée dans une excessive désolation. Mais de tristes nouvelles l'arrêtèrent dans son entreprise : elles étaient apportées par Guillaume de Tancarville, pour lequel le Roi se montra trop crédule. Ce seigneur ayant atteint le Roi dans un village que l'on appelle Livet[5], lui dit : « Où « allez-vous, seigneur roi? Voilà que les Cauchois « m'envoient vers vous, afin que vous vous hâtiez de « retourner dans leur pays avec vos troupes. Hugues « de Gournai et Etienne d'Aumale avec leurs adhé- « rens se sont établis sur la montagne de Rouen, et

---

[1] Château-Neuf-en-Thimerais. — [2] *De Rete*, arrondissement de Mortagne. — [3] Arrondissement de Bernai. — [4] Arrondissement de Mortagne. — [5] Lived; Livet-en-Ouche, arrondissement de Bernai.

« essaient de bâtir un château dans le couvent de la
« Sainte-Trinité; ils y attendent votre neveu qui s'a-
« vance avec un grand nombre de Français, pour
« que la ville lui soit remise par les habitans. » A ces
mots, aussitôt le Roi revint sur ses pas, et les troupes françaises se mirent à la poursuite de ceux qui
se retiraient en divers lieux. Elles prirent environ
quarante hommes de Moulins [1], et, chargées de beaucoup de butin, elles fortifièrent le château de L'Aigle,
et s'y maintinrent courageusement pendant un an entier.

Le roi Henri arriva promptement à Rouen; mais il
n'y trouva pas les ennemis dont on lui avait parlé,
trompé qu'il fut par son chambellan, qui l'avait engagé à quitter L'Aigle. En emmenant le Roi avec ses
troupes sous le faux prétexte d'un autre événement,
cet officier rendit un grand service aux Français qui,
exposés aux injures de l'air, tremblaient de froid et
de crainte.

Henri fit ensuite, avec mille chevaliers, une autre
expédition dans le pays de Brai, et commença le
siége du château que l'on appelle La Ferté; mais
il survint bientôt des pluies considérables qui occasionèrent des inondations. Enfin, le pays ayant été
complètement dévasté, le Roi marcha contre Robert,
qui s'était révolté, se rendit au Neubourg, l'attaqua
et le brûla entièrement. Ce Robert était fils du comte
Henri [2] et de Marguerite [3] : il était en procès contre
Galeran, comte de Meulan, fils du comte Robert son
oncle; mais, comme le Roi protégeait Galeran, il ne

[1] Moulins-la-Marche. — [2] De Warwick. — [3] Fille de Rotrou, comte
du Perche.

pouvait le poursuivre comme il l'aurait voulu. Séduit par les ennemis du bien public, il se révolta contre le Roi; puis, ayant perdu beaucoup de ses biens par le ravage et l'incendie, il ne recouvra rien de ce qu'il réclamait. Plus habile à parler qu'ardent à combattre, il eût tiré plus de parti de sa langue que de sa lance.

A cette époque, le roi Henri ne voulait pas entreprendre de longs siéges, parce que, étant tout troublé comme il arrive dans les débats de famille, il n'avait pas de confiance dans les gens qu'il employait. Ceux même qui mangeaient à sa table favorisaient son neveu et ses autres ennemis, et, dévoilant ses secrets, s'efforçaient de leur rendre de grands services. Cette guerre était réellement plus que civile; la nécessité retenait divisés dans l'un et l'autre parti les frères, les amis et les parens : aussi nul ne cherchait à nuire à son adversaire. Alors en Normandie, un grand nombre de personnes imitaient Achitophel, Semeï et les autres factieux, et faisaient des entreprises semblables à celles des hommes qui, ayant abandonné le roi sacré par Samuel, s'unissaient au parricide Absalon. Ainsi faisaient ceux qui, délaissant le prince pacifique élu et béni par un pontife, et trahissant la foi qu'ils lui avaient jurée comme à leur seigneur, s'empressaient de suivre le parti d'un comte imberbe pour commettre le crime, non d'après leur devoir, mais d'après leur fantaisie.

Dans la onzième indiction, le jour des nones d'octobre (7 octobre), il se réunit un concile à Rouen. Le roi Henri s'y occupa de la paix de son royaume avec Raoul, archevêque de Cantorbéry, et les autres barons qu'il convoqua. Là, Goisfred, archevêque de

Rouen, exposa l'état de l'Eglise de Dieu, avec quatre de ses suffragans, Richard de Bayeux, Jean de Lisieux, Turgis d'Avranches, Roger de Coutances et beaucoup d'abbés, tels que Roger de Fécamp, Ours de Jumiége, Guillaume du Bec, Eudes de Caen, Richard de Préaux, André de Troarn, Guillaume de La Croix [1], Osbern de Tréport, et plusieurs autres qu'il n'est pas nécessaire de nommer.

Conracius, clerc romain, légat du pape Gélase, se plaignit dans un discours éloquent, car il s'était dès l'enfance abreuvé aux sources de la latinité, de l'empereur Charles, qui détruisait méchamment les bonnes œuvres et les travaux du pape Pascal, et qui persécutait cruellement les catholiques. Il se plaignit en outre de l'anti-pape Burdin, intrus au siége apostolique, et de toutes les tribulations que l'Eglise endurait en Italie. Il parla de l'exil du pape Gélase, qui, poursuivi par les tempêtes, s'était retiré en deçà des Alpes; puis il demanda à l'Eglise de Normandie l'assistance de ses prières, et plus encore de son argent.

Serlon, évêque de Séés, ne se trouva point à ce concile : son délégué assura que son absence provenait de ses infirmités et de sa vieillesse.

Audin, évêque d'Evreux, fit dire par ses délégués qu'il n'assisterait pas au concile parce qu'il était obligé de défendre sa ville contre les ennemis publics. Mais si le Seigneur ne conserve pas les villes, celui qui les garde veille inutilement. En effet, le même jour, la tour d'Evreux fut livrée à Amauri [2].

Guillaume Pointel, neveu de Raoul de Guitot, au-

---

[1] La Croix Saint-Leufroi. — [2] Le 7 octobre.

quel le Roi avait confié la citadelle d'Evreux, se souvenant de l'ancienne liaison qu'il avait eue avec Amauri, à la cour du duc Guillaume, et pensant, d'après ses idées, que ce seigneur avait été injustement privé de l'héritage de ses pères, introduisit inopinément avec lui dans la tour de fidèles compagnons, et, comptant pour rien la tranquillité générale, quitta le Roi pour se livrer à Amauri. Bientôt Elinance d'Autheuil[1] se réunit à lui avec plusieurs autres, et de grands troubles bouleversèrent tout le pays. Ceux qui avaient envahi la citadelle envahirent aussi l'évêché et la ville, pillèrent tout le mobilier de l'évêque, ainsi que ses livres et ses ornemens, et soumirent par la force des armes tout le pays environnant.

Cependant l'évêque Audin s'enfuit avec les gens de sa maison, de peur d'être tué; et, pendant un an, il erra de tous côtés en exil. Il ne rasa point sa barbe, et annonça, par son extérieur, quel était le deuil de l'Eglise. Ainsi Evreux fut affligé d'une grande tribulation; et, les clercs ayant été dispersés, l'office divin y cessa pendant une année.

Dans la seconde semaine de novembre, le roi Henri s'approcha de L'Aigle avec une puissante armée de cavalerie et d'infanterie, et dévasta le pays d'alentour. Cependant la garnison, qui se glorifiait beaucoup de ses prouesses, fit une sortie et en vint vaillamment aux mains avec les troupes du Roi. Elle fit prisonnier le comte Thibaut, que son cheval avait jeté bas; mais le Roi et le comte Etienne la poursuivirent avec d'intrépides chevaliers, et arrachèrent noblement le comte des mains de ses ennemis. Alors

---

[1] Autheuil-sur-Eure, arrondissement de Louviers.

l'engagement devint si vif et si violent, que le Roi lui-même fut frappé d'une pierre à la tête; mais son casque d'airain l'empêcha d'être blessé.

Dans ce temps-là, les bourgeois d'Alençon se révoltèrent contre Henri : je dirai pourquoi ils l'offensèrent par un si grand attentat. Etienne, comte de Mortain, qui les gouvernait alors, était un jeune homme; il n'aimait pas ces bourgeois autant qu'il était convenable, et ne les traitait pas avec les égards qui leur étaient dus. Comme un autre Roboam, il cédait plutôt à la faveur des flatteurs qu'aux avis des vieillards, et s'imaginait que les gens d'Alençon étaient infidèles au Roi et à lui-même : aussi les accablait-il d'outrages et d'exactions extraordinaires, sans prévoir, autant qu'il l'eût fallu, ce qui pouvait s'en suivre. Enfin, il les réunit tous, et exigea d'eux qu'ils lui remissent leurs enfans en otage. Ils obéirent à cet ordre, forcés et malgré eux; mais, pleins de malveillance, ils méditèrent de se venger. D'abord ils dissimulèrent habilement leur ressentiment, puis ne tardèrent pas à préparer une vengeance ouverte. Le comte reçut les otages, mais il ne les traita pas honorablement. Il fit garder dans une tour la fille de Payen de Chacei[1], chevalier distingué, devenue la femme d'un homme vaillant, et qui eut beaucoup à gémir d'avoir été confiée à la garde de mauvais débauchés. Amiot, son mari, violemment irrité, rougit de cet affront, et secrètement s'unit par serment à plusieurs personnes qui avaient à se plaindre. Ces imprudens craignirent de s'adresser au Roi, qui aimait la justice, de peur qu'il ne dédaignât d'entendre leurs plaintes contre

---

[1] De Caccio.

son neveu. Dans ces dispositions, ils allèrent trouver Arnoul de Mont-Gomeri, frère de Robert de Bellême, et se servirent de lui pour appeler Foulques, comte d'Anjou, afin qu'ils vinssent se saisir d'Alençon qu'on était prêt à leur livrer, et qu'ils rendissent la liberté aux habitans après avoir chassé de la tour la garnison du comte de Mortain. Le comte d'Anjou reçut cette communication avec beaucoup de joie; il réunit ses chevaliers, ses archers et ses gens de pied, se rendit à Alençon, où il entra de nuit avec ses troupes, et, attaquant vivement ceux qui étaient dans la tour, il les assiégea. La renommée, que rien sur la terre ne surpasse en vitesse, répandit partout cet événement : le bruit en parvint aussitôt aux oreilles du Roi, fort occupé des affaires de son royaume. Dès que le magnanime Henri fut convaincu de la réalité de ces bruits, il réunit, en conséquence de son autorité royale, les Normands, les Anglais et beaucoup d'autres peuples; il appela aussi à son secours Thibaut, comte de Chartres, avec les siens. Enfin, au mois de décembre, se réunit autour d'Alençon une innombrable armée qui s'efforça de secourir efficacement les assiégés. En effet, Thibaut et Etienne, illustres frères, précédèrent le Roi, et voulurent, à force ouverte, faire entrer des vivres dans la place; mais ils ne purent y réussir, car le comte d'Anjou fit contre eux une sortie, rangea son armée en bataille, et en vint vaillamment aux mains avec eux. Il tua quelques hommes, fit quelques prisonniers, et, ayant mis le reste en fuite, rentra gaîment dans la place avec beaucoup de butin. Ensuite il pressa avec plus de sécurité les assiégés, et, au moyen de travaux souterrains, parvint, par des coupures cachées, à empêcher l'eau de leur arriver. Les habitans, en effet, connaissaient le conduit par lequel ceux qui avaient construit la citadelle avaient pratiqué un aquéduc qui partait de la Sarthe. Ceux qui étaient renfermés dans cette forteresse, voyant que les vivres leur manquaient, et qu'il ne leur venait aucun secours de nulle part, se rendirent; et, remettant la tour, ils sortirent sains et saufs avec leurs bagages. Ces calamités portèrent beaucoup de gens au brigandage, et un grand nombre de personnes violèrent l'observance de l'Avent du Seigneur. C'est ainsi que partout s'accroissaient les calamités qui en tous lieux souillaient la Neustrie de meurtres, de pillages et d'incendies; et, comme les enfans du scorpion déchirent pour sortir le sein de leur mère avant le temps établi pour leur naissance, de même les Normands, avant le terme légitime qui devait leur donner Guillaume pour prince, ensanglantaient leur patrie, et, par leurs entreprises criminelles, la livraient misérablement à toutes sortes de maux.

Pendant que le peuple chrétien célébrait la solennité de la fête de l'apôtre Thomas, un ouragan causa les plus grands malheurs, et annonça pour l'avenir des guerres aux hommes, et des révolutions aux puissances. Peu de temps après, le monde éprouva d'affreuses tribulations, beaucoup de princes tombèrent du faîte du pouvoir, et, par les dispositions de Dieu, qui élève le pauvre de son fumier, quelques personnes furent promues à de grands honneurs.

L'an de l'incarnation du Seigneur 1119, le pape Gélase II mourut, et fut inhumé à Cluni, le 4 des calendes de février (29 janvier). Gui, archevêque de Vienne, fut élu pape sous le nom de Calixte, le 4 des nones de février (2 février). Là, se trouvèrent Lambert d'Ostie, Boson de Porto, Conon de Palestrine, Jean de Crémone, et plusieurs autres clercs du sénat romain, qui jouissent de la prérogative spéciale d'élire et de consacrer les papes. En conséquence, Gui fut intronisé: il avait été chaste depuis son adolescence, pieux, libéral, plein d'ardeur dans l'œuvre de Dieu, et doué de beaucoup de vertus. Il était fils de Guillaume de Testardie[1], duc des Bourguignons, qui avait pour père le duc Rainauld, et pour mère Adelise, fille de Richard II, duc des Normands. Ce Gui était neveu du cruel Gui, qui avait tenté d'obtenir le duché de Normandie, qui avait combattu au Val-des-Dunes contre Guillaume-le-Bâtard et Henri roi des Français, et défendu courageusement contre eux, pendant trois ans, les villes de Vernon et de Brionne. Ainsi, issu du sang royal, frère de ducs, cousin de rois et d'empereurs, imbu du nectar des bonnes mœurs, Gui fut promu au suprême pontificat. Il en jouit dignement pendant cinq ans, et fit dans la maison de Dieu beaucoup d'utiles établissemens et de bonnes œuvres.

Dans le cours de la même année, Eustache de Breteuil, gendre de Henri, fut engagé par ses compatriotes et ses parens à quitter le parti du Roi, si ce monarque ne lui rendait pas la tour d'Ivri qui avait appartenu à ses prédécesseurs. Le Roi différa de le satisfaire en cela pour le présent; mais il le lui promit pour l'avenir, et, par des paroles flatteuses, le retint

[1] Ou Tête-Hardie.

à son service, et dans des dispositions pacifiques. Comme ce prince ne voulait pas être mal avec Eustache, parce que celui-ci était un des plus puissans seigneurs de la Normandie, avait beaucoup d'amis et de vassaux, et possédait des places très-fortes, il lui donna en otage, pour lui servir de garantie et se l'attacher plus fidèlement, le fils de Raoul-Harenc, qui gardait la tour d'Ivri, et reçut de lui en échange ses deux filles, qui étaient les petites filles du Roi. Cependant Eustache ne se comporta pas bien à l'égard de l'otage qu'il avait reçu : car, par le conseil d'Amauri de Montfort, qui ourdissait adroitement des trames perverses, et qui avait fait à Eustache, sous la foi du serment, beaucoup de promesses qu'il ne remplit pas, il arracha les yeux au jeune homme, et les envoya à son père qui était un vaillant chevalier. Le père, irrité de cette action, alla trouver le Roi, et lui raconta les malheurs de son fils. Ce monarque en fut vivement affligé, et livra ses deux petites filles à Raoul pour qu'il se vengeât aussitôt de tant de déloyauté. Raoul-Harenc, avec la permission du Roi en courroux, prit les filles d'Eustache, et, pour venger son fils, leur arracha cruellement les yeux et leur coupa l'extrémité du nez. Ainsi, ô douleur! des enfans innocens expièrent misérablement le crime de leur père, et partout l'affection paternelle eut à gémir cruellement en voyant la difformité de ces enfans. Enfin Raoul, consolé par le Roi, honoré par des présens, retourna à la tour d'Ivri pour la garder, et fit annoncer à Eustache de Breteuil le talion que la sévérité royale avait exercé sur ses filles. Quand ils eurent appris cette mutilation, le père et la mère s'affligèrent à l'excès. Eustache fortifia ses châteaux de Lire, de Glos, du Pont-Saint-Pierre et de Paci. Il en ferma soigneusement l'accès, afin que le Roi ou ses partisans n'y pussent pénétrer. Il envoya à Breteuil Juliane sa femme, qui était fille du Roi et d'une courtisane, et lui donna les troupes nécessaires pour garder cette place. Les bourgeois qui étaient fidèles au Roi, et ne voulaient l'offenser en rien, ayant compris que l'arrivée de Juliane pourrait être funeste à beaucoup de monde, mandèrent aussitôt à Henri de se rendre en toute hâte à Breteuil. Ce prince prudent se rappela ce mot dit à César par l'audacieux Curion: en fait d'affaires de guerre,

Tolle moras; semper nocuit differe paratis [1].

Et ayant reçu le message des gens de Breteuil, il arriva promptement en ce lieu, dont les portes lui furent ouvertes avec joie, et où il entra. Il rendit grace aux fidèles habitans pour leur dévouement, défendit à ses soldats de prendre aucune chose, et assiégea le fort dans lequel son insolente fille s'était renfermée. Alors elle éprouva de grandes inquiétudes de tous côtés, et ne sut ce qu'elle devait faire, voyant bien certainement que son père venait d'arriver fort irrité, et qu'il n'abandonnerait pas, avant d'avoir vaincu, le siége qu'il avait mis autour du château. Enfin, comme dit Salomon : « Il n'y a pas de méchanceté au-dessus « de la méchanceté de la femme, » elle eut l'idée de mettre la main sur l'oint du Seigneur. En conséquence elle demanda fallacieusement un entretien avec son père. Le Roi, qui ne se doutait pas de tant

---

[1] Ecartez les délais; il est toujours funeste de tarder quand on est préparé.

révolter, restèrent tranquilles, cessèrent aussitôt leurs tentatives malveillantes, de peur d'éprouver un pareil sort, et n'eurent plus désormais l'audace de se soulever [1] contre leur maître.

Goisfred, archevêque de Rouen, poursuivit en justice très-vivement Ascelin, fils d'André, et lui ayant enlevé ses biens injustement, à ce qu'il parut à quelques personnes, lui fit beaucoup de mal. Celui-ci, dans la fureur de son ressentiment, alla trouver le roi Louis à Pontoise, et lui promit de lui livrer Andeli, s'il venait s'y faire recevoir avec une armée. Les Français furent comblés de joie de cette proposition, et engagèrent le Roi à ne pas tarder. Une convention ayant été conclue de part et d'autre, Ascelin amena avec lui de vaillans soldats, et les introduisit de nuit dans sa grange, où il les cacha soigneusement sous de la paille. Cependant le Roi Louis, avec son armée, le suivit pied à pied. Le matin, à la vue du Roi, le peuple poussa de grands cris, et les habitans éprouvèrent aussitôt un trouble extrême dans cette catastrophe inattendue. Ceux qui étaient cachés sous la paille sortirent soudain de leur retraite, et, poussant avec le peuple le cri royal des Anglais, coururent à la citadelle. Dès qu'ils y furent entrés, ils crièrent au contraire : *Mont-Joie* [2] *!* qui est le cri de guerre des Français. Après avoir chassé les habitans, les Fran-

---

[1] *Sustollere cornua.*

[2] *Meum Gaudium.* C'est la première fois qu'il est question, dans nos auteurs, de l'ancien cri d'armes des Français, *Mont-Joie!* qu'Orderic Vital a traduit par *Meum Gaudium,* et que, par conséquent, il croyait signifier *ma joie.* Parmi les auteurs français, le premier qui cite ce cri est Guillaume Guiart, parlant du siége d'Antioche en 1191, c'est-à-dire soixante-douze ans après l'affaire d'Andeli, qui eut lieu en 1119.

çais s'emparèrent de l'intérieur du château. Les troupes du Roi entrèrent de vive force par les portes et occupèrent toute la ville. Richard, fils du roi Henri, et d'autres personnes de la garnison, surpris ainsi par une attaque imprévue, et sans espoir de défense au dedans ni au dehors, se retirèrent dans l'église de la Sainte-Vierge Marie. Enfin, le roi Louis, s'étant rendu maître de la forteresse et de la ville, ordonna à Richard et à ses compagnons d'armes de se retirer où ils voudraient, par respect pour la Vierge mère qui a mis au jour le Sauveur du monde, et dont il implora l'assistance et visita la basilique avec une grande foi. Au départ du Roi, les Français gardèrent soigneusement la place qu'ils avaient prise dans le cœur du pays, et soumirent à leurs armes tout le pays circonvoisin sur le rivage de la Seine. Godefroi de Sérans, Enguerrand de Trie, Alberic de Bourit, Baudri de Brai et plusieurs autres illustres chevaliers français restèrent dans la place, et furent excommuniés par l'archevêque de Rouen, à cause des biens de l'Eglise qu'ils avaient usurpés; mais ils résistèrent quelque temps, favorisés par les circonstances et par la guerre qu'ils soutinrent avec opiniâtreté.

Cependant le roi Henri éleva contre les Français un château très-fort à Noyon[1], et y plaça cent chevaliers sous la conduite de Guillaume, fils de Théodoric, et chef de l'armée.

Richard-Frênel, qui s'enorgueillissait d'avoir huit fils, égaré par les futiles suggestions de sa femme Emma, se livra, déjà près de la mort, à la tyrannie, qu'il exerça, d'accord avec ses enfans, contre le bien

---

[1] Noyon-sur-Andelle, aujourd'hui Charleval.

du peuple. Il fit bâtir une forteresse avec l'argent du Roi sur le territoire d'Oncins, et ayant suivi Eustache son seigneur, il se mit à ravager les champs de ses voisins, et, tout vieux qu'il était, n'eut pas honte de se faire remarquer parmi les ennemis publics. A cette époque, l'observance du Carême fut damnablement violée par les enfans des hommes.

Robert, fils d'Ascelin Goël, fut le premier des ennemis du Roi qui vint à résipiscence : repentant de s'être livré à la sédition, il implora l'amitié du prince, et, l'ayant obtenue, la conserva fidèlement et avantageusement jusqu'à sa mort, qui fut prochaine. Plusieurs personnes suivirent sagement cet exemple.

Le Roi manda à Amauri de faire la paix avec lui, de lui remettre sa forteresse, et de jouir en paix du comté d'Evreux. Ce comte, qui était un homme turbulent, repoussa follement les offres que le Roi lui faisait avec tant de bonté. Comme il avait un grand motif de faire la guerre, à cause de l'héritage de ses pères qu'on lui avait ravi, souvent il courait, sans reprendre haleine, durant les nuits, de ville en ville, mettant un soin excessif à tenir tout le monde en agitation, encourageant ses alliés, et les engageant à conserver habilement leurs forteresses, à déjouer sans cesse l'habileté des espions, à parcourir prudemment et sans relâche tout le voisinage, à piller tout, excepté les églises, et à conquérir hardiment ce qui était à leur portée. Il supportait avec obstination les travaux de la guerre pour recouvrer le comté dont il était l'héritier, et dont le Roi le privait. Raoul-le-Roux lui opposait parfois un grand obstacle, et empêchait puissamment ses entreprises. C'était un chevalier courageux, habile dans l'art de la guerre, illustre et fameux par ses prouesses et son audace entreprenante.

Pendant que l'armée de Louis faisait une expédition dans le Vexin, et que les Français, plus forts, mettaient leurs ennemis en fuite, comme il arrive à la guerre, le cheval de Richard, fils du Roi, fut tué sous lui, et le jeune prince sur le point d'être fait prisonnier. Raoul s'en étant aperçu, sauta aussitôt à bas de son cheval, et dit au fils du Roi : « Montez « vite, et fuyez pour n'être pas pris. » A l'instant, Richard s'étant retiré, Raoul fut pris ; mais il fut échangé au bout de quinze jours contre Galon de Trie. Ce dernier chevalier était frère d'Enguerrand de Trie : pris peu de temps auparavant, il gémissait douloureusement dans l'étroite prison du Roi. Il ne tarda pas à mourir des blessures et des coups qu'il avait reçus. Raoul, resté fidèle, fut honoré par le Roi, et compté parmi les principaux et les plus intimes amis de ce prince, qui lui promit de grandes faveurs s'il vivait quelque temps.

Un jour, l'an de l'incarnation du Seigneur 1119, trois seigneurs châtelains, Eustache de Breteuil, Richer de L'Aigle et Guillaume de La Ferté-au-Perche[1] se réunirent avec leurs troupes, firent une invasion en Normandie, parvinrent en pillant jusqu'à la fontaine de Ternant[2], et mirent le feu aux maisons de Verneuces[3], qui dépendent du domaine de Saint-

---

[1] *Firmitas Perticena*; La Ferté-Bernard : l'imprimé offre ici plusieurs inexactitudes.

[2] Sur la rivière de Guiel, arrondissement d'Argentan.

[3] Arrondissement de Bernai.

Evroul. Raoul-le-Roux, qui s'était arrêté au Pont-Echenfrei[1], vit la fumée de l'incendie, et ayant rassemblé de tous côtés des chevaliers, il ne tarda pas à marcher à l'ennemi pour lui livrer bataille. Le Roi avait établi trente hommes d'armes au Sap et autant à Orbec, pour s'opposer aux incursions des brigands qui accouraient de toutes parts au pillage et au meurtre. Raoul ayant réuni tout son monde en un corps, attaqua avec sa petite troupe, au passage de la Charentonne, trois cents cavaliers auxquels il enleva le grand butin qu'ils emportaient, et qu'il poursuivit jusqu'à La Ferté-Frênel, après avoir fait quelques prisonniers. Si cette forteresse ne se fût pas trouvée à la proximité de l'ennemi, il eût éprouvé une plus grande perte.

Peu de temps après, le courageux chevalier alla trouver le Roi avec amitié, et le pria humblement de se montrer seulement devant La Ferté-Frênel dont les habitans étaient aussi lâches qu'insolens. Enfin le Roi, après la Pentecôte, céda aux grandes prières de Raoul, et parut devant la place qui dévastait tout le pays d'Ouche. A l'arrivée du Roi, les gens de Frênel furent saisis d'effroi, et tout tremblans se consultèrent sur le parti qu'ils devaient prendre. Cependant, comme Raoul-le-Roux du Pont-Echenfrei commençait vaillamment à leur livrer l'assaut, ils remirent les clefs de leurs portes à Henri, et, ayant obtenu leur pardon pour la révolte qu'ils avaient commencée, ils se réconcilièrent avec le monarque. Vers la fin de juin, le

---

[1] Echenfrei ou Echanfrai n'est plus qu'un hameau sur la rive droite de la Charentonne, entre les communes de Notre-Dame-du-Hamel et de Mélicourt, arrondissement de Bernai.

vieux Richard vint à Ouche : étant malade, il prit l'habit monastique, puis mourut peu de temps après, au commencement de juillet, et repose enseveli dans le chapitre des moines. Il fit don à Saint-Evroul d'une portion de l'église de La Gonfrière[1] et de la moitié de sa dîme, et obtint de Guillaume, son fils aîné, et de ses autres enfans, qu'ils confirmassent sa concession.

Au milieu de tant et de si grandes tempêtes, qui exerçaient cruellement leurs fureurs, le roi Henri, rigide conservateur de ses droits, resta inébranlable, et se maintint dans la possession de toutes ses forteresses, où il avait placé habilement de fidèles garnisons, et dans lesquelles les ruses de ses ennemis ne purent faire prévaloir leurs manœuvres. En effet, Rouen, la métropole de la Normandie, Bayeux, Coutances, Avranches, Séés et Arques, Nonancourt et Illiers, Caen et Falaise, Exmes, Fécamp et Lillebonne, Vernon et Argentan, et les autres places fortes, qui étaient soumises à la puissance royale, ne souffraient pas que, par de fallacieuses paroles, on les détachât de sa juste domination. Les seigneurs loyaux, tels que Richard, comte de Chester, Raoul, de Bricasard, son cousin et son successeur, Raoul de Conches, Guillaume de Varenne, Guillaume de Roumare, Guillaume de Tancarville, Raoul de Saint-Victor, Gautier-Giffard, Néel d'Aubigni, Guillaume son frère, et plusieurs autres seigneurs de distinction étaient unis au Roi dans le malheur comme dans la prospérité, et dédaignaient d'obtenir les éloges de la honte, de la trahison et du parjure. Galeran et Robert, fils encore imberbes de Robert, comte de Meulan, tenaient au parti du Roi ; leurs châtelains lui

---

[1] *Gunfredia*, arrondissement d'Argentan.

obéissaient en tout ainsi que leurs places fortes, et résistaient vigoureusement aux attaques de l'ennemi. Pont-Audemer, Beaumont, Brionne et Vatteville [1] restaient fidèles à Henri, et les seigneurs du pays le servaient en combattant fidèlement pour lui avec leurs troupes.

Au mois de mai, Guillaume Adelin, fils du Roi, passa d'Angleterre en Normandie. Son père, joyeux de son arrivée, lui fit bientôt connaître les secrets de son cœur. Il envoya des ambassadeurs de paix à Foulques, comte d'Anjou, et, ayant fait avec lui un traité avantageux, il l'invita gracieusement à se rendre à sa cour.

Dans le courant de juin, Guillaume Adelin épousa à Lisieux la fille du comte d'Anjou, et cette généreuse union fit un grand plaisir aux amis de la tranquillité. Quoique, par un sort malheureux, le fil de la vie du jeune mari, brisé trop promptement dans les gouffres de la mer, n'ait eu qu'une courte durée, néanmoins ce mariage établit pour quelque temps une paix nécessaire entre les peuples divisés. Alors, à la prière du comte, le Roi reçut en grâce Guillaume Talvas, fils de Robert de Bellême, et lui rendit toutes les terres que son père avait possédées en Normandie. Il lui concéda Alençon, Almenêches et Vignats, ainsi que d'autres châteaux, à l'exception des donjons, où il mit des garnisons pour lui.

A la prière du beau-père de son fils, Henri pardonna à son cousin Robert de Saint-Ceneri d'avoir récemment passé à l'ennemi contre la foi de ses sermens. Il lui rendit Montreuil et Echaufour.

[1] Vatteville-sur-Seine, arrondissement de Pont-Audemer.

Il se réunit à Lisieux une nombreuse assemblée de prélats et de grands. On y apprit la mort prématurée de Baudouin, comte de Flandre, pour l'absolution et le repos de l'ame duquel le Roi ordonna au clergé de sonner les cloches et de faire des prières. En Normandie, les uns furent joyeux, les autres fâchés de ce que le comte de Flandre, le plus violent des ennemis de Henri, venait de mourir, et de ce que le comte d'Anjou, seigneur de trois villes importantes, s'était attaché en ami à ce puissant monarque.

Pendant l'été, après une longue attente, et après avoir engagé de toutes manières les parjures à se rendre, le roi Henri fit une expédition terrible à travers la Normandie, et livra aux flammes le Pont-Saint-Pierre, ainsi que les autres châteaux et les fermes de ses ennemis, exerçant ainsi une sévère vengeance sur eux et sur leurs complices.

Sur ces entrefaites, le Seigneur tout-puissant fit éclater sur la terre de grands prodiges, par lesquels il voulut toucher le cœur des spectateurs, afin de les corriger de leur perversité. En effet, dans l'hiver précédent, il était tombé des pluies excessives, et l'inondation des rivières avait extraordinairement envahi les habitations des hommes. Il en résulta que les Rouennais et les Parisiens, ainsi que d'autres habitans des villes et des campagnes virent des gouffres énormes que les fureurs de la Seine débordée creusèrent dans leurs demeures et leurs moissons.

Durant le Carême suivant, un ouragan souffla sur la Seine et la dessécha momentanément. D'une rive à l'autre, chacun eût pu passer, s'il eût osé se hasarder sur ce chemin nouveau. Paris fut témoin de ce spectacle, et en fut justement épouvanté.

Au mois d'août, la lune, pendant son premier quartier, parut, le soir, rouge comme du sang, et son disque se montra aux regards des hommes, en France, aussi grand que le fond d'un tonneau. Ensuite elle fut coupée à son milieu par une couleur semblable à celle du saphir, et les spectateurs virent, entre les deux moitiés égales, un espace tel que si une chose semblable arrivait sur la terre, on croirait voir un sentier propre à la marche de l'homme. Au bout de l'intervalle d'une heure, la lune reparut dans son entier, et la couleur s'effaçant peu à peu, le croissant de la lune naissante brilla comme à l'ordinaire.

Dans le même temps, une rougeur très-vive, passant de Poissy par Mantes, sembla parcourir la Normandie, et, pendant trois nuits, ce signe se manifesta dans l'air à beaucoup de Français. Ceux qui en furent témoins l'interprétèrent de différentes manières, et assurèrent à ceux qui les écoutaient que ce qu'ils voulaient aurait lieu selon leur fantaisie. En effet, la folie des orgueilleux se glorifie sottement des événemens futurs comme de ceux qui sont passés : ils prétendaient insolemment que le roi Louis, qui était alors à Andeli avec les Français, détruirait les Normands comme la flamme, et soumettrait à son pouvoir tout le pays de la Normandie sous le tranchant de son glaive. La présomption des arrogans interprétait audacieusement le prodige selon ses desirs ; mais l'événement fut bien différent de ce qu'ils pensaient. Je laisse ces choses de côté pour suivre le fil de ma narration.

Le roi Henri, déterminé à ne plus épargner les rebelles, entra sur le territoire d'Evreux, et commença le siége de cette ville avec une puissante armée; mais il n'y put pénétrer à cause de la résistance vigoureuse que lui opposèrent la garnison et les habitans. Il avait avec lui Richard son fils, le comte Etienne son neveu, Raoul[1] de Guader, et un grand nombre de Normands. Le Roi les ayant réunis, il dit à l'évêque Audin : « Vous voyez, seigneur prélat, que nous sommes « repoussés par les ennemis, et que nous ne pourrons « les soumettre que par l'incendie : or si nous mettons le feu, les églises seront brûlées, et les inno« cens éprouveront de grands dommages. Mainte« nant, pasteur de l'église, considérez avec soin et « faites-nous connaître prudemment ce qui convient « le mieux. Si l'incendie nous procure miraculeuse« ment la victoire, avec l'aide de Dieu nous réparerons les pertes de l'église, en tirant volontiers de « nos trésors les sommes qui seront nécessaires. Par « là même, comme je le pense, la maison de Dieu serait embellie. »

Le prélat inquiet hésita dans cette circonstance. Il ignorait ce qu'il devait prescrire de plus conforme à la volonté divine; il ne savait ce qu'il devait vouloir ou choisir de plus salutaire. Enfin, d'après l'avis des hommes sages, il ordonna de mettre le feu et de brûler la ville, afin qu'elle fût à la fois délivrée des traîtres frappés de l'anathème et restituée à ses légitimes possesseurs. En conséquence, Raoul de Guader le premier mit le feu du côté du nord ; la flamme par-

[1] Suivant d'autres, Guillaume de Guader.

courut aussitôt la ville sans obstacle, et, comme cet automne était sec, tout fut embrasé. Alors furent brûlés la basilique du Saint-Sauveur qui appartenait à des religieuses, et le célèbre palais de la glorieuse Marie vierge et mère, qui était desservi par le prélat et son clergé, et dans lequel les fidèles paroissiens fréquentaient la cour du pontife. Le Roi et tous ses grands donnèrent humblement à l'évêque des gages pour l'incendie de ses églises, et lui promirent fermement de fortes sommes pour leur réparation.

Le prudent Roi avait fait, comme nous l'avons dit, la paix avec Robert Goël. Il lui avait confié la citadelle d'Ivri pour gage de sa foi, et avait reçu de lui en otage ses frères comme une assurance suffisante. Raoul-le-Roux fut le prudent intermédiaire de ce traité de paix, parce qu'il était le beau-frère de Goël, et lié avec lui d'une étroite amitié. Avant de s'approcher d'Evreux, Henri ordonna à Robert d'attaquer Amauri et ses frères d'armes, et de manœuvrer près d'Ivri le long de la rivière d'Eure. Il fixa le jour où ces choses devaient avoir lieu : Raoul obéit en toutes choses au Roi, selon les desirs duquel les événemens se passèrent. Enfin Henri, voyant la ville totalement embrasée, envoya aussitôt un courrier à Robert Goël, et lui manda ce qui était arrivé. Aussitôt celui-ci s'écria dans le combat : « Seigneur Amauri, écoutez « les nouvelles que je vais vous rapporter ; vous n'en « recueillerez que de la tristesse. Le Roi a brûlé au- « jourd'hui la ville d'Evreux, et la garnison de la ci- « tadelle a sujet de redouter une mort prochaine. » Ce qu'entendant Amauri, il rassembla ses troupes, et retourna chez lui fort affligé de la désolation de sa ville.

Philippe et Florus, fils de Philippe roi des Français, neveux d'Amauri par Bertrade sa sœur, Guillaume-Pointel, Richard d'Evreux, fils de Foulques le prévôt, et plusieurs autres vaillans chevaliers défendaient la citadelle. La ville ayant été brûlée, ils résistaient avec plus de sécurité et de joie, parce qu'après la fuite des habitans ils avaient moins de terrain à protéger. Les citoyens de la ville détruite se dispersèrent çà et là, et, ayant perdu tout ce qu'ils possédaient, furent forcés d'errer misérablement dans les chaumières de l'étranger. Le Roi, plein de modération, manda aux assiégés de lui rendre la citadelle, et, leur pardonnant les actions dans lesquelles ils avaient forfait, il leur fit beaucoup de promesses. Comme ils ne les acceptèrent pas, il se hâta d'aller s'occuper des autres affaires de ses Etats. Quelques jours après, il revint de nuit avec une armée nombreuse, et, avant l'aurore, fit soudain dresser son camp à la lueur des flambeaux, et le confia à d'intrépides guerriers. Il y établit pour chefs Raoul-le-Roux, Simon de Moulins, avec Gislebert d'Exmes, et plusieurs autres dont la valeur était éprouvée. Aussi le Roi avait en eux une grande confiance. Il les employa à contenir l'ennemi, et il reconquit le pays qui lui avait été enlevé.

Amauri, Eustache, Odon de Gomer, Gui de Malvoisin, et quelques autres vaillans chevaliers se tenaient à Paci, venaient visiter leurs frères d'armes avec beaucoup d'audace et de bravoure, les encourageaient par leurs communications, et inquiétaient fréquemment par de rudes attaques les troupes du camp royal.

Celles-ci, qui n'étaient jamais prises au dépourvu, parce qu'elles redoutaient continuellement les ruses de leurs ennemis, ne quittaient ni la cuirasse ni le casque, faisaient, comme des lions vaillans, face à toutes les attaques, et échangeaient de brillans coups de lance et d'épée. Comme personne ne voulait être vaincu par son adversaire, et que chacun desirait ardemment passer pour le plus brave, il succombait beaucoup de monde dans ces combats journaliers. Là, le chevalier Guillaume, fils de Roger de Saint-Laurent [1], fut tué, et son corps fut inhumé dans le cloître du martyr Saint-Victor [2]. Sa famille descendait des plus illustres barons du pays de Caux, et sa bravoure célèbre avait souvent eu l'approbation des principaux chevaliers du Talou. C'est ainsi que le fréquent exercice du cruel Mars répand beaucoup de sang, et que tant de gens éprouvent une vive douleur en voyant arracher cruellement la vie à la fleur de la jeunesse.

Le roi Louis assiégea le château de Dangu [3], et la valeur des Français pressa vivement Robert, qui le défendait. Enfin ce châtelain, par le conseil des amis qu'il avait parmi les assiégeans, mit le feu à la place, d'où il sortit en ne laissant à l'ennemi que des cendres. Dans la même semaine, Robert, à la tête des troupes de Gisors, fondit sur les Français, et leur enleva beaucoup de butin à Chaumont et dans les bourgs voisins. Cependant le roi de France se réjouit beau-

---

[1] Saint-Laurent-sur-Saanne, arrondissement d'Ivetot.

[2] Saint-Victor-en-Caux, de prieuré devenu abbaye en 1074; arrondissement de Dieppe.

[3] Arrondissement d'Andeli.

coup de l'incendie du château de Dangu; il assiégea Château-Neuf[1], que Guillaume-le-Roux avait bâti à Fuscelmont-sur-l'Epte; mais il n'obtint pas tout le succès qu'il desirait. En effet, Gaultier-Riblard résista vigoureusement avec les troupes que Henri lui avait confiées, et fit, par des décharges de traits, de cruelles blessures aux assiégeans. Au bout de quinze jours, Amauri envoya au roi Louis un courrier pour lui apprendre l'incendie d'Evreux, ainsi que d'autres calamités, et pour lui demander instamment un prompt secours. Le Roi, ayant appris ces nouvelles, se retira en toute hâte, et, mettant le feu aux huttes des soldats, il excita la joie de ses ennemis. Là Enguerrand de Trie, preux chevalier, fut blessé au sourcil; et quelques jours après, ayant perdu la raison, il mourut misérablement.

Sur ces entrefaites, le roi Louis effectua au plus vite sa retraite en France; il revint précipitamment d'Etampes en Normandie, et emmena avec lui quelques braves chevaliers. Le vingtième jour du mois d'août le roi Henri entendit la messe à Noyon-sur-Andelle, et marcha sur l'ennemi avec ses meilleures troupes pour faire une expédition, ignorant que le roi de France était alors arrivé à Andeli. Le roi d'Angleterre s'avança avec une brillante armée, fit couper les moissons autour d'Etrepagni par la main dévastatrice de ses hommes d'armes, et ordonna d'en transporter de grands paquets sur le dos des chevaux au château de Lions. Quatre chevaliers établis par le Roi

---

[1] Château sur l'Epte, qui fut bâti par Guillaume-le-Roux, comme il est dit ici, et non par Henri II comme le prétend Du Plessis dans sa *Description de la Haute-Normandie*.

sur la montagne de Verclive[1] étaient en sentinelle pour parer aux obstacles qui pourraient survenir. Voyant des chevaliers couverts de casques qui marchaient avec des drapeaux vers Noyon, ils en prévinrent aussitôt Henri.

Le même jour, le roi Louis sortit d'Andeli avec les troupes françaises, et se plaignit plusieurs fois à ses chevaliers de ce qu'on ne pouvait rencontrer le roi d'Angleterre en pleine campagne. Ne sachant pas que ce monarque était si voisin, Louis marchait en hâte avec une brillante troupe sur Noyon, parce qu'il se flattait d'obtenir ce jour même le château, au moyen d'une trahison concertée; mais la chose tourna bien différemment : la victoire ne favorisa pas les orgueilleux qui desiraient la guerre; elle abattit et mit en fuite ceux qui se flattaient des pompes du triomphe. Bouchard de Montmorenci et quelques autres hommes prudens conseillèrent à Louis de ne pas faire la guerre en Normandie; mais les habitans de Chaumont le forcèrent avec fureur de livrer bataille. De son côté, Guillaume-le-Chambellan essaya de détourner Henri du combat; mais Guillaume de Varenne et Roger de Bienfait l'excitèrent virilement. Alors on entendit publiquement de la bouche des messagers qui couraient de tous côtés, et par les rapports que la renommée répandait partout, que les deux rois étaient sortis avec leurs troupes, et que, s'ils le voulaient, ils pourraient en venir aux mains. Déjà les Français s'étaient approchés de Noyon, et avaient brûlé le couvent des moines de Boucheron, ce dont les Anglais eurent la preuve par la fumée qui montait dans les airs. Près de la montagne

[1] Près d'Écouis.

que l'on appelle Verclive, le champ est libre et présente une vaste plaine, que les habitans du pays appellent Brenmule[1]. Là, le roi Henri descendit avec cinq cents chevaliers anglais : ce belliqueux héros prit son armure, et rangea habilement ses bataillons couverts de fer. Là, se trouvèrent ses deux fils, Robert et Richard, illustres chevaliers, et trois comtes, Henri d'Eu, Guillaume de Varenne, et Gaultier-Giffard. Roger, fils de Richard, et Gaultier d'Aufai, son cousin, Guillaume de Tancarville, Guillaume de Roumare, Néel d'Aubigni, et plusieurs autres accompagnaient le Roi, tous comparables aux Scipion, aux Marius et aux Caton, censeurs de Rome, parce que, comme l'événement le prouva, ils étaient éminemment remarquables par leur prudence et leurs prouesses guerrières. Edouard de Salisbury porta l'étendard, vaillant guerrier dont la vigueur était célèbre par les preuves qu'il en avait données, et doué d'une constance à persévérer jusqu'à la mort. Dès que le roi Louis vit ce qu'il avait si long-temps desiré, il manda quatre cents chevaliers qu'il pouvait à l'instant avoir à sa disposition ; il leur ordonna de se battre bravement pour la défense de l'équité et pour l'indépendance du royaume, afin que la gloire des Français ne fût pas exposée à déchoir par leur faute. Là, Guillaume-Cliton, fils de Robert, duc des Normands, s'arma pour délivrer son père de sa longue captivité, et pour conquérir l'héritage de ses aïeux.

Matthieu, comte de Beaumont, Gui de Clermont, Osmond de Chaumont, Guillaume de Garlande, chef

---

[1] *Brenmula*, et non pas *Brennevilla* (*Brenneville*), comme on a imprimé.

de l'armée française, Pierre de Maulle, Philippe de Monbrai et Bouchard de Montmorenci se disposèrent au combat. Quelques Normands, entre autres Baldric de Brai et Guillaume Crépin, se réunirent aux Français. Tous, enflés d'orgueil, se rassemblèrent à Brenmule, et se disposèrent à livrer vaillamment bataille aux Normands.

Les Français commencèrent dans cette bataille à porter vigoureusement les premiers coups; mais, comme ils s'avancèrent sans ordre, ils furent vaincus, et rompus promptement, ils tournèrent le dos. Richard, fils du roi Henri, et cent chevaliers bien montés, s'étaient disposés pour le combat. Le reste, composé de gens de pied, combattait avec le Roi dans la plaine. Sur le premier front, Guillaume Crépin et quatre-vingts cavaliers chargèrent les Normands; mais leurs chevaux ayant été tués aussitôt, ces guerriers furent enveloppés et faits prisonniers. Ensuite Godefroi de Sérans et les autres seigneurs du Vexin attaquèrent vaillamment, et forcèrent un moment tout le corps de bataille à reculer. Mais les guerriers de Henri, endurcis aux combats, reprirent force et courage; ils prirent Bouchard, Osmond, Albéric de Mareuil [1], et plusieurs autres Français qui avaient été renversés de leurs chevaux. A cette vue, les Français dirent au Roi : « Quatre-vingts de nos
« chevaliers, qui nous ont précédés, ne reparaissent
« pas; les ennemis l'emportent sur nous en nombre
« et en force. Déjà Bouchard, Osmond et plusieurs
« autres braves guerriers sont prisonniers, et nos
« bataillons, rompus en grande partie, ont perdu
« beaucoup de monde. Faites donc retraite, nous vous

[1] Ou de Marolles; *de Marolio*.

« en prions, seigneur, de peur qu'il ne nous arrive
« une perte irréparable. »

A ces mots, Louis consentit à la retraite, et s'enfuit au galop avec Baldric-du-Bois. Cependant les vainqueurs prirent cent quarante chevaliers, et poursuivirent le reste jusqu'aux portes d'Andeli. Ceux qui étaient venus avec pompe par une seule route s'enfuirent avec confusion par plusieurs sentiers détournés. Guillaume Crépin entouré avec les siens, comme nous l'avons dit, ayant aperçu le roi Henri, qu'il haïssait violemment, courut à lui à travers la mêlée, et lui porta à la tête un cruel coup d'épée ; mais la tête du prince fut préservée par le chevet de son haubert. Aussitôt, Roger, fils de Richard, atteignit le téméraire aggresseur, le renversa, le prit, et, le tenant sous lui, le défendit, pour l'empêcher d'être tué par les amis du Roi, qui l'entouraient et voulaient venger leur prince. Il fut assailli par beaucoup de gens, et ce ne fut pas sans peine que Roger le sauva. C'était une entreprise audacieuse et criminelle que de lever le bras et de frapper avec l'épée sur une tête qui avait été ointe du saint-chrême, par le ministère d'un pontife, et qui portait le royal diadème, à la grande satisfaction des peuples qui, dans leur reconnaissance, chantaient les louanges de Dieu.

Dans ce combat de deux rois, où se trouvèrent près de neuf cents chevaliers, j'ai découvert qu'il n'y en eut que trois de tués. En effet, ils étaient complètement couverts de fer ; ils s'épargnaient réciproquement, tant par la crainte de Dieu qu'à cause de la fraternité d'armes ; et ils s'appliquaient bien moins à tuer les fuyards qu'à les prendre. Il est vrai que les guerriers chrétiens n'étaient pas altérés du sang de leurs frères, et qu'ils s'applaudissaient, dans un triomphe loyal, accordé par Dieu même, de combattre pour l'utilité de la sainte Eglise et le repos des fidèles. Là, furent pris, comme nous l'avons dit, le vaillant Gui, Osmond, Bouchard, Guillaume Crépin et plusieurs autres : le même jour, ils furent conduits à Noyon-sur-Andelle par les corps qui y retournèrent. Noyon est à trois lieues d'Andeli ; et, dans ce temps-là, à cause de la fureur des guerres, toute cette contrée était déserte. Au milieu de cette plaine, les princes se réunirent tout à coup. On entendit retentir les cris affreux des combattans, résonner le choc éclatant des armes, et tomber horriblement les plus nobles barons.

Le roi des Français, seul dans sa fuite, erra au milieu de la forêt, où un paysan qui ne le connaissait pas le rencontra par hasard. Le Roi le pria instamment, et sur la foi du serment lui fit de grandes promesses, pour qu'il lui enseignât le plus court chemin qui conduisait à Andeli, et lui offrit de grandes récompenses pour qu'il l'y accompagnât. Assuré d'une récompense considérable, le paysan y consentit. Il conduisit à Andeli le prince tout tremblant, qui craignait autant de rencontrer des voyageurs qui pouvaient le trahir, que d'être poursuivi par des ennemis qui l'eussent fait prisonnier. Enfin, le paysan voyant accourir d'Andeli, avec empressement, la garde du Roi au devant de ce prince, faisant peu de cas de la somme qu'on lui donna, et, maudissant sa sottise, s'affligea beaucoup, quand il connut combien il avait perdu pour avoir ignoré quel était celui qu'il conduisait.

Le roi Henri acheta vingt marcs d'argent l'étendard du roi Louis, d'un soldat qui s'en était emparé, et le garda en témoignage de la victoire que le Ciel lui avait accordée. Le lendemain il renvoya au roi Louis son cheval avec sa selle et son frein, et tout son harnais, comme il convenait à un monarque. De son côté, Guillaume Adelin fit reconduire à Guillaume Cliton, son cousin, son palefroi, qu'il avait perdu la veille dans la bataille; et, d'après l'avis prudent de son père, il lui fit passer plusieurs autres présens nécessaires à un exilé. Cependant Henri dispersa les prisonniers dans différentes places; il fit grâce entière à Bouchard, à Hervei de Gisors et à quelques autres, parce qu'ils étaient vassaux des deux rois, et il leur rendit la liberté. L'illustre Gui de Clermont resta malade à Rouen, où il mourut au grand regret du Roi qui gardait en prison ce vaillant guerrier. Quant à Osmond, ce méchant vieillard fut relégué à Arques; et là, comme il le méritait, il fut jusqu'à la paix lié et enchaîné. On racontait son infamie jusqu'en Illyrie, car il protégeait les voleurs et les brigands, pour qu'ils multipliassent leurs attentats. Il dépouillait les voyageurs et les pauvres, les veuves, les moines sans défense et les clercs, et il n'avait pas honte de les tourmenter de toutes manières.

Pierre de Maulle et quelques autres fuyards jetèrent les marques qui pouvaient les faire reconnaître, et, se mêlant adroitement à ceux qui les poursuivaient, poussèrent avec eux des cris de victoire, et, dans de feintes louanges, célébrèrent la magnanimité de Henri et des siens. Le jeune Robert de Courci poursuivit les Français jusque dans Andeli, et fut fait prisonnier par ceux qui se trouvaient avec lui et qu'il croyait ses compagnons. Ce fut le seul Normand qui fut pris, et non comme un lâche; car, seul dans la ville de l'ennemi, il fut enveloppé par beaucoup de monde et renfermé dans une prison.

Le bruit du malheur qui était arrivé en Normandie aux Français se répandit partout, et, dans toutes les provinces en deçà des Alpes, fut un sujet de tristesse ou de joie. Les orgueilleux en rougissaient; les braves qui s'étaient trouvés à la bataille cherchaient différens prétextes pour se défendre des railleurs, et, suivant les circonstances, proféraient divers mensonges pour excuser leur affront.

Le roi Louis retourna à Paris, fort triste d'avoir perdu cent quarante chevaliers qu'il avait conduits si gaîment à Noyon. Amauri, qui n'avait pas assisté au combat, alla le visiter pour le consoler; et, comme le monarque se plaignait de la fuite ainsi que de la prise des siens, et qu'il racontait différentes choses, Amaury lui parla en ces termes : « Que mon seigneur « ne s'afflige pas de cet événement malheureux; car « telles sont les vicissitudes de la guerre, et elles ont « souvent frappé les grands et les plus célèbres géné- « raux. La fortune tourne comme une roue : celui « qu'elle éleva subitement tombe en un instant, tan- « dis qu'au contraire elle relève, par l'espérance et « mieux qu'auparavant, celui qui fut renversé et « foulé aux pieds. Maintenant donc, à la vue des ri- « chesses de la France, rassemblant vos forces im- « menses, levez-vous, et profitez du conseil salutaire « que je vais vous donner pour réparer l'échec fait à « notre gloire et à notre puissance. Que les évêques,

« les comtes et les autres seigneurs de vos Etats se
« réunissent autour de vous; que les prêtres avec tous
« leurs paroissiens vous accompagnent où vous l'or-
« donnerez, afin qu'une armée composée du commun
« peuple exerce une commune vengeance sur les en-
« nemis publics. Quant à moi, qui n'ai point fait par-
« tie de votre dernière expédition, je me réunirai à
« vous avec mes vassaux; je vous fournirai mes con-
« seils et l'assistance de toutes mes terres. Je pos-
« sède une maison fortifiée à Cintrai[1], où m'atten-
« dent Gaulchelin du Thennei, ainsi que d'autres
« guerriers fidèles, qui défendent le pays voisin con-
« tre la garnison de Breteuil. C'est là que nous nous
« réunirons en sûreté, pour aller attaquer Breteuil
« dans le cœur de la Normandie. Si nous pouvons
« le prendre, nous le rendrons à Eustache qui, pour
« avoir défendu notre cause, en a été dépouillé.
« Raoul de Conches, mon neveu, se réunira à nous
« avec tous ses vassaux, et nous offrira ses forteresses.
« En effet, il possède les châteaux importans de Con-
« ches, de Toëni, de Portes et d'Aquigni; il a, sous
« sa main, de preux barons qui, par son seul con-
« cours, augmenteront considérablement le nombre
« de nos soldats. En ce moment il est resserré dans
« Breteuil, et, s'il ne vient pas à notre secours, c'est
« qu'il n'ose le faire, de peur que ses terres ne soient
« aussitôt dévastées. » A ces mots, le Roi, plein de
joie, résolut de suivre les conseils que lui donnait le
seigneur dont nous avons parlé. En conséquence, il
expédia de rapides courriers, et fit passer son ordon-

[1] Arrondissement d'Evreux.

nance aux évêques. Ceux-ci obéirent avec empressement, et frappèrent d'anathême les prêtres de leurs diocèses, ainsi que leurs paroissiens, s'ils ne s'empressaient pas, au temps prescrit, de suivre le Roi dans son expédition, et de réunir toutes leurs forces pour écraser les Normands rebelles.

D'après ces mesures, les peuples de la Bourgogne et du Berri, de l'Auvergne et du Senonois, de l'Ile-de-France et d'Orléans, du Vermandois et du Beauvaisis, du Laonnois et du Gâtinais, et plusieurs autres, accoururent avidement, comme des loups à la proie, et, à peine sortis de leurs demeures, ils se mirent à piller tout ce qu'ils purent dans leur pays même. Cette multitude sans frein aspirait insatiablement au brigandage, dépouillait sans respect sur sa route les églises, et traitait en ennemis les moines et les clercs du voisinage. La justice du prince était sans force contre ces scélérats; la rigueur des évêques était alors tout-à-fait engourdie, et chacun faisait impunément tout ce que par hasard ses caprices lui suggéraient. L'évêque de Noyon, celui de Laon, et plusieurs autres assistèrent à cette expédition, et, à cause de la haine qu'ils portaient aux Normands, ils permirent à leurs gens de commettre toutes sortes de forfaits. Ils semblèrent même employer l'autorité divine à permettre la violation des saints lieux, afin de grossir ainsi leurs troupes, qu'ils flattaient de toutes manières, et de les animer contre l'ennemi, en les autorisant à faire le bien comme le mal.

Sur ces entrefaites, le roi Louis conduisit à Breteuil de nombreuses troupes venant de Péronne et de Nesle, de Noyon et de Lille, de Tournai et d'Arras, de Gournai et de Clermont [1], et de toutes les provinces de la France et de la Flandre, pour rendre à Eustache ce qu'il avait perdu, et rétablir dans leurs anciens biens les autres seigneurs qui partageaient l'exil de Guillaume-l'Exilé [2]. Raoul-le-Breton alla hardiment avec ses troupes au devant de l'ennemi ; il le reçut vaillamment en combattant, et lui fit beaucoup de mal en portant des coups cruels de lance et d'épée. Il fit ouvrir toutes les places du château ; mais, malgré cette facilité qu'il offrait, aucun ennemi ne fut assez hardi pour entrer, parce que l'étonnante valeur des assiégés le repoussa efficacement. On se battait avec opiniâtreté aux trois portes, et de part et d'autre tombaient fréquemment d'intrépides guerriers.

Le roi des Anglais, ayant appris la nouvelle entrée des Français en Normandie, envoya au secours de Raoul de Guader son fils Richard, avec deux cents chevaliers, dont il fit éclairer la marche par Raoul-le-Roux et Rualod d'Avranches, guerriers habiles et vaillans. Pendant que l'on combattait vivement de part et d'autre, l'armée du Roi survint : à sa vue, le courage des Français, déjà fatigués, vint à manquer. L'illustre Raoul courait d'une porte à l'autre, et changeait souvent d'armure pour n'être pas reconnu : il renversa ce jour-là plusieurs guerriers fameux, et les ayant précipités de leurs chevaux, il donna généreusement leurs montures à ceux de ses compagnons qui en manquaient, et mérita ainsi par ses prouesses d'être loué dans tous les siècles parmi les plus vaillans chevaliers.

[1] Clermont-en-Beauvaisis. — [2] *Pro Guillelmo exule exulabant.*

Un Flamand, vaillant et beau, renversa Raoul-le-Roux, Luc de La Barre [1], et plusieurs autres vaillans chevaliers. Il emmena leurs chevaux avec toute l'arrogance de l'orgueil; mais il n'eut pas l'habileté de prévoir le triste sort qui l'attendait prochainement. Il attaqua l'invincible Breton sans beaucoup de précaution, comme s'il eût été un homme du commun; mais il fut aussitôt par lui blessé mortellement, tomba, fut pris en présence de beaucoup de monde, et, au bout de quinze jours, mourut dans les prisons de Breteuil.

Le roi des Anglais suivit avec une grande armée son fils Richard et les autres guerriers qu'il avait envoyés en avant : il se disposa à combattre de nouveau contre plusieurs milliers de Français, s'il les rencontrait sur ses terres. Ceux-ci, qui s'étaient flattés d'emporter la place par un long siége, voyant ce même jour tromper l'espérance qui les avait amenés pleins d'orgueil, retournèrent en France, repoussés avec honte et dommage. Dieu, par un jugement équitable, chassa les prêtres honteusement, les accabla de terreur, de pertes, de deuil et de confusion, pour avoir impudemment livré à la profanation de brigands avides et immondes les lieux saints qu'ils devaient protéger par les censures ecclésiastiques.

Alors Guillaume de Chaumont, gendre du Roi, et plusieurs autres jeunes orgueilleux, irrités de n'avoir rien gagné à Breteuil, se portèrent, au nombre de près de deux cents, au château de Tillières pour y trouver quelque butin ou y exécuter quelques beaux faits d'armes. Mais Gislebert, châtelain de Tillières,

---

[1] Arrondissement de Bernai.

se tenait avec des soldats cachés en embuscade, et il surveillait tous les chemins, de peur que les brigands ne dévastassent ses terres. A l'arrivée des Français, il s'élança tout à coup de sa retraite, et fit prisonnier Guillaume, gendre du Roi, pour la rançon duquel il reçut deux cents marcs d'argent. Il prit aussi quelques gens de la suite de Guillaume, et mit le reste honteusement en déroute.

La France eut beaucoup à gémir en voyant rabattre ainsi l'orgueil de ses enfans, en se rappelant tant d'événemens malheureux qu'ils avaient soufferts récemment en Normandie, sujet fâcheux de reproches pour les contemporains et pour leur postérité. Le roi Henri, qui aimait la paix, fut comblé de bonheur; Dieu exauça avec clémence l'Église qui priait pour ce monarque, et lui accorda avec bonté de fréquentes victoires sur ses ennemis. La prospérité qui reparut, le favorisant agréablement, épouvanta vivement les brigands cruels, et imprima aux ennemis de la chose publique un amer repentir pour leurs séditions sans fruit.

Le 15 des calendes d'octobre (17 septembre), Richer de L'Aigle enleva de Cisei [1] Odon et tout le butin qu'il y trouva : c'était le même jour où le roi Louis s'était rendu devant Breteuil avec plusieurs milliers de soldats, et n'y avait trouvé que déshonneur et blessures. Ce jeune guerrier fit dans cette expédition une action digne d'une éternelle mémoire. Les paysans de Gacé et des villages circonvoisins s'étant mis à la poursuite des ravisseurs, cherchaient tous les moyens de reprendre ou de racheter leurs

[1] Arrondissement d'Argentan.

troupeaux ; aussitôt les chevaliers firent vivement volte-face, tombèrent sur eux, et s'attachèrent à la poursuite de ces gens, qui s'empressèrent de fuir. Comme ces paysans étaient désarmés, et ne pouvaient se défendre contre des hommes couverts de fer, et que d'ailleurs il ne se trouvait à leur proximité aucun fort où ils pussent se retirer, ils découvrirent sur le bord du chemin une croix de bois, devant laquelle ils se prosternèrent tous en même temps. Richer les voyant dans cette attitude fut frappé de la crainte de Dieu, et, dans le tendre amour qu'il éprouvait pour le Sauveur, il respecta pieusement sa croix. C'est pourquoi il ordonna à sa troupe de ne faire aucun mal à tous ces malheureux effrayés, et de reprendre son chemin pour ne les gêner en rien. Ainsi ce noble personnage, par la crainte du Créateur, épargna près de cent villains, desquels il eût pu tirer une forte rançon, s'il avait eu la témérité de les prendre. Dans la même semaine, il se réconcilia avec le roi Henri, par l'entremise de son oncle Rotrou, et recouvra tous les biens de son père en Angleterre et en Normandie. Le roi Henri se rendit ensuite avec son armée dans le pays d'Ouche, et marcha vers ses ennemis qui occupaient Glos et Lire. Alors, Roger fils de Guillaume, qui avait pour père Barnon, siégeait au prétoire de Glos, et Rainauld du Bois était châtelain de Lire. Quand ils eurent vu que la valeur du Roi renversait tous les obstacles, et qu'Eustache ainsi qu'Amauri ne venaient point à leur secours, ils eurent un entretien avec Raoul, qui était leur voisin ; par son entremise, ils firent une paix avantageuse avec Henri, et lui rendirent leurs châteaux, qu'ils avaient long-temps conservés avec fidélité. Le Roi les remit à Raoul de Guader ; et, après avoir pacifié le pays d'Ouche, il retourna à Rouen où il rendit grâces à Dieu.

Sur ces entrefaites, Guader, qui soupçonnait Raoul de Conches, et qui ne pouvait se rendre sur ses terres au-delà de la Seine sans passer par celles de ce comte, lui donna, de l'avis du Roi, le Pont-Saint-Pierre [1] et toute la vallée de Pitres [2], pour lui être fidèle, et défendre de tous ses efforts le duché contre les ennemis publics. Raoul-le-Roux obtint les revenus de Glos, resta attaché au Roi dans beaucoup de circonstances, et donna lieu de penser qu'il continuerait de l'être.

Au milieu d'octobre, le pape Calixte vint à Rheims avec les cardinaux ; y étant resté quinze jours, il tint un concile, et s'occupa habilement des affaires de l'Eglise avec les pasteurs du troupeau de Jésus-Christ. Il s'y trouva quinze archevêques, plus de vingt évêques, avec beaucoup d'abbés et autres dignitaires ecclésiastiques. Par l'ordre du pape appelés de l'Italie et de l'Allemagne, de la France et de l'Espagne, de la Bretagne et de l'Angleterre, des îles de l'Océan et de toutes les contrées occidentales, ces prélats se réunirent pour l'amour du Sauveur, disposés à obéir de bonne grâce à ses commandemens. L'archevêque de Mayence se rendit avec sept prélats au concile de Rheims, où une troupe de cinq cents chevaliers veilla à leur sûreté. A leur arrivée, le pape fut comblé de joie, et envoya amicalement au devant d'eux Hugues, comte de Troyes, avec une troupe de chevaliers.

---

[1] Sur la rive gauche de l'Andelle. — [2] *Pistæ*, aujourd'hui Pitres, lieu autrefois fameux près du Pont-de-l'Arche.

Le roi des Anglais permit aux prélats de son royaume d'aller au concile; mais il leur défendit positivement d'élever aucune espèce de plainte. Voici le discours qu'il leur tint : « Je rendrai sur mes terres justice en-
« tière à qui me la demandera : je paie chaque année
« à l'Eglise romaine les tributs que mes ancêtres ont
« établis; mais en même temps je retiens les droits
« qui m'appartiennent depuis les temps anciens. Al-
« lez, saluez de ma part notre seigneur le pape;
« bornez-vous à écouter humblement les préceptes
« apostoliques; mais gardez-vous d'introduire dans
« mon royaume des innovations superflues. »

Le concile fut tenu dans l'église métropolitaine. Là, le pape chanta la messe le 14 des calendes de novembre (19 octobre), et consacra Turstin de Bayeux, archevêque d'York; il lui donna le privilége de n'être attaché à la métropole de Cantorbéry que comme co-évêque, et non pas comme suffragant. Le dimanche suivant, il bénit Frédéric, frère d'Herman, comte de Namur, comme évêque de Liége : ce prélat mourut au bout de trois ans empoisonné par ses rivaux, et, dans ce moment, il jette heureusement un grand éclat par les miracles qui s'opèrent sur son tombeau.

On plaça dans l'église Sainte-Marie, vis-à-vis du crucifix, le 12 des calendes de novembre (21 octobre), les chaires des évêques; et chaque métropolitain y prit place à son rang, selon que son siége avait été anciennement établi par le pontife romain. Raoul, surnommé le Vert, archevêque de Rheims, Leotheric de Bourges, Humbert de Lyon, Goisfred de Rouen, Turstin d'York, Daïmbert de Sens et son successeur Hildebert du Mans, Baudri de Dol, et huit autres archevêques avec leurs suffragans et les députés des absens, ainsi qu'un grand nombre d'abbés, de moines et de clercs, donnèrent par avance une idée du jugement dernier, à propos duquel Isaïe, qui le voyait en esprit et le montrait comme du doigt, s'écrie avec crainte et joie : « Le Seigneur viendra « juger avec les vieillards et les princes du peuple. »

Au haut de l'assemblée était placé le siége apostolique en face des portes de l'église. Après la messe, le pape Calixte prit séance, et, en première ligne, devant lui se placèrent les cardinaux Conon, évêque de Palestrine, Boson de Porto, Lambert d'Ostie, Jean de Crémone, et Haton de Viviers. Ces cardinaux discutaient les questions plus habilement que qui que ce soit, et, pénétrés d'une admirable érudition, répondaient sans hésiter. Le diacre Chrysogon, revêtu d'une dalmatique, assistait le pape, portait à la main les saints canons, et était toujours disposé à expliquer les maximes authentiques des anciens, selon que le cas l'exigeait. Six autres ministres, portant des tuniques ou des dalmatiques, étaient debout autour du pape, et souvent faisaient faire silence, quand les discussions étaient trop tumultueuses. D'abord, après la procession et les oraisons à voix haute, le pape se mit à expliquer en latin simplement et saintement l'Evangile dans lequel Jésus ordonne à ses disciples de le précéder au-delà de la mer. Il développa éloquemment comment il s'éleva vers le soir un vent contraire, et comment le vaisseau de la sainte Eglise est exposé à de grands dangers sur les flots de ce monde, et se trouve agité par les tempêtes des tentations et des tribulations. Mais le souffle cruel des impies s'apaise soudain à la visite du Sauveur, et les enfans de la paix recouvrent la tranquillité qu'ils desirent. Quand le pape eut fini son sermon, le cardinal évêque Conon se leva, et entretint éloquemment les saints abbés sur les soins qu'ils doivent avoir de leur troupeau. Il tira du livre de la Genèse les paroles de Jacob qu'il cita de mémoire ; il déclara que les prélats de l'Eglise devaient avoir spirituellement un soin pareil à celui que Jacob portait aux troupeaux de son oncle Laban.

Le roi Louis entra au concile avec les principaux seigneurs de France. Il monta au consistoire, où le Pape, assis, était élevé au-dessus de toute l'assemblée, et exposa les motifs de sa plainte. Ce prince était éloquent, d'une grande taille, pâle et replet. « Je viens, « dit-il, seigneur pape, à cette sainte réunion avec « mes barons, pour vous demander un conseil ; je « vous prie, seigneur, de m'écouter. Le roi des An- « glais, qui long-temps fut mon allié, m'a fait, ainsi « qu'à mes sujets, beaucoup de vexations et d'in- « jures. Il a envahi avec violence la Normandie qui « relève de mon royaume ; et il a traité détestable- « ment, contre tout droit et justice, Robert duc des « Normands. Ce prince, qui n'est pas seulement mon « vassal, mais qui est son frère et son seigneur, il l'a « vexé de toutes manières ; il l'a enfin fait son pri- « sonnier, et l'a retenu jusqu'à ce jour dans une « longue captivité. Voici qu'il a dépouillé et banni à « jamais le fils du duc, Guillaume Cliton, qui se pré- « sente ici devant vous avec moi. J'ai réclamé, par « l'entremise des évêques, des comtes et d'autres

« personnes notables, la remise du duc prisonnier;
« mais je n'ai pu rien obtenir de Henri à cet égard. Il
« a fait arrêter dans sa cour, fait charger de fers, et
« resserrer jusqu'à ce jour dans une cruelle prison,
« Robert de Bellême mon ambassadeur, qui lui por-
« tait mon message. Le comte Thibaut est mon vas-
« sal, et il s'est méchamment révolté contre moi par
« l'instigation de son oncle. Fier de ses richesses et
« de sa puissance, il a pris les armes contre moi;
« infidèle à ses obligations, il m'a fait une guerre
« atroce, et a troublé mon royaume au détriment gé-
« néral. Il a pris et retient jusqu'à ce jour dans ses
« prisons le bon et loyal Guillaume, comte de Nevers,
« que vous connaissez parfaitement, enlevé au mo-
« ment où il revenait d'assiéger le château d'un vo-
« leur excommunié, qui en avait fait une caverne de
« brigands et la retraite du diable. Les pieux prélats
« s'étaient opposés avec raison aux entreprises de
« Thomas de Marle, auteur des séditions de toute la
« province. C'est pourquoi ils m'avaient engagé à as-
« siéger cet ennemi public des voyageurs et des hon-
« nêtes gens; ils s'étaient réunis à moi et aux barons
« loyaux de la France pour réprimer les scélérats,
« et, pour la cause de Dieu, ils combattaient avec
« toute l'armée chrétienne. C'est en revenant de ce
« siége pacifiquement et avec ma permission, que le
« chevalier, dont il est question, a été fait prisonnier;
« et il se trouve retenu jusqu'à ce jour par le comte Thi-
« baut, quoique, de ma part, beaucoup de seigneurs
« aient souvent demandé avec prières la liberté du
« comte de Nevers, et que toutes les terres de Thi-
« baut aient été frappées d'anathême par les évêques. »

Quand le Roi eut dit ces choses et d'autres semblables, et que les Français de l'assemblée eurent affirmé la vérité de son discours, Goisfred, archevêque de Rouen, se leva avec les évêques et les abbés ses suffragans, et se mit à répondre convenablement pour le roi des Anglais. Mais, ses adversaires ayant fait beaucoup de bruit, il ne put se faire entendre, parce qu'il y avait là un grand nombre d'ennemis auxquels déplaisait la défense du prince victorieux. Cependant Hildegarde, comtesse de Poitou, s'avança avec ses gens, et expliqua éloquemment, d'une voix élevée et sonore, les motifs de sa plainte, que tout le concile écouta avec attention. Elle dit qu'elle avait été délaissée par son mari, qui lui avait substitué au lit conjugal Malberge, femme du vicomte de Chatelleraut. Le pape ayant demandé si, d'après son ordonnance, le comte de Poitiers était arrivé au concile, Guillaume, évêque de Saintes, jeune prélat très-éloquent, et plusieurs évêques et abbés d'Aquitaine se levèrent, et excusèrent leur duc, assurant qu'il s'était mis en route pour s'y rendre, mais qu'il avait été retenu en chemin par la maladie. Pour cette cause, le pape admit l'excuse, accorda un délai, fixa un terme certain, afin que le comte vînt plaider à la cour du pape, et reprît sa femme légitime ou subît une sentence d'anathême pour l'avoir injustement répudiée.

Ensuite, Audin-le-Barbu, évêque d'Evreux, fit une réclamation contre Amauri, pour l'avoir honteusement expulsé, et avoir abominablement incendié son évêché. Aussitôt le chapelain d'Amauri eut l'audace de se présenter pour répondre publiquement, et de-

vant toute l'assemblée traita positivement l'évêque de menteur. « Ce n'est point Amauri, dit-il, mais votre
« méchanceté, qui vous a chassé de votre siège, et
« qui a brûlé l'évêché d'Evreux. En effet, l'homme
« que le roi Henri avait dépouillé pour satisfaire
« votre fallacieuse perversité, a recouvré le bien qui
« lui était dû, comme un vaillant chevalier fort de
« ses armes et de ses amis. A la vérité, ce monarque
« assiégea Evreux avec beaucoup de troupes : d'après
« vos ordres, il y mit le feu, et brûla toutes les églises
« et les maisons. Après avoir commis tant de dom-
« mages, il se retira sans avoir pu réduire la citadelle
« ni la ville. Que cette sainte assemblée voie et juge
« qui, d'Audin ou d'Amauri, est le plus coupable
« de l'incendie des églises. »

Comme les Français protégeaient Amauri contre les Normands, il y eut de part et d'autre une vive altercation. Enfin, le silence s'étant rétabli, le pape parla en ces termes : « Mes très-chers frères, ne dis-
« putez pas ainsi, je vous prie, en multipliant les
« discours ; mais, en vrais enfans de Dieu, cherchez
« la paix de tous vos efforts. Le Fils de Dieu n'est-il
« pas descendu du ciel pour nous donner la paix ? Il
« a, dans sa clémence, pris un corps humain dans
« le sein immaculé de la Vierge-Marie, afin de cal-
« mer avec bonté la guerre mortelle qui provenait
« des crimes de notre premier père, afin de s'éta-
« blir le médiateur de cette paix entre le Créateur et
« l'homme, et de réconcilier ensemble la nature angé-
« lique et la nature humaine. Nous tous, qui sommes
« ses vicaires parmi le peuple, nous devons l'imiter
« en toutes choses. Faisons tous nos efforts pour pro-

« curer la paix et le salut à ses membres, puisque
« nous sommes les ministres et les dispensateurs des
« ordres de Dieu. En effet, j'appelle membres du
« Christ les peuples chrétiens, qu'il a rachetés au prix
« de son sang. Placé dans les troubles du monde, au
« milieu du tumulte des guerres, qui peut dignement
« contempler les choses spirituelles, ou convenable-
« ment méditer la loi divine? Les séditions guer-
« rières amènent l'agitation et la dissolution des peu-
« ples, et les forcent d'errer mortellement dans les
« voies du crime. Elles violent les églises, profa-
« nent les choses sacrées, et accumulent sans res-
« pect toutes sortes de forfaits : elles troublent vio-
« lemment le clergé, et le distraient en toute manière
« de l'étude de la religion ; elles effrayent ceux qui
« s'attachent au culte divin ; elles leur causent crimi-
« nellement des chagrins, et les découragent par la
« terreur, en ne leur permettant pas de savoir ce
« qu'ils doivent faire. Elles confondent et détruisent
« la discipline régulière, et précipitent dans toutes
« sortes de crimes ceux qui l'ont abandonnée. Aussi
« la sévérité ecclésiastique s'est relâchée, une disso-
« lution mortelle est partout répandue. et la pudeur
« de la chasteté est déplorablement exposée. La fu-
« reur du mal étend partout ses abominations, et
« journellement des phalanges de méchans sont misé-
« rablement précipitées dans les enfers. Nous devons
« donc partout, et en toutes choses, embrasser avec
« ferveur la paix que nous voyons seule capable de
« protéger les gens de bien ; nous devons la conserver
« sans cesse, la recommander à tous, et la prêcher
« autant par les paroles que par les exemples. Le

« Christ, lui-même, au moment de sa passion, la
« laissa à ses disciples, en leur disant : *Je vous*
« *laisse la paix; je vous donne ma paix.* Quand il
« ressuscita d'entre les morts, il la rappelait encore
« en disant : *Que la paix soit avec vous!* Aux
« lieux où elle règne, on trouve repos et sécurité,
« tandis que la douleur comme la tribulation écrase
« et tourmente ceux que la colère ronge et que la
« discorde aiguillonne. La paix est le doux et salu-
« taire lien des hommes qui habitent ensemble; elle
« est un bien général pour toute créature raison-
« nable. Unis par elle indissolublement, les habitans
« des cieux se réjouissent, tandis que les mortels
« négligent constamment de s'unir par un semblable
« nœud. Sans elle, les méchans inspirent et ressen-
« tent la crainte, et, sans jamais éprouver de sé-
« curité, sont troublés et s'affligent. Cette vertu
« donc, à laquelle j'aspire, dont je fais un grand
« éloge, d'après l'autorité des saintes Ecritures, et
« parce qu'elle tourne généralement à l'avantage pu-
« blic, je travaillerai à la chercher de tous mes ef-
« forts, et, avec l'aide du Créateur, à la propa-
« ger dans toute son Eglise. Je prescris d'observer
« la trêve de Dieu, de même que le pape Urbain,
« de sainte mémoire, l'établit au concile de Cler-
« mont; je confirme, en vertu de l'autorité de Dieu,
« de l'apôtre saint Pierre et de tous les saints, les
« autres décrets qui furent à ce sujet publiés par les
« Pères. L'empereur des Allemands m'a mandé de
« me rendre à Pont-à-Mousson, pour y faire la paix
« avec lui, au plus grand avantage de l'Eglise notre
« sainte mère. J'irai donc pour m'occuper de la paix;

« j'emmenerai avec moi mes co-évêques de Rheims
« et de Rouen, et quelques autres de nos frères et
« de nos co-évêques que je crois plus propres que
« tous les autres à me servir dans cette discussion.
« J'ordonne aux autres prélats, tant évêques qu'ab-
« bés, de nous attendre ici jusqu'à notre retour avec
« l'aide de notre Créateur. Je recommande à tous
« de ne pas s'écarter, et je ne permets pas même à
« Goisfred, abbé de Saint-Thierri, de se retirer, quoi-
« que son monastère soit près d'ici. Priez pour nous,
« afin que Dieu, notre Seigneur, nous accorde un
« heureux voyage, et fasse, dans sa bonté, tourner
« tous nos efforts à la paix et à l'utilité de l'Église
« entière. A mon retour, j'examinerai soigneuse-
« ment, et le plus justement que je pourrai, vos ré-
« clamations et vos raisons, afin qu'avec l'aide de
« Dieu les membres de cette assemblée puissent re-
« tourner chez eux en paix et en joie. Ensuite j'irai
« trouver le roi des Anglais, mon fils spirituel, et
« mon cousin par les liens de la parenté; par mes
« prières et mes discours je l'engagerai, ainsi que
« le comte Thibaut, son neveu, et les autres dissi-
« dens, à rendre justice à tout le monde, et à la re-
« cevoir de tous pour l'amour de Dieu; à mettre un
« terme, selon la loi divine, à tout le tumulte des
« guerres, et à se réjouir dans la sécurité du repos
« avec les peuples qui leur sont soumis. Quant à
« ceux qui ne voudront pas céder à nos invitations,
« et qui persévéreront avec insolence dans leurs en-
« treprises contre le droit et le repos public, je les
« frapperai de la terrible sentence de l'anathême,
« s'ils ne viennent à résipiscence de leur méchan-

« ceté, et ne font une satisfaction canonique pour
« leurs crimes passés. »

A ces mots, l'assemblée des fidèles fut dissoute.

Le lendemain, jour du mercredi, le pape partit pour
Pont-à-Mousson avec une grande escorte; mais le dimanche suivant il revint à Rheims, accablé et malade qu'il était de fatigue et de crainte. Cependant
la multitude des magistrats attendit avec peine le retour du pape; car ceux qui, par son ordre, étaient
venus des contrées éloignées, n'ayant rien à faire à
Rheims, faisaient une dépense infructueuse, et négligeaient avec douleur le soin de leurs affaires. Enfin
le pape, à son retour, tint le concile pendant quatre
jours, et s'occupa de diverses affaires de l'Eglise.

Le jour du lundi, le pape ayant pris séance, Jean
de Crémone, prêtre savant et éloquent, se leva, et
expliqua en détail les événemens du voyage qu'il
avait entrepris. « Votre Sainteté, dit-il, sait que nous
« sommes allés à Pont-à-Mousson; mais, par suite
« des malheurs que nous avons éprouvés, nous n'a-
« vons rien fait d'avantageux. Nous sommes partis
« en hâte, mais nous sommes revenus plus vite en-
« core. En effet, l'Empereur s'est rendu au lieu in-
« diqué avec une grande armée; et, comme s'il eût
« voulu combattre, il avait avec lui près de trente
« mille soldats. Aussi, dès que nous nous en sommes
« aperçus, nous avons renfermé notre seigneur le
« pape dans le château dont nous avons parlé, et qui
« appartient au domaine de l'archevêque de Rheims;
« puis, nous rendant de là à l'entrevue fixée, nous
« l'avons empêché de sortir plusieurs fois, nous
« avons cherché à nous entretenir secrètement avec

« l'Empereur; mais bientôt, pour nous séparer du
« peuple et nous forcer de marcher avec lui, d'in-
« nombrables soldats, complices de ses projets et de
« sa fraude, nous ont enveloppés, et, ne cessant
« d'agiter leurs lances et leurs glaives, ils nous ont
« causé une grande terreur, car nous n'étions point
« venus disposés à la guerre; nous cherchions au
« contraire, désarmés que nous étions, à procurer la
« paix à toute l'Eglise. L'Empereur fallacieux usait de
« détours et de sophismes, il nous entretenait avec
« perfidie; mais il desirait surtout la présence du
« pape pour en faire son prisonnier. Ainsi nous avons
« passé tout un jour inutilement; mais nous lui avons
« habilement soustrait le Père des pères, nous rap-
« pelant avec quelle perfidie ce prince entra dans
« Rome, et, devant l'autel même, dans la basilique
« de l'apôtre Saint-Pierre, fit saisir le pape Pascal.
« Enfin la nuit obscure nous sépara, et chacun re-
« gagna sa tente. Comme nous craignions qu'il ne
« nous arrivât de plus grands malheurs, nous réso-
« lûmes de nous retirer, et même de fuir au plus vite.
« Nous avons en outre craint beaucoup que ce for-
« midable tyran ne nous poursuivît avec les nom-
« breuses légions qu'il menait avec lui. » C'est assez
parler de ces choses pour le présent.

L'archevêque de Cologne envoya au pape des députés et des lettres; puis, ayant fait sa soumission, il
conclut avec lui un traité de paix et d'amitié, et,
pour gage de ces sentimens, il rendit gratuitement
le fils de Pierre Léon qu'il avait en otage. En disant
ces choses comme un grand motif de joie et d'admirable satisfaction, il montra du doigt un jeune

homme noir et pâle, qui ressemblait plutôt à un Juif ou à un Sarrasin qu'à un Chrétien, vêtu d'ailleurs d'habillemens propres, mais hideux de corps. Les Français et plusieurs autres, le voyant placé près du pape, lui souhaitèrent toutes sortes d'affronts et une prompte ruine, à cause de la haine qu'ils portaient à son père, qu'ils regardaient comme un criminel usurier.

Ensuite l'archevêque de Lyon se leva avec ses suffragans, et commença à parler en ces termes : « L'é-
« vêque de Mâcon se plaint au saint concile de ce
« que Pons de Cluni l'accable, lui et son église, de
« dommages et d'injures ; de ce qu'il lui enlève vio-
« lemment ses églises, ses dîmes et les redevances
« qui lui appartiennent ; et de ce qu'il lui refuse les
« honneurs qui lui sont dus, et l'ordination de ses
« clercs. » Quand le primat de Lyon eut terminé sa plainte, beaucoup de prélats, de moines et de clercs le suivirent, et élevèrent de grandes réclamations pour les choses qu'on leur avait violemment enlevées, et pour les injustes usurpations qu'ils avaient eues à souffrir de la part de Cluni. Il y eut beaucoup de tumulte de la part de différentes personnes qui exprimèrent long-temps avec aigreur ce qu'elles avaient dans la pensée.

Enfin le silence s'étant rétabli, l'abbé de Cluni se leva avec un grand nombre de moines ; puis, dans une réponse concise, parlant d'une voix modeste et tranquille, il réfuta les plaintes de ses adversaires. C'était un illustre moine de Vallombreuse, fils du comte de Melgueil, filleul du pape Pascal, et élevé, par son ordre, parmi les religieux de Cluni. Il était

jeune, d'une taille médiocre, mais docile depuis l'enfance, ferme dans la vertu, et affable à ceux qui vivaient avec lui. Sa figure annonçait la candeur; comme nous l'avons dit, il se distinguait par ses mœurs et sa famille; il tenait par le sang aux rois et aux empereurs; il avait de la piété et de l'instruction: aussi, jouissant des prérogatives de tant de grâces, il se tenait ferme et inflexible contre ses adversaires. Attaqué dans le concile par de grandes clameurs, comme nous l'avons rapporté, il fit cette réponse: « L'église de Cluni n'est soumise qu'à l'Eglise ro-
« maine, et ne dépend que du pape: depuis qu'elle
« a été fondée, elle a obtenu des souverains pon-
« tifes des priviléges que les réclamans s'efforcent
« d'abolir et d'anéantir par la violence. Apprenez
« tous, bienheureux pères qui êtes ici présens,
« que mes frères et moi ferons tous nos efforts pour
« conserver les biens du monastère que nous avons
« reçus à cet effet, et dans le même état où le véné-
« rable Hugues et nos autres saints prédécesseurs
« les ont possédés. Nous n'avons fait tort ni injure
« à personne; nous n'avons point dérobé le bien
« d'autrui, et nous ne desirons en quoi que ce soit
« faire tort à personne. Parce que nous défendons
« avec fermeté ce qui, pour l'amour de Dieu, nous
« a été donné par les fidèles, on nous traite d'usur-
« pateurs, et on nous expose à souffrir injustement
« beaucoup d'opprobres. Tant de soins pénibles sur
« cet objet ne me concernent pas: que monseigneur
« le pape défende, s'il le veut, son église; qu'il pro-
« tége et garde les églises, les dîmes et les autres
« biens qu'il m'a confiés. »

Le pape ordonna d'ajourner au lendemain le jugement de tout ce qui avait été dit par les diverses parties. Le jour suivant, Jean de Crémone se leva et commença ainsi l'exorde de son discours : « Comme il est
« juste que notre seigneur le pape entende attenti-
« vement vos réclamations, et qu'il vous secoure sans
« feinte en toutes choses, ainsi qu'un père doit user
« à l'égard de ses enfans, et comme il doit, non pas
« une fois mais journellement, vous rendre de tels
« services, il convient et il est équitable aussi que
« lui-même possède quelques propriétés dans vos
« diocèses, et qu'il y ait soit une église, soit une
« maison, soit quelque autre possession, libres et
« franches, ou à son choix, ou provenant de l'of-
« frande des fidèles. »

Quand cette demande eut été accordée avec empressement par tout le monde, Jean poursuivit ainsi son discours : « Il y a deux cents ans et plus que le
« monastère de Cluni a été fondé; depuis le com-
« mencement de sa fondation, il fut donné au pape
« de Rome, qui, dans l'assemblée des cardinaux,
« en présence de beaucoup de juges de diverses di-
« gnités, lui accorda avec éclat d'utiles priviléges.
« On sait, et on le voit clairement dans les chartes,
« que Gérald d'Aquitaine bâtit sur son fief le monas-
« tère de Cluni, et que, se rendant à Rome, il le
« confia très-dévotement au pape, et qu'il ne voulut
« pas que cette démarche fût inutile, car il lui of-
« frit alors même douze pièces d'or, et décida que
« désormais on lui en paierait autant chaque année.
« Cette église n'a jusqu'à ce jour été soumise à aucun
« prince ou prélat autre que le pape; grâces au se-

« cours libéral de Dieu, ce couvent s'est heureuse-
« sement augmenté de terres et de religieux habi-
« tans : aussi la bonne odeur de leur louable réputa-
« tion s'est-elle fait sentir au loin et au large dans
« l'univers, et l'exemple de leur sainte piété est de-
« venu salutairement fécond pour ceux qui aspi-
« rent à une vie régulière. L'assemblée des moines
« élut un abbé selon la règle du saint père Benoît;
« elle envoya le nouvel élu, avec ses titres d'élec-
« tion, au pape, qui, selon les lois ecclésiastiques,
« le consacra et le bénit.

« Les fidèles croient et confessent que celui qui,
« par l'ordre de Dieu, gouverne le siége apostolique,
« a le pouvoir de lier et de délier. En effet, il est le
« vicaire de Pierre, prince des apôtres, auquel Dieu
« a dit : *Tu es Pierre, et sur cette pierre je bâti-*
« *rai mon église, et les portes de l'enfer ne prévau-*
« *dront pas contre elle; et je te donnerai les clefs du*
« *royaume des cieux, et tout ce que tu lieras sur la*
« *terre sera également lié dans les cieux.* Le siége
« apostolique est donc le gond et le chef de toutes
« les églises : il a donc été établi ainsi par le Seigneur
« et non par aucun autre. Comme la porte est gou-
« vernée par le gond, de même, d'après les dispo-
« sitions de Dieu, toutes les églises sont gouvernées
« par l'autorité du siége apostolique. Vous voyez que
« le fils de Dieu accorda au bienheureux Pierre de
« commander aux autres apôtres. C'est pourquoi il
« est appelé *Cephas*, parce qu'il est le chef et le pre-
« mier de tous les apôtres, et qu'il convient que les
« membres suivent l'impulsion donnée par la tête.
« Qui peut résister à celui que le Seigneur a revêtu

« d'une si grande puissance? Qui ose délier celui que
« Pierre a lié, ou lier celui qu'il a délié? En consé-
« quence, puisque l'abbaye de Cluni n'est soumise
« qu'au pape, et que ce pontife qui, par l'ordre de
« Dieu, est supérieur à tous sur la terre, lui accorde
« sa protection, l'autorité romaine confirme les pri-
« viléges de ce monastère, et, au nom de Dieu, dé-
« fend à tous les enfans de l'Eglise de le priver té-
« mérairement de son ancienne indépendance, de le
« dépouiller des propriétés qu'il a eues jusqu'à ce
« jour, et de l'accabler d'exactions extraordinaires.
« Qu'il possède en paix toutes ces choses, afin de pou-
« voir toujours tranquillement servir Dieu. »

En entendant ce discours de Jean, plusieurs prélats et d'autres personnages voisins de Cluni se levèrent en tumulte, et ne consentirent pas à ce qui
avait été dit avec fermeté par le cardinal, quoiqu'ils
n'osassent toutefois s'opposer ouvertement aux ordres du pape. Pendant la discussion, jaillissaient en
abondance des avis qui émanaient largement de la
source d'une féconde sagesse : mais je ne puis rapporter en détail tout ce qui se passa dans le concile.
D'habiles philosophes s'occupèrent avec un grand
talent des diverses affaires de l'Eglise, et donnèrent
librement de nombreuses instructions à leurs atten-
tifs auditeurs. Là, Girard d'Angoulême, Haton de
Viviers, Goisfred de Chartres et Guillaume de Châ-
lons tonnèrent avec plus d'éloquence que qui que ce
soit, et brillèrent, dignes d'envie, aux regards des
plus habiles maîtres et des plus ardens sectateurs de
la sagesse. On donna la nouvelle de la perte du car-
dinal-évêque de Frascati, mort récemment pendant

son voyage, et on lut une lettre de Clémence, sœur du pape, en faveur de son fils Baudouin, comte de Flandre. Pour ces illustres défunts et pour tous les fidèles trépassés, le pape affligé pria Dieu de concert avec la vénérable assistance.

Le dernier jour du concile, l'évêque de Barcelone, homme de petite taille et maigre, mais distingué par sa science, son éloquence et sa piété, prononça un élégant et docte sermon sur la dignité des rois et des prêtres : tous ceux qui purent l'entendre l'écoutèrent avec une grande avidité. Alors le pape avec douleur excommunia Charles Henri, empereur, ennemi de Dieu, et l'anti-pape Burdin, ainsi que leurs fauteurs; il leur associa d'autres scélérats qui, souvent repris en public, étaient restés sans s'amender; et, jusqu'à ce qu'ils fussent venus à résipiscence, il les frappa aussi de l'anathême. Enfin il ordonna de publier les décrets du concile de Rheims. Jean de Crémone, d'après la décision des cardinaux, les rédigea. Jean de Rouen, moine de Saint-Ouen, les écrivit, et Chrysogon, diacre de la sainte Eglise romaine, les lut à haute et intelligible voix. Voici le texte de ce décret :

« D'après le jugement du Saint-Esprit, et en vertu
« de l'autorité du siége apostolique, nous confirmons
« ce qui a été statué par les décisions des saints Pères
« relativement au crime de la simonie. En consé-
« quence, si quelqu'un vend ou achète, soit par lui-
« même, soit par une personne commise par lui, un
« évêché, une abbaye, un doyenné, un archidiaco-
« nat, une cure, une prévôté, une prébende, un
« autel, ou quelque autre bénéfice ecclésiastique,

« des promotions, des ordinations, des consécra-
« tions, des dédicaces d'églises, la tonsure cléricale,
« un siége dans le chœur ou toute autre dignité ec-
« clésiastique, il sera, tant le vendeur que l'acheteur,
« privé de sa dignité, de sa charge et de son béné-
« fice. S'il ne vient point à résipiscence, que, percé
« du glaive de l'anathême, il soit de toutes manières
« arraché de l'Eglise de Dieu qu'il a offensée. Nous
« prohibons absolument l'investiture des évêchés et
« des abbayes par des mains laïques. C'est pourquoi
« tout laïque, qui dorénavant se permettra de donner
« de telles investitures, sera soumis aux vengeances
« de l'anathême. Celui qui aura été investi sera en-
« tièrement privé, sans aucun espoir d'indemnité, de
« l'objet dont il aura reçu l'investiture. Nous décré-
« tons que les possessions de toutes les églises, qui
« leur ont été données par la libéralité des rois, les
« largesses des princes ou les offrandes des fidèles,
« quels qu'ils soient, resteront à jamais inviolables et
« à l'abri de toute atteinte. Si quelqu'un les enlève,
« les usurpe, ou les retient tyranniquement en son
« pouvoir, qu'il soit frappé perpétuellement de l'ana-
« thême, selon la décision du bienheureux Symma-
« que; qu'aucun évêque, ni prêtre ni clerc, n'aban-
« donne à qui que ce soit, comme héritage, les digni-
« tés ni les bénéfices ecclésiastiques. De plus, nous
« ordonnons qu'on n'exige absolument aucune rétri-
« bution pour les baptêmes, le saint-chrême, les
« sépultures, les visites des malades, ni l'extrême-
« onction. Nous interdisons entièrement aux prê-
« tres, aux diacres et aux sous-diacres, toute coha-
« bitation de concubines et d'épouses. Si quelques-

« uns se trouvent dans ce cas, ils seront privés de
« leurs charges et de leurs bénéfices ecclésiastiques,
« et même, s'ils ne se corrigent pas de cette impu-
« reté, on leur interdira la communion chrétienne. »

Le pape Calixte II, ainsi que tout le concile, adopta ces décisions le 3 des calendes de novembre (30 octobre), et il bénit tous ceux qui s'y étaient réunis, au nom du Père, du Fils et du Saint-Esprit. Ensuite le sacré collège se sépara, et chacun louant Dieu retourna chez soi.

Pendant ce temps-là, le roi Henri assiégea vivement Évreux, et Thibaut, comte palatin, son neveu, s'appliqua à ramener la paix entre les princes divisés. En conséquence, d'après de sages conseils et la confiance qu'il inspirait, il conduisit devant le Roi Amauri, qui, s'étant réconcilié aussitôt avec ce monarque, lui rendit volontiers sa forteresse, et reçut avec joie tout le comté de son oncle. Eustache et Juliane sa femme se réconcilièrent aussi avec le Roi ainsi que leurs partisans; d'après l'invitation de leurs amis, ils se hâtèrent de se rendre au siége, et là, entrant pieds nus dans la tente du Roi, ils se jetèrent à ses genoux. Henri leur dit aussitôt : « Pourquoi vous êtes-vous permis, sans
« mon sauf-conduit, de vous introduire auprès de
« moi, que vous avez aigri par tant et de si grands
« outrages? » Eustache fit cette réponse : « Vous êtes
« mon seigneur suzerain ; c'est donc avec sécurité
« que je me présente à vous en cette qualité, disposé
« que je suis à vous rendre fidèlement mes services,
« et prêt à vous satisfaire en toutes choses pour mes
« fautes selon la décision de votre bonté. » Quelques amis intervinrent pour supplier le Roi en faveur de

son gendre. Richard, fils de Henri, l'implora aussi pour sa sœur. La clémence amollit le cœur du monarque en faveur de son gendre et de sa fille, et le fléchit avec bonté. En conséquence, le beau-père adouci dit à son gendre : « Que Juliane retourne à « Paci; vous viendrez à Rouen avec moi, et là vous « entendrez ma décision. » L'ordre du Roi fut exécuté aussitôt; puis il parla à Eustache en ces termes : « Je vous donnerai en Angleterre trois cents marcs « d'argent chaque année, pour vous dédommager du « fief de Breteuil, dont j'ai fait don à Raoul-le-Bre- « ton votre parent, que j'ai toujours trouvé, à mon « besoin, fidèle et brave contre mes ennemis. » Ensuite ce chevalier fortifia tranquillement Paci de retranchemens et de murs, et, comblé de richesses, vécut plus de vingt ans. Quant à Juliane, au bout de quelques années, elle renonça à la vie lascive qu'elle avait menée et changea de conduite; puis, devenue religieuse dans le nouveau couvent de Fontevrault, elle y servit Dieu.

Hugues de Gournai, Robert du Neubourg et les autres rebelles, se voyant abandonnés des plus braves, considérant que le Roi l'emportait sur tous par son courage et sa prudence, et ayant appris la défection de leurs alliés, se repentirent de leurs actions passées; et, tant par eux-mêmes que par leurs amis, implorèrent la miséricorde du Roi. Aussitôt ce prince, qui craignait Dieu et qui aimait la paix et la justice, pardonna à ces barons qui demandaient grâce pour leurs erreurs, et, après leur avoir pardonné leurs fautes, il leur rendit avec bonté son amitié.

Le Roi rassembla une armée contre Étienne, comte

d'Aumale, qui seul résistait encore. Il commença la construction d'un château dans le lieu que l'on appelle le vieux Rouen, et, par mépris pour la comtesse Hedvise, il le nomma Mâte-Putain[1], c'est-à-dire, vainqueur de la courtisane. En effet, par l'inspiration de cette comtesse, Etienne s'était révolté contre Henri, son seigneur et son parent, et long-temps avait secondé Guillaume Cliton, ainsi que Baudouin de Flandre, qu'il avait reçus dans ses places. Ayant appris que le Roi marchait sur lui avec une armée, il lui fit, de l'avis prudent de ses amis, une humble satisfaction; et le prince, après avoir pardonné à tout le monde, triomphant pacifiquement, s'en retourna.

Je dirai quelque chose, d'après ce qui est rapporté dans les anciennes histoires romaines, sur le vieux Rouen, dont je viens de faire mention. Caius Jules César assiégea Calet, d'où le pays de Caux a pris son nom et le conserve encore, et attaqua long-temps cette place de toutes ses forces. Comme il s'était réuni là, de toutes les Gaules, d'implacables ennemis qui offensaient ce Romain par le meurtre, l'incendie, ainsi que par de fréquens outrages, et qui l'irritaient d'une manière impardonnable, il pressa opiniâtrément la place, la prit ainsi que ses habitans, et la détruisit de fond en comble. Toutefois, pour que la province ne fût pas privée de défense, il construisit une forteresse que, du nom de sa fille Julie, il appela Julie-Bonne; mais, par une locution barbare, ce nom corrompu fut remplacé par celui d'Illebonne. De là, il traversa neuf fleuves, la Quiteflede[2], la Tale,

---

[1] *Mata-Putenam: id est, devincens meretricem.*

[2] Le Durdan, qui passe à Vittefleur.

que maintenant on appelle le Dun, la Saanne, la Vienne[1], la Seye, la Varenne[2], la Dieppe[3], et l'Eaulne[4]; puis il parcourut le rivage de l'Océan jusqu'à la rivière d'Auc, que l'on appelle vulgairement Ou[5]. L'habile capitaine romain, ayant reconnu l'avantage du pays, s'occupa des intérêts des siens, et résolut de bâtir une ville pour leur défense; et il l'appela *Rodomus*, comme pour désigner une habitation de Romains[6]. En conséquence, ayant réuni des ouvriers, il mesura l'espace nécessaire, et partit après avoir mis à l'ouvrage des tailleurs de pierres et des maçons. Pendant ce temps-là Rutubus, tyran puissant et cruel, occupait, sur une montagne près de la Seine, une forteresse qu'il croyait imprenable, et au moyen de laquelle il opprimait le pays voisin, ainsi que les vaisseaux qui naviguaient sur le fleuve. César, ayant eu connaissance de ce tyran, marcha contre lui avec une armée, et prit son château, que l'on appelait le port de *Rutubus*[7]. Les habitans du pays, quand ils ont quelque science, reconnaissent clairement les traces et les ruines de cette place. Alors César rappela les maçons et les autres ouvriers qu'il avait placés à Rodomus, fit bâtir sur la Seine la noble métropole

[1] *Belnaium*: cette rivière, qui se jette dans la Saanne, prend sa source à Beaunai.

[2] Cette rivière s'unit à la Béthune, au-dessous d'Arques.

[3] Aujourd'hui la Béthune, ou rivière d'Arques.

[4] *Eara*.

[5] Aujourd'hui la Brêle. C'est d'*Aucum* et d'*Ou* qu'est venu le nom actuel de la ville d'Eu. *Aucum* et *Aucensis pagus* (comté d'Eu) ont été fréquemment confondus avec l'*Algensis pagus* (le pays d'Auge) qui en est fort éloigné, et n'a jamais possédé le titre de comté.

[6] *Romanorum domus*.

[7] *Rutubi portus*.

de Rouen, et laissa le premier nom, qui s'est conservé jusqu'à ce jour, à la première de ces villes qui se trouve sur la rivière d'Auc.

Pour l'instruction de la postérité, j'ai, d'après les relations des anciens[1], fait cette mention du vieux Rouen, où le roi Henri commença un château contre ses ennemis, mais qu'il abandonna aussitôt après s'être réconcilié avec eux. Maintenant je vais revenir aux événemens récens dont j'ai commencé le récit; et, suivant les antiques écrivains autant qu'il est en mon pouvoir, j'offre mon travail aux âges futurs.

Tous les Normands, qui, comme nous l'avons dit, s'étaient révoltés contre le Roi, le trouvèrent supérieur en toutes choses, et, se réglant d'après de meilleurs avis qu'auparavant, ils sollicitèrent leur pardon tant par eux-mêmes que par leurs amis; leurs prières furent bien accueillies par le Roi, qui leur pardonna leurs fautes. Ils abandonnèrent, malgré eux à la vérité, Guillaume Cliton et son gouverneur Hélie, qui restèrent en exil; mais ils ne purent à d'autres conditions faire la paix avec le puissant monarque d'Angleterre.

Au mois de novembre, le pape Calixte vint en Normandie, et eut à Gisors avec Henri une entrevue concernant la paix. Ce monarque magnifique reçut le pape avec une grande pompe, se prosterna à ses pieds, et honora respectueusement celui qu'il reconnaissait pour le pasteur de l'Église universelle, et qui lui était uni par les liens du sang. Le pape le releva avec bonté, le bénit au nom du Seigneur; et, lui

---

[1] Ces récits de César, de Rodomus, de Rutubus, sont sans aucun fondement.

ayant donné le baiser de paix, ils s'embrassèrent mutuellement. Ils se rendirent ensuite à l'entrevue au moment convenable, et tel fut le discours que le pape tint au roi :

« Je me suis occupé du salut des fidèles au con-
« cile de Rheims, de concert avec de saints prélats,
« plusieurs autres grands et quelques enfans de l'E-
« glise de Dieu, qui, sur notre invitation, s'y étaient
« réunis avec plaisir ; j'ai promis que j'emploierais tous
« mes efforts pour rétablir la paix générale. En con-
« séquence je me hâte, mon glorieux fils, d'arriver
« dans ces contrées ; j'implore la clémence du Dieu
« tout-puissant pour qu'il voie avec bonté nos ef-
« forts, et nous dirige salutairement vers le bien gé-
« néral de toute son Eglise. Je prie d'abord votre
« magnificence d'écouter nos avis avec piété, et,
« comme un digne héritier du véritable Salomon, de
« vous montrer pacifique envers vos ennemis qui,
« par notre bouche, vous demandent la paix. »

Quand le Roi eut promis d'obtempérer de cœur à ce que le pape lui prescrirait, celui-ci continua ainsi son discours : « La loi de Dieu, qui pourvoit prudem-
« ment à toutes choses, ordonne que chacun pos-
« sède légitimement son bien, mais ne desire pas
« celui d'autrui, et ne fasse pas aux autres ce qu'il
« ne voudrait pas qu'on lui fît. C'est pourquoi le con-
« cile a décidé généralement et demande humble-
« ment, grand Roi, à votre sublimité, que vous met-
« tiez en liberté votre frère Robert, que vous retenez
« en prison depuis long-temps, et que vous rendiez à
« lui et à son fils le duché de Normandie, que vous
« leur avez enlevé. »

Le Roi répondit à ce discours : « Ainsi que je
« vous l'ai promis d'abord, révérend père, j'obéirai
« à vos ordres autant que la raison me l'indiquera.
« Maintenant je vous prie d'écouter attentivement
« ce que j'ai fait, et comment je me suis com-
« porté. Je n'ai point privé mon frère du duché de
« Normandie; mais j'ai réclamé les armes à la main
« l'héritage de notre père, que ni mon frère ni mon
« neveu ne possédaient par eux-mêmes, car il était
« misérablement dévasté par de criminels brigands
« et de sacriléges scélérats. On ne rendait plus
« d'honneurs aux prêtres ni aux autres serviteurs de
« Dieu ; les mœurs des Gentils avaient presque en-
« vahi toute la Normandie. Les monastères que nos
« ancêtres avaient fondés pour le salut de leurs ames,
« étaient détruits, et les religieux étaient disper-
« sés faute d'alimens. Les églises étaient dépouil-
« lées, la plupart étaient livrées aux flammes, et on
« en tirait avec violence ceux qui y cherchaient une
« retraite. Les habitans cruels s'entr'égorgeaient, et
« ceux qui survivaient au meurtre, privés de défen-
« seurs, se lamentaient au milieu de tant de déso-
« lations. Telle fut, pendant près de sept ans, l'in-
« fortune qui affligea la Neustrie, et qui ne permit à
« personne de trouver au dedans ou au dehors ni li-
« berté ni sécurité. Alors les prières réitérées des
« ministres de Dieu parvinrent jusqu'à moi, m'en-
« gagèrent à secourir, pour l'amour du Ciel, les peu-
« ples désolés, et m'invoquèrent instamment, pour
« que je ne souffrisse pas plus long-temps que des
« brigands criminels exerçassent sur l'innocence l'ex-
« cès de leurs fureurs. Ainsi sollicité, je passai en

« Normandie, bien accueilli par deux illustres comtes,
« Guillaume d'Evreux et Robert de Meulan, ainsi
« que par d'autres seigneurs loyaux : je m'affligeai de
« voir la désolation du territoire de mes aïeux ; mais
« je ne pus venir au secours des malheureux qu'en
« recourant à la voie des armes. Mon frère proté-
« geait les fauteurs de toutes les perversités, et il sui-
« vait surtout les conseils de ceux qui l'avilissaient
« et le rendaient méprisable. C'est ainsi que Gunhier
« d'Aunai, Roger de Laci, Robert de Bellême, et
« quelques autres scélérats opprimaient les Nor-
« mands, et, sous un fantôme de prince, comman-
« daient aux prélats, à tout le clergé, au peuple sans
« défense. Ceux même que, pour leurs entreprises
« criminelles, j'avais chassés des contrées d'outre-
« mer, mon frère les choisit pour ses conseillers
« intimes, et leur remit le gouvernement des peu-
« ples innocens. On commettait partout des incen-
« dies, des meurtres sans nombre, et d'atroces for-
« faits, qu'à moins de les avoir vus, on regarderait
« comme incroyables. J'ai souvent mandé à mon
« frère de recourir à mes avis, et que je le seconde-
« rais de tous mes efforts ; mais il m'a méprisé, et a
« dirigé contre moi mes ennemis. Voyant tant de
« crimes prévaloir, je n'ai pas voulu refuser mes ser-
« vices à l'Eglise notre sainte mère ; mais je me suis
« appliqué à remplir salutairement, pour l'utilité gé-
« nérale, les devoirs que Dieu même m'a prescrits.
« Ainsi, combattant vaillamment avec le fer et le
« feu, j'ai enlevé Bayeux à Gunhier et Caen à Enguer-
« rand, fils d'Ubert. En combattant les tyrans com-
« primés, j'ai conquis plusieurs autres places qui fai-

« saient partie du domaine de mon père. Mon frère
« les avait livrées à de parjures adulateurs, et lui-
« même était resté tellement pauvre qu'il ne pouvait
« payer les salaires de ses domestiques. Enfin j'ai
« assiégé Tinchebrai, véritable caverne de démons,
« où Guillaume, comte de Mortain, amena mon
« frère contre moi avec une grande armée : au nom
« du Seigneur et pour la défense de la patrie, je leur
« livrai bataille. Là, avec l'aide de Dieu, qui connaît
« la pureté de mes entreprises, j'ai vaincu mes en-
« nemis ; j'ai fait prisonniers deux comtes, mon frère
« et mon cousin, avec plusieurs seigneurs qui m'a-
« vaient trahi, et, jusqu'à ce moment, je les ai soi-
« gneusement gardés en prison, de peur qu'ils ne
« suscitassent, soit à moi, soit à mes Etats, quelques
« malheurs. Ainsi j'ai recouvré l'héritage de mon
« père et tout son domaine, et je me suis appliqué à
« observer ses lois selon la volonté de Dieu, pour le
« repos de son peuple. Je n'ai point chargé de chaînes
« mon frère, comme un ennemi captif ; je l'ai placé
« dans un château royal, comme un noble pélerin
« brisé par de longues infortunes, et lui ai large-
« ment fourni des alimens en abondance, toutes
« sortes de délices, et les divers objets qui pouvaient
« lui être agréables. J'ai confié son fils, âgé de cinq
« ans, à Hélie, gendre de mon frère, desirant le trai-
« ter en tout comme mon fils, en lui procurant la sa-
« gesse, la valeur et la puissance. Mais Hélie, poussé
« par ses complices, m'a ravi mon neveu, et, aban-
« donnant le château de Saint-Saens qu'il possédait,
« il s'est enfui chez les étrangers ; puis, autant qu'il
« l'a pu, il m'a chagriné par de nombreuses attaques.

« Toutefois, empêché par Dieu même, il n'a réussi
« en rien. Il a armé contre moi les Français, les
« Bourguignons et d'autres peuples; mais, si je ne
« me trompe, il s'est fait plus de mal qu'à moi. J'ai
« souvent réclamé mon neveu ; je l'ai fait prier ami-
« calement par plusieurs envoyés de venir avec sé-
« curité à ma cour, et d'y partager avec mon fils les
« richesses royales. Je lui ai même offert trois comtés
« en Angleterre, pour qu'il en fût le prince ; je l'ai
« engagé à venir s'instruire avantageusement au mi-
« lieu de mes conseillers, pour apprendre combien
« il aura besoin par la suite de prudence et de sagesse
« envers les riches et les pauvres, comment il doit
« exercer avec sévérité la justice souveraine et main-
« tenir la discipline militaire. Tout ce que je lui ai
« offert, il l'a repoussé, et il préfère l'exil du men-
« diant parmi les brigands de l'étranger au partage
« des délices de la cour. Les témoins des nom-
« breuses calamités dont je vous ai entretenu, ce
« sont des champs incultes, des habitations incen-
« diées, des villages dévastés, des églises démolies,
« et des peuples gémissant du massacre de leurs amis
« et du pillage de leurs biens. Seigneur pape, que
« votre sainteté examine sagement ces choses, et
« donne, dans sa sollicitude, une décision favorable
« à ceux qui commandent comme à ceux qui obéis-
« sent. »

Après avoir entendu avec attention le discours du
Roi, le pape fut plongé dans l'étonnement, et donna
beaucoup d'éloges à la conduite qu'il avait tenue,
et dont il lui avait fait part. « Maintenant, dit-il,
« nous en avons suffisamment appris sur ce qui con-

« cerne le duc Robert et son fils; ne nous en occu-
« pons plus, et parlons d'autres choses. Le Roi des
« Français se plaint de ce que vous avez injuste-
« ment rompu le traité fait entre vous, et de ce que,
« par vos soldats, vous avez, avec iniquité, causé
« de grands dommages à ses Etats et à lui-même. »
Le Roi répondit : « Louis a violé le premier le trai-
« té d'amitié qui nous liait. Il a en plusieurs maniè-
« res prêté des forces à mes ennemis; il a engagé,
« à force de promesses et d'instigations, mes vas-
« saux à se soulever. Toutefois, s'il veut réparer ses
« torts, et désormais observer inviolablement nos
« traités, je suis prêt à obéir en toutes choses à vos
« avis. »

Le pape se réjouissant de ces dispositions, ajouta :
« Le roi Louis se plaint en outre de l'injure qu'il a
« reçue du comte Thibaut, votre neveu, qui a fait
« prisonnier le comte de Nevers à son retour du
« siège que le Roi lui-même, avec les prélats de
« France, avait entrepris contre Thomas de Marle,
« pour l'empêcher de se livrer aux actes iniques qu'il
« commettait sur les innocens. » Le roi Henri reprit :
« Je ne négligerai aucune occasion de céder à vos
« conseils paternels, pour parvenir à la paix et à la
« tranquillité; et, pour le bien, je soumettrai à vos
« ordres Thibaut, mon neveu, qui est un sincère
« observateur de la justice. J'avertis aussi Guillaume-
« Cliton, mon autre neveu, de profiter de la paix, et je
« lui offre encore, par l'entremise de votre Sublimité,
« ce que je lui ai déjà souvent offert par d'autres per-
« sonnes, parce que je desire que vous ayez satisfac-
« tion en toutes choses, et parce que je cherche la

« paix générale pour mon peuple, et le bonheur de
« mon neveu, comme s'il était mon fils. »

Enfin, le pape envoya ses légats au roi des Français, ainsi qu'à ses seigneurs, et lui fit part des réponses du roi d'Angleterre, qui étaient favorables à la paix. En conséquence tout le monde fut comblé de joie. Il me paraît superflu de m'étendre en longs discours pour expliquer en beaucoup de mots quelle fut l'allégresse du peuple, que les guerres avaient désolé, quand il vit l'agréable sérénité d'une paix long-temps desirée succéder aux tempêtes des guerres enfin calmées En conséquence, la concorde s'étant affermie entre les princes, les châteaux, qui avaient été pris par violence ou par ruse, furent restitués à leurs maîtres, et tous les guerriers, qui de part et d'autre avaient été faits prisonniers pendant la guerre, furent mis en liberté, et eurent la permission de quitter leur prison pour retourner chez eux en joie.

Cependant le jaloux et séditieux Satan, qui, par l'entremise du serpent, trompa le premier homme, s'affligeant de voir les rois et les puissans guerriers ramenés à la paix par la grâce divine, sema la zizanie de discordes mortelles, parmi les prêtres, dans le temple de Dieu même.

L'archevêque Goisfred, revenu du concile de Rheims à Rouen, tint un synode dans la troisième semaine de novembre, et, vivement pressé par les injonctions du pape, poursuivit rigoureusement les prêtres de son diocèse. En effet, entre autre décrets du concile qu'il fit connaître, il leur défendit absolument tout concubinage avec les femmes, et lança contre les transgresseurs la terrible sentence de l'anathême. Comme les prêtres répugnaient beaucoup à une si grave privation, et que, se plaignant entre eux de la difficulté d'accorder leur corps et leur ame, ils éclataient en murmures, l'archevêque fit saisir et jeter aussitôt dans le cachot de la prison un certain Albert, prêtre éloquent, qui avait commencé je ne sais quel discours. Ce prélat était un Breton indiscret, entêté, colère, sévère dans son air et son attitude, dur quand il blâmait, dépourvu de retenue, et grand parleur. Quand les autres prêtres eurent vu cette action extraordinaire, ils éprouvèrent un excessif étonnement; et, voyant que, sans accusation de crime, sans examen légal, on entraînait un prêtre, comme un voleur, du temple à la prison, effrayés outre mesure, ils ne savaient ce qu'ils avaient à faire, incertains qu'ils étaient s'ils devaient ou se défendre ou s'enfuir. Alors le prélat furibond se leva de son siége, sortit en courroux du concile, et appela ses satellites qu'il avait d'avance préparés à cet événement. Aussitôt ces hommes se précipitèrent dans l'église avec des armes et des bâtons, et, sans nul égard, se mirent à frapper sur l'assemblée des clercs, qui causaient entre eux. Quelques uns de ces ecclésiastiques, revêtus de leur soutane, coururent chez eux à travers les rues fangeuses de la ville; quelques autres saisissant des barreaux de fer ou des pierres, qui se trouvaient là par hasard, se mirent en disposition de résister, et poursuivirent sans répit les lâches satellites, qui s'enfuirent jusque dans les appartemens. Les gens de l'archevêque rougirent d'avoir été vaincus par une faible troupe de tonsurés et d'avoir pris la fuite : ils rassemblèrent aussitôt, remplis d'indignation, les cuisiniers, les boulangers et les ouvriers du voisinage ; puis, ils eurent la témérité de recommencer le combat dans les lieux les plus sacrés. Tous ceux qu'ils trouvèrent dans l'église ou le parvis, ils les frappèrent, innocens ou coupables, et les renversèrent ou les outragèrent de quelque manière que ce fût. Hugues de Longueville, Anschetil de Cropus[1], et quelques autres vieillards prudens et religieux, se trouvaient dans l'église, et s'entretenaient ensemble de la confession ou d'autres choses utiles, ou bien récitaient à la louange de Dieu, comme ils le devaient, leurs heures diurnales. Les lâches satellites de l'archevêque furent assez insensés pour se jeter sur eux ; ils les accablèrent d'outrages, et peu s'en fallut qu'ils ne les égorgeassent, quoiqu'ils demandassent miséricorde, à genoux et les larmes aux yeux. Ces vieillards, relâchés avec ceux qui les avaient précédés, quittèrent Rouen au plus vite ; ils n'attendirent ni l'autorisation ni la bénédiction du prélat ; ils communiquèrent ces tristes nouvelles à leurs paroissiens et à leurs concubines ; et, pour justifier leurs rapports, ils firent voir les blessures et les contusions livides qui couvraient leur corps. Les archidiacres, les chanoines, et les citoyens sages s'affligèrent de cet assassinat cruel ; ils compatirent à la douleur des pasteurs divins qui avaient éprouvé ces affronts inouïs. Ainsi, dans le sein de la sainte mère Eglise, le sang des prêtres coula, et le saint concile dégénéra en un théâtre de moqueries et de fureurs. L'archevêque, troublé à l'excès, retiré dans sa chambre, s'y cacha ; mais peu

[1] Arrondissement de Dieppe.

de temps après, quand la fureur, calmée par la fuite des clercs, ainsi que nous l'avons dit, eut fait place à la tranquillité, il se rendit à l'église, prit son étole, répandit de l'eau bénite, et, réuni à ses chanoines attristés, il réconcilia l'église qu'il avait souillée. Le bruit de cette exécrable sédition parvint jusqu'aux oreilles du prince ; mais, occupé d'autres affaires, il différa de rendre justice à ceux qui étaient lésés.

Le roi Henri, après tant de travaux, ayant parfaitement mis ordre à ses affaires en Normandie, résolut de repasser la mer, de récompenser libéralement les soldats et les principaux chevaliers qui avaient combattu péniblement et fidèlement, et de les élever en dignité en leur donnant de grands biens en Angleterre. En conséquence, il fit aussitôt préparer une flotte, et se fit accompagner par une nombreuse troupe de militaires de tout rang.

Sur ces entrefaites, Raoul de Guader, craignant la perfidie des Normands, qu'il gouvernait malgré eux à cause de l'attachement qu'ils conservaient à Eustache, leur ancien seigneur, pensant d'ailleurs qu'il aurait de son patrimoine en Bretagne Guader[1], Montfort[2], d'autres places et de grandes terres, fiança sa fille à Richard, fils du Roi, par le conseil et de l'aveu de ce monarque, et lui donna pour dot Breteuil, Glos, Lire, et tout ce qui lui revenait en Normandie. Mais ce projet n'eut pas de suite, parce que Dieu, qui gouverne bien toutes choses, en ordonna autrement. En effet, cette jeune fille épousa par la suite Robert, comte de Leicester, et vécut avec lui plusieurs années.

[1] Gaël. — [2] Montfort-sur-Men

Une grande flotte ayant été équipée dans le port que l'on appelle Barfleur[1], et la noble élite des compagnons du Roi s'étant réunie le 7 des calendes de décembre (25 novembre), au commencement de la nuit, par un vent du sud, le Roi et sa suite s'embarquèrent; on livra aux vents, sur la mer, les voiles tendues, et le matin ceux à qui Dieu le permit embrassèrent la terre anglaise.

Dans cette navigation, il arriva un cruel événement qui excita un grand deuil, et fit couler des larmes innombrables. Thomas, fils d'Etienne, alla trouver le Roi, et, lui offrant un marc d'or, lui dit : « Étienne, fils d'Airard, était mon père, et toute sa « vie il servit le vôtre sur la mer. Ce fut lui qui, sur « son vaisseau, le porta en Angleterre, quand il s'y « rendit pour combattre Harold. Ce fut dans un tel « emploi que, jusqu'à la mort, ses services furent « agréables à Guillaume, et que, comblé de ses pré- « sens, il vécut avec magnificence parmi ses com- « patriotes. Seigneur Roi, je vous demande la même « faveur: j'ai pour votre service royal un vaisseau « parfaitement équipé, que l'on appelle la Blanche- « Nef[2]. » Le Roi lui fit cette réponse : « J'agrée votre « demande. Toutefois j'ai choisi un navire qui me « convient, je ne le changerai pas; mais je vous « confie mes fils Guillaume et Richard, que j'aime « comme moi-même, ainsi que beaucoup de nobles « de mon royaume. »

A ces mots, les matelots furent comblés de joie; et se rendant agréables aux fils du Roi, ils lui demandèrent du vin. Le prince leur en fit donner trois

---

[1] *Barbaflot.* — [2] *Candida navis.*

muids : quand ils les eurent reçus, ils burent, en firent part abondamment à leurs camarades, et, en usant à l'excès, ils s'enivrèrent. Par l'ordre du Roi, beaucoup de barons s'embarquèrent avec ses fils sur la Blanche-Nef; près de trois cents personnes, à ce que je pense, se trouvèrent réunies sur ce fatal bâtiment. Deux moines de Tyron, Étienne, comte de Mortain, avec deux chevaliers, Guillaume de Roumare, le chambellan Rabel, Édouard de Salisbury et plusieurs autres quittèrent le vaisseau, parce qu'ils remarquèrent qu'il contenait trop de jeunes gens étourdis et légers. On y comptait cinquante rameurs habiles, ainsi qu'un équipage arrogant, qui, s'emparant des siéges, encombrait le vaisseau, et, privé de raison par l'ivresse, n'avait plus d'égards pour personne. Hélas! combien ces ames étaient dénuées d'une pieuse dévotion envers Dieu,

Qui maris immodicas moderatur et aeris iras [1].

Aussi ces passagers chassèrent-ils avec affront et par de grands éclats de rire les prêtres qui étaient venus pour les bénir, ainsi que les autres ministres qui apportaient de l'eau bénite; mais ils ne tardèrent pas à subir la peine de leurs moqueries. Les hommes seuls avec le trésor du Roi et les muids de vin remplissaient le vaisseau de Thomas, et le pressaient de suivre de près le navire du Roi, qui déjà sillonnait les flots. Thomas, que le vin avait privé de sa raison, se confiait dans son habileté et celle de ses gens, et promettait audacieusement qu'il dépasserait tous ceux qui le précédaient. Enfin, il

---

[1] Qui modère à son gré le courroux excessif et des flots et des airs.

donna le signal du départ. Aussitôt les matelots saisirent promptement leurs rames, et pleins de joie, dans l'ignorance où ils étaient du malheur qui était devant leurs yeux, ils disposèrent les agrès, et poussèrent le vaisseau avec une grande impétuosité sur les flots. Comme les rameurs, pleins de vin, déployaient toutes leurs forces, et que le malheureux pilote s'occupait mal de la direction du gouvernail, le flanc gauche de la Blanche-Nef toucha violemment sur un grand rocher que tous les jours le reflux met à nu, et qu'ensuite recouvre la marée montante. Deux planches ayant été enfoncées, le vaisseau fut, hélas! à l'improviste submergé. Dans un si grand danger, tout le monde ensemble poussa des cris affreux; mais l'eau ne tarda pas à leur remplir la bouche, et ils périrent tous également. Deux hommes seuls se saisirent de la vergue qui soutenait la voile, et, y restant suspendus une grande partie de la nuit, ils attendirent qu'il leur vînt un secours quel qu'il fût. L'un de ces hommes était un boucher de Rouen, nommé Bérold, et l'autre le noble jeune homme Goisfred, fils de Gislebert de L'Aigle.

Alors la lune était à son dix-neuvième jour dans le signe du Taureau: pendant près de neuf heures, elle éclaira le monde de ses rayons, et rendit la mer brillante aux yeux des navigateurs. Le pilote Thomas, après avoir plongé dans les flots, reprit des forces; rendu à sa raison, il éleva la tête au-dessus de l'eau, et voyant ceux qui se tenaient attachés à la vergue, les interrogea en ces mots: « Qu'est devenu le fils du Roi? » Les deux naufragés lui ayant répondu qu'il avait péri, ainsi que tous ses compagnons, il reprit:

« Désormais il m'est affreux de vivre. » A ces mots, dans l'excès de son désespoir, il aima mieux mourir en ce lieu, que de s'exposer à la fureur du monarque irrité de la perte de ses enfans, ou de subir les longues souffrances des fers. Suspendus sur les flots, Bérold et Goisfred invoquaient Dieu, s'encourageaient par de mutuelles exhortations, et, tremblans, attendaient la fin que Dieu leur destinait.

Cette nuit fut froide et glacée : aussi le jeune Goisfred, après avoir beaucoup souffert de la rigueur du temps, recommandant à Dieu son compagnon, retomba dans les flots, et ne reparut plus. Quant à Bérold, qui était un pauvre homme, vêtu d'un habit de peaux de mouton, seul de tant de monde, il conserva la vie : le matin, ayant été recueilli par trois pêcheurs dans leur barque, il fut le seul qui gagna la terre. Ensuite, s'étant un peu remis, il raconta en détail ce triste événement aux curieux qui l'interrogèrent, et depuis vécut près de vingt ans en bonne santé.

Roger, évêque de Coutances, avait conduit à la Blanche-Nef, condamné par un jugement de Dieu, son fils Guillaume, que le Roi avait nommé un de ses quatre principaux chapelains, son frère et trois neveux d'un rang distingué; et, quoiqu'il les estimât fort peu, il les avait bénis pontificalement eux et leurs compagnons. Ce prélat et beaucoup d'autres personnes, qui étaient encore réunis sur le rivage, le Roi lui-même et ses compagnons, qui étaient déjà loin en pleine mer, entendirent les horribles cris de détresse des naufragés; mais, ignorant la cause de ce bruit, ils restèrent dans l'inquiétude jusqu'au lendemain, et s'occupèrent entre eux de ce qui pouvait y donner lieu.

Un bruit lugubre, répandu promptement parmi le peuple, courut sur le rivage de la mer : il parvint à la connaissance du comte Thibaut et des autres seigneurs de la cour; mais ce jour même personne n'osa en faire part au Roi, qui était fort inquiet, et qui faisait beaucoup de questions. Les grands versaient à l'écart des larmes abondantes; ils plaignaient, sans pouvoir les consoler, leurs parens et leurs amis; mais, en présence du Roi, de peur de déceler la cause de leur douleur, ils arrêtaient avec beaucoup de peine l'effusion de leurs pleurs. Enfin, le jour suivant, par l'entremise adroite du comte Thibaut, un enfant se jeta en pleurant aux pieds du Roi, et lui dit que la cause du deuil qu'il voyait provenait du naufrage de la Blanche-Nef. Dans l'excès des angoisses de son ame, Henri tomba par terre; mais, relevé par ses amis, il fut conduit dans son appartement, où il donna un libre cours à l'amertume de ses plaintes. Jacob ne fut pas plus triste de la perte de Joseph; David ne jeta pas de cris plus affreux pour le meurtre d'Amon ou d'Absalon. Aussi, en voyant couler les pleurs d'un si grand prince, tous les enfans du royaume ne dissimulèrent plus leurs douleurs, et ce deuil dura un grand nombre de jours. Tout le monde regrettait généralement Guillaume Adelin, que l'on avait considéré comme l'héritier légitime du royaume d'Angleterre, et qui était tombé si subitement avec la fleur de la plus haute noblesse. Ce prince n'avait pas encore dix-sept ans, et déjà il avait épousé la noble Mathilde, qui était presque de son âge; déjà, par l'ordre de son père, il avait reçu avec joie l'hommage de tous les grands du royaume. Objet de l'amour de son père, il était pour le peuple l'espoir de la sécurité. Le coupable aveuglement des pécheurs cherche en vain à découvrir et à pénétrer ce que la suprême et infaillible Majesté a décidé de son ouvrage; l'homme criminel est saisi comme le poisson par le hameçon, ou l'oiseau par le filet, et de toutes parts il se trouve sans ressources accablé de misère. Pendant qu'il se promet la vieillesse, le bonheur et l'élévation, il éprouve soudain une mort prématurée, la misère et l'abaissement : c'est ce dont nous pouvons trouver clairement la preuve manifeste, chez les modernes comme chez les anciens, dans les événemens journaliers qui se sont passés depuis le commencement du monde jusqu'à nos jours.

Le Roi, dans sa douleur, regrettait ses enfans, une jeunesse d'élite, ses principaux barons, surtout Raoul-le-Roux et Gislebert d'Exmes; souvent, les larmes aux yeux, il recommençait le récit de leurs prouesses. Les grands, ainsi que les sujets, regrettaient leurs seigneurs, leurs supérieurs, leurs parens, leurs connaissances et leurs amis; les fiancées pleuraient ceux qui devaient recevoir leur main ; les femmes chéries, leurs époux bien aimés. Je ne prendrai pas la peine de multiplier ces douloureux récits; je rapporterai ici seulement quelques vers d'un poète distingué :

« L'heure fatale est arrivée. Le déplorable vaisseau
« de Thomas, gouverné par une main égarée, pé-
« rit brisé sur un rocher. Evénement fatal, qui, dans
« une perte commune, plonge au fond des mers une

« noble jeunesse. Les fils des rois deviennent le
« jouet des flots, et, pleurés par les premiers de
« l'Etat, ils servent de pâture aux monstres de la
« mer. O douleur sans mesure! ni la noblesse, ni
« la fortune, ne peuvent rappeler à la vie ceux qui
« sont morts dans les flots de la mer. La pourpre
« et le lin vont pourrir dans le liquide abîme, et
« les poissons dévorent celui qui naquit du sang
« des rois. C'est ainsi que la fortune se joue de ceux
« qui se confient à ses faveurs : elle donne, elle ravit;
« elle élève, elle abaisse. A quoi te servent, ô Guil-
« laume, et le nombre des seigneurs qui te servent,
« et les richesses et la gloire humaine, et la beauté
« dont tu fus pourvu! Cet éclat royal s'est flétri, et la
« mer engloutit à la fois ce que tu fus et ce que tu
« devais être. Une affligeante damnation poursuit ces
« malheureux dans les ondes, à moins que la bonté
« divine ne daigne leur pardonner. Si, au prix du
« naufrage des corps, les ames acquéraient le bien du
« salut, elles auraient sujet d'éloigner la tristesse. La
« certitude du salut des ames donne en effet vérita-
« blement lieu de se réjouir à ceux qui s'intéressent
« à leurs parens chéris, tandis que c'est pour l'ame
« humaine un grand motif de douleur que d'ignorer
« si le repos des justes est réservé à ceux que Thétis
« engloutit dans ses ondes. »

Est-il quelqu'un qui puisse rapporter, comme il convient, quels furent les pleurs des mortels pour une si fatale catastrophe, ou quels biens furent privés de leurs héritiers naturels au détriment de tant de monde? En effet, comme nous l'avons dit, on vit périr Guillaume et Richard, fils du Roi, leur sœur Mathilde, femme de Rotrou, comte de Mortagne, le jeune Richard, comte de Chester, si digne d'éloges pour ses prouesses et sa bonté, et sa femme Mathilde, qui était sœur de Thibaut, comte palatin. Otver son frère, fils de Hugues, comte de Chester, gouverneur du prince royal, prit dans ses bras cet enfant, au moment où fut tout à coup submergée la Blanche-Nef, et où s'engloutirent à jamais tant de nobles personnages; il s'enfonça avec son élève au fond des mers d'où ils ne reparurent plus. Le jeune Thierri, neveu de Henri, empereur des Allemands; deux fils charmans d'Yves de Grandménil, et Guillaume de Rhuddlan, leur cousin, qui, par l'ordre du Roi, passaient la mer pour prendre en Angleterre possession des biens de leurs pères; Guillaume surnommé Bigod, avec Guillaume de Pirou, sénéchal du Roi, Goisfred-Ridel et Hugues de Moulins, Robert Mauconduit, le méchant Gisulfe secrétaire du Roi, et plusieurs autres personnages d'une grande distinction furent engloutis au fond des flots. Cette déplorable catastrophe excita la douleur de leurs parens, de leurs connaissances intimes et de leurs amis, qui, à cette occasion, répandirent la désolation et le dommage dans diverses contrées. On rapporte qu'il y périt dix-huit femmes qui avaient l'avantage d'être filles, ou sœurs, ou nièces, ou femmes de monarques et de comtes. Ce n'est que par commisération que je me détermine à raconter ces choses, et l'exactitude m'engage à en transmettre un récit fidèle à la postérité. En effet, l'horrible gouffre n'enleva personne de ma famille pour qui je doive répandre des larmes à cause des liens du sang, ému que je suis seulement par la pitié.

Les habitans de la côte, ayant acquis la certitude de cet événement désastreux, traînèrent au rivage le vaisseau fracassé avec tout le trésor du Roi; tout ce qui était dans le bâtiment, à l'exception des hommes, fut trouvé en bon état. Ensuite, des hommes légers à la course, le 7 des calendes de décembre (25 novembre), pendant que le peuple chrétien célébrait la fête de sainte Catherine vierge et martyre, coururent avec empressement sur le rivage de la mer, pour y trouver les corps des naufragés; mais n'ayant rien découvert, ils furent trompés dans l'espoir qu'ils avaient d'être récompensés. Les seigneurs riches cherchaient partout d'habiles nageurs et des plongeurs renommés; ils leur promettaient de fortes sommes, s'ils pouvaient leur rendre les cadavres des personnes qui leur étaient chères, pour leur donner dignement les honneurs de la sépulture.

Les habitans de Mortain, surtout, mirent beaucoup de zèle dans leurs recherches, parce que presque tous les barons de ce comté et ses personnages de distinction avaient péri sur la Blanche-Nef. Le seul comte de Mortain, comme nous l'avons dit, étant affligé de la diarrhée, avait quitté le bâtiment, ainsi que Robert de Sauqueville [1] et Gaultier, par la permission de Dieu; tandis que les autres périssaient, ceux-ci, qui étaient restés, passèrent heureusement la mer sur un vaisseau du Roi. Plusieurs jours après le naufrage, on trouva loin de là le comte Richard [2] et un petit nombre d'autres. Les flots journellement agités les poussèrent à la côte, et les personnes de leur connaissance les reconnurent aux divers vêtemens qu'ils portaient.

[1] Arrondissement de Dieppe. — [2] De Chester.

L'an de l'incarnation du Seigneur 1120, le pape Calixte, ayant mis ordre aux affaires ecclésiastiques de France, retourna en Italie, emmenant avec lui une nombreuse compagnie de nobles de tout état, et, favorablement accueilli par les Romains, il occupa cinq ans le siége apostolique. Avec l'aide de Dieu, il fit beaucoup de bonnes œuvres, et, de nos temps, brilla comme le flambeau de l'Eglise suprême et le modèle de toutes les vertus. Il fit saisir l'anti-pape Burdin qui exerçait contre l'Eglise la tyrannie à Sutri. Il le fit enfermer dans le couvent que l'on appelle Cavée[1], afin qu'il ne fît aucune mauvaise entreprise contre la paix chrétienne. Ce monastère est habité par des religieux, qui, conformément à leur règle, ont une grande abondance de mets et de toutes les choses dont a besoin la nature humaine. Ce lieu, au dehors est inaccessible, et personne n'y peut pénétrer que par un seul sentier. C'est pourquoi ce monastère a été appelé Cavée comme par pressentiment. En effet, comme les lions, les ours et les autres bêtes féroces sont renfermés dans une fosse, de peur que, laissés en liberté et courant à leur gré, ils n'attaquent cruellement les hommes ou les troupeaux, de même les hommes sauvages et sans discipline, qui, comme l'onagre, errent sans frein et de tous côtés selon leurs penchans, sont forcés de vivre régulièrement dans cette fosse scholastique, sous le joug de Dieu.

Le roi Henri ayant perdu sa femme et son fils, résolut, d'après l'avis des sages, de contracter un nouveau mariage : il demanda une belle princesse nommée Adelide, fille de Godefroi, duc de Louvain.

[1] Ou Cave.

Revêtu des insignes de la royauté, il l'épousa avec les cérémonies chrétiennes; et la reine, consacrée par le ministère des prêtres, brilla quinze ans dans le royaume: mais, quoique favorisée en toute autre chose, elle n'a pas, jusqu'à ce jour, obtenu d'enfans comme elle le desirait.

Le Roi distribua avec prudence les biens de ceux qui étaient morts dans le naufrage, à ceux qui leur survécurent. Il donna en mariage à de jeunes chevaliers, avec ces biens, les épouses, les filles ou les nièces des défunts; et, consolant ainsi beaucoup de personnes, il les éleva libéralement au delà de leurs espérances.

Ranulfe de Bayeux obtint le comté de Chester avec tout le patrimoine du comte Richard, parce qu'il était son plus proche héritier, en qualité de neveu issu de Mathilde sœur du comte Hugues. Il épousa Lucie, veuve de Roger, fils de Gérold, de laquelle il eut Guillaume Ranulfe, auquel il laissa en mourant le comté de Chester, et tout son patrimoine des deux côtés de la mer.

Foulques, comte d'Angers, avait fait la paix avec le Roi des Anglais; et ces princes ayant consolidé, comme nous l'avons dit, leur amitié par l'union de leurs enfans, le premier, inquiet de son salut, desira se réconcilier avec Dieu. En conséquence, il s'appliqua à faire pénitence des crimes qu'il avait commis, et, confiant son comté à sa femme et à ses jeunes enfans, Geoffroi et Hélie, il partit pour Jérusalem, où il resta quelque temps attaché aux chevaliers du Temple. Ensuite, retourné chez lui avec leur permission, il se fit volontairement leur tributaire, et chaque année leur paya trente livres angevines. C'est ainsi qu'en faveur de ces vénérables chevaliers, qui toute leur vie combattent pour Dieu de corps et d'ame, et se préparent journellement au martyre par le mépris de tous les biens du monde, le noble seigneur paya un tribut annuel, d'après l'inspiration divine, et détermina louablement, par son exemple, plusieurs autres seigneurs français à imiter sa générosité.

Après le concile de Rheims, dont j'ai déjà écrit beaucoup de choses, l'archevêque de Lyon, l'évêque de Mâcon, et plusieurs autres évêques vexèrent beaucoup les moines de Cluni : car ils leur enlevèrent un grand nombre de domaines qui leur avaient été donnés par d'autres personnes, et fournirent aux clercs, qui sont toujours envieux des moines, toutes sortes de sujets de rébellion. Dans leur diocèse, ils les accablèrent d'outrages, et les opprimèrent cruellement tant par eux-mêmes que par leurs subordonnés. C'est pourquoi les frères, ne pouvant supporter tant de pertes et d'injures, furent contristés, et comme des brebis s'enfuirent loin de la gueule des loups vers le bercail du monastère. Mais même parmi eux il s'éleva une grande dissension dans la retraite du cloître; quelques moines se révoltèrent contre l'abbé Pons; ils l'accusèrent à Rome, auprès du pape Calixte, de ce que, dans sa conduite, il s'était montré violent et prodigue, et avait sans mesure dépensé les revenus de la maison pour des choses inutiles. Pons, apprenant ces choses, entra dans une excessive colère, et, déposant à la légère sa charge d'abbé entre les mains du pape, il partit pour les contrées étrangères. Il resta quelque temps à Jérusalem, sur le mont Thabor et dans d'autres lieux saints en Palestine, où le Seigneur Jésus avait habité corporellement avec les pauvres Nazaréens.

Le pape, voyant Pons partir imprudemment sans permission et sans sa bénédiction, s'échauffa de colère, et ordonna aux moines de Cluni de se choisir un abbé convenable. Ils élurent Hugues, vieillard d'une vie sans tache, qui mourut au bout de trois mois, et qu'ils ensevelirent sous la muraille du nord de leur église. Sur son tombeau en pierre ils placèrent l'épitaphe suivante :

« Ci-gît Hugues, second abbé de Cluni, dont le
« père était de Besançon et la mère de Lyon : éclatant
« en piété, vieillissant dans l'amour divin, toujours
« gai dans l'exercice du culte, il vous fut toujours
« attaché, souverain Créateur. Puisse-t-il vivre avec
« vous en repos, heureux pour l'éternité ! »

Ensuite les moines de Cluni élurent pour abbé Pierre, moine religieux, noble et savant, qui avait déjà été long-temps à leur tête.

L'abbé Pons jouit d'une grande considération en Judée ; la renommée de sa piété et de son élévation d'ame se répandit chez les peuples étrangers. Ensuite, comme se comporte l'humaine inconstance, il abandonna volontairement la terre des prophètes et des apôtres, et retourna en France, où son arrivée occasiona beaucoup de trouble dans les esprits. A son retour des contrées orientales, il se rendit à Cluni pour voir ses frères et ses amis. Alors, par l'inspiration de Satan, une hideuse dissension s'éleva parmi les moines. Ils avaient à cette époque pour prieur Bernard-le-Gros, qui passa pour être le boute-feu et le provocateur de la sédition. Il en résulta que quelques religieux résolurent de recevoir Pons avec de grands honneurs, comme leur abbé, tandis que d'autres, au contraire, le repoussaient avec opiniâtreté. Les chevaliers et les gens du pays, tant paysans que bourgeois, se réjouirent de son arrivée, parce qu'ils l'aimaient beaucoup à cause de son affabilité et de sa magnificence : ayant appris la division qui régnait parmi les moines, ils fondirent sur le couvent, où ils introduisirent violemment et malgré lui Pons et les siens. Quelle douleur ! ces furibonds franchirent les murs du couvent, et, comme dans une ville conquise par les armes de l'ennemi, ils coururent de toutes leurs forces au butin, et pillèrent méchamment le mobilier et les utensiles des serviteurs de Dieu. Alors le dortoir, l'infirmerie et les autres appartemens secrets des cénobites, qui, jusque-là avaient été interdits aux laïques, furent ouverts non seulement aux hommes et aux femmes honnêtes, mais encore aux bouffons et aux courtisanes.

Le même jour, il arriva un terrible prodige. La grande nef de l'église, qui avait été bâtie depuis peu, s'écroula ; mais, par la protection de Dieu, n'écrasa personne. Ainsi le Seigneur, dans sa bonté, épouvanta, par un désastre inattendu, tous ceux qui s'étaient rendus coupables de cette téméraire invasion : toutefois, dans son immense bonté, il sauva ce qui lui appartenait. Le peuple errait dans toute la maison, et se livrait impudemment au désordre. Cependant la main de Dieu le préserva intact de la mort qu'il eût reçue de cette affreuse catastrophe, et, sauvé par ce miracle, il eut la possibilité de se repentir par la suite. L'abbé Pierre était alors absent : il était parti pour les contrées lointaines, afin de servir le grand nombre de ses frères qui étaient confiés à ses soins. Les moines de son parti se rendirent en hâte auprès de lui, et lui racontèrent avec détail tous les accidens et les outrages que les serviteurs de Dieu avaient honteusement éprouvés. Sans perdre de temps, Pierre alla non à Cluni, mais à Rome, et fit clairement connaître au pape ce qui s'était passé, en s'appuyant du témoignage des moines qui en avaient été les victimes. Le pape, entendant ce récit, fut excessivement contristé, tant à cause des outrages dont les moines avaient été l'objet, qu'à cause des péchés du peuple qui avait prévariqué contre la loi de Dieu. Il manda promptement Pons, et lui ordonna de comparaître au jugement du siége apostolique, pour répondre aux accusations dirigées contre lui. Arrivé à Rome, Pons différa de se présenter au pape, et refusa, quoique sommé de le faire, de venir au tribunal le jour fixé.

En conséquence le pontife romain envoya Pierre à Cluni avec des lettres apostoliques et les insignes de sa dignité, et manda aux moines d'obéir à cet abbé en toutes choses selon la règle du saint père Benoît. Ils exécutèrent les ordres du pape, et reçurent leur abbé triomphant de sa victoire; et, combattant louablement pour la loi divine, ils portent encore le joug de son pouvoir. Quelques jours après, le pape fit arrêter par ses soldats Pons, qui méprisait ses ordres, et il le fit mettre en prison. Celui-ci, peu de temps après, affecté d'un profond chagrin, tomba malade, et mourut dans les fers, au grand regret de beaucoup de gens. Aussi, comme dit un certain poète :

Principium fini solet impar sæpe videri[1].

Chacun doit recommander Pons intérieurement par des prières et des vœux à Dieu, qui est le souverain bien, afin qu'il accomplisse en nous le bien comme il l'a commencé; qu'il le confirme, et qu'il le protège dans l'adversité comme dans le bonheur, jusqu'à ce que le fidèle champion entre heureusement dans le sentier de l'héritage céleste.

Dans la treizième indiction, le 4 des calendes d'octobre (28 septembre), un jour de dimanche, vers tierce, pendant que l'on chantait la messe, l'Angleterre éprouva un grand tremblement de terre; les murs et les maçonneries des églises furent lézardés dans quatre comtés. En effet, Chester, Shrewsbury, Hereford, Glocester, et les provinces voisines le virent et le sentirent, et les habitans et les peuples pâlissans tremblèrent d'une excessive terreur. Par la suite, plusieurs dignitaires des églises passèrent en Angleterre ou en Neustrie, et, par la disposition de Dieu, remirent à d'autres le fardeau de la prélature qu'ils avaient porté avec ambition.

Goisfred d'Orléans, abbé de Croyland, homme pieux et gracieux, partit le jour des nones de juin (5 juin): il eut pour successeur Guallève, frère de Gaïus, prince issu d'une noble famille anglaise. Albold de Jérusalem, moine du Bec, abbé de Saint-Edmond[2], vint à mourir subitement; après lui, Anselme, neveu de l'archevêque du même nom, gou-

---
[1] Souvent il arrive que la fin diffère du commencement.
[2] *Sanctus Edmundus de Bedrici rure.*

verna long-temps l'abbaye. Robert de Lyme, évêque des Merciens, étant mort, il fut remplacé par Robert, surnommé *Peccatum*, à la mort duquel Roger, neveu de Goisfred de Clinton, fut nommé abbé. Après le décès de Turold, l'illustre Mathias du Mont-Saint-Michel devint abbé de Bury[1], et eut pour successeur Jean, moine de Saint-Martin de Séès, profondément instruit dans les lettres. A sa mort, le Roi confia Bury à Henri, son cousin, qui avait été abbé de Saint-Jean-d'Angeli, d'où il avait été expulsé par les moines et par Guillaume, comte de Poitiers. Après Fulchered, qui, premier abbé de Shrewsbury, avait réglé le culte divin dans ce monastère, Godefroi, moine de Séès, en prit le gouvernement : étant mort subitement peu de temps après, Herbert usurpa le gouvernail de cette abbaye naissante. Guntard, habile chef du couvent de Thorney, ayant cessé de vivre, Robert de Prunières lui fut subrogé, tiré qu'il fut du couvent d'Ouche pour gouverner cette église, parce qu'il était très-lettré, éloquent et de bonnes mœurs.

Du temps du pape Pascal, Raoul, archevêque de Cantorbéry, alla trouver le Roi en Normandie, et de là partit pour Rome, quoiqu'il souffrît déjà de l'enflure des pieds. Ayant en route entendu parler de la mort du pape, il dépêcha des envoyés à Rome. Quant à lui, il retourna à Rouen, et passa près de trois ans en Normandie. Pendant son séjour, il arriva que, à la translation de Saint-Benoît, qui est fêtée par les moines, après la messe, pendant qu'il quittait ses

---

[1] *Burgum*, Bargh ou Bury; peut-être Banbury, à peu de distance de Chester.

vêtemens pontificaux, il fut soudain frappé d'un mal aigu, perdit la parole, et, au bout de quelques jours, la recouvra en partie, grâces aux secours de toute espèce que lui procurèrent les médecins; mais il ne reprit jamais parfaitement, depuis cette époque, l'usage de sa langue. Ensuite il resta deux ans paralytique; puis, dans un chariot assez commode, il se fit transporter à son siége, où il garda le lit bien soigné par les siens.

Enfin, l'an de l'incarnation du Seigneur 1123, l'archevêque Raoul mourut à Cantorbéry le 13 des calendes de novembre (le 20 octobre). Au bout de quelques années, il eut pour successeur Guillaume, chanoine régulier de Corbeil. Les antiques règles furent violées à cause de l'envie qui animait les clercs contre les moines. En effet, le moine Augustin, qui le premier prêcha le Christ en Angleterre, et convertit à la foi chrétienne le roi Edelbert et Sabert son neveu, avec les peuples de Kent et de Londres, fut établi, par ordre du pape Grégoire, primat métropolitain de toute la Grande-Bretagne. C'est pourquoi tous les archevêques de Cantorbéry, jusqu'à Raoul, à l'exception de Frigeard, d'Oda et de Stigand, appartinrent à l'ordre monastique. Frigeard, chapelain du roi Lothaire, fut élu à cet archevêché, et envoyé à Rome pour y être consacré par le pape Agathon. Là, ayant reçu du pape un délai de dix jours, il tomba malade en attendant la bénédiction, et rendit l'ame sans avoir reçu l'onction épiscopale. Quant à Oda, il fut tiré du clergé, à cause de sa noblesse et de la douceur de ses mœurs, et il fut consacré archevêque; mais, ayant appris ensuite que tous ses prédécesseurs avaient été moines, il changea d'habit volontiers et dévotement; puis, jusqu'à la mort, il combattit pour la cause de Dieu, et comme moine, et comme archevêque. Stigand, chapelain de la reine Emma, était tout mondain et ambitieux: il usurpa d'abord la chaire de Londres, puis ensuite celle de Cantorbéry; mais il ne reçut jamais le pallium du pape de Rome: au contraire, interdit par le pape Alexandre, il fit grand tort à Harold en le bénissant roi. Comme il s'enfla d'orgueil pour avoir été élevé par lui-même, de même il eut à gémir dans sa confusion, après avoir été humilié par la main de Dieu; car Guillaume Ier. s'étant affermi sur le trône, Stigand fut déposé par jugement du concile à cause de l'évidence de ses fautes: aussi ne doit-il point être compté sur le catalogue des évêques.

Les Anglais honoraient et chérissaient les moines, parce qu'ils leur devaient leur conversion au Christ; les clercs eux-mêmes se réjouissaient respectueusement et avec bienveillance de la préférence accordée aux cénobites. Maintenant, au contraire, les mœurs et les lois sont changées, et les clercs élèvent les leurs, afin de confondre et d'écraser les moines.

Vers ce temps-là, Roger, abbé d'Ouche, brisé par l'âge et la maladie, perdit son ancienne vigueur, et desira vivement être débarrassé de la charge du soin pastoral. C'est pourquoi il envoya en Angleterre deux moines honorables, Ernauld du Tilleul et Gislebert des Essarts[1], et adressa par eux, au Roi, cette lettre, qu'il fit écrire par Raoul Laurent:

« L'humble Roger, ministre indigne de l'abbaye

[1] Ces deux communes sont de l'arrondissement d'Argentan.

« d'Ouche, à son glorieux seigneur Henri, roi des
« Anglais, salut au nom de celui qui donne le salut
« aux rois. Comme il n'y a pas de puissance qui ne
« vienne de Dieu, selon ce que dit l'apôtre, toute
« puissance doit pourvoir avec soin à faire tourner
« à l'avantage de la maison du Seigneur les choses
« qui ont été par lui ordonnées. Moi donc, seigneur,
« qui, jusqu'à ce jour, tout indigne que j'en suis,
« mais par la providence de Dieu, ai rempli les fonc-
« tions d'abbé de mes frères de l'église d'Ouche, sous
« le noble gouvernement de votre puissance; moi
« qui, soutenu de votre assistance, pendant long-
« temps, dans l'adversité comme dans le bonheur,
« me suis acquitté de ces fonctions plus onéreuses
« qu'honorables, maintenant, accablé de vieillesse,
« faible de corps, craignant de nuire à l'Eglise plutôt
« que de lui être utile, et voyant changer les mœurs
« au milieu des vicissitudes des temps, d'après le
« conseil de mes pères spirituels, l'archevêque de
« Rouen et l'évêque de Lisieux, de plusieurs ab-
« bés, et de divers personnages de l'ordre ecclésias-
« tique, j'implore humblement votre clémence afin
« qu'ayant pitié de moi, à qui vous avez prouvé jus-
« qu'à ce jour quelque affection, vous me délivriez,
« moi désormais inutile et devenu moins capable, du
« poids d'un si lourd fardeau, et que vous donniez
« à la maison du Seigneur un pasteur habile et conve-
« nable, conformément à la sagesse qui vous a été dé-
« partie par Dieu même. Toutefois, de peur que, sous
« le prétexte de telles choses, je ne paraisse vouloir
« me soustraire à la rage des furieux en ne m'occu-
« pant que de mon repos, je porte ici, en présence

« de Dieu, témoignage de leur charité, de leur obéis-
« sance et de leur simplicité, puisque, par les soins
« maternels de l'Eglise, nourris abondamment de
« lait et d'alimens solides, on les trouve dociles à
« tous les ordres de Dieu et de leurs pères spirituels
« auxquels ils obéissent en paix. Excellent mo-
« narque, d'après la déclaration que je vous fais de
« ma misère, et de l'impossibilité d'agir où me ré-
« duisent la faiblesse et la décrépitude, je vous prie
« de ne pas différer de me rendre ce bon office. Tout
« pécheur que je suis, je prie instamment le Roi des
« rois pour qu'il daigne coopérer avec vous au ser-
« vice que j'attends. Salut. »

En conséquence, le Roi, plein de bienveillance, apprenant l'état d'affaiblissement du saint et religieux vieillard, compatit à son sort, et ordonna, par des lettres directes, aux moines d'Ouche d'élire un bon abbé qui pût lui convenir. Au retour des députés, soixante-six moines se réunirent, au nom de Dieu; ils écoutèrent attentivement la leçon du saint père Benoît sur l'ordination des abbés. Enfin le vénérable abbé Roger et ses fils spirituels s'occupèrent du salut des ames, et, au nom du Seigneur, chargèrent l'un d'eux des fonctions d'abbé. Ils nommèrent à cette place Guérin des Essarts, surnommé *le Petit;* et ils imitèrent en cela les apôtres qui, par l'inspiration divine, tirèrent au sort Mathias, le petit de Dieu, pour accomplir le nombre douze. Les deux vieillards dont nous avons parlé présentèrent, par l'ordre du couvent, le frère qui avait été élu, à Jean, évêque de Lisieux, et, avec sa permission, passèrent la mer au milieu du froid et des tempêtes de l'hiver; ils allèrent chercher le Roi, qui parcourait alors le Northumberland, voyagèrent dans des chemins longs et fangeux, et le trouvèrent à York le jour de la fête de Saint-Nicolas, évêque de Mire. L'illustre monarque, ayant appris ce qu'avaient fait les moines, approuva l'élection, et donna, par le conseil de Turstin, archevêque d'York, l'abbaye d'Ouche au frère élu : il eut pour témoin Etienne, abbé de Chartres, qui, par la suite, devint patriarche. Ensuite le Roi lui accorda tous les biens du couvent, les dignités et les priviléges que ses prédécesseurs avaient eus jusques alors; puis il donna la charte suivante, à laquelle il fit mettre le sceau royal pour la rendre authentique contre les envieux :

« Henri, roi des Anglais, à Jean, évêque de Li-
« sieux, à Etienne, comte de Mortain, à Robert de
« La Haye, à tous ses barons et sujets féaux de la
« Normandie, salut. Sachez que j'ai donné et concédé
« à l'abbé Guérin l'abbaye de Saint-Evroul, et que je
« veux et ordonne positivement qu'il la tienne con-
« venablement, en paix, librement et honorable-
« ment. A York, en présence de Turstin, arche-
« vêque d'York, de Guillaume de Tancarville, et
« de Guillaume d'Aubigni. »

En conséquence, Guérin, fort de la souveraine autorité du puissant monarque, revint en Normandie, accomplit, avec ses frères, l'observance du Carême; puis, le jour de l'Ascension du Seigneur, reçut la bénédiction de Jean, évêque de Lisieux, et apprit ensuite à supporter les travaux et les douleurs du soin pastoral. On doit surtout le louer pieusement d'avoir servi avec bonté le vénérable vieillard Roger; et, pendant les trois ans qu'il vécut encore, de lui avoir obéi en toutes choses, comme un fils à son père, comme un disciple à son maître. Le bon vieillard s'occupait dans sa chambre, comme il en avait eu autrefois l'habitude, de psaumes, d'oraisons et de pieux entretiens. Il avait avec lui un bon prêtre qui lui servait de chapelain et faisait la conversation; il entendait sa messe et l'office canonique dans l'oratoire de Saint-Martin, et traitait, soit par demandes, soit par réponses, des mystères de l'Ecriture et des fleurs des traités ascétiques. Comme il avait toujours jugé nuisible et insupportable le poids des affaires extérieures, maintenant, libre de soin, il rendait grâces à Dieu sagement et honorablement; et, non moins tranquille que libre, il attendait avec joie le terme du jour suprême.

Enfin, l'an de l'incarnation du Seigneur 1126, ce pieux vieillard devint plus malade qu'à l'ordinaire; puis, oint de l'huile sainte, et ayant pleinement accompli les autres cérémonies qui conviennent à un serviteur de Dieu, il mourut le jour des ides de janvier (13 janvier). Le disciple et le successeur de ce maître, ainsi que ses compagnons, recommandèrent son ame à Dieu, et célébrèrent avec pompe de solennelles obsèques. Le lendemain son corps fut porté dans le chapitre, et inhumé avec respect à côté de l'abbé Osbern. J'ai composé sur lui en vers hexamètres une inscription abrégée dans laquelle j'ai préféré m'attacher plutôt à la vérité qu'à l'élégance d'une poésie sonore. En priant ainsi le bon Sauveur, et en me rappelant par la grâce de Dieu le bien qu'il a fait, je me suis exprimé en ces termes :

« O Christ! roi des rois! sauvez Roger, ce père

« doux et sincère, qui, pour vous, a supporté beau-
« coup de choses avec bonté. Il renonça pour la pau-
« vreté à ses biens, à ses maisons et à sa volonté; il
« courut à perdre haleine par les sentiers de la vertu
« pour s'appliquer à vous suivre. Il eut pour père
« Gervais, et pour mère Emma, dans lesquels bril-
« lèrent l'éclat des mœurs et l'étendue des biens.
« Instruit par de saintes leçons, le prêtre Roger prit
« avec joie le joug monacal du bienheureux Be-
« noît. Pendant sa longue carrière, il se distingua
« par l'honnêteté de ses mœurs, et mérita ainsi de
« devenir le guide et l'abbé de ses compagnons. En
« effet, Serlon étant devenu évêque de Sées, Ro-
« ger prit le gouvernement du monastère de Saint-
« Evroul. Moine illustre pendant cinq fois onze an-
« nées, il fut pasteur du bercail d'Ouche pendant
« trente-trois ans. Il admit au noviciat quatre-vingt-
« dix moines, et leur enseigna à se soumettre au joug
« rigide de la règle. Toujours simple, doux, et bril-
« lant du zèle de la bonté, ceux qu'il instruisit par
« ses discours, il les soutint par de bons exemples.
« Enfin, accablé par la vieillesse, il déposa ses mem-
« bres dans la terre quand Janus eut terminé sa dou-
« zième journée. Monarque plein de bonté, effacez
« les fautes de Roger; donnez-lui les joies de la lu-
« mière; je vous prie que maintenant il repose en
« paix comme il en fut l'ami. »

L'an de l'incarnation du Seigneur 1122, l'esprit de
perversité fit renaître la tempête des guerres, et le
sang humain coula déplorablement dans des massacres insensés dignes des bêtes féroces. La criminelle
Erynnis, ayant trouvé sa place dans les cœurs, déploya

ses fureurs contagieuses, alluma les feux de la rage, et poussa les hommes à leur perte et à celle de leurs frères. Dans leur turbulence, les peuples s'affligèrent de la paix et du repos, et, tout en tâchant de renverser la puissance des autres, par un équitable jugement de Dieu, ils s'égorgèrent le plus souvent avec leurs propres armes. Véritablement, sans yeux et sans cœur sont ceux qui dans la paix desirent la guerre, qui dans le bonheur recherchent les calamités, comme la soif aspire au breuvage, et ne savent point apprécier le bien tant qu'ils le possèdent. Quand ils l'ont perdu, ils le réclament vivement; mais, affligés de misères, ils ne peuvent plus le retrouver malgré leurs recherches. Aussi, reconnaissant que leur perte est irréparable, ils s'affligent et pleurent inconsolables.

Ce fut dans de telles dispositions que plusieurs personnes voyant que le légitime héritier du roi Henri était mort, et que le monarque, tournant à la vieillesse, manquait d'enfans légitimes, s'attachèrent de toute leur affection à son neveu Guillaume Cliton, et firent tous leurs efforts pour l'élever au pouvoir. Après la mort de leur père, le Roi éleva avec bonté comme ses propres enfans, et, quand ils furent parvenus à l'adolescence, arma chevaliers Galeran et Robert, tous deux fils de Robert, comte de Meulan, qu'il avait beaucoup aimé, et duquel, au commencement de son règne, il avait reçu beaucoup de secours et de consolations. Galeran posséda tout le patrimoine de son père en deçà de la mer, savoir, en France, le comté de Meulan; en Normandie, Beaumont[1] et les terres adjacentes. Son frère Robert

[1] Beaumont-le-Roger.

eut en Angleterre le comté de Leicester; le Roi lui donna en mariage Amicie, fille de Raoul de Guader, qui avait été fiancée à son fils Richard, et ajouta à ces dons Breteuil avec les terres qui en dépendent.

Ce même monarque traita avec une grande douceur Mathilde sa bru, et la retint en Angleterre avec de grands honneurs tant qu'elle voulut y rester; mais, au bout de quelques années, desirant voir ses parens, elle se rendit à Angers, et y resta quelque temps fixée par l'amour du pays natal. Enfin, par l'inspiration de Goisfred, évêque de Chartres, elle quitta le siècle, et, devenue religieuse au convent de Fontevrault, elle s'attacha en liberté à l'époux céleste, et elle le sert. Ainsi que je l'ai dit, je crois qu'elle avait douze ans quand elle épousa, dans l'été, le jeune Guillaume; et six mois n'étaient pas accomplis encore quand son époux imberbe périt dans le naufrage. Le Roi, plein de bonté, l'éleva comme sa propre fille, et la garda long-temps chez lui, afin de l'unir à un mari élevé et puissant, et de la porter au faîte des richesses et des honneurs au-dessus de tous ses parens; mais elle prit un meilleur parti, en s'unissant à l'époux céleste, fils de Dieu et d'une Vierge. Cette princesse était prudente et belle, éloquente et bien élevée, et distinguée convenablement par beaucoup de bonnes qualités. Puisse la bonne fin qu'elle a faite paraître desirable aux hommes et agréable à Dieu!

Dans le même temps, Amauri, comte d'Evreux, portait dans le cœur beaucoup de ressentiment de voir les prévôts, et d'autres officiers du Roi, exercer leurs fureurs sur ses terres. Ils imposaient des exactions extraordinaires, et, selon leur fantaisie, détournaient le cours de la justice; ils faisaient supporter beaucoup de vexations aux grands et aux gens de moyen état, commettant ces indignités, non par leur propre puissance, mais par la crainte qu'inspirait le Roi et en abusant de son pouvoir. En effet, ce prince, ignorant ces désordres, restait en Angleterre. La terreur qu'il inspirait étouffait les entreprises guerrières; mais il était cruel de voir que les peuples fussent livrés à la cupidité excessive des intendans. Les mauvais officiers sont pires que des brigands. En effet les paysans peuvent éviter les voleurs par la fuite ou le déplacement; mais ils ne peuvent sans perte se soustraire aux atteintes des perfides sergens.

L'emporté Amauri alla trouver Foulques, comte d'Anjou, son neveu; il l'engagea par des insinuations adroites à marier sa fille Sibylle à Guillaume, fils du duc Robert, dont la valeur, la bonté et la naissance illustre étaient dignes d'un empire. Foulques se rendit facilement aux insinuations de son oncle, et, ayant fait venir le jeune prince avec ses gouverneurs et ses domestiques, il lui accorda sa fille, et lui donna en dot le comté du Mans, jusqu'à ce qu'il obtînt son héritage. Ensuite Amauri attira dans son parti tous ceux qu'il put déterminer, et trouva beaucoup de personnes faciles, disposées à le seconder, conformément au caractère léger des Normands.

Galeran comte de Meulan, Guillaume de Roumare, Hugues de Montfort, Hugues de Neuf-Châtel, Guillaume Louvel, Baudri de Brai, Païen de Gisors, et plusieurs autres qui murmuraient avec perfidie, se concertèrent d'abord en cachette; mais, peu de temps après, pour leur perte, ils firent éclater ouvertement leur révolte. Le comte Galeran desirait ardemment faire ses premières armes; mais, sans nul doute, il débuta follement en se révoltant contre son seigneur, qui l'avait nourri, et en levant d'abord contre lui une main cruelle pour seconder ses ennemis. Afin de leur procurer légitimement les douceurs du mariage et pour se fortifier en même temps contre tous ses voisins, il avait marié ses trois sœurs à trois châtelains illustres qui étaient puissans par leurs vassaux, leurs places fortes et leurs richesses. L'une d'elles épousa Hugues de Montfort, une autre Hugues de Neuf-Châtel, fils de Gervais, la troisième Guillaume Louvel[1], fils d'Ascelin, qui, après la mort de Robert-Goël son frère, acquit le château d'Ivri avec tout son patrimoine.

Guillaume de Roumare réclama la terre de sa mère que Raoul de Bayeux, son beau-père, avait rendue au Roi pour le comté de Chester; il demanda en outre en Angleterre une autre terre nommée Corby[2]. Le Roi ne lui accorda point sa demande, et lui répondit des choses outrageantes. Aussi ce jeune seigneur irrité passa soudain en Normandie, et, saisissant l'occasion favorable, quitta le parti du Roi, trouva beaucoup d'alliés, et, du sein de Neuf-Marché, fit cruellement la guerre aux Normands. Pendant deux ans, il fit éclater son ressentiment par le pillage, l'incendie et la prise des hommes; il ne cessa point ses entreprises jusqu'à ce que le Roi l'eût satisfait convenablement, et lui eût restitué une grande partie des biens qu'il avait demandés.

[1] Comte d'Ivri, fils d'Ascelin Goël de Bréherval, et d'une fille naturelle de Guillaume de Breteuil. — [2] *Corvia*.

Au mois de septembre, Amauri, Galeran et quelques autres dont j'ai parlé ci-dessus, se réunirent à la croix Saint-Leufroi, et y ourdirent une conspiration générale.

Ces menées clandestines n'échappaient point au roi Henri. C'est pourquoi, dans le mois d'octobre, il rassembla une grande armée à Rouen; puis sortant de la ville le dimanche après son repas, comme tout le monde ignorait ses projets et l'objet de son voyage, il appela à lui Hugues de Montfort, qui se présenta aussitôt, et il lui ordonna de lui remettre son château[1]. Ce seigneur, qui était un des conjurés, voyant sa perfidie découverte, éprouva une prompte anxiété, et, fort incertain de ce qu'il devait faire dans un si court espace de temps, il se décida à obéir aux ordres du Roi, car il craignait que son refus ne le fît aussitôt charger de fers. Alors le Roi envoya en avant, avec Hugues, des amis fidèles pour recevoir les clefs de la place. Dès qu'il se vit loin de la présence de Henri, il poussa à toute bride son rapide dextrier, et abandonna ses compagnons à l'entrée de la forêt; puis, prenant un chemin plus court qu'il connaissait parfaitement, il les prévint, et, sans descendre de cheval, il ordonna à son frère, à sa femme et à ses gens de garder soigneusement le château. « Le Roi, dit-il, vient ici en « force; tenez bon contre lui. » De là il courut en toute hâte à Brionne, et, ayant raconté ce qui se passait, il fit prendre les armes au comte Galeran pour en venir ouvertement au combat. Au retour de ses amis, qui se plaignaient d'avoir été trompés par la perfidie de Hugues, le Roi irrité fit armer aussitôt ses cheva-

[1] Montfort-sur-Rile.

liers et attaquer la garnison avant qu'elle fût préparée.
Dans les deux premiers jours, toute la ville fut brûlée, et la place fut prise jusqu'au château. Alors Robert [1], fils du Roi, et Néel d'Aubigni, amenèrent beaucoup de troupes du Cotentin : c'est pourquoi Raoul de Guader et les autres assiégés eurent beaucoup à souffrir, en dedans, des assauts répétés qu'on leur livra. Enfin, se voyant privés de tout secours de la part des conjurés, et adoptant une meilleure résolution, avant un mois de siége, ils firent la paix, et, reçus en grâce par le Roi, ils lui remirent la tour. De là Henri se rendit à Pont-Audemer, dont il pressa vaillamment le château pendant six semaines.

Le Roi donna une plaine terre [2] à Adeline, qui était fille de Robert comte de Meulan, et à son fils Galeran, à condition que, si Hugues faisait la paix avec lui, Galeran serait désormais pour lui un ami intime et fidèle. Hugues, ayant appris cette proposition, eut la témérité de la mépriser, et préféra être privé de tous ses biens par la confiscation, que de s'attacher heureusement par la réconciliation au prince qui l'avait élevé et comblé d'honneurs.

Dans le même mois, le vénérable Serlon, après avoir gouverné trente-deux ans l'évêché de Séés, chanta une messe dans l'église de saint Thomas martyr, le 7 des calendes de novembre (26 octobre). Quand elle fut finie, il appela les clercs et les ministres de l'Église, et leur parla en ces termes : « Je
« suis brisé par l'âge et l'affaiblissement, et je m'a-

---

[1] Robert de Caen, comte de Glocester, et seigneur de Thorigni.
[2] *Plana tellus* ; terres sans forêts.

« perçois que je touche de près au terme de ma car-
« rière. Je vous recommande au Seigneur mon Dieu,
« qui m'a fait son vicaire auprès de vous, et je vous
« prie d'implorer dignement pour moi sa clémence.
« Maintenant il faut préparer le lieu de ma sépulture,
« parce que le temps de mon séjour parmi vous n'a
« plus qu'une courte durée. » Il se rendit ensuite avec
le clergé à l'autel de Sainte-Marie mère de Dieu :
c'est là que devant cet autel même il désigna avec
sa crosse pastorale l'espace du tombeau; puis, ayant
adressé au Seigneur ses prières, il sanctifia le sépulcre en l'aspergeant d'eau bénite. Aussitôt les
ouvriers ouvrirent une fosse avec des pioches, et jetèrent la terre avec des pelles. Cependant les maçons
et les tailleurs de pierre creusèrent un sarcophage
avec leurs marteaux, pour ce prélat qui marchait et
parlait encore, et ils disposèrent la tombe comme
s'il eût été déjà étendu sans vie.

Le lendemain, vendredi, Serlon se rendit à la basilique; il voulut célébrer la messe comme à son ordinaire, et, plus fort de courage que de corps, il
passa l'amict au dessus de sa tête; mais, comme ses
membres tremblaient, il craignit de ne pouvoir commencer un si saint office. Il ordonna au chapelain
Guillaume de célébrer la messe. Quand il eut fini,
il manda tous les chanoines et leur dit : « Réunis-
« sez-vous auprès de moi après le dîner, parce que
« je veux légalement employer, pour l'avantage de
« l'église, le trésor que j'ai amassé de ses revenus,
« pour des usages temporels. Je desire vivement,
« avec l'aide de la grâce de Dieu, éviter que des
« ennemis ne trouvent sur moi quelque chose qui

« puisse servir à m'accuser justement en présence
« du Seigneur. En effet, comme je suis entré nu dans
« ce monde, il convient que j'en sorte nu, afin de
« mériter de suivre librement les traces de l'agneau,
« pour l'amour duquel j'ai dès long-temps, avec joie,
« renoncé à toutes les choses mondaines. »

A neuf heures, le prélat se mit à table; mais, aspirant déjà aux choses célestes, il ne mangea rien de ce qui était devant lui. Comme les convives mangeaient sans avidité, parce qu'ils étaient remplis d'une profonde tristesse, il les instruisit abondamment en les nourrissant du pain de la doctrine, et, comme il était éloquent et fécond, il leur distribua largement la semence de la parole divine. La Normandie, à ce que je crois, n'eut jamais d'enfant plus élégant et plus éloquent que Serlon. Il était d'une médiocre stature, agréable dans toutes ses manières, autant que l'exige l'humaine beauté, et qu'il convient à un mortel que tant de misères accablent. D'abord roux dans son adolescence, il blanchit promptement dès sa jeunesse, et, avant sa mort, pendant près de cinquante ans, il brilla de l'éclat de la neige. Très-instruit dans les lettres tant séculières que divines, il était toujours disposé à répondre à tout ce qu'on lui proposait. Ceux qui persistaient dans le mal le trouvaient très-sévère; mais il prodiguait la clémence à celui qui, les larmes aux yeux, faisait l'aveu de son crime, et il était pour lui rempli de douceur, comme un tendre père envers son fils malade. Je pourrais dire beaucoup de bien de lui; mais je ne saurais, par mes paroles, éloigner de lui la mort qui va le frapper. Dans la fatigue que j'éprouve, je me porte vers d'autres objets, et je m'attache à conduire à sa fin le livre que j'ai commencé.

Comme on était prêt à quitter la table après le repas, il se présenta un domestique qui annonça la venue des cardinaux romains Pierre et Grégoire. On était alors à la veille de la fête des saints apôtres Simon et Jude. Aussitôt Serlon dit aux clercs et à ses principaux domestiques : « Allez promptement; servez avec soin « les Romains, donnez-leur en abondance tout ce qui « leur est nécessaire, parce qu'ils m'apportent un « message de mon seigneur le pape, qui, après Dieu, « est le père universel. Quels qu'ils soient, ils sont « nos maîtres. » C'est ainsi que le vieillard attentif envoya ses gens à leur rencontre, et, comme il en avait l'usage, resta seul assis dans sa chaise, sans douleur et sans apparence de maladie. D'après ses ordres, tout le monde alla au devant des cardinaux; on leur offrit honorablement l'hospitalité, et on leur rendit tous les honneurs convenables, conformément au commandement du pontife. Cependant, comme on s'acquittait des devoirs que la circonstance exigeait, l'évêque, assis, mourut comme s'il se fût endormi. Les gens de Serlon, leur service terminé, retournèrent vers leur maître; mais l'ayant trouvé mort sur son siège, ils le plaignirent en pleurant amèrement. Le lendemain, son corps fut mis dans le tombeau, qui, comme je l'ai dit, était préparé depuis trois jours. Il reçut ce service de Jean, évêque de Lisieux, qu'à cet effet le Roi avait envoyé du siége de Pont-Audemer.

A la mort de Serlon, le jeune Jean, fils de Hardouin et neveu de l'évêque de Lisieux, obtint l'évêché de

Séès. Comme il était moins avancé en âge, il l'était moins aussi en érudition que son prédécesseur. L'an de l'incarnation du Seigneur 1124, il fut consacré après Pâques, et, par l'ordre de son oncle, il commença à célébrer les offices pontificaux dans l'évêché de Lisieux. En effet, il dédia, le 4 des nones de mai (4 mai), l'église de Saint-Aubin à Cisei[1], et de là se rendit le même jour à Ouche. Ensuite, le 3 des nones du même mois (5 mai), jour du lundi, il bénit le crucifix neuf, et dédia la chapelle et l'autel de Sainte-Marie-Madeleine, qu'Ernauld, noble et ancien cénobite, avait bâtie à ses frais et avec les largesses des fidèles.

Les satellites du Roi, ayant appris la mort subite du prélat dont nous venons de parler, quittèrent la place qu'ils gardaient, et, comme des corbeaux, accoururent vers le cadavre. Ils transportèrent au trésor du Roi celui de l'évêque et tout ce qui se trouva à l'évêché, sans rien donner aux églises ni aux pauvres. Le Roi assiégeait alors une place ennemie; il soupçonnait plusieurs de ceux qui, admis dans son intimité, lui prodiguaient les flatteries, et connaissant leurs perfides manœuvres, il les regardait à bon droit comme des hommes sans loyauté. Louis de Senlis, Harcher, grand-queux de France et chevalier distingué, Simon Teruel de Poissy, Luc de La Barre et quelques autres guerriers intrépides étaient dans la place, et la défendaient de toutes manières contre les assiégeans. Le Roi brûla toute la ville, qui était très-grande et très-riche, et attaqua vigoureusement le château. Il pourvoyait à toutes choses avec

[1] Arrondissement d'Argentan.

habileté, courait partout comme un jeune chevalier, et, pressant vivement l'action, encourageait chacun de ses soldats. Il enseignait aux charpentiers à construire un beffroi; il reprenait par des railleries ceux qui manquaient au travail, et par des louanges engageait à mieux faire encore ceux qui déjà faisaient bien. Enfin on dressa les machines. On livra aux assiégés des assauts fréquens et funestes pour eux, et on les força de se rendre. Alors Louis, Raoul, fils de Durand, et leurs compagnons, firent la paix avec le vainqueur. Ayant rendu la place, ils eurent la permission de se retirer en sûreté avec leurs bagages. Quelques uns d'eux allèrent, avec les Français, à Beaumont, où se trouvait le comte Galeran.

Simon de Péronne, Simon de Néaufle, Gui, surnommé *Malvoisin*, Pierre de Maulle son neveu, Guillaume L'Aiguillon, et près de deux cents autres chevaliers français combattaient pour le comte Galeran; d'après ses ordres ils faisaient des courses sur les terres du voisinage; et, par le pillage et l'incendie, occasionaient de grands dommages aux partisans du Roi. Le même jour où le château de Pont-Audemer se rendit, on fit connaître une action criminelle qui s'était passée ailleurs. Pendant que le Roi était retenu sur les bords de la Rîle par les occupations guerrières dont nous venons de parler, les parjures machinaient une sédition vers l'Epte.

Le lundi, à l'heure du marché, on établit l'audience dans la maison de Païen de Gisors, et on y invita Robert de Chandos, gouverneur du donjon royal, afin de l'y faire tuer sans défense par des assassins armés perfidement, et pour s'emparer aussitôt

de la place au moyen de troupes adroitement cachées. Ce même jour, des soldats entrèrent librement dans la ville en se mêlant aux paysans et aux femmes qui, des villages voisins, se rendaient au marché; ils furent logés simplement par les bourgeois qui les connaissaient depuis long-temps, et par leur nombre considérable remplirent la ville en grande partie. Enfin l'heure de la trahison étant venue, de fréquens courriers avertirent Robert de se hâter; mais la pieuse Isabelle sa femme le retint long-temps pour s'occuper avec lui d'affaires domestiques. Ce retard arriva par la permission de Dieu. En effet, Robert étant resté chez lui, Raoul se rendit le dernier à l'audience, et pendant que les autres attendaient encore en armes, en gardant le silence, il jeta le premier son manteau, et, se montrant couvert de sa cuirasse, il cria vivement : « Allons, cheva-
« liers, faites ce qui convient, et comportez-vous
« vaillamment. » Aussitôt les gens de la place connurent la trahison, et une grande clameur s'étant élevée, Baudri s'empara de vive force de la porte la plus prochaine que lui remirent les gens de Païen. Robert étant monté à cheval, et s'étant rendu au marché sans avoir connaissance de la trahison, découvrit des brigands armés qui pillaient la ville, et entendit de toutes parts de terribles bruits de guerre : saisi de crainte, il se réfugia au plus vite dans la forteresse dont il était encore peu éloigné. Alors le comte Amauri et son neveu Guillaume Crépin, avec leurs troupes, parvinrent en armes au haut d'une montagne opposée au château, et entreprirent d'effrayer les assiégés, beaucoup plus par leurs menaces que par leurs

actions. Ceux qui se firent remarquer dans cette entreprise furent considérés comme ennemis publics, et coupables de parjure envers le Roi. Robert s'étant convaincu qu'il ne pouvait avec ses forces chasser ses ennemis de la ville, qui était très-fortifiée, mit le feu aux plus proches maisons qu'il brûla, et, secondée par le vent, la flamme dévorante embrâsa toute la place. C'est ainsi que Robert expulsa l'ennemi de l'intérieur de la ville, et l'empêcha de défendre les murailles. Dans une si grande confusion, les riches et honnêtes bourgeois de Gisors firent de grandes pertes. L'incendie de leurs habitations et de leur mobilier les réduisit à l'indigence. L'église même de Saint-Gervais, qui, peu d'années auparavant, avait été dédiée par l'archevêque Goisfred, fut réduite en cendres.

Le Roi ayant appris ces événemens, partit en hâte avec son armée de Pont-Audemer pour Gisors, pressé d'en venir aux mains avec ceux qui le trahissaient, s'il pouvait les rencontrer. Quand ceux-ci apprirent que le triomphateur, qu'ils croyaient encore occupé du siége, s'avançait vers eux, ils s'enfuirent avec beaucoup de crainte, de peine et de honte. Les officiers de justice du Roi se saisirent du comté d'Evreux et de toutes les terres des traîtres; ils les réunirent au domaine du Roi. Hugues, fils de Païen, était alors avec Etienne, comte de Mortain; il ignorait les attentats de son père, et servait le Roi. Ce monarque lui accorda les biens paternels, et dépouilla totalement le vieillard parjure ainsi que son fils Hervey. Ainsi le traité que, trois jours auparavant, le pape avait conclu entre les deux rois, fut rompu, et une nouvelle guerre se ralluma de toutes parts avec une ardeur cruelle. L'hiver était alors très-pluvieux. Dans cette circonstance, le Roi eut égard aux peines et aux inquiétudes des peuples; il les épargna, de peur qu'excédés de fatigue ils ne succombassent, ainsi que des bêtes de somme, à des travaux au-dessus de leurs forces. En conséquence, après s'être emparé des deux plus fortes places, Pont-Audemer et Montfort, avec les terres environnantes, le Roi fit reposer ses peuples en paix à l'époque de l'Avent. Ensuite il établit ses troupes avec les principaux chefs dans divers châteaux, et leur confia la défense du pays contre les brigands. Il plaça Raoul de Bayeux dans la tour d'Evreux, Henri, fils de Goislen du Pommeret, à Pont-Autou [1], Odon, surnommé *Borleng* [2], à la garde de Bernai, et plusieurs autres vaillans guerriers dans d'autres lieux pour mettre la contrée à l'abri des incursions de l'ennemi. Guillaume, fils de Robert de Harcourt, attaché au Roi, le servait fidèlement.

Pendant le Carême suivant, le comte Galeran réunit ses alliés, et, dans la nuit de l'Annonciation, il alla fortifier la tour de Vatteville [3]. Il avait avec lui ses trois beaux-frères, Hugues de Neufchâtel, fils de Gervais, Hugues de Montfort, et Guillaume Louvel, fils d'Ascelin Goël. Le comte Amauri l'emportait sur eux tous. Conduite par ces chefs, une troupe de soldats ravitailla la place assiégée, et attaqua à l'improviste de grand matin les retranchemens que le Roi avait fait faire pour la serrer de près. Comme Gau-

---

[1] *Pons-Altouci.*
[2] *Borlengus* ou *Berlengus.*
[3] *Guatevilla;* Vatteville-en-Caux, arrondissement d'Yvetot.

tier, fils de Guillaume de Valliquerville, que le Roi avait mis à la tête des gardes, couvert de sa cuirasse et debout sur le retranchement, défendait vivement les palissades du camp, une main artificielle le saisit de ses crochets de fer, l'attira sans pitié, et l'amena prisonnier. Le comte Galeran avait remis la garde de cette tour à deux frères en qui il avait beaucoup de confiance, Herbert de Lisieux et Roger, avec huit autres de ses vassaux. Il dévasta les champs des environs, enleva des maisons et des églises toutes les subsistances qu'il y trouva, et les fit entrer dans la tour pour approvisionner la garnison. Le même jour, ce comte, furieux comme un sanglier écumant, entra dans la forêt de Brotone; il y trouva des paysans qui coupaient du bois, il en prit plusieurs, il les estropia en leur faisant couper les pieds, et viola ainsi avec témérité, mais non impunément, l'honneur de la sainte fête de l'Annonciation.

Cependant Raoul de Bayeux, qui était gouverneur du château d'Evreux, et qui apprit par ses espions qu'il était entré de nuit beaucoup d'ennemis dans la tour de Vatteville, alla sans tarder trouver ses amis Henri de Pommeret, Odon Borleng et Guillaume de Tancarville; il leur fit connaître le passage de l'ennemi, et mit beaucoup de zèle à leur persuader de s'opposer à son retour, en défendant le fer à la main la route royale. Ils acceptèrent avec empressement cette proposition avec les troupes dont ils disposaient; puis, bien armés, se rendirent avec trois cents chevaliers auprès de Bourgtheroulde, et, le 7 des calendes d'avril (26 mars), attendirent les ennemis en plein champ comme ils débouchaient de la

forêt de Brotone pour regagner Beaumont. Quand les troupes royales découvrirent ces gens qu'elles crurent supérieurs à elles, elles commencèrent à redouter des hommes d'une si grande bravoure; quelques uns entreprirent de les rassurer; et Odon Borleng parla en ces termes : « Voici les ennemis du Roi qui
« exercent leurs fureurs sur ses terres; ils marchent
« avec sécurité, et emmènent prisonnier un des sei-
« gneurs auxquels il a confié la défense de son royau-
« me. Que ferons-nous? Est-ce que nous leur per-
« mettrons de ravager impunément tout le pays? Il
« faut qu'une partie des nôtres descende pour livrer
« bataille et s'efforce de combattre à pied, tandis
« qu'une autre partie gardera ses chevaux pour mar-
« cher au combat. Que la troupe des archers occupe
« la première ligne et tâche d'arrêter le corps enne-
« mi en tirant sur ses chevaux. La valeur et la vi-
« gueur de chaque combattant paraîtra à découvert
« aujourd'hui dans cette plaine. Si, engourdis par
« la lâcheté, nous laissons sans coup férir l'ennemi
« entraîner prisonnier un baron du Roi, comment
« oserons-nous soutenir les regards de ce monarque?
« Nous perdrons à bon droit notre solde et notre
« gloire, et je juge que nous ne devrons plus doré-
« navant manger le pain du Roi. » Tous les compagnons d'Odon encouragés par les exhortations de cet illustre chevalier, consentirent à mettre pied à terre avec les leurs, pourvu qu'il fût de la partie; il ne s'y refusa pas, et attendit gaîment à pied et en armes le moment de combattre, de concert avec ses gens dont il était vivement aimé. Le jeune Galeran, avide de gloire, en voyant l'ennemi, se livra à une

joie puérile, comme s'il l'eût déjà vaincu. Mais Amauri, d'un âge et d'un sens plus mûrs, voulut engager les autres, moins prudens que lui, à éviter le combat. « Par toutes gens ! dit Amauri, qui jurait
« ainsi, j'approuve fort que nous évitions d'en ve-
« nir aux mains; car si nous avons l'audace, faibles
« que nous sommes, de combattre contre des forces
« supérieures, je crains que nous n'encourions bien
« des affronts et des pertes. Voici Odon Borleng qui
« descend avec les siens; sachez qu'il s'efforcera opi-
« niâtrément de vaincre. Ce belliqueux chevalier,
« quoique devenu fantassin avec les siens, ne pren-
« dra pas la fuite, mais voudra vaincre ou mourir. »
Ses compagnons répliquèrent : « Est-ce que depuis
« long-temps nous n'avons pas désiré nous trouver
« en présence des Anglais dans la plaine? Les voici
« devant nous. Combattons de peur qu'une honteuse
« fuite ne soit un sujet de reproche pour nous et pour
« nos descendans. Voici la fleur des chevaliers de
« toute la France et de la Normandie : qui pourrait
« nous résister? Loin de nous l'idée de craindre assez
« ces paysans et ces simples soldats pour qu'ils nous
« forcent à nous écarter de notre chemin, et pour
« que nous évitions le combat. »

En conséquence ils se rangèrent en bataille. D'abord le comte Galeran voulut marcher à l'ennemi avec quarante chevaliers; mais son cheval, blessé par les archers, s'abattit sous lui. Sur la première ligne, les archers tuèrent plusieurs chevaux, et beaucoup de combattans furent renversés avant de pouvoir se servir de leurs armes. Ainsi, le parti des comtes fut promptement écrasé. Chacun tourna le dos, jeta ses armes et tout ce qui le chargeait, et, autant qu'il put, chercha son salut dans la fuite. Là, le comte Galeran, les deux Hugues ses beaux-frères, et près de quatre-vingts chevaliers furent faits prisonniers, puis étroitement enchaînés ils expièrent longtemps, les larmes aux yeux, dans la prison du Roi, la témérité dont ils s'étaient rendus coupables.

Guillaume de Grandcour[1], fils de Guillaume, comte d'Eu, preux chevalier des troupes royales, se trouva à ce combat et prit Amauri qui fuyait; mais, touché de commisération, il plaignit un homme d'une si grande bravoure, sachant très-bien que, s'il était fait prisonnier, il ne sortirait qu'avec peine, et peut-être jamais, des prisons de Henri. C'est pourquoi il aima mieux abandonner le Roi ainsi que ses propres terres et s'exiler, que de jeter dans des chaînes éternelles un comte si distingué. En conséquence il le conduisit jusqu'à Beaumont, et, se bannissant volontairement avec lui, il alla comme son sauveur vivre honorablement en France.

Guillaume Louvel fut fait prisonnier par un paysan; il lui donna ses armes pour sa rançon, et, s'étant fait tondre par lui comme un écuyer, il gagna la Seine en portant un bâton à la main. Arrivé inconnu au passage du fleuve, il donna ses bottines au batelier pour la traversée, et regagna pieds nus sa maison, se réjouissant d'avoir échappé, de quelque manière que ce fût, aux mains de ses ennemis.

Le roi Henri fit, après Pâques, juger à Rouen les criminels qui avaient été pris; il y fit arracher les yeux à Goisfred de Tourville et à Odard Du Pin, cou-

[1] Arrondissement de Neuf-Châtel.

pables de parjure. Il fit aussi arracher les yeux à Luc de La Barre, qui avait fait contre lui des chansons insultantes et tenté de téméraires entreprises. Alors Charles, comte de Flandre, qui avait succédé au jeune Baudouin, assista à la cour du Roi avec beaucoup de nobles personnages. Il s'affligea avec bonté de la condamnation de ces malheureux, et, plus hardi que les autres, il exprima sa pensée en ces termes : « Sei-
« gneur Roi, vous faites une chose inusitée chez
« nous, en punissant par la mutilation des chevaliers
« pris à la guerre au service de leur maître. » Le Roi lui fit cette réponse : « Seigneur comte, mon action
« est juste, et je vais vous le prouver clairement. En
« effet, Goisfred et Odard, du consentement de leurs
« seigneurs, sont devenus mes légitimes vassaux ; en
« commettant volontairement le crime du parjure,
« ils ont trahi leur serment. C'est pourquoi ils ont
« mérité d'être punis de mort ou de mutilation. Pour
« conserver la foi qu'ils m'avaient jurée, ils eussent
« dû plutôt abandonner tout ce qu'ils avaient au
« monde que de s'attacher aucunement, contre le
« droit, à qui que ce fût, et de rompre leur enga-
« gement avec leur légitime seigneur, en trahissant
« méchamment leur foi. A la vérité Luc ne m'a ja-
« mais fait hommage ; mais dernièrement il a com-
« battu contre moi au siége de Pont-Audemer ; la
« paix étant faite, je lui ai pardonné tous ses for-
« faits, et lui ai permis de se retirer en liberté avec
« ses chevaux et ses bagages. Aussitôt il s'est attaché
« à mes ennemis, et, réuni à eux, il a rallumé contre
« moi l'ardeur de la haine, et ajouté à ses crimes pas-
« sés des crimes plus grands encore. De plus, ce chan-

« sonnier, qui fait le plaisant, a composé contre moi
« d'indécentes chansons qu'il chante publiquement
« pour m'outrager, et il fait souvent ainsi rire à mes
« dépens mes malveillans ennemis. En ce moment,
« Dieu lui-même me l'a livré pour que je le châtie,
« pour que je le force de renoncer à ses œuvres cri-
« minelles, et pour que son exemple serve d'utile cor-
« rection à ceux qui apprendront la punition de ses
« téméraires entreprises. » A ces mots, le comte de
Flandre se tut, parce qu'il n'avait aucune objection
raisonnable à faire. Ainsi les bourreaux exécutèrent
les ordres qu'ils avaient reçus. Luc, ayant appris
qu'il était condamné à vivre dans d'éternelles ténèbres, aima mieux mourir misérablement que de vivre
aveugle : il résista tant qu'il put aux efforts des bourreaux. Enfin, étant entre leurs mains, il se frappa la
tête comme un fou contre les murailles et les pierres;
et ainsi, au grand regret de beaucoup de personnes
qui connaissaient ses prouesses et son enjoûment, il
rendit l'ame d'une manière déplorable.

Cependant Morin Du Pin, sénéchal du comte de
Meulan, fortifia ses châteaux, et, plein d'ardeur, engagea tous ceux qu'il put à résister opiniâtrément
au Roi. Ce vaillant monarque, ayant rassemblé une
grande armée, assiégea Brionne au mois d'avril; il y
bâtit aussitôt deux châteaux au moyen desquels il
força les ennemis à se rendre peu de temps après. La
violence des insensés ne permit pas que cette paix se
fît sans un grand préjudice pour les innocens, car
toute la ville fut d'abord brûlée avec ses églises. Cependant ceux qui étaient enfermés dans la tour de
Vatteville se réconcilièrent avec le Roi en rendant la

place, que peu de temps après, par une mesure politique, il fit raser de fond en comble.

Enfin le roi Henri ayant soumis toutes les places du comté, à l'exception de Beaumont, fit connaître à ce seigneur, qui était dans les fers, quel était le résultat de ses victoires, et lui fit mander, par les mêmes porteurs de nouvelles, d'ordonner qu'on lui rendît Beaumont sans coup férir. Celui-ci, voyant qu'il avait été déçu par les frivoles espérances d'une jeunesse inconsidérée, et que ses mauvaises actions l'avaient précipité du faîte de son ancienne puissance, craignant d'ailleurs de s'exposer de nouveau à des malheurs plus rudes s'il offensait son magnanime ennemi par quelque acte d'opiniâtreté, envoya de fidèles délégués pour ordonner positivement à Morin, qui était chargé de ses affaires, de remettre sans délai le château de Beaumont au Roi victorieux. Alors Morin, quoiqu'il fût tard, remplit les ordres de son seigneur; mais il ne put en aucune manière obtenir les bonnes grâces de Henri. En effet, ce prince l'avait chargé de l'éducation du jeune comte, auquel il avait suggéré le pernicieux conseil de se révolter. Morin perdit les biens dont il s'était trop énorgueilli en Normandie, où, s'élevant au-dessus de son état, et portant l'ambition plus loin qu'il ne convenait, il avait eu l'insolence d'exciter des troubles funestes à beaucoup d'innocens. En conséquence, par décision du Roi, il fut chassé de la terre paternelle, et, jusqu'à la mort, resta en exil dans les contrées étrangères.

C'est ainsi que le Roi obtint toutes les possessions que ce riche comte avait dans la Normandie, et qu'il le retint avec ses deux beaux-frères dans une étroite prison. Ensuite ils furent, quelque temps après, envoyés en Angleterre, où le comte et Hugues, fils de Gervais, restèrent prisonniers pendant cinq ans. Quant à Hugues de Montfort, il gémit enchaîné depuis treize années, et aucun des amis du Roi n'ose solliciter en sa faveur, parce qu'il avait, sans motif, offensé gravement ce monarque.

Béni soit Dieu, qui dispose bien toutes choses, qui dirige la carrière des mortels plus sagement qu'ils ne le desirent eux-mêmes, et qui manifesta aux regards des hommes pieux le jugement de son équité dans le territoire de Rouge-Moutier[1]! En effet, l'an de l'incarnation du Seigneur 1124, Dieu donna la victoire aux amis de la paix, confondit les téméraires perturbateurs de toute la province, et, par une prompte répression, anéantit les coupables efforts des séditieux. Dans la même semaine, les châtelains de sept places fortes, situées dans le Lieuvin et le pays d'Ouche, par conséquent dans le voisinage des rebelles, avaient résolu de se joindre à eux pour la perte commune. Déjà Hugues du Plessis avait surpris le Pont-Echenfrei, et attendait avec confiance le secours de ses alliés. Les châtelains du Sap, de Bienfaite, d'Orbec et de plusieurs autres places avaient, par crainte, fait alliance avec eux, parce qu'ils n'avaient pas la force ou le courage de se défendre contre leur grande puissance. Les têtes de la révolte ayant été écrasées, comme nous l'avons dit, les conspirateurs gardèrent le silence, et redoutèrent vivement que les justiciers et les jurisconsultes ne découvrissent leur perfide conspiration. Cette année était bissextile, et,

[1] Arrondissement de Pont-Audemer.

comme nous l'avons entendu dire vulgairement, le bissexte tomba en effet sur les traîtres.

Peu à peu voyant leurs forces s'affaiblir, Amauri et Louvel, ainsi que les autres rebelles, firent la paix avec le Roi, et, malgré eux, abandonnèrent dans son exil Guillaume-Cliton, qu'ils ne pouvaient plus secourir. Enfin ils satisfirent humblement au Roi, recouvrèrent son amitié avec le pardon de leurs fautes passées, et rentrèrent dans leurs anciens biens.

Ces choses terminées, le traité de Guillaume-Cliton avec les Angevins fut rompu : il alla errer dans la crainte et l'indigence au sein des chaumières étrangères avec Hélie son gouverneur et Tyrrel de Mainières[1]. Il avait à redouter la longueur et la force des bras de son oncle, dont la puissance, les richesses et la renommée s'étendaient partout, de l'Occident jusques en Orient. Ce jeune prince était né pour le malheur, dont il ne fut jamais complètement affranchi tant qu'il vécut. Il était vaillant et fier, beau et trop disposé aux entreprises guerrières, et il se recommandait plus aux peuples par des espérances illusoires que par un mérite certain. Par ses prodigalités, tout exilé qu'il était, il était plus à charge qu'il ne procurait d'honneur aux couvens de moines ainsi qu'aux clercs chez lesquels il avait coutume de loger, et, par sa nombreuse suite, il leur occasionait plus de misère que de sûreté. Beaucoup de gens étaient dans l'erreur sur son compte, ainsi que le Ciel le manifesta par la suite avec évidence, et que je le dirai avec véracité à la fin de ce livre.

[1] Arrondissement de Neuf-Châtel.

A cette époque, il se fit beaucoup de changemens parmi les grands personnages, qui furent remplacés par d'autres plus jeunes. Raoul surnommé Le Vert, archevêque de Rheims, distingué au premier rang des docteurs, louablement attaché aux bonnes études, père et instituteur des moines et des clercs, patron et défenseur des pauvres, ainsi que de tous ses subordonnés, mourut dans une heureuse vieillesse après beaucoup d'œuvres dignes d'éloges. Rainauld, évêque d'Angers, lui succéda, et se montra en beaucoup de choses différent de son prédécesseur. Ulger prit le gouvernement de l'église d'Angers; sa vie fut brillante de religion et de science; il fournit à ses peuples la lumière de la vérité.

L'an de l'incarnation du Seigneur 1125, le pape Calixte mourut, et Lambert, évêque d'Ostie, lui succéda sous le nom d'Honorius. C'était un vieillard très-savant, plein de ferveur dans l'observation de la sainte loi: il gouverna l'Eglise romaine pendant six années. Dans la même semaine où le pape Calixte quitta la vie, Gislebert, archevêque de Tours, qui, pour les affaires ecclésiastiques, s'était rendu à Rome, y mourut. Les habitans de Tours ayant appris cet événement appelèrent à eux Ildebert, évêque distingué du Mans, et, avec la permission du pape Honorius, ils le transférèrent avec joie sur le siége de leur métropole. Il y vécut honorablement pendant près de sept ans, rendit de grands services aux fidèles, et consacra le Breton Guiomar, évêque du Mans.

La même année, dans la semaine de la Pentecôte, l'empereur Charles-Henri v mourut, et fut inhumé à Spire, métropole de l'Allemagne. Ce prince remit,

en mourant, sa couronne à l'impératrice Mathilde. Comme il n'eut point de postérité, Lothaire, duc des Saxons, porté au trône par un décret général du peuple, fut son successeur. L'archevêque de Mayence, qui excellait en puissance et en habileté, craignant avec prudence qu'il ne s'opérât un schisme ou une usurpation de l'Empire, convoqua les évêques et les grands de toute l'Allemagne avec leurs armées, et, quand il les eut réunis, il s'occupa avec eux de la nomination d'un empereur. L'impératrice lui avait fait passer les insignes impériaux avant qu'il osât parler d'une si grande affaire. « Très-excellens barons, dit-
« il, qui vous trouvez dans cette plaine, écoutez-moi
« avec attention, je vous prie, et conformez-vous
« avec prudence à ce que je vais vous dire. Je tra-
« vaille pour l'avantage de vous tous et de beaucoup
« d'autres qui sont absens; nuit et jour j'y songe avec
« inquiétude. Il n'est pas ici besoin de beaucoup de
« discours. Vous le savez parfaitement, notre em-
« pereur est mort sans postérité : nous devons avec
« sagesse lui chercher un successeur qui soit fidèle
« et dévot à Dieu, et qui puisse rendre de très-
« grands services aux enfans de l'Eglise. Que qua-
« rante chevaliers prudens et loyaux soient élus
« entre vous; qu'ils se retirent en particulier, et
« que, selon leur foi et leur conscience, ils nomment
« empereur le plus digne, qui, par le mérite de
« ses vertus, sera élevé au trône, et protégera de
« tous ses efforts les peuples qui lui seront soumis. »
Tout le monde se rangea à cet avis. Il se trouvait là plus de cinquante mille combattans qui, dans

des vues différentes, attendaient le résultat de l'événement.

Enfin ces sages distingués, qui avaient été choisis parmi tant de milliers d'hommes, revinrent après un long entretien, et parlèrent en ces termes : « Nous
« n'avons que du bien à dire de Frédéric duc des
« Allemands, de Henri duc des Lorrains, et de Lo-
« thaire duc des Saxons. Nous les déclarons des per-
« sonnages honorables et dignes de l'empire. Ce que
« nous en disons ici ne nous est certainement point
« dicté par une faveur particulière, mais nous l'affir-
« mons en considérant le salut général autant qu'il
« nous a paru évident. Choisissez, au nom du Sei-
« gneur, celui de ces trois princes que vous voudrez,
« parce que tous, comme on l'a dès long-temps
« éprouvé, sont des hommes dignes d'éloges, et,
« à ce que nous croyons, propres à être offerts aux
« regards de tout le monde à cause de leur grand
« mérite. »

Après ce discours, l'archevêque parla ainsi : « Glo-
« rieux princes, vous qui venez d'être nommés, al-
« lez sans retard choisir l'un de vous trois. Quel que
« soit celui que vous élirez, nous lui serons soumis
« au nom du Dieu tout-puissant. Si quelqu'un de
« vous n'adopte pas la décision commune, qu'il ait
« aussitôt la tête tranchée, afin que la résistance d'un
« seul ne trouble pas cette sainte réunion de chré-
« tiens. » La rigoureuse proposition du prélat effraya tout le monde, et, dans une si grande multitude, personne n'osa murmurer contre lui.

En conséquence, les trois ducs dont nous venons

de parler se retirèrent à part, et s'arrêtèrent au milieu de l'armée dont les légions firent cercle autour d'eux; puis, s'entre-regardant, ils observèrent quelque temps le silence. Enfin, pendant que deux se taisaient, Henri, le premier, parla en ces termes : « Que faisons-« nous ici, seigneurs ? Est-ce que nous sommes en-« voyés ici pour rester silencieux ? Une grande af-« faire nous est confiée. Nous nous réunissons, non « pour nous taire, mais pour parler du bien gé-« néral. J'ai déjà assez long-temps attendu que vous « parliez. Resterons-nous muets toute la journée ? « Songez à ce qui nous est enjoint, et faites con-« naître ce qui vous plaira. » Ses deux collègues, consentant à ce que Henri, qui était le plus âgé, fit connaître ce qui lui convenait, il reprit en ces termes : « Il importe que notre décision soit sage, « parce que toute la Chrétienté soupire après son « résultat. Prions donc le Seigneur, qui mit Moïse « à la tête des Hébreux, et lui fit connaître que Jo-« sué serait son victorieux successeur, afin que dans « sa clémence il daigne nous seconder, comme il « assista Samuel quand il donna à David l'onction « royale. » A ces mots, il élut son gendre Lothaire. Le troisième craignit de s'y opposer, parce qu'il redoutait la sentence que l'archevêque avait rendue. Ils revinrent ensuite à l'assemblée. Henri, jetant les yeux sur tout le monde, s'exprima ainsi : « Nous « faisons choix de Lothaire, duc actuel des Saxons, « orné de beaucoup de vertus, éprouvé dès long-« temps par les armes et par la justice dans le rang « élevé de prince, pour être roi des Allemands, des « Lorrains, des Teutons, des Bohémiens, des Lom-

« bards et de tous les peuples d'Italie, et pour être
« empereur des Romains. » Tout le monde entendit
cette décision, et la plupart l'approuvèrent.

Le primat et l'auteur de cette réunion était, comme
je l'ai dit, l'archevêque de Mayence. Il ordonna aussitôt que tous les princes, avant de quitter le champ
d'élection, rendissent, en présence de tout le monde,
foi et hommage à Lothaire. A l'instant, Henri plein
de joie, Frédéric affligé, et après eux tous les principaux seigneurs, fléchirent le genou devant Lothaire, lui firent hommage, et le constituèrent roi et
empereur.

L'assemblée s'étant dissoute, l'armée de Frédéric
chargea Lothaire, le blessa lui-même, ainsi que plusieurs de son parti, et les mit en déroute. Frédéric
avait amené avec lui près de trente mille hommes,
parce qu'il se flattait d'obtenir la couronne, soit par
la crainte, soit par la faveur; mais comme il ne put accomplir son dessein, parce qu'il fut prévenu par l'habileté du sage prélat, ainsi que nous l'avons dit, il
engagea son frère Conrad à faire une guerre sanglante. Cependant, avec l'aide de Dieu, Lothaire l'emporta, et, méritant beaucoup d'éloges à cause de sa
capacité et de sa piété, il régna pendant dix ans.

L'an de l'incarnation du Seigneur 1126, la basilique
pontificale de Saint-Gervais de Milan, martyr, fut dédiée à Séès, le 12 des calendes d'avril (21 mars), par le
seigneur Goisfred, archevêque de Rouen, et par cinq
autres prélats. Henri, roi des Anglais, s'y trouva avec
sa cour, et donna à cette église pour sa dot un revenu
annuel de dix livres. Les évêques Girard d'Angoulême, légat du Saint-Siége, Jean de Lisieux, Jean de

Sées, Goisfred de Chartres et Ulger d'Angers assistèrent à cette cérémonie.

Au mois d'octobre, on dédia, dans un faubourg de Rouen, la basilique de l'apôtre saint Pierre, dans laquelle on renferma honorablement le corps de saint Ouen, archevêque et confesseur.

La même année, Guillaume de Poitiers mourut. Guillaume, duc de la Pouille, fils de Roger-la-Bourse, mourut sans enfans, et le pape Honorius chercha à réunir le duché au domaine du siége apostolique. Mais le jeune Roger, comte de Sicile, s'arma contre cette prétention, et livra plusieurs batailles aux troupes du pape. Il réclama à main armée la principauté de son cousin, et, ayant fait hommage au pape, il l'a possédée jusqu'à ce jour. Il était fils du vieux Roger, qui avait pour père Tancrède de Hauteville, et l'illustre Adélaïde, fille de Boniface, puissant marquis de Ligurie, laquelle, après la mort de son premier mari, qui était frère de Guiscard, épousa Baudouin 1er, roi de Jérusalem.

L'an de l'incarnation du Seigneur 1127, Louis, roi des Français, eut un parlement le jour de Noël avec les grands de sa cour, et les pria vivement de compatir au sort de Guillaume Cliton, et de le secourir. C'était un jeune homme distingué, beau, brave et entreprenant, mais, depuis sa naissance, accablé de toutes sortes d'infortunes. A l'époque de sa première enfance, sa mère Sibylle, princesse de la Pouille, mourut empoisonnée; son père Robert, duc des Normands, fut fait prisonnier à la bataille de Tinchebrai, où Henri, roi d'Angleterre, frère de Robert, conquit le duché de Normandie. Lui-même, jeune enfant, fut confié par l'ordre du Roi à Hélie de Saint-Saens, son beau-frère, pour qu'il prît soin de son éducation. Celui-ci, par crainte du roi Henri et de ses partisans, emmena son élève en France, où il l'éleva parmi les étrangers dans une grande indigence, et non sans beaucoup de crainte. Le jeune prince fut cherché par beaucoup d'ennemis, et de différentes manières, pour être mis à mort, tandis que beaucoup d'autres l'engageaient à réclamer l'héritage paternel. Les tentatives humaines échouèrent dans cette entreprise, que la Providence avait autrement disposée. Le roi Louis et les principaux seigneurs du royaume de France, Baudouin, jeune seigneur, plein d'ardeur, Charles, comte comme le précédent, avec les grands de la Flandre, Amauri de Montfort, comte d'Evreux, Etienne, comte d'Aumale, Henri, comte d'Eu, Galeran, comte de Meulan, Hugues de Neuf-Châtel, Hugues de Montfort [1], Hugues de Gournai, Guillaume de Roumare, Baudri du Bois, Richer de L'Aigle, Eustache de Breteuil et beaucoup d'autres, tant normands que bretons, Robert de Bellême aussi, avec les troupes de l'Anjou et du Maine, essayèrent de seconder Guillaume-Cliton ; mais, comme Dieu s'opposa à leur entreprise, ils ne réussirent pas, parce qu'il permit que le roi Henri l'emportât sur tous ces seigneurs en profondeur, en sagesse, en valeur guerrière, en richesses et en amis. Un grand nombre de ces seigneurs furent pris, dépouillés ou tués par suite de leurs attentats. C'est pour cette cause que beaucoup de révoltes eurent lieu contre le roi Henri, et que beaucoup de châteaux et de campagnes furent

[1] Montfort-sur-l'Ile.

livrés aux flammes. C'est ce qu'attestent la ville d'E-
vreux, la cathédrale de Sainte-Marie, une abbaye de
religieuses, Brionne, Montfort, Pont-Audemer, Bellême, et plusieurs autres places qui périrent dévorées
par l'incendie.

Enfin, Guillaume Cliton étant parvenu à l'âge de
vingt-six ans, et personne n'ayant pu le secourir assez
efficacement contre son oncle pour lui faire recouvrer
son héritage, la reine Adèle lui donna en mariage
sa sœur utérine, qui était fille du marquis Rainier.
Le roi Louis lui céda Pontoise, Chaumont, Nantes
et tout le Vexin. Cet événement eut lieu au mois de
janvier, et, peu de temps après, avant le Carême,
Guillaume vint à Gisors avec une armée réclamer la
Normandie : les Normands le respectèrent comme
leur prince légitime.

Le jour des calendes de mars (1er mars) Charles,
duc de Flandre, fils de Canut, roi des Danois, se
rendit, avec Tesnard, châtelain de Bourbourg, et
vingt chevaliers, à l'église de Bruges, pour y entendre
la messe. Là, pendant qu'il se prosternait à terre pour
prier Dieu, il fut tué par Bouchard de Lille, secondé
de trente-deux autres chevaliers, et presque tous
ceux qui l'accompagnaient furent cruellement mis à
mort. Guillaume d'Ypres, ayant appris ce grand attentat, ne tarda pas à mettre le siége devant le château de Bruges, et enveloppa de toutes parts les féroces assassins, jusqu'à ce que Louis, roi de France,
arriva avec Guillaume-le-Normand[1], resserra dans la
place pendant un mois ces bourreaux cruels, les prit,
et les précipita du haut de la tour la plus élevée. Il

[1] Guillaume-Cliton.

donna ensuite le duché de Flandre à Guillaume, et reprit le Vexin avec les places qu'il lui avait données; mais ce prince gouverna avec de grandes peines, et seulement pendant seize mois, le duché qu'il tenait du don du Roi, et non par droit héréditaire.

Guillaume s'arma d'abord contre ceux qui avaient trahi le duc Charles; il les rechercha de tous ses efforts, et il n'épargna personne pour aucune cause, ni de noblesse, ni de puissance, ni d'ordre, ni de repentir. Il en condamna environ cent-onze qui furent précipités, ou punis cruellement par d'autres genres de mort. Les parens des suppliciés furent profondément affligés, et conspirèrent la ruine et la mort du prince. Il donna le château de Montreuil à Hélie de Saint-Saens, qui pour lui souffrit long-temps l'exil et l'exhérédation avec Tyrrel de Mainières. Au mois d'août, il marcha contre Etienne, comte de Boulogne, et, pour le soumettre à sa puissance, il se mit à dévaster cruellement son territoire par le fer et par le feu. Enfin on envoya de fidèles messagers de paix; et, comme les deux princes étaient cousins, ils se donnèrent la main, et conclurent une trêve de trois années.

Sur ces entrefaites, pendant que le duc Guillaume était occupé de cette expédition, et que la fortune lui amenait, dans ses vicissitudes, des événemens quelquefois heureux, et plus souvent tristes, Euven de Gand et Daniel de Dendermonde, neveux de Baudouin de Gand, cherchèrent adroitement à faire concourir leurs amis à la vengeance, et firent tous leurs efforts pour consommer l'attentat qu'ils avaient conçu, au grand regret de beaucoup de personnes. Ils allèrent trouver Thierri, comte d'Alsace, lui reprochèrent de négliger son droit héréditaire, de le perdre sans l'avoir revendiqué, et lui promirent de le seconder et de lui procurer beaucoup d'auxiliaires, s'il voulait prendre les armes. En conséquence, Thierri et Lambert, comte des Ardennes, se rendirent en Flandre, et, de l'aveu des peuples, occupèrent une très-forte place que l'on appelle Lille, Furnes, Gand et plusieurs autres. Cependant Guillaume, ayant appris cet événement, accorda une trêve au comte Etienne, et combattit jusqu'à la mort ses ennemis intérieurs. Ils étaient puissans, nobles, et renommés par leur valeur et par beaucoup de prouesses, autant que formidables par leurs richesses, leurs amis, leurs places et l'attachement de leurs compatriotes.

Au mois de juillet, le duc Guillaume ayant rassemblé une armée, mit le siége devant le château d'Alost, et, de concert avec Godefroi, duc de Louvain, il le pressa pendant quelques jours. Il lui arriva beaucoup de monde de Normandie. En effet, beaucoup de gens l'aimaient, et, trompés par de fausses espérances, avaient en lui tant de confiance qu'ils abandonnaient volontiers leur pays natal, ainsi que leurs maîtres naturels, leurs parens et leurs amis. Quelques exilés, coupables de parjures ou de meurtres, venaient aussi s'attacher à lui.

Guillaume d'Ypres, fils de Robert, comte de Flandre, lui résista d'abord; mais la fortune l'ayant trahi, il tomba aux mains de son ennemi auprès de Trie, château du Vexin, et fut aussitôt confié à la garde d'Amauri de Montfort. Enfin, peu de temps après, le duc Guillaume, par l'entremise de quelques amis, le reçut en grâce, et le mit en liberté.

Il y avait à Ypres trois châteaux dont un appartenait au duc, un autre à Guillaume, et le troisième à Daniel ainsi qu'à Euven. Là, les ennemis du duc conspirèrent sa mort, résolurent de pénétrer de nuit dans la forteresse, et placèrent au dehors quatre troupes d'hommes armés, pour qu'il ne pût se soustraire à son sort. Cependant le duc, qui ignorait les cruelles embûches qu'on lui tendait, alla trouver une jeune fille qu'il aimait. Suivant son usage, elle lui lava la tête, et, comme elle connaissait la conspiration, elle se mit à pleurer. Le jeune prince demanda à son amie la cause de ses larmes; à force de prières et de menaces, il la contraignit adroitement à lui découvrir tous les détails qu'elle avait appris de ses ennemis relativement à sa mort. Aussitôt, avant d'achever de peigner ses cheveux, il saisit ses armes; et, pour la soustraire à tout danger, il emmena la jeune fille avec lui; il la fit conduire par un certain abbé chez Guillaume, duc de Poitiers, son contemporain et son compagnon d'armes, et le pria de marier honorablement sa libératrice comme si elle était sa sœur. C'est ce qui eut lieu.

Alors Guillaume triompha sans danger de toutes les embûches, et, dans son ressentiment, frappa les ennemis publics.

Ensuite ce vaillant jeune homme rassembla des forces de toutes parts, assiégea le château d'Alost, l'attaqua vivement, et s'appliqua à redoubler de vigueur pour forcer la garnison à se rendre. Lui-même faisait souvent l'office de chef et de soldat : ce qui lui attirait des reproches de la part de ses chers gouverneurs qui craignaient pour ses jours. Souvent il rassemblait ses bataillons qu'il commandait comme un chef intrépide, et plus souvent il combattait comme un brave soldat.

Un certain jour, un corps ennemi s'approcha d'un gué et chercha à secourir les assiégés. Le duc Guillaume dirigea contre eux trois cents chevaliers ; mais comme le combat se prolongeait trop long-temps [1], et que l'ennemi recevait des renforts, les troupes du duc commencèrent à mollir et à s'ébranler. A cet aspect, le prince frémit, vola à leur secours, combattit vaillamment, ranima ainsi les siens, et mit l'ennemi en déroute. A son retour, il fondit aussitôt vers les postes de la place assiégée ; un corps de soldats qui en était sorti se dispersa, prit la fuite, et une partie sauta par-dessus les retranchemens. Le duc, témoin de ce mouvement, saisit la lance d'un fantassin qui se trouvait devant lui, et, par accident, se piqua dangereusement l'artère du bras avec le fer qu'il s'efforça de prendre de la main dont il blessa la partie charnue qui est entre le pouce et la paume. Ainsi blessé grièvement il se retira, montra sa blessure à ses amis, se plaignit de ce qu'il souffrait jusqu'au cœur, et peu après fut forcé de se mettre au lit. Le feu, que l'on appelle sacré, se mêla à sa plaie, et tout son bras jusqu'au coude devint noir comme du charbon. Il fut malade pendant cinq jours ; repentant de ses crimes, il demanda l'habit monastique, et, muni du corps du Sauveur ainsi que de la confession, il mourut [2].

[1] Il y avait là deux lacunes dans l'imprimé. — [2] 28 juillet 1128.

Hélie, Tyrrel et les autres personnes de la maison du duc Guillaume, qui lui avaient toujours été fidèles, cachèrent aux Flamands et à tous les étrangers la blessure mortelle qu'avait reçue leur jeune maître, et, par la vigueur de leurs attaques, forcèrent la garnison à se rendre. Euven, qui commandait la place, entra en négociation, et, donnant des otages et signant la paix, devint l'ami des assiégeans. Alors les Normands le conduisirent dans la tente du duc, et lui montrèrent fort affligés leur maître mort étendu dans le cercueil : « Vous pouvez voir, dirent-ils, ce
« que vous avez fait. Vous avez tué votre maître, et
« causé la douleur d'innombrables milliers d'hom-
« mes. » Ce que voyant Euven se mit à trembler, et, dans sa vive douleur, versa des torrens de larmes. Hélie ajouta : « Cessez, je vous en prie.... Désormais
« vos pleurs sont inutiles [1]..... Allez prendre les ar-
« mes pour nous secourir ; faites armer vos cheva-
« liers, et faites conduire honorablement le corps de
« votre duc à Saint-Bertin. » C'est ce qui fut ainsi exécuté en peu de temps.

Les moines en corps vinrent processionnellement au-devant, et reçurent le corps dans l'église. Il fut inhumé à côté du comte Robert [2], et l'on grava l'épitaphe suivante sur le tombeau de pierre qui le couvrit :

« Ci-gît Guillaume, illustre chevalier, homme gé-
« néreux, comte de Flandre, devenu moine de Si-

---

[1] Il y a ici dans le manuscrit de Saint-Evroul, comme dans les imprimés, plusieurs lacunes occasionées par l'enlèvement d'un très-petit morceau de parchemin.

[2] Robert-le-Frison.

« thieu. Il eut pour père Robert, et pour mère Sibylle,
« qui gouvernèrent la nation normande. Le cinquième
« jour des calendes d'août était de retour quand ce
« guerrier, blessé par le fer devant Alost, termina sa
« carrière. »

Jean, fils d'Odon, évêque de Bayeux, alla le premier trouver le roi Henri, lui annonça la mort de son neveu, et lui remit humblement de sa part des lettres scellées. Le jeune prince mourant y demandait pardon à son oncle des maux qu'il lui avait faits, et le priait de bien accueillir, s'ils retournaient en Angleterre, ceux qui l'avaient suivi dans son exil. Après la lecture de ces dépêches, le Roi y consentit : il reçut en grâce plusieurs exilés qui se rendirent auprès de lui, tandis que plusieurs autres[1], désolés de la mort de leur maître, prirent la croix, et, pour le Christ renonçant à leur patrie, allèrent à Jérusalem visiter son tombeau. Thierri d'Alsace devint duc des Flamands, et se lia secrètement avec Louis, roi des Français, et avec Henri, roi des Anglais. Ce dernier monarque soumit à Thierri, en vertu de ses droits de justice souveraine, Étienne, comte de Boulogne, et les autres Normands qui avaient des terres en Flandre. Au bout de quelques années, Thierri perdit sa femme, qui était très-belle, et, par le conseil du roi d'Angleterre, épousa Sibylle d'Anjou, veuve de son prédécesseur.

Fort de l'assistance du suprême dispensateur, le roi Henri resta ferme au faîte de la puissance au milieu de tant d'adversités, fit grâce aux rebelles, qui renon-

---

[1] Il y a ici huit mots omis dans l'imprimé ; nous les restituons d'après le manuscrit de Saint-Evroul.

cèrent à leurs téméraires entreprises et se présentèrent à lui en supplians, et consentit à se réconcilier avec eux avec autant de prudence que de bonté. Le premier de tous, comme nous l'avons dit ci-dessus, Guillaume de Roumare fit une paix honorable avec le Roi, et devint depuis son convive et son ami intime. Ce prince lui donna en mariage la noble Mathilde, fille de Richard de Reviers, dont il eut un fils fort remarquable nommé Guillaume Hélie. Guillaume de Roumare fut dans sa jeunesse très-libertin et trop adonné à ses passions; mais frappé par la main de Dieu, il éprouva une maladie très-grave. Dans cette position, il eut un entretien avec l'archevêque Goisfred, et consacra à Dieu sa vie devenue meilleure. Ensuite, étant retourné au Neuf-Marché après son rétablissement, il établit sept moines dans l'église de l'apôtre saint Pierre, où le service était fait précédemment par quatre chanoines séculiers, et ajouta volontiers, en faveur de ces moines, plusieurs biens à ceux que Hugues de Grandménil avait donnés en ce lieu aux religieux de Saint-Evroul. Il dicta la charte de confirmation des choses qu'il avait données, et fit rebâtir les balustrades de l'église ainsi que les cellules monacales.

C'est ainsi que dans l'an 28 du règne du roi Henri, le jeune Guillaume, comte de Flandre, vint à mourir, et entraîna dans sa chute la puissance et l'audace de ceux qui le servaient contre son oncle. La témérité de ces arrogans ne trouva plus où s'attacher, quand ils eurent perdu le jeune chef pour lequel ils avaient ravagé les campagnes de la Normandie par la flamme et par les armes. Alors le duc Robert, qui était renfermé en prison à Devizes, vit en songe une lance qui le frappait au bras droit, et qui bientôt lui en ôta l'usage. S'étant réveillé le matin, il dit à ceux qui l'entouraient : « Hélas ! mon fils est mort ! » Cette nouvelle n'avait point encore été apportée en ce lieu par aucuns messagers, quand Robert, instruit par ce songe, en faisait part à ceux qui se trouvaient avec lui. Au bout de six ans, il mourut à Cardiff, et alors, tiré de prison, il fut inhumé à Glocester.

Voici la prophétie d'Ambroise Merlin, qu'il fit du temps de Wortigern, roi de la Grande-Bretagne, et qui s'accomplit évidemment en beaucoup de choses pendant six cents ans. C'est pourquoi je crois convenable d'en insérer, dans cet ouvrage, quelques passages qui paraissent se rapporter à notre époque. Merlin fut contemporain du bienheureux Germain, évêque d'Auxerre. Du temps de l'empereur Valentinien, il passa deux fois en Bretagne, y disputa contre Pélage et ses sectateurs, qui blasphémaient contre la grâce de Dieu, et confondit les hérétiques par plusieurs miracles qu'il opéra au nom du Seigneur. Ensuite, après avoir célébré les fêtes pascales avec dévotion, il fit la guerre aux Anglo-Saxons, qui, païens alors, étaient en opposition avec les Bretons chrétiens. Plus fort par la prière que par les armes, il mit en déroute l'armée païenne en chantant *Alleluia!* avec une troupe de nouveaux baptisés. Si quelqu'un desire connaître plus amplement ces choses et d'autres, qui concernent l'histoire de la Bretagne, il doit lire les livres de Gildas, historiographe breton, et de l'Anglais Bède. Là, brille pour les lecteurs une éclatante narration sur Wortemir ainsi que ses frères, et sur le brave Arthur, qui fit douze fois la guerre contre les Anglais. On rapporte que Merlin fit voir à Wortigern un étang au milieu du pavé, et dans cet étang deux vases, et dans ces vases une tente pliée, et dans cette tente deux vers dont l'un était blanc et l'autre rouge. Aussitôt ils prirent un grand accroissement, et, devenus des dragons, ils se livrèrent une guerre cruelle. Enfin, le rouge triompha, et mit le blanc en fuite jusqu'au bord de l'étang. Pendant que le Roi considérait ces choses avec les Bretons, Merlin attristé versa des larmes. Le prophète, interrogé par les spectateurs émerveillés, expliqua, dans un esprit prophétique, que l'étang au milieu du pavé figurait le monde; les deux vases, les îles de l'Océan; la tente, les villes et les bourgs de la Bretagne, dans lesquels se trouvent les habitations de l'homme; les deux vers désignaient les deux peuples breton et anglais qui auront, dit-il, beaucoup à souffrir des combats sanglans qu'ils se livreront jusqu'à ce que les sanguinaires Saxons, qui sont pronostiqués par le dragon rouge, mettent en fuite, jusqu'en Cornouailles et sur les rives de l'Océan, les Bretons qui sont représentés par le ver blanc, parce qu'ils ont été blanchis dans la fontaine du baptême du temps du roi Lucius et du pape Éleuthère. Le prophète dont nous avons parlé prédit avec beaucoup d'ordre tout ce qui devait se passer dans les îles du septentrion, et mit par écrit ses prédictions en langage allégorique. Ensuite, après avoir parlé du ver germanique et de la décimation de la Neustrie, qui eut lieu sous Alfred, frère d'Édouard, fils du roi Egelred, et sous ses compagnons, à Guelgheford, il prophétisa ainsi qu'il suit sur les révolutions du temps présent, et sur les troubles qui devaient amener de grands changemens.

« Un peuple arrivera dans du bois et des tuniques de fer; il tirera vengeance de la perversité. Il rendra aux anciens habitans leurs demeures, et la ruine des étrangers s'opérera évidemment [1]. Leur germe sera arraché de nos jardins, et les restes de leur race seront décimés. Ils porteront le joug d'une éternelle servitude, et frapperont leur mère avec la pioche et la charrue. Il surviendra deux dragons dont l'un sera tué [2] par les traits de l'envie, et l'autre périra sous l'ombre de son nom [3]. Alors paraîtra un lion de justice [4], au rugissement duquel trembleront et les châteaux français et les dragons insulaires. Dans ces jours, l'or sera exprimé du lis et de l'ortie; l'argent coulera du pied des animaux qui mugissent; les élégans se couvriront de diverses toisons, et l'extérieur de leur habit indiquera leur intérieur. On coupera les pattes des animaux qui aboient; les bêtes sauvages auront la paix. L'humanité s'affligera d'être livrée au supplice; la forme du commerce sera fendue, et la moitié sera ronde. La rapacité des milans périra, et les dents des loups seront émoussées; les lionceaux [5] seront transformés en poissons de mer, et l'aigle fera son nid sur les montagnes d'Araun [6]. Venedocia sera rougie du sang maternel, et la famille de Corinné massacrera six frères; l'île sera baignée de larmes nocturnes [7], et en

---

[1] Allusion à Guillaume-le-Conquérant.
[2] Guillaume-le-Roux.
[3] Le duc Robert. — [4] Henri I.
[5] Les fils de Henri qui périrent dans le naufrage de Barfleur.
[6] *Montes Araunium*, les monts Cérauniens.—[7] La mort de Henri, qui eut lieu au château de Lions, et le transport de son corps en Angleterre.

conséquence chacun sera porté à toutes sortes d'entreprises [1]. Nos descendans s'efforceront de s'envoler dans les airs, et les nouveautés favorisées seront élevées. La piété de la part des impies nuira à qui possède, jusqu'à ce qu'il ait revêtu la paternité; armé en conséquence des dents du sanglier, il traversera le sommet des monts et l'ombre de celui qui porte un casque. L'Albanie s'indignera, et, convoquant ses voisins, elle s'occupera de verser le sang. On mettra aux mâchoires un frein qui sera fabriqué dans la mer d'Armorique [2]. L'aigle rompant le traité dévorera ce frein [3], et se réjouira en faisant son nid pour la troisième fois. Les enfans du lion rugissant [4] se réveilleront, et, dédaignant les forêts, chasseront dans les murailles des cités; ils feront un grand carnage de ceux qu'ils rencontreront, et couperont les langues des taureaux; ils chargeront de chaînes le col des rugissans et ramèneront les temps anciens. Ensuite le pouce sera baigné dans l'huile, du premier au quatrième, du quatrième au troisième. Le sixième renversera les murs de l'Hibernie et changera les forêts en plaines; il réduira diverses portions en une; il se couronnera de la tête du lion; son commencement succombera sous une vague affection, mais sa fin volera aux cieux. En effet il renouvellera les siéges des bienheureux dans divers

[1] On lit en latin la note suivante : « Neustrie, malheur à toi, parce « que la cervelle de ce lion sera répandue, et qu'il sera rejeté du sol « paternel, après avoir eu ses membres déchirés. » Il s'agit du roi Étienne, qui fut porté au trône par les Normands, au mépris de la fille du roi Henri, sa légitime et naturelle héritière.

[2] Henri II d'Anjou, qui naquit vers la mer d'Armorique, c'est-à-dire chez les Angevins, près de la Bretagne.

[3] Eléonore d'Aquitaine.

[4] Les enfans de Henri II.

pays, et placera les pasteurs dans des lieux convenables. Il couvrira de manteaux deux cités, et fera aux vierges un présent virginal : c'est ce qui lui méritera les faveurs du maître du tonnerre, et il sera couronné parmi les bienheureux. Il sortira de lui une contagion qui pénétrera partout, et qui menacera de ruine sa propre nation[1]. Cette contagion fera perdre à la Neustrie ses deux îles[2], et elle sera dépouillée de son ancienne dignité. Ensuite les citoyens retourneront dans l'île. »

J'ai tiré du livre de Merlin cette petite leçon, et j'en offre quelques faibles passages aux personnes studieuses qui ne le connaissent pas : j'en ai reconnu une certaine partie dans les événemens qui se sont passés. La postérité, si je ne me trompe, en verra se vérifier une autre, tantôt avec tristesse, tantôt avec joie. Les personnes qui connaissent l'histoire pourront facilement comprendre les paroles de Merlin, si elles savent ce qui s'est passé sous Hengist et Catigirn, Pascent et Arthur, Edelbert et Edwin, Oswald et Oswin, Cedwal et Elfred, et les autres princes, tant anglais que bretons, jusqu'au temps de Henri et de Gritfrid, qui, dans l'incertitude de leur sort, attendent encore ce qui leur est réservé dans l'ordre qui a été établi par la divine Providence. En effet, pour qui en fait la recherche, il est clair comme le jour que Merlin a parlé des deux fils de Guillaume quand il a dit : « Il surviendra deux dragons (c'est-à-
« dire deux princes libertins et féroces), dont l'un
« sera tué par les traits de la haine (Guillaume-le-
« Roux, tué d'un coup de flèche à la chasse), et

---

[1] Richard-Cœur-de-Lion et Jean-sans-Terre.
[2] L'Angleterre et l'Irlande.

« l'autre (le duc Robert) périra sous l'ombre de son
« nom (c'est-à-dire périra dans l'ombre d'une prison,
« en portant l'éclat de son ancien nom, son titre de
« duc). Il paraîtra un lion de justice (ceci se rapporte
« à Henri). A ses rugissemens, les châteaux fran-
« çais et les dragons insulaires trembleront (parce
« qu'il surpassera en richesses et en puissance tous
« ceux qui avant lui ont régné en Angleterre). » C'est
ainsi que les philosophes expliqueront clairement le
reste. Je pourrais m'étendre beaucoup dans mes ex-
plications, si j'entreprenais de faire, comme je le sais,
un commentaire sur Merlin. Laissant ces choses de
côté, je reprends l'ordre de ma narration, et je continue avec véracité l'histoire de notre temps.

L'an de l'incarnation du Seigneur 1128, Germond,
patriarche de Jérusalem, cessa de vivre. Après lui,
Etienne de Chartres gouverna pendant deux ans la
sainte Sion. A sa mort, il eut pour successeur Guillaume de Flandre. Dans la septième indiction, Goisfred, archevêque de Rouen, tomba malade, et, après
une longue maladie, dépouilla l'humanité le 6 des
calendes de décembre (26 novembre). Pendant que
ce prélat gardait le lit, et, dans l'inquiétude du salut
de son ame, donnait prudemment tout ce qu'il avait,
Mathieu, moine de Cluni, évêque d'Albe, légat de
l'Église romaine, alla trouver à Rouen le roi Henri,
et s'occupa avec lui de ce qui était utile aux prêtres.
En conséquence, par l'ordre du Roi, les évêques
et les abbés de la Normandie furent convoqués, et,
en sa présence, entendirent les décisions que le légat du pape Honorius publia ainsi qu'il suit : « Nul
« prêtre n'aura de femme. Celui qui ne voudra pas

« s'abstenir de courtisanes ne gouvernera point d'é-
« glise, n'obtiendra aucune part dans les bénéfices ec-
« clésiastiques, et aucun fidèle n'entendra sa messe.
« Un seul prêtre ne desservira pas deux églises. Nul
« clerc ne pourra, dans deux églises à la fois, pos-
« séder de prébende; il combattra pour le service
« de Dieu dans l'église dont il a les bénéfices, et il
« y priera journellement pour ses bienfaiteurs. Les
« moines ni les abbés ne recevront de la main des
« laïques, ni églises, ni dîmes; les laïques, qui les
« auraient usurpées, les rendront à l'évêque duquel
« les moines recevront ce qui est offert d'après le
« vœu des possesseurs. Toutefois ils possèderont
« sans trouble, et grâce à l'indulgence du pape, ce
« qu'ils auront obtenu antérieurement de quelque
« manière que ce soit. Mais à l'avenir ils ne se per-
« mettront d'usurper rien de ce genre sans la per-
« mission du prélat dans le diocèse duquel les biens
« seraient situés. »

Alors le légat romain donna à chacun l'absolution de ses prévarications passées. Le mois suivant, comme nous l'avons dit, l'archevêque mourut. Il se trouva à ce concile avec le légat plusieurs prélats, tels que Goisfred, évêque de Chartres, Goislen-le-Roux, évêque de Soissons, et tous les évêques de Normandie, savoir : Richard de Bayeux, Turgis d'Avranches, Jean de Lisieux, Richard de Coutances et Jean de Sées, ainsi que plusieurs abbés, comme Roger de Fécamp, Guillaume de Jumiège, Ragemfred de Saint-Ouen, Guérin de Saint-Evroul, Philippe de Saint-Taurin, Alain, abbé élu de Saint-Wandrille, et plusieurs autres que le roi Henri protégea, et auxquels il ne permit pas que les évêques imposassent aucune peine.

L'an de l'incarnation du Seigneur 1129, le jeune Philippe fut choisi par le roi Louis son père, et le jour de Pâques couronné à Rheims par l'archevêque Rainauld II ; mais, au bout de deux ans, étant tombé de cheval, il se fracassa misérablement, et mourut à Paris. La même année, le roi Henri maria sa fille Mathilde à Geoffroi, comte d'Anjou, auquel le vieux Turgis, évêque d'Avranches, donna pontificalement la bénédiction nuptiale. Après la célébration légitime de ces noces, le comte Foulques se rendit de nouveau à Jérusalem, y épousa la fille de Baudouin, second roi de cette ville, et posséda sans débat le royaume de Jérusalem et la principauté d'Antioche, dont la conquête avait coûté tant de peines aux plus fameux guerriers. Le beau-père, avancé en âge, offrit le diadême à Foulques, qui, plus jeune, refusa de le recevoir du vivant de Baudouin. Toutefois il exerça le pouvoir dans ses Etats, et comme gendre et comme héritier, pendant un an que vécut encore le vieillard. D'abord il prévit l'avenir moins habilement qu'il ne convenait; et, trop prompt dans ses mesures, il changea sans raison les prévôtés, et d'autres dignités. Le nouveau prince éloigna de son intimité les principaux seigneurs, qui, dès le commencement, avaient combattu constamment contre les Turcs, et, sous Godefroi comme sous les deux Baudouin, avaient péniblement conquis les villes et les places fortes; il prêta une oreille trop facile aux étrangers venus d'Anjou, qu'il leur avait substitués, et aux autres gens sans expérience qui étaient nouvellement arrivés. C'est ainsi qu'en éloignant les anciens titulaires, il confia aux nouveaux flatteurs les délibérations du conseil et la garde des places. Il en résulta un profond ressentiment, et la fierté des grands se souleva d'une manière condamnable contre le novateur inexpérimenté. Animés d'un esprit pervers, ils s'occupèrent long-temps de tourner contre l'Église sainte le zèle belliqueux qu'ils eussent dû unanimement employer contre les Païens. Ils s'unirent contre eux-mêmes, et de toutes parts à leurs ennemis. Il en résulta la perte de plusieurs milliers d'hommes et de quelques places fortes.

L'an de l'incarnation du Seigneur 1130, Baudouin II, roi de Jérusalem, mourut le 18 des calendes de septembre (15 août), et Foulques d'Anjou possède le trône depuis six ans. La même année, Hugues d'Amiens, moine de Cluni, abbé de Reading, devint archevêque de Rouen.

L'an de l'incarnation du Seigneur 1131, le pape Honorius mourut à Rome, et bientôt il s'éleva un schisme affreux dans l'église de Dieu : car le diacre Grégoire fut élu pape par quelques personnes, et nommé Innocent II, tandis que d'autres consacrèrent Pierre Anaclet.

LIVRE TREIZIÈME.

Pendant que les pélerins occidentaux livraient en Palestine des combats répétés aux Païens, et remettaient sous la loi du Christ Jérusalem et d'autres villes, à la suite de fréquentes batailles et de siéges prolongés, Geoffroi[1], comte de Mortagne, fils du comte Rotrou, homme recommandable par de nombreuses prouesses, tomba malade jusqu'à la mort, et, ayant convoqué les seigneurs du Perche et du Corbonnais, qui dépendaient de son comté, il régla sagement ses affaires. Donnant des instructions prudentes à sa femme Béatrix, qui était fille du comte de Rochefort[2], ainsi qu'aux grands de son comté, il les pria de maintenir loyalement le repos et la sécurité de la paix, et de conserver fidèlement ses terres avec ses places à Rotrou, son fils unique, qui était parti pour Jérusalem. Enfin ce brave seigneur, ayant acquitté ses devoirs de chrétien, prit l'habit de moine de Cluni; puis il mourut, et fut enterré au milieu d'octobre[3] dans son château de Nogent[4]. Son père y avait commencé un monastère en l'honneur de Saint-Denis l'aréopagite, et lui-même l'avait fort enrichi de terres et d'autres biens. Dans le même mois, Guillaume de

---

[1] Geoffroi II.
[2] C'est une erreur : elle était fille de Hilduin, comte de Rouci.
[3] De l'an 1100, et non pas 1090, ni 1110, comme l'ont dit quelques historiens. — [4] Nogent-le-Rotrou.

Moulins, marquis intrépide, mourut, et fut enterré dans le chapitre de Saint-Evroul.

L'an de l'incarnation du Seigneur 1100, l'expédition pour laquelle les grands s'étaient rendus à Jérusalem étant terminée, ils revinrent chez eux, et, comme il était juste, ils reprirent leurs biens. Alors Robert, duc des Normands; Robert, comte de Flandres; Rotrou[1], comte de Mortagne, et plusieurs autres, firent un heureux retour, et reprirent leurs possessions à la satisfaction de leurs amis intimes et de leurs voisins.

Peu de temps après, Ildefonse[2], roi d'Aragon, fut cruellement attaqué par les Païens, et souffrit beaucoup dans de fréquentes batailles et par de grandes pertes. C'est pourquoi il envoya des courriers à Rotrou, son cousin, et le pria humblement de le secourir dans la guerre qu'il avait à soutenir contre les Païens, et de lui procurer l'assistance des Français, qui, dans beaucoup de circonstances difficiles, avaient mérité de grands éloges : il promit aux Français qui le seconderaient de grandes récompenses, et même de riches terres à ceux qui voudraient demeurer avec lui. Aussitôt le vaillant comte convoqua ses compagnons d'armes, marcha au secours du Roi, son cousin, et le seconda loyalement et sans feinte; mais il ne trouva pas autant de bonne foi dans les Espagnols. En effet, pendant qu'avec ses compagnons et ses compatriotes il se signalait par beaucoup d'exploits, et que son assistance épouvantait beaucoup les Sarra-

---

[1] Rotrou III, mal à propos désigné sous le nom de Rotrou II, devenu comte du Perche en 1113.

[2] Alphonse I, roi d'Aragon.

sins, les Espagnols dressèrent des embûches à leurs protecteurs, et, comme on le croit, cherchèrent, du consentement du Roi, à les faire périr. Cet attentat ayant été dévoilé aux Français par les complices des conjurés, Rotrou et ses compagnons laissèrent le Roi avec ses traîtres Espagnols. Ainsi, pour tant de travaux ne recevant aucune digne récompense, Rotrou rentra en France.

Dans le même temps il s'éleva de grandes difficultés entre Rotrou de Mortagne et Robert de Bellême, à cause de quelques réclamations que ces seigneurs faisaient l'un contre l'autre pour les limites de leur territoire. C'est pourquoi ils se firent une guerre atroce, commirent sur leurs terres beaucoup de pillages et d'incendies, et accumulèrent crimes sur crimes. Ils dépouillèrent le peuple sans défense, jetèrent partout l'affliction par le mal et par la crainte du mal, et contristèrent à force de calamités les chevaliers et les paysans qui leur étaient soumis. Toutefois Rotrou l'emporta : il mit en fuite Robert, après l'avoir vaincu dans une bataille, lui prit beaucoup de monde, et enferma ses prisonniers dans une étroite prison. Ces seigneurs étaient cousins ; c'est pourquoi ils avaient des difficultés relativement aux terres de leurs ancêtres. Guérin de Domfront, que les démons avaient étouffé, était le bisaïeul de Rotrou, et Robert de Bellême[1], que les fils de Gaultier-Sor avaient, dans la prison de Balon, égorgé comme un porc, à coups de hache, était l'oncle de Mabile, mère de Robert. C'est pourquoi Robert[2] seul possédait Domfront, Bellême, et

---

[1] Robert I.
[2] Robert II.

toutes les terres de ses parens, dont il refusait de partager les richesses, et la puissance. Au contraire, dans son ambition insatiable, il voulait encore s'agrandir par la ruse et la force.

Geoffroi et Rotrou, voisins l'un de l'autre, réclamèrent souvent avec violence une partie de leurs héritages; mais ils n'avaient pu rien enlever de vive force au tyran dont nous venons de parler, et qui possédait trente-quatre places fortes, quoiqu'ils lui fissent éprouver d'innombrables pertes. Henri, Roi des Anglais, ayant entendu parler de la valeur de Rotrou, lui donna en mariage sa fille Mathilde, et l'enrichit en Angleterre de beaucoup de terres et d'autres biens.

Les Sarrasins, apprenant la retraite des Français, reprirent courage, attaquèrent de nouveau le territoire des Chrétiens, et manifestèrent leur force par le meurtre cruel de beaucoup de gens. Alors les Aragonnais, honteux de leur conduite, accablés par les forces de l'ennemi, implorèrent de nouveau l'assistance des Français, leur firent satisfaction pour les anciens outrages qu'ils leur avaient faits, et promirent par serment de leur donner des terres et des dignités. En conséquence, le comte, oubliant les altercations et les injures passées, accueillit bien la demande du Roi, son ami et son cousin, conduisit avec lui une grande armée rassemblée de tous côtés, et entra courageusement en Espagne pour y combattre les Païens. Les Espagnols, joyeux d'un secours si important, accueillirent avec empressement les Français, et voulant réparer leurs anciens torts, les logèrent dans les villes de Tolède, de Tudela, de Pampelune, et dans d'autres places, et leur donnèrent de grandes dignités et de grandes terres. Là, sans se livrer au repos, ils se réunirent au commencement de l'été, chassèrent les Païens après des affaires sanglantes, et, leur rendant la pareille, pénétrèrent sur leur territoire. Favorisés de Dieu, ils y exercèrent toutes sortes de vengeances pour les pertes et les affronts dont les Sarrasins s'étaient rendus coupables, et, trouvant dans le pays ennemi une grande abondance et des vivres de toute espèce, ils attendirent la fin de l'hiver.

Alors Rotrou, comte de Mortagne, avec les Français, l'évêque de Saragosse avec les frères de Palmes, et Guazson de Béarn avec les Gascons, fortifièrent la ville de Penecadel, où se trouvent deux tours imprenables, et l'occupèrent pendant six semaines. Enfin combattant contre Amorgan, roi de Valence, ils marchèrent sur Xativa; mais les Païens prirent la fuite avant d'être attaqués. Ils s'en revinrent après avoir laissé soixante soldats dans la forteresse de Penecadel; mais les Almoravides et les Andalousiens envoyés d'Afrique par le roi Ali, fils de Justed, marchèrent contre eux, et les assiégèrent pendant trois jours dans le château de Serral. Pendant ces trois jours, les Chrétiens firent pénitence de leurs péchés; ils jeûnèrent; puis, invoquant le Seigneur, ils livrèrent bataille le 19 des calendes de septembre (14 août); et, avec l'aide de la céleste puissance, après avoir combattu tout le jour, ils vainquirent au coucher du soleil : mais comme ils craignaient les dangers de l'obscurité, ils n'osèrent poursuivre long-temps les Païens qui fuyaient par des chemins inconnus.

La veille, avant le combat général, Guérin Sanche, homme digne d'éloges en beaucoup de choses, gravit les montagnes avec les frères de Palmes. Les Chrétiens ayant combattu avec l'assistance de Dieu, le roi Almamoun vaincu prit la fuite avec cent cinquante mille fantassins. De ces nombreuses légions de Païens il mourut un nombre considérable d'hommes, ou par les armes de ceux qui les poursuivaient, ou par les précipices, ou par l'excès de fatigue, ou par la soif, ou par d'autres genres de mort. Ainsi les Africains, qui étaient venus secourir les idolâtres d'Espagne, périrent, et, envoyés en enfer par les traits des Chrétiens, ils y souffrent avec leurs rois les supplices de la gehenne. Ensuite quelques Normands et quelques Français firent la recherche d'emplacemens convenables, et choisirent des lieux propres à leur servir d'habitation. Cependant Silvestre de Saint-Calais [1], Rainauld de Bailleul et plusieurs autres revinrent dans leur pays natal, préférant leur patrimoine à des acquisitions étrangères.

Alors Robert de Culei [2], surnommé Burdet, chevalier normand, résolut de se fixer en Espagne, et se retira dans une certaine ville que les anciens livres appellent Tarragone. On y lit que, du temps de l'empereur Gallien, de saints martyrs du Christ, l'évêque Fructuose et les diacres Angule et Euloge, furent d'abord conduits en prison, puis jetés dans les flammes, et que leurs liens étant consumés, ils étendirent les mains en forme de croix, et, par leurs prières, obtinrent d'être brûlés. Prudence a composé un poème métrique sur ces bienheureux dans son livre des *Martyrs*, et, en vers élégans, a raconté leur triomphe.

---

[1] Saint-Calais-du-Désert, département de la Sarthe.

[2] Culei-le-Patri, arrondissement de Falaise.

Il y avait un siége métropolitain à Tarragone : l'archevêque Odelric, vieillard très-savant, y florissait et exerçait les fonctions de sa charge dans les villes et dans les bourgs de son diocèse. Il croissait dans l'enceinte de la cathédrale des chênes, des hêtres et d'autres grands arbres qui, depuis long-temps, occupaient le terrain situé entre les murs, depuis que les citoyens qui l'avaient long-temps habité avaient été tués ou mis en fuite par la cruauté des Sarrasins. Robert, d'après les conseils du prélat, alla trouver le pape Honorius, lui expliqua sa volonté, et reçut en don du pape le comté de Tarragone libre de toute redevance séculière ; et, à son retour, ayant cherché et s'étant adjoint des compagnons, il l'a gardé jusqu'à ce jour, et tient bon contre les Païens. Pendant qu'il se rendait à Rome, et qu'il était retourné en Normandie pour y trouver des compagnons, sa femme Sibylle, fille de Guillaume de Caprée, garda Tarragone. Elle n'avait pas moins de courage que de beauté. En effet, dans l'absence de son mari, elle était pleine de vigilance ; chaque nuit elle s'armait d'une cuirasse comme un chevalier ; elle montait sur les murs, un bâton à la main, faisait le tour de la place, réveillait les sentinelles et les engageait prudemment à ne se pas laisser surprendre par les ruses de l'ennemi. On doit beaucoup d'éloges à une jeune dame qui sert ainsi son mari avec foi par une affection attentive, et qui gouverne pieusement le peuple de Dieu avec toute l'habileté de la vigilance.

L'an de l'incarnation du Seigneur, 1125, quand le comte Rotrou fut retourné en France avec ses troupes et ses auxiliaires, le roi d'Aragon, témoin des grands exploits que les Français faisaient sous lui en Espagne contre les Païens, leur porta envie, et, jaloux de leur gloire, il rassembla insolemment une grande armée de sa nation. Il traversa des contrées éloignées pour gagner Cordoue; il y resta six semaines avec ses troupes, et frappa d'une grande terreur les peuples de la contrée, qui croyaient que les Français marchaient avec les Espagnols. Les Sarrasins se cachaient dans leurs places fortes, et ils abandonnaient dans les champs leurs troupeaux de toute espèce. Aucun d'eux ne sortait des châteaux contre les Chrétiens, tandis que ceux-ci enlevaient hors des châteaux tout ce qui leur convenait, et dévastaient cruellement la province.

Alors près de dix mille habitans de Murcie se réunirent, et allèrent trouver humblement le Roi Ildefonse. « Jusques ici, dirent-ils, nous et nos pères avons été « élevés dans la haine des Païens; baptisés que nous « sommes, nous suivons librement la loi chrétienne; « mais nous n'avons jamais pu apprendre dans sa per- « fection le dogme de cette religion sainte. En effet, « nous n'avons point osé, à cause de l'état d'asservis- « sement où nous retiennent les Infidèles qui nous « oppriment depuis long-temps, demander des doc- « teurs, soit aux Romains, soit aux Français, qui ne « peuvent venir à nous à cause de la barbarie des « Païens auxquels nous avons autrefois été soumis. « Maintenant nous nous réjouissons beaucoup de « votre arrivée, et nous desirons partir avec vous, « en quittant notre pays natal avec nos femmes et « nos biens. » Le Roi accorda aux Murciens ce qu'ils demandaient. En conséquence une grande multitude quitta son pays, et s'exila en s'exposant, par amour de la sainte loi, à une grande détresse et à beaucoup de travaux.

Dès que les Aragonais se retirèrent, ils trouvèrent tout le pays dépouillé de ses productions, et souffrirent cruellement de l'excessive disette et de la famine avant d'avoir regagné leur patrie. Cependant les habitans de Cordoue et les autres peuples sarrasins entrèrent dans une violente colère, quand ils aperçurent que les Murciens étaient partis avec leurs familles et leurs richesses. C'est pourquoi, d'après une délibération générale, ils s'armèrent contre ceux qui restaient, les dépouillèrent cruellement de ce qu'ils avaient, et les vexèrent cruellement en les accablant de toutes sortes d'outrages sous le bâton et dans les fers. Ils en firent périr beaucoup dans d'horribles supplices, en reléguèrent d'autres en Afrique, au delà du détroit Atlantique, et les condamnèrent à un exil rigoureux, en haine des Chrétiens, qu'une grande partie des Murciens avait accompagnés.

Le roi Ildefonse rentra dans ses États : il y fut aussitôt troublé par de grandes agitations tant publiques que privées. Sa femme Uraque, qui était fille d'Ildefonse-le-Vieux, roi de Galice, s'était, par les conseils et l'instigation des peuples de ce pays, révoltée contre son mari, et, tramant sa perte tant par le poison que par les armes, causa le malheur de beaucoup de gens. Enfin les Galliciens, voyant une si grave division entre le Roi et la Reine, et ne pouvant, par la persuasion, leur procurer une paix convenable, mirent sur leur trône Pierre Ildefonse, fils du comte français Raimond et d'une fille d'Ildefonse-le-Grand, et l'appelant jusqu'à ce jour leur *petit Roi,* ils défendirent vaillamment sous lui la liberté du royaume.

Une guerre cruelle dura long-temps entre ces rois, et fit un grand mal à leurs sujets. La Reine exerça toutes sortes de fureurs contre son mari, et favorisa son neveu, qui gouvernait l'héritage paternel. Enfin, par la permission de Dieu, de même qu'Egla, femme de David, elle mourut en mal d'enfant, après avoir commis beaucoup de meurtres. Après sa mort, une douce paix ramena l'amitié entre ces monarques belliqueux, et l'ardeur de la guerre les arma tous contre les Païens.

L'an de l'incarnation du Seigneur 1133, Ildefonse, roi des Aragonais, rassembla son armée contre les Païens, et assiégea Méquinença, place très-forte et très-riche : il ordonna aux habitans, qui étaient fiers de leurs richesses, de l'abondance de leurs provisions, et d'habiter une forteresse qu'ils croyaient inaccessible, de se rendre s'ils voulaient conserver leurs biens, et de se retirer en paix en emportant leurs bagages. Ils résistèrent, au contraire, avec vigueur, et firent peu de cas des menaces comme des promesses; mais le vaillant monarque les serra de près durant trois semaines, et emporta d'assaut les dehors de la place. Dans cette conjoncture, les assiégés épouvantés offrirent au Roi de lui remettre les fortifications intérieures, et le prièrent de leur permettre de sortir en liberté avec tout ce qui leur appartenait. Le Roi irrité fit cette réponse : « Ce que
« vous me demandez maintenant, je vous l'ai, dès
« le commencement, offert volontiers; mais vous
« avez traité avec mépris la puissance du Christ, la
« bonne foi et la valeur des Chrétiens: maintenant

« je vous atteste, par ma tête, que vous ne sortirez
« d'ici qu'après avoir perdu la vie. » Ensuite il ordonna à ses troupes de dresser les machines que l'on avait préparées, et de livrer à la place de vigoureux assauts. Ce qui ayant été fait, on prit le château, on trancha la tête à tous les Païens, et on répandit ainsi une grande terreur chez tous leurs voisins.

Ensuite le monarque vainqueur conduisit son armée vers la ville de Fraga, et l'assiégea pendant un an. Les assiégés envoyèrent aussitôt des députés en Afrique, et prièrent le roi Ali de venir les secourir. Il fit passer la mer à dix mille Almoravides. Arrivés en Espagne, ils firent dire au roi d'Aragon de lever promptement le siége. Aussitôt ce monarque se fit apporter de sa chapelle les saintes reliques, sur lesquelles il jura publiquement qu'il continuerait le siége jusqu'à ce que la ville se fût rendue, ou qu'il fût enlevé par la mort, ou bien mis en fuite sur le champ de bataille. Il en fit jurer autant à vingt de ses principaux seigneurs.

A leur retour, les députés firent part de cette résolution aux Almoravides : ceux-ci s'étant réunis à leurs compatriotes se disposèrent au combat. Ensuite l'armée païenne, s'étant rangée courageusement en bataille, marcha contre l'armée d'Ildefonse, et engagea vivement l'action. Le Roi, voyant qu'un rude combat allait avoir lieu, envoya en toute hâte des courriers et pria tous ses amis et ses voisins de marcher à son secours. Lui-même avec ses troupes opéra habilement sa retraite jusqu'aux montagnes voisines. Là, il soutint le combat contre les Almoravides durant trois jours et trois nuits. Cependant Robert, surnommé

Burdet, comte de Tarragone, et quelques autres Chrétiens, ayant appris l'embarras où se trouvait le Roi, accoururent en armes à toute bride, poussèrent de grands cris au nom de Jésus, tombèrent tout à coup sur les Païens fatigués, les rompirent et les mirent en déroute. Ils en prirent beaucoup, ils en tuèrent davantage, et, remportant la victoire, s'enrichirent considérablement des dépouilles de l'ennemi; et, pleins de joie, rendirent grâces à Dieu qui était vainqueur.

Mais comme, dans ce siècle périssable, la puissance des mortels n'a point de longue durée, l'infortune suivit de près la prospérité, conformément aux dispositions du Dieu juste qui gouverne toutes choses. Les citoyens de la ville de Fraga, que le Roi assiégeait, et qui était le refuge de tous les méchans, soit Païens, soit faux Chrétiens, redoutant le courroux d'un prince si magnanime, ses efforts invincibles, et les armées des Chrétiens, qui portaient la croix du Christ, et dont un courage insurmontable faisait la force, demandèrent la paix, et promirent de se soumettre d'après les conditions arrêtées. Ce prince refusa avec fermeté de traiter avec eux; il dédaigna de recevoir d'eux un tribut annuel, et jura positivement et avec menaces qu'il les forcerait à se rendre en continuant le siége: ce qu'entendant les Sarrasins, ils se livrèrent ardemment à un cruel désespoir, firent partir de nouveaux envoyés vers Ali, roi d'Afrique, et cherchèrent avec soin à se procurer des secours, dans un si grand danger, auprès des autres rois et des princes.

L'an de l'incarnation du Seigneur 1134, Robert II,

duc des Normands, mourut dans le mois de février à Cardiff, vingt-huit ans après qu'il eut été pris à Tinchebrai, et mis en prison par son frère. Il repose enterré dans le couvent des moines de l'apôtre saint Pierre à Glocester.

Alors Buchar-Ali, fils du roi de Maroc, rassembla de toutes parts de nombreuses troupes de guerriers, et vint en Espagne combattre les Chrétiens. Almamoun de Cordoue, Alcharias, et quelques autres seigneurs de l'Afrique et de l'Espagne se réunirent à lui avec plusieurs milliers d'hommes, et disposèrent insidieusement leurs troupes au combat. Réunis, ils allèrent secourir Fraga, et y conduisirent leur armée divisée en cinq corps : le premier menait avec lui deux cents chameaux chargés de vivres et de beaucoup de choses nécessaires pour ravitailler la place assiégée, et pour engager les Chrétiens, souffrans et avides de butin, à attaquer les premières cohortes. Les autres troupes, divisées au loin, étaient cachées dans des embuscades, et attendaient adroitement pour charger ceux qui poursuivraient les fuyards.

Deux rivières se rendent à Fraga : savoir, la Sègre qui vient de Lérida, et l'Ebre qui vient de Saragosse en champ-dolent[1]. Ce fut entre ces deux fleuves que l'on combattit au mois de juillet, et qu'une grande effusion de sang eut lieu. Le roi Ildefonse voyant venir à lui une innombrable multitude de Païens, rassembla les chefs de l'armée chrétienne, et l'excita dignement au combat. Bertrand de Léon, comte de Carrion, Roderic d'Asturie, Haimar de Narbonne,

---

[1] *Cæsar Augusta in campo dolenti.*

Centulf, fils de Gaston de Béarn, Garsion, Adramis et plusieurs autres vaillans seigneurs combattirent dans le champ-dolent. Dès que le roi Ildefonse vit le premier corps qui conduisait les chameaux chargés de vivres, il ordonna au comte Bertrand d'aller d'abord les attaquer. Bertrand lui répondit : « Seigneur Roi, « laissons passer les premiers, afin qu'aux approches « de la ville, nous soyons mieux en mesure de tom- « ber sur eux, s'ils reviennent chargés de butin, et « de protéger habilement nos troupes contre les em- « bûches des ennemis. Cependant, attendons ceux « qui suivent, et disposons-nous à les bien recevoir. » Alors le Roi irrité s'écria : « Où donc est votre cou- « rage, vaillant comte ? Jusqu'ici je n'ai jamais trouvé « de timidité en vous. » A ces mots le fier comte rougit, et fondit vivement sur les Païens avec sa troupe. Les Sarrasins ne tardèrent pas à tourner le dos, et s'ap-pliquèrent à fuir vers les corps innombrables qui les suivaient. Alors des phalanges sans nombre s'avan-cèrent contre les Chrétiens, et tuèrent Bertrand, Hai-mar, Roderic, avec plusieurs milliers de soldats. Le Roi, avec le reste de l'armée, tint long-temps sur une colline, et, investi par un nombre excessif d'en-nemis, il perdit presque tous les siens. Il proposa de combattre jusqu'à la mort pour le Christ. L'évêque d'Urgel ordonna au Roi de se retirer ; mais ce mo-narque, accablé de la perte de ses sujets, n'y voulut point consentir. Alors le prélat lui dit : « En vertu « de l'autorité du Dieu tout-puissant, je vous ordonne « de quitter à l'instant ce champ, de peur que, par « votre mort, tout le territoire chrétien ne soit soumis « aux Païens, et que tous les fidèles qui demeuren

« en cette province ne soient exposés à un massacre
« général. » Enfin, forcé par les ordres de l'évêque, le
Roi voulut obéir; mais il vit que, de toutes parts, l'issue était difficile, environné qu'il était d'innombrables
milliers de Païens. Cependant, accompagné de soixante
chevaliers, qui combattaient encore avec lui, il s'ouvrit un passage, l'épée à la main, dans les rangs les
moins épais de l'ennemi : ce ne fut qu'avec une extrême difficulté qu'il échappa, ainsi que dix de ses
compagnons. Il fut forcé d'abandonner l'évêque, qui
fut tué avec les cinquante autres combattans. Les
Païens furent enorgueillis d'un tel événement, et les
Chrétiens profondément affligés. Le Roi étant retourné
plein de douleur auprès de ses amis, rencontra les
habitans de Saragosse, les Français et d'autres fidèles
qui marchaient en hâte vers le lieu du combat; mais,
en apprenant cette déplorable infortune, ils furent
violemment brisés par la douleur. A la vue du Roi,
ils essayèrent de reprendre courage, et lui demandèrent spontanément ses ordres. Ce monarque, enflammé de courroux et pâle de douleur, attendait
avec une grande impatience que le Seigneur lui
accordât, avant sa mort, la faveur de se venger au
moins une fois des Païens. C'est pourquoi il conduisit
vers la mer, par des routes détournées, les phalanges
chrétiennes, qui s'étaient présentées à lui. Là, il
trouva une grande multitude de Sarrasins qui chargeaient leurs vaisseaux de Chrétiens captifs et de
butin; au moment qu'ils ne s'y attendaient pas, il
fondit aussitôt sur eux, et, faisant de ces barbares
un carnage effroyable, il satisfit un peu la violence
de sa colère. Il y avait là un vaisseau chargé de têtes

de Chrétiens, que le roi Buchar envoyait au roi d'Afrique son père, en témoignage de sa victoire. Il lui adressait aussi sept cents prisonniers environ et de brillantes dépouilles, amateur qu'il était d'une vaine et périssable gloire.

Le roi Ildefonse, comme nous l'avons dit, survint soudainement : par la permission de Dieu, et, ayant fait un horrible carnage, il reprit les têtes de ses compagnons massacrés, et les rendit à l'église de Dieu pour être honorablement ensevelies. Les captifs, qui déjà étaient étendus enchaînés sur les vaisseaux, entendant un grand bruit, levèrent les yeux, et, voyant ce qu'ils n'osaient desirer, se livrèrent à une grande joie. Ayant repris des forces, ils s'encouragèrent gaîment, et, pendant que les Chrétiens étaient aux mains avec les Sarrasins sur le rivage, ils détachèrent mutuellement leurs chaînes, s'élancèrent des bâtimens pour voler au secours des leurs, saisirent les armes de ceux qui étaient tués, et travaillèrent à donner la mort aux Païens qui survivaient. C'est ainsi que, par un retour contraire, le deuil succéda à la joie chez les barbares, et que l'armée chrétienne bénit Dieu dans toutes ses œuvres.

Le vaillant roi Ildefonse, accablé de travaux et de chagrins, tomba malade peu de temps après, et, réduit à garder le lit, rendit l'ame au bout de huit jours. A sa mort, comme il n'avait point de fils, il s'éleva, relativement à sa succession, des troubles qui retinrent quelque temps ses sujets au milieu du fracas de la guerre. Enfin les Aragonais élurent Remi, prêtre et moine, parce qu'il était frère d'Ildefonse, et l'établirent pour leur roi. Cependant les Navarrois se donnèrent pour monarque Garsion leur gouverneur[1].

L'Eglise romaine ayant été troublée sous deux princes qui se disputaient la papauté depuis la mort du pape Honorius, il s'éleva dans l'univers une foule de tribulations et de dissensions. En effet, dans la plupart des couvens, il se montra deux abbés; dans les évêchés, deux prélats se disputèrent le siége pontifical, l'un s'attachant à Pierre Anaclet, l'autre favorisant Grégoire Innocent. Dans un tel schisme, l'anathême était à craindre, parce qu'il était difficile à la plupart d'en éviter l'atteinte, puisque l'un attaquait l'autre avec une grande ardeur, et ne manquait pas d'excommunier d'une manière fatale son adversaire et ses partisans. Ainsi chacun cherche ce qu'il doit faire; mais, dans l'impossibilité qui l'arrête, il ne peut parvenir à son but : au moins, dans ses imprécations, il implore les cieux contre son rival. Pierre, grâce au pouvoir de ses frères et de ses parens, s'empara de la ville de Rome, et consacra roi de Sicile Roger, duc de la Pouille, à l'aide duquel il fit entrer presque toute l'Italie dans ses intérêts. Grégoire au contraire, ayant avec lui le clergé romain, se rendit en France, et, d'abord bien accueilli par les habitans d'Arles, il envoya des légats aux Français. Alors les moines de Cluni, apprenant son arrivée, firent parvenir au pape et aux cardinaux-clercs soixante chevaux ou mulets, avec tout ce qui était nécessaire et convenable, et les conduisirent avec de grands égards jusqu'à leur basilique. Ils retinrent onze jours chez eux le pape et sa suite; ils

---

[1] Le manuscrit de Saint-Evroul offre ici une page et demie restée blanche, parce que l'auteur se réservait sans doute d'écrire la suite de ces événemens quand il en aurait recueilli les détails.

firent dédier par ce pontife, avec une grande joie et
au milieu d'un nombreux concours de peuple, une
église nouvelle en l'honneur de saint Pierre, prince
des Apôtres. Grégoire obtint chez les Occidentaux
une grande autorité pour avoir été préféré à Pierre
par les moines de Cluni, qui pourtant avaient élevé
celui-ci depuis son enfance, lui avaient donné l'habit, et avaient reçu sa profession monastique. C'est
ainsi que Grégoire, accueilli avec amitié comme
le père des pères par les religieux de Cluni, dont
l'autorité est supérieure à celle des autres moines de
France, jouit avec éclat dans ce royaume des droits
de sa dignité pontificale, et ensuite obtint une grande
influence d'après le bon accueil qu'il avait reçu des
princes et des évêques d'Occident. Effectivement
Henri, roi des Anglais, se jeta humblement à ses pieds
dans la ville de Chartres, lui rendit librement les
hommages qui lui étaient dus, le jour des ides de janvier (10 janvier), et, dans sa royale munificence, fit
beaucoup de dons aux clercs romains. Le pape, à la
satisfaction réciproque des Français et de sa suite,
séjourna trois jours dans la maison de la vidame Elisende[1].

Ensuite ce pape parcourut la France pendant toute
cette année, et y causa de lourdes dépenses aux églises, parce qu'il avait avec lui les officiers romains,
ainsi qu'une nombreuse suite, et qu'il ne pouvait rien
obtenir en Italie des revenus du siége apostolique.
Il eut un entretien avec l'empereur Lothaire, et fut,
ainsi que les siens, traité par lui comme un maître vénérable. Il décida qu'au mois d'octobre on tiendrait

[1] *Vice-domina.*

à Rheims un concile, auquel il appela la totalité des évêques et des abbés de tout l'Occident. A cette époque, le jeune Philippe, que, deux ans auparavant, le roi Louis avait fait consacrer, et qui plaisait à tous ceux qui le connaissaient par la douce simplicité de ses mœurs, tomba de cheval en poursuivant par plaisanterie un écuyer dans les rues de Paris, et, s'étant horriblement fracturé les membres, mourut dès le lendemain. Ainsi, sans confession et sans viatique, ce prince rendit l'ame en présence de son père et de sa mère, le 3 des ides d'octobre (13 octobre), et fut, avec un grand deuil, inhumé parmi les rois de France.

Le dimanche suivant, le pape dédia à Soissons la basilique de Saint-Médard, et de là se rendit à Rheims au concile. Il y passa près de quinze jours à discuter les causes compliquées de plusieurs grands personnages. Là se trouvèrent treize archevêques, ainsi que deux cent soixante-trois évêques, et une grande multitude d'abbés, de moines et de clercs. Le Roi, la Reine et toute la noblesse de France y allèrent : par l'organe de Rainauld, archevêque de Rheims, ils firent demander à tout le concile que le jeune Louis fût consacré roi à la place de son frère Philippe : c'est ce que fit le pape Innocent le 8 des calendes de novembre (25 octobre). Cette consécration déplut aux Français des deux ordres : quelques laïques avaient l'espoir de s'agrandir après la mort du prince, et plusieurs clercs desiraient obtenir le droit d'élire et d'établir le chef du royaume. C'est pourquoi certaines personnes murmuraient du sacre de l'enfant, que, sans nul doute, elles auraient empêché si elles l'avaient pu.

Le roi Louis voyant s'élever dans ses États des prétentions extraordinaires à cause de cette cérémonie inusitée, conçut du ressentiment contre ceux qui cherchaient à éloigner son fils du trône royal, et desira en tirer une mortelle vengeance. De là il arriva que, dans leur témérité malveillante, quelques factieux crurent pouvoir avec sécurité commettre beaucoup d'attentats, causèrent, hélas! d'horribles désastres, et suscitèrent de grands chagrins à ceux qui étaient embrasés de l'amour de Dieu et du prochain. En effet, quand le vieux Jean, évêque d'Orléans, eut abandonné son évêché, le doyen Hugues, qui avait été élu à sa place, revint de la cour de Louis : il fut en route frappé par des hommes téméraires, et mourut laissant le siége épiscopal sans prélat, et en proie à de longues fluctuations, comme le navire abandonné sans pilote au milieu des flots. Alors aussi Thomas, chanoine de Saint-Victor, homme d'une grande considération, fut assassiné sous les yeux d'Étienne, évêque de Paris, qui en conçut un grand chagrin. La puissance des meurtriers triompha : ils ne respectèrent pas le Créateur de toutes choses, ni un évêque qui était son serviteur fidèle.

L'an de l'incarnation du Seigneur 1132, le pape Innocent, ayant quitté les Français, chez lesquels il avait trouvé l'obéissance et une grande amitié, regagna l'Italie; mais, repoussé par les Romains, il se retira à Pise, métropole opulente. Là, pendant plusieurs années, il exerça la dignité apostolique, et envoya ses décrétales dans tout l'univers. Alors les ecclésiastiques cherchèrent à rendre leurs institutions plus rigoureuses, et les règles canoniques, chéries grandement en France et en Angleterre, y prirent de nouvelles forces, tandis que le zèle des abbés s'efforça de dépasser les limites fixées par leurs prédécesseurs, surchargea les anciennes institutions d'additions onéreuses, et imposa de trop durs fardeaux à la faiblesse humaine.

Pierre, abbé de Cluni, envoya des courriers et des lettres dans toutes les maisons de son ordre, en convoqua tous les prieurs, tant d'Angleterre et d'Italie que des autres royaumes, et leur ordonna de se trouver à Cluni le troisième dimanche de carême, afin d'y recevoir des réglemens monastiques plus austères que ceux qu'on avait observés jusques alors. Les personnes convoquées obéirent aux commandemens qu'elles reçurent, et au jour fixé deux cents prieurs se réunirent à Cluni. Il s'y trouva ce jour-là douze cent douze moines : ils firent la procession en chantant suivant le rit ecclésiastique ; et dans la joie de leur cœur, élevant leurs yeux vers Dieu, ils le louèrent dévotement. J'en puis parler avec certitude, parce que j'eus la satisfaction de m'y trouver, et que je vis cette glorieuse armée rassemblée au nom de Jésus-Christ. Je sortis le dimanche en procession de l'église de Saint-Pierre, prince des apôtres, et j'entrai ensuite par le cloître dans la chapelle de la Vierge-mère où je fis ma prière.

Alors Raoul, évêque d'Auxerre, ainsi que les abbés Albéric de Vézelai et Adelard de Melun, moines de Cluni, vinrent augmenter l'assemblée ; et, par leur présence comme par leurs exhortations, donnèrent beaucoup de poids aux démarches de l'abbé Pierre. Il augmenta les jeûnes de ses religieux, supprima les entretiens, et certains secours pour les infirmités du corps que la clémence modérée des révérends pères avait permis jusques alors. Les frères, accoutumés à obéir toujours à leur maître, et ne voulant point, par leur résistance, enfreindre les règles religieuses, reçurent ces décisions, toutes rigoureuses qu'elles étaient; toutefois ils lui remontrèrent que le vénérable Hugues et ses prédécesseurs, Maïeul et Odilon, avaient suivi l'étroit sentier de la vie par lequel ils avaient tâché de mener au Christ les disciples de Cluni. Ils prouvèrent, avec respect et humilité, qu'il devait suffire de marcher avec un cœur joyeux dans la voie des commandemens de Dieu, sur les traces de ceux dont la sainteté s'était hautement manifestée par l'éclatant spectacle des miracles; mais l'austère réformateur oubliant le précepte de Salomon, qui dit : « Ne dépassez pas les anciennes limites que vos pères « ont fixées, » et s'attachant à imiter les moines de Cîteaux et les autres partisans de la nouveauté, poursuivit l'entreprise qu'il avait ébauchée, et eut honte de se désister pour le présent de ce qu'il avait commencé. Toutefois il fléchit par la suite, se rendit au sentiment de ses subordonnés; puis, se rappelant la discrétion qui est la mère des vertus, il compatit à la faiblesse humaine, et se relâcha en quelques points des dures institutions qu'il avait proposées.

L'an de l'incarnation du Seigneur 1133, l'empereur Lothaire, supplié, pour l'amour de Dieu, par les évêques et les autres fidèles, mit le siége devant Rome, et s'appliqua à procurer la paix au peuple de Dieu qui, dans sa dissidence, suivait soit Grégoire, soit Pierre. Lothaire manda à Pierre de céder sa place à son compétiteur, ou de subir un jugement sur son ordination. Pierre accueillit cette demande, et consentit à se présenter devant l'Empereur lui-même, au jugement d'hommes équitables. L'auguste Empereur envoya un pareil message à Innocent ; mais il refusa de venir plaider sa cause si on ne lui rendait pas librement les honneurs qui appartenaient à sa prélature. L'Empereur, entendant cette réponse, indigné contre Grégoire, abandonna à Pierre ce qu'il avait en sa possession, et, laissant l'affaire imparfaite, se retira au bout de sept semaines.

La même année, Richard, évêque de Bayeux, mourut dans la semaine de Pâques : au bout de deux ans, il eut pour successeur Richard, fils de Robert, comte de Glocester, qui avait pour père le roi Henri. Sur l'ordre du pape Innocent, il fut consacré par Hugues, archevêque de Rouen. Alors Richard de Beaufai[1], honorable chapelain du Roi, devint évêque d'Avranches, et fut aussi consacré par le même métropolitain.

Vers ce temps-là, il y eut de grands troubles dans la Pouille, dont l'origine ne peut être expliquée qu'en rappelant l'histoire des anciens princes et des événemens du pays. Quand le vieux Roger, comte de Sicile, fils de Tancrède de Hauteville, fut mort, sa femme Adèle vit bien qu'avec son fils, qui était un enfant, elle ne pourrait gouverner ses vastes États : aussi, dans son inquiétude, elle rechercha habilement, tant en elle-même qu'avec ses amis, ce qu'elle avait à faire. Le comte Roger et ses onze frères avaient conquis par la force des armes des provinces consi-

[1] Arrondissement de Mortagne.

dérables, et soumis courageusement, dans la Pouille
et la Sicile, les barbares au pouvoir suprême de Dieu.
Enfin cette princesse se lia d'amitié avec Robert, fils
de Robert duc de Bourgogne, et lui donna sa fille en
mariage avec toute la principauté de Sicile. Robert,
père de celui-ci, était fils de Robert, roi des Français,
et de la reine Constance : aussi sa noblesse venait-elle
du sang des Rois et des Empereurs, et jeta-t-elle un
grand éclat dans beaucoup de contrées par des travaux
illustres et d'admirables vertus. Ce prince est le même
que sa puissante mère voulut, après la mort du père,
mettre sur le trône de France, et qu'elle s'appliquait
de toutes manières à élever au-dessus de Henri, qui était
l'aîné, ainsi que j'en ai dit quelque chose précédemment. Enfin, l'équité ayant mis le sceptre aux mains
de Henri, Robert gouverna long-temps le duché de
Bourgogne, et eut trois fils, Henri, Robert et Simon.
Cependant Henri, l'aîné des trois, par l'ordre du duc
Robert, épousa une femme qui lui donna trois fils,
Hugues, Eudes et Robert, évêque de Langres; puis
il mourut du vivant de son père. Henri étant mort,
son père vécut long-temps après; il préféra, dans sa
vieillesse, ses fils à ses neveux, leur céda son duché,
et ordonna à tous les grands d'être fidèles à ses enfans.
Ce qu'entendant le jeune Hugues, il garda le silence,
et attendit patiemment un temps favorable. Toutefois
il espérait constamment dans le Seigneur, et disait en
particulier à ses amis : « Le juste Dieu, qui a enlevé
« mon père de ce monde, ne privera pas ses enfans
« de l'héritage qui leur est dû. » Le duc étant mort,
Hugues rassembla tous les officiers et les barons, et
commanda en maître aux gens du palais de le dispo-

ser promptement pour lui et pour les grands. Ils s'étonnèrent de la hardiesse de ce commandement dans un jeune homme : tout effrayés, ils obéirent aussitôt à ses ordres, et préparèrent en toute hâte à Dijon, pour le nouveau duc, un splendide appareil. C'est ainsi que ce jeune homme, plein de résolution, obtint, sans tirer l'épée et sans effusion de sang, les Etats de ses ancêtres ; et, pendant l'exil de ses oncles Robert et Simon, gouverna dignement, durant trois années, l'héritage paternel. Doué d'une équité remarquable, il plut aux hommes doux et justes ; terrible comme la foudre, il frappa l'irréligion et la déloyauté. Au bout de trois ans, il remit volontairement son duché à son frère Eudes, et, pour l'amour de Dieu, abandonnant le siècle, et se faisant moine de Cluni, il combattit glorieusement pour le Ciel pendant quinze années. Eudes posséda long-temps le duché de Bourgogne ; il eut d'une fille de Guillaume-tête-hardie, Hugues, qui fut duc, et une fille nommée Héla. Mariée d'abord à Bertrand, comte de Toulouse, elle lui donna Pons, comte de Tripoli ; puis, ayant épousé Guillaume-Talvas, elle mit au jour Gui, comte de Ponthieu, et une nombreuse lignée de l'un et l'autre sexe.

Robert de Bourgogne épousa, comme nous l'avons dit, la fille du Normand Roger, et pendant dix ans défendit vaillamment sa principauté contre tous ses ennemis. Pendant ce temps-là sa belle-mère éleva le jeune Roger ; et, dès qu'elle vit que ce jeune homme était propre à porter les armes et à gouverner les Etats de son père, elle empoisonna, hélas! l'illustre Français, son gendre, qui était un preux chevalier. Ce noble seigneur, ayant péri par la perfidie d'une femme, Roger lui succéda, et, pendant plusieurs années, jouit d'une grande prospérité. Cependant, souillé de crimes nombreux, il mérita, comme je le pense, de les expier par de grands tourmens.

Son astucieuse mère, qui était fille de Boniface de Ligurie, ayant ramassé de toutes parts beaucoup d'argent depuis la mort de son mari, s'était formé un grand trésor. Ce qu'apprenant Baudouin 1er, roi de Jérusalem, il desira acquérir ces richesses, et, par d'illustres solliciteurs, fit demander Adèle en mariage. Cette princesse, insatiable de faste et d'honneurs, donna son consentement à la demande des nobles envoyés, et, entourée d'un nombreux domestique, se rendit à Jérusalem avec son trésor. Le roi Baudouin reçut avec un grand plaisir ces immenses richesses, et les partagea à ses chevaliers, qui, au nom du Christ, combattaient avec tant de peine contre les Païens ; puis il répudia cette femme, ridée par la vieillesse, et rendue infâme par la tache de plusieurs crimes. En conséquence cette vieille, confuse des outrages qu'elle avait mérités, regagna la Sicile, et y passa sa vieillesse au milieu du mépris général.

Roger, prince de Sicile, acquit beaucoup de puissance, et surpassa tous les parens qui l'avaient précédé en richesses et en honneurs. Après la mort du duc Guillaume il obtint, comme nous l'avons dit, le duché de la Pouille malgré les peuples. Il attaqua ensuite tous ceux qui essayèrent de lui résister, les opprima cruellement par ses forces supérieures, n'épargna personne, écrasa également ses parens et les étrangers, et, après les avoir dépouillés de leurs biens, les foula aux pieds avec outrage.

Tancrède de Conversano fut vigoureusement assiégé à Matera par Roger de Sicile, et de là, fuyant dans la ville que l'on appelle Monte-Peloso, il y fut pris par son insolent persécuteur. Goisfred d'Andria fut aussi fait prisonnier avec sa femme sur un rocher, dans un château qui est situé près de la ville de Potenza. Roger soumit la place, et y prit un trésor dans lequel il y avait quinze mines d'or et d'argent. Il prit aussi le Lombard Grimoald de Bari, et l'humilia beaucoup après lui avoir enlevé ses biens et ses places. Il dépouilla Richard, prince de Capoue, son cousin, et, par l'iniquité de ses violences, le força de s'exiler. C'est ainsi que, par sa tyrannie, il ruina les princes voisins et éloignés, et qu'en versant beaucoup de sang, ainsi qu'en faisant couler cruellement beaucoup de larmes, il augmenta sa puissance. Le premier de la race de Tancrède il monta au trône, et porta le sceptre, le diadême, et les autres insignes de la royauté. Il épousa la fille de Pierre Léon, sœur du pape Anaclet : couronné par ce pontife, il est maintenant assis sur le trône.

L'an de l'incarnation du Seigneur 1134, il arriva dans le monde de nombreux malheurs, qui servirent à punir quelques personnes des crimes qu'elles avaient commis, tandis que d'autres, voyant des choses terribles et extraordinaires, pâlirent d'effroi et tremblèrent. Le jour des Innocens il tomba une neige abondante, qui couvrit toute la surface de la terre, et de sa masse cacha tellement l'accès des

---

[1] A Palerme le jour de Noël 1130.

maisons, que les hommes ni les animaux ne purent le lendemain sortir de leurs retraites, ni se procurer en aucune manière ce qui leur était utile. Il fut impossible à un grand nombre de fidèles d'entrer dans les églises pour célébrer cette fête, et les prêtres eux-mêmes, dans beaucoup de lieux, ne purent s'y rendre à cause de l'amas de neige qui en obstruait les avenues. Au bout de six jours, le zéphir étant venu à souffler, la neige se fondit, et il en résulta tout à coup une immense inondation. Les rivières s'enflèrent considérablement, franchirent les limites de leur lit, et causèrent aux hommes des dommages et des désagrémens considérables. Les eaux remplirent les maisons dans les villes et les bourgs qui se trouvaient à leur portée, et chassèrent les hommes de leurs habitations. Elles enlevèrent dans les prairies d'énormes meules de foin, et déplacèrent des tonnes pleines de vin, ainsi que d'autres grands vases, avec beaucoup de meubles et d'effets précieux. Il en résulta que beaucoup de personnes eurent à pleurer des pertes, tandis que d'autres se réjouirent d'un bénéfice inattendu.

Au mois de juin, un été ardent brûla le monde pendant quinze jours, et força les mortels de recourir en supplians, par le jeûne et la prière, à la clémence du Seigneur tout-puissant, dans la crainte où ils étaient de périr par les flammes qui brûlèrent la Pentapole. En effet, l'ardeur du soleil, qui parcourait alors les Gémeaux, dessécha les fontaines et les étangs, et une soif importune fit cruellement souffrir les animaux. Alors, un certain samedi, un grand nombre de personnes, excédées de chaleur, cherchèrent à se rafraîchir dans les eaux, et beaucoup, en divers lieux, y furent suffoquées en moins d'une heure. Dans notre voisinage, d'où nous avons facilement reçu des détails, trente-sept hommes périrent dans les eaux des étangs ou des rivières. Je ne saurais discuter les jugemens de Dieu, par lequel tout s'opère, et je ne puis montrer les causes cachées des événemens; mais, à la prière de mes compagnons, j'écris avec simplicité ces annales. Qui peut expliquer des choses inexplicables? Je me borne à noter avec soin, pour la postérité, les événemens que j'ai vus, et je glorifie le Seigneur tout-puissant dans toutes ses œuvres, qui sont véritablement justes. D'après les inspirations qu'il reçoit du Ciel, que chacun porte son jugement, et recueille sagement comme il voudra ce qu'il croira lui être utile.

Au mois d'août, la veille de saint Laurent martyr, après nones, il s'éleva un violent tourbillon, qui fut suivi vers le soir de terribles coups de tonnerre avec une excessive inondation de pluie. Alors la foudre tomba avec un bruit horrible, et dans divers lieux tua plusieurs femmes. Je n'ai pas entendu dire qu'il fût mort aucun homme, et le sexe féminin souffrit seul, dans l'espèce humaine comme dans les bêtes brutes, tout le poids de ce fléau menaçant.

Dans le village que l'on appelle Planches[1], sur les confins des évêchés de Lisieux et de Séès, un certain jeune homme, nommé Guillaume Blanchard, ramenait une charrette du champ voisin, sur laquelle sa sœur était assise avec des gerbes d'avoine. Comme ce jeune homme craignait la pluie qui tombait avec

[1] Planches-sur-Rîle, arrondissement d'Argentan.

fracas, et se hâtait d'arriver à la chaumière de sa mère, qui était voisine, la foudre tomba sur la croupe de la jument qui traînait la voiture, et tua en même temps cet animal, une pouliche qui courait autour d'elle, et la jeune fille qui était assise. Le jeune homme, qui était sur la selle et tenait la bride, tomba, dans l'excès de sa crainte; mais, par la miséricorde de Dieu, il échappa à la mort. Il survint une grande inondation de pluie, qui n'empêcha pas la charrette et les gerbes de brûler. J'en vis le lendemain les charbons, ainsi que le corps de la défunte, qui était dans une bière, parce que, me rendant au Merlerault[1], je m'arrêtai à Planches pour apprendre positivement cette catastrophe, afin de la raconter fidèlement à la postérité. Dans le village de Gâprée[2], des moissonneurs, voyant une nuée très-noire, qui répandait l'obscurité, dirent à une jeune fille, qui par hasard cueillait des épis dans le champ : « Jeune fille, « courez vite, et apportez-nous nos manteaux ou nos « habits pour nous préserver de la pluie. » Elle s'empressa d'obéir, et partit aussitôt; mais au premier pas qu'elle fit, je crois, la foudre tomba, et l'ayant atteinte, elle mourut au moment même. A la même heure, il arriva beaucoup de choses semblables, que j'ai apprises depuis par des rapports véridiques; mais je ne puis écrire chaque chose en détail. Dans la première semaine de septembre, le Seigneur notre Dieu punit par le feu beaucoup de péchés, et brûla les habitations des pécheurs, avec les trésors que depuis longtemps, ils avaient injustement amassés. Le Mans et

---

[1] Ce bourg est de l'arrondissement d'Argentan; on écrit aujourd'hui Mêslerault. — [2] Arrondissement d'Alençon.

Chartres, villes antiques et opulentes, furent réduites en cendres: Alençon aussi, Nogent-au-Perche[1], Verneuil; d'autres villes et beaucoup de villages périrent par les flammes de la colère de Dieu, qui parcourait l'univers. Alors la basilique épiscopale du Mans, qui était très-belle, fut brûlée, et le cercueil de saint Julien, évêque et confesseur, fut à grand'peine transporté avec son corps dans le monastère du saint martyr Vincent. Les ossemens de la vierge sainte Scholastique furent brûlés avec beaucoup d'autres reliques. Mais après l'incendie, grâce à de pieuses recherches, on les retrouva à leur place à Chartres. Le monastère de Saint-Pierre apôtre devint la proie des flammes, et le vénérable couvent des moines fut dispersé après la destruction du cloître, ainsi que des autres pièces. Dans ce temps-là les habitans de divers lieux éprouvèrent différens événemens merveilleux; ils souffrirent des incendies provenus de diverses causes, et purent ensuite, dans leur étonnement ou leurs plaintes, en faire de longs récits à leurs compatriotes. Je n'ai pas été témoin de ces accidens, et je ne veux pas étendre mon livre en rapportant des choses douteuses.

Dans le même mois, le Juge équitable exerça de terribles vengeances, par l'élément contraire, dans un autre climat: il punit de criminels pirates pour des forfaits pareils à ceux dont la terre avait été souillée du temps de Noë. En Flandre, la mer déborda pendant la nuit, et s'étant répandue inopinément sur une étendue de sept milles, elle couvrit également les églises, les tours et les chaumières, et engloutit dans

[1] Aujourd'hui Nogent-le-Rotrou.

une même catastrophe d'innombrables milliers d'individus de l'un et de l'autre sexe, de tout ordre et de toute condition. Là certainement la vitesse ne servit point au coureur, la valeur ne protégea point le chevalier, l'opulence ne sauva point le riche : ce déluge enveloppa également les hommes et les femmes, soit qu'ils fussent beaux, soit qu'ils fussent laids, et leur fermant la bouche par les flots, les livra subitement à la mort. C'est ainsi que la mer accomplit en un moment la punition de ces malheureux, et par l'ordre de Dieu reprit aussitôt sa place. Une pauvre femme, récemment accouchée, ayant entendu le bruit des eaux rugissantes, effrayée, mais gardant son sang-froid, sauta aussitôt de son lit, emporta son enfant ainsi qu'une poule fuit avec ses poulets, et monta en toute hâte sur une meule de foin qui était près de sa chaumière. La rapidité de l'eau, qui roulait et qui enveloppait tout, souleva le foin, et transporta fort loin la meule, flottant çà et là. Par la miséricorde de Dieu, cette femme fut sauvée, et miraculeusement arrachée à la mort qu'elle avait vue de si près, ainsi que le peu de choses qu'elle avait avec elle. Un enfant de douze ans m'a raconté qu'alors il était monté sans tarder sur le comble d'un toit, et qu'il y avait échappé à sa perte imminente, tandis que son père et sa mère restés au dessous avaient péri.

Dans le cours de la même année, plusieurs nobles princes quittèrent la vie. En effet, comme nous l'avons dit, Robert II, duc des Normands, mourut à Cardiff au mois de février; Ildefonse, roi d'Aragon, au commencement de l'automne, après la bataille de Fraga, dans laquelle périrent les nobles barons Bertrand et Roderic, ainsi que plusieurs autres seigneurs.

Alors les Gallois bretons éprouvèrent de grandes calamités par l'invasion de tous les peuples soumis à la puissance du roi Henri, et plusieurs de leurs provinces furent données aux Flamands. Ces peuples, poursuivis partout dans les forêts et les cavernes, furent, sans aucun égard pour l'humanité, massacrés comme des chiens. A l'aspect de tant de malheurs, ils se ranimèrent, éprouvèrent une vive indignation, et, reprenant courage, coururent aux armes, commirent beaucoup de ravages dans la fureur de leurs vengeances, et se soulevèrent d'une manière funeste contre le roi Henri. Ils brûlèrent le château de Cans, qui appartenait à Païen, fils de Jean, et sans pitié coupèrent la tête à toutes les personnes des deux sexes qu'ils y trouvèrent. Après cet attentat, tous les habitans s'enfoncèrent avec les étrangers dans l'épaisseur des forêts, ainsi que des loups, et ils exercèrent publiquement leurs fureurs par le meurtre, le brigandage et l'incendie.

L'an de l'incarnation du Seigneur 1135, le pape Innocent assembla un grand concile à Pise, et s'y occupa beaucoup des affaires ecclésiastiques ; mais des malheurs qui survinrent l'empêchèrent de réaliser tous ses vœux. Hugues, archevêque de Rouen, le seconda puissamment : aussi, comblé d'honneurs par le pape, il reçut la primatie sur plusieurs évêques. Occupé des soins du service apostolique, il négligea quelque temps l'administration de son propre diocèse ; resté trop long-temps en Italie, il expédia habilement les affaires d'autrui : c'est ce qui déplut vivement au Roi. Au reste, après la mort de Richard, évêque de

Bayeux, le Roi en confia le siége à Richard, son neveu, auquel l'archevêque refusa positivement la consécration, parce qu'il était bâtard, et qu'il voulait différer jusqu'à ce que le Roi, par la crainte qu'il inspirait, eût obtenu la sanction apostolique. Enfin, les envoyés étant de retour avec le décret du pape, l'église de Bayeux fut remise à Richard, fils de Robert, comte de Glocester; le même jour, l'évêché d'Avranches fut confié à Richard de Beaufai. Pendant la même année, le roi Henri, ayant appris de tristes nouvelles de la révolte des Gallois, s'indigna vivement, et, ayant prudemment mis ordre aux affaires de Normandie, il tenta trois fois de passer la mer avec des archers d'élite et une troupe belliqueuse; mais plusieurs obstacles étant survenus, le trajet n'eut pas lieu, et Dieu, qui dirige merveilleusement toutes choses, ne permit pas que le Roi rentrât vivant en Angleterre. Geoffroi d'Anjou son gendre desirait les grands trésors de son puissant beau-père, et réclamait les châteaux de la Normandie, assurant que le Roi les lui avait promis en lui donnant sa fille en mariage. Le fier monarque ne voulut pas, tant qu'il vivrait, que personne se plaçât au dessus de lui, ou même l'égalât soit dans sa maison, soit dans son royaume, se rappelant parfaitement cette maxime de la divine sagesse qui dit, que *personne ne peut servir deux maîtres*. En conséquence, le jeune prince, naturellement orgueilleux, offensa dans sa colère le roi Henri par des menaces et des actions arrogantes, eut la témérité de mépriser ses avertissemens et ses conseils, et, par son insolence, le porta à une telle fureur qu'il voulait lui reprendre sa fille, et l'emmener avec lui en Angleterre, si Dieu l'eût permis. Le Roi vit avec peine Geoffroi assiéger son propre gendre, le vicomte Rozcelin, brûler entièrement la ville de Beaumont [1], et, sans égard pour la majesté royale, n'épargner en rien ce seigneur. Les plus grandes dissensions se manifestaient partout entre les seigneurs de la Normandie : car quelques-uns favorisaient le comte d'Anjou, mais n'osaient en venir à une révolte ouverte, parce qu'ils avaient long-temps éprouvé combien le Roi était à redouter. Aussi craignaient-ils avec raison de faire prendre les armes contre eux à un prince qui, comme ils le savaient trop, punissait la révolte par un emprisonnement perpétuel.

Guillaume-Talvas [2] et Roger de Toëni étaient surtout l'objet de graves soupçons : c'est pourquoi ils n'osaient venir à la cour du Roi. Par ce motif, le Roi différa de passer en Angleterre, et envoya ses propres troupes pour garder le château de Conches. Cette garnison conserva une place qui était entourée de bonnes murailles, et empêcha le jeune Roger de se révolter. Quant à Talvas, le Roi l'appela souvent auprès de lui; mais il attendit long-temps ce comte, qui n'osait se présenter, parce qu'il était effrayé par le remords de sa conscience. A la fin, après plusieurs sommations, le Roi le dessaisit de tous ses biens. Au mois de septembre, Talvas, dépouillé de son comté, se retira auprès du comte d'Anjou, et, bien accueilli par lui, se fixa à Pérai [3] et à Mamers, places qu'il tenait en fief de Geoffroi. Depuis le commencement d'août jusqu'à

---

[1] Beaumont-le-Vicomte, département de la Sarthe.
[2] Guillaume III.
[3] *Piretum*.

la fête de la Toussaint, le roi Henri parcourut le territoire de Séés, et s'empara d'Alençon, d'Almenêches, et des autres places de Talvas. Ayant réuni beaucoup d'ouvriers, il augmenta les fossés d'Argentan, et, sans prévoir l'avenir, fortifia beaucoup cette place, qui peu après causa de grands préjudices aux habitans du voisinage.

Le 5 des calendes de novembre (28 octobre), pendant que l'on célébrait la fête des saints apôtres Simon et Jude, et que les personnes pieuses offraient avec vigilance l'office de matines à la divine Majesté, il s'éleva un vent violent vers la quatrième veille de la nuit; il dura tout le jour jusqu'à nones avec la même violence, et retentit terriblement avec un grand fracas. Il découvrit une innombrable quantité de maisons ainsi que de tours élevées, et il éclaircit les bois en renversant une multitude d'arbres. A cette vue, les cœurs des mortels furent effrayés, et chacun en dit son sentiment. Quelques philosophes pleins de sagacité recherchèrent savamment la cause secrète de ces événemens, et, tirant adroitement du passé des conjectures pour l'avenir, ils dirent que la colère de Dieu menaçait le monde à cause de ses crimes, et qu'elle ne tarderait pas à renverser les princes de la terre avec leurs peuples, comme étaient tombés les arbres des forêts.

Alors Louis, roi des Français, accomplissait la vingt-huitième année de son règne, et se trouvait malade, anéanti qu'il était par la dysenterie. En conséquence, dans la crainte qu'il avait de la mort, il mit ordre à sa maison et à tout ce qu'il possédait; il manda les principaux seigneurs français, Thibaut de

Blois et Raoul de Péronne ; et comme ils étaient divisés, il rétablit la paix entre eux. Il remit le royaume de France à Louis Florus son fils, que trois ans auparavant, à Rheims, et à la satisfaction générale des assistans, il avait établi roi et fait couronner par le pape Innocent, et par tout le concile composé de treize archevêques et de deux cent soixante-trois évêques, le 10 des calendes de novembre (23 octobre). Pendant que les médecins désespéraient du rétablissement du Roi, le tout-puissant Adonaï, qui accorda quinze ans de vie au roi Ezéchias, prolongea aussi celle de Louis malade, et lui accorda inopinément l'amélioration de son état, pour qu'il s'amendât.

Pendant ce temps-là, Henri, roi des Anglais, se rendit le 7 des calendes de décembre (25 novembre) au château de Lions, et ordonna aux chasseurs de venir chasser avec lui le lendemain dans la forêt ; mais comme la nuit survint, il tomba tout à coup malade, et depuis le mardi jusqu'au dimanche il souffrit d'une maladie mortelle. Cependant il confessa ses fautes à ses chapelains ; ensuite ayant appelé Hugues, archevêque de Rouen, il lui demanda ses conseils spirituels. D'après les avis que Henri reçut du prélat, il pardonna aux coupables toutes leurs forfaitures, rendit aux exilés leurs revenus, et à ceux qu'il avait déshérités, le patrimoine de leurs pères. Il ordonna à son fils Robert de prendre pour lui, du trésor qu'il conservait à Falaise, soixante mille livres, de faire des présens, et de donner des récompenses à ses domestiques et aux chevaliers qui étaient à sa solde. Il donna des ordres pour que son corps fût porté à Reading, où il avait bâti, en l'honneur de la sainte et indivisible Trinité, un couvent composé de deux cents moines. Enfin ce Roi catholique pria tout le monde de maintenir la paix et de protéger les pauvres. Après sa confession, il reçut des prêtres l'absolution et la pénitence ; puis, oint de l'huile sainte, et rassasié de la sa sainte Eucharistie, il se recommanda à Dieu. C'est ainsi que le jour des calendes de décembre (1er. décembre), au commencement de la nuit, il quitta la vie mortelle. A cette mort se trouvèrent cinq comtes, Robert de Glocester, Guillaume de Varenne, Rotrou de Mortagne, Galeran de Meulan et Robert de Leicester, ainsi que plusieurs autres seigneurs, soit capitaines, soit nobles châtelains. L'archevêque Hugues et Audin, évêque d'Evreux, conjurèrent tous les assistans de ne pas abandonner le corps de leur maître sans une délibération générale, et de le conduire jusques à la mer en formant une honorable escorte.

Le lundi, on transporta le corps du Roi du château de Lions à Rouen, et vingt mille hommes l'accompagnèrent pour honorer ses obsèques. Il fut reçu par un grand concours dans la basilique métropolitaine de Sainte-Marie mère de Dieu, et les personnes des deux sexes, dans tous les ordres, répandirent une grande abondance de larmes. Là, pendant la nuit, dans la chambre de l'archevêque, le cadavre qui était replet fut ouvert par un habile chirurgien qui l'embauma. Ses entrailles furent portées dans un vase à Emendreville, et déposées dans l'église de Sainte-Marie-du-Pré, que sa mère avait commencée, mais qu'il avait finie. Ensuite, de l'avis des hommes sages, on confia, à Guillaume de Varenne, Rouen et le pays de Caux, qu'il protégea bien pendant quelque temps.

Guillaume de Roumare, Hugues de Gournai et d'autres marquis furent envoyés pour la défense des frontières. Robert de Sigi[1], avec quelques autres clercs, Robert de Ver[2], Jean Algason, d'autres chevaliers anglais, les gardes et les ministres du Roi se réunirent et conduisirent son cercueil à Caen, en passant par Pont-Audemer et Bonneville[3]. On fut obligé d'attendre à Caen près de quatre semaines qu'il survînt un vent favorable pour se mettre en mer. Pendant ce temps-là, le corps du Roi fut conservé dans le chœur de Saint-Étienne, premier martyr, jusqu'à ce que, après Noël, des moines, qui furent envoyés à cet effet, le chargèrent sur un vaisseau et le transportèrent en Angleterre. Il fut inhumé avec de grands honneurs dans l'église de Reading, par son successeur au trône, par les évêques et par les seigneurs séculiers.

C'est ainsi qu'ayant décrit avec véracité la mort de ce glorieux père de la patrie, je vais maintenant raconter en peu de mots, dans des vers hexamètres, les douleurs de la Normandie en désordre, qui, mère déplorable, eut à souffrir tant de calamités de la part de ses enfans semblables aux vipères. Dès que la Normandie apprit la mort de ce prince si ferme, à l'époque de la première semaine de l'Avent, dans un même jour, les Normands coururent avidement, comme des loups ravissans, pour ravir leur proie et se livrer à de criminelles dévastations.

« Le monarque invincible, ce duc si sage, cet il-

---

[1] *Sigillum*, probablement Sigi, arrondissement de Neuf-Châtel.
[2] Arrondissement de Bayeux.
[3] Bonneville-sur-Touque, arrondissement de Pont-l'Évêque.

lustre héros, qui gouverna tant de peuples sous des lois équitables, hélas! il a perdu la vie, et sa mort fait naître un deuil général : Normands, Anglais, à la fois sont menacés de massacres publics. Son opulence, sa justice, sa prudence et sa valeur firent en tous lieux éclater sa puissance. Nul prince dans l'univers ne fut meilleur que lui, à une époque où le monde entier éprouve les fureurs de forfaits sans mesure. Je le crois, il fut au premier rang de tous les bons rois. C'est ce qu'attestent ses actions éclatantes. Puisse ce protecteur de l'Eglise, ce tranquille ami de la paix, vivre toute l'éternité avec le Christ, monarque des cieux! Ainsi soit-il! »

« Le roi Henri mourut le premier jour de décembre. La patrie affligée en éprouve de l'abattement dans tous ses membres. Déjà de tous côtés chacun cherche à ravir le bien d'autrui, et dans ses actes d'iniquité chacun relâche les rênes de la religion. Voyez les infernales furies poursuivre les mortels; elles préparent les armes, appellent aux combats, et distribuent les traits. Les Normands se livrent avec ardeur au vol et au pillage; mutuellement ils s'égorgent, ils se font prisonniers, ils s'enchaînent; ils brûlent les maisons et tout ce qu'elles contiennent; ils n'ont pour les moines nul égard, pour les femmes aucun respect. Les dames de distinction gémissent dépouillées par la rage des scélérats; les droits de leur rang ne servent plus à les protéger. Imberbe encore, l'enfant est sans pitié mis à mort par le brigand. Toutes païennes qu'elles étaient, les phalanges romaines n'ont point commis tant de crimes. Il est évident que, pour ces gens, la paix est amère et insupportable : aussi la rompirent-ils bientôt quand ils apprirent la mort du Roi. Brigands iniques, ils se réjouirent du trépas de leur prince, et, dans leur avidité pour le pillage, coururent au crime avec ardeur. Ils croient déjà que désormais aucun maître ne pourra les contenir par les lois; je prétends au contraire qu'ils seront victimes de leur erreur: les lois éternelles du monarque tout-puissant n'ont pas cessé de subsister, et bientôt il donnera à l'Eglise un généreux protecteur. Après la mort du prince, l'ordre des moines supplie le Ciel, et s'efforce de porter par ses pleurs la Sagesse suprême au pardon de tant d'attentats. Dieu suprême, empêchez qu'ils ne puissent accomplir leurs forfaits comme le desirent ces serviteurs enragés de la désolation. Voilà qu'ils entrent en fureur; voilà qu'ils appellent et qu'ils entraînent tout le monde au crime. Empêchez qu'ils ne puissent par leurs méfaits accomplir leurs vœux. O Christ, donnez-nous un chef qui chérisse la paix et l'équité, qui les observe, et qui serve de guide à votre peuple! Frappez de la verge de justice le dos des orgueilleux, afin qu'en sûreté les fidèles puissent vous servir! Ainsi soit-il! » [1]

Etienne, comte de Boulogne, ayant appris la mort de son oncle, passa aussitôt la mer, fut bien accueilli par Guillaume, archevêque de Cantorbéry, par d'autres prélats et par les seigneurs séculiers; il monta au trône royal le 18 des calendes de janvier (15 décembre); il fut couronné roi, et régna comme quatrième prince de la race normande. Cependant les Normands, réunis au Neubourg [2], voulurent lui

---

[1] Les deux alinéas précédens sont en vers hexamètres.
[2] Arrondissement de Louviers.

préférer son frère Thibaut ; mais, dans leur réunion même, ils apprirent d'un moine, qui était l'ambassadeur d'Etienne, que tous les Anglais s'étaient rangés du parti de ce dernier, et qu'ils voulaient lui obéir et en faire leur roi. Bientôt tous les assistans, avec le consentement de Thibaut, résolurent de n'obéir qu'à un seul maître à cause des biens que, comme barons, ils possédaient dans les deux États.

Thibaut, en sa qualité d'aîné, indigné de n'avoir pu obtenir le trône, partit en hâte à cause des grandes affaires dont il était accablé en France, et, par sa négligence, laissa long-temps opprimer la Normandie. Ce duché resta sans chef, car le Roi était occupé en Angleterre.

Dans la première semaine de décembre, Geoffroi d'Anjou ayant appris la mort du roi Henri, se fit précéder en Normandie par sa femme Mathilde, que Guigan-Algason, homme de basse extraction, mais d'une grande puissance, reçut comme sa reine légitime, et à laquelle il remit Argentan, Exmes, Domfront et quelques autres places, dont le Roi l'avait fait vicomte. Ensuite arriva le comte d'Anjou avec Guillaume Talvas, comte de Ponthieu, et les troupes tant angevines que manselles : il fut bien accueilli par les garnisons de Séès et de quelques autres châteaux qui dépendaient du fief de Guillaume Talvas. Cette armée, répandue dans tout le pays circonvoisin, commit beaucoup de cruautés, viola les églises et les cimetières, outragea ses hôtes, et accabla de vols et de blessures ceux même qui l'avaient bien reçue. Cependant les Normands, qui sont naturellement fiers et entreprenans, ayant éprouvé les effets de la méchanceté de leurs hôtes, recoururent en fureur à la voie des armes, poursuivirent les fuyards dans les villages et dans les bois; et, comme on le rapporte vulgairement, en firent périr plus de sept cents par le fer et par le feu. Les autres, effrayés des poursuites sanglantes des Normands, prirent honteusement la fuite, regagnèrent leur pays, et rudement châtiés par la pointe de l'épée, ne voulurent plus désormais s'y exposer. Robert de Sablé, fils de Lisiard, et quelques autres seigneurs se soulevèrent contre le comte Geoffroi, et le retenant chez lui au milieu de la guerre civile, ne lui laissèrent pas la liberté de retourner en Normandie.

Toutefois cette province, quoique non inquiétée par l'étranger, ne jouissait nullement de la sécurité de la paix, puisqu'elle était criminellement opprimée par ses enfans, et que, comme la femme en couche, elle était sans cesse dans les douleurs de l'enfantement. Si la nation normande vivait selon la loi de Dieu, et se réunissait avec unanimité sous un bon prince, elle serait aussi invincible que les Chaldéens sous Nabuchodonosor, que les Perses et les Mèdes sous Darius et sous Cyrus, et que les Macédoniens sous Alexandre, ainsi que le prouvent ses fréquentes victoires en Angleterre, dans la Pouille et dans la Syrie. Au contraire, comme la discorde les divise entre eux, et les arme mortellement contre leur propre sein, vainqueurs des étrangers, ils sont vaincus par eux-mêmes, et, à l'aspect de leurs ennemis du voisinage, dont ils sont la risée, ils s'égorgent mutuellement sans pitié, et font ainsi couler fréquemment les larmes de leur mère.

L'an de l'incarnation du Seigneur 1136, comme

Etienne, roi des Anglais, tardait à passer en Normandie, et que cette province était privée de protecteur et de prince, il s'éleva des altercations entre les seigneurs turbulens, et les fils de l'iniquité multiplièrent leurs attentats. Au commencement du carême, Eustache de Breteuil mourut à Pacy; après Pâques, son fils Guillaume revendiqua la terre de Breteuil le fer et la flamme à la main.

Alors le roi Etienne maria sa fille âgée de deux ans à Galeran, comte de Meulan. Après Pâques, ce comte ne tarda pas à venir en Normandie. Cette contrée était le théâtre d'une guerre cruelle entre Roger de Toëni, et Robert, comte de Leicester, et tout le pays était misérablement livré à une grande désolation.

Entre les Rogations et la Pentecôte, Roger surprit la forteresse royale de Vaudreuil [1]; mais, au bout de trois jours, le comte Galeran, à la tête de la commune de Rouen, fondit sur la place, et la rendit au domaine du Roi. Ensuite, la seconde férie après la Pentecôte, il s'empara d'Acquigni [2] avec une forte armée, et brûla toute la place. Néanmoins, dès le lendemain, Roger marcha contre lui, et lui brûla trois villages. Les Normands commettaient ces attentats et beaucoup d'autres semblables; ils se dévoraient de leurs propres dents, comme le rapporte allégoriquement l'Apocalypse en parlant de la bête.

Depuis la naissance du Seigneur jusqu'à l'octave de la Pentecôte, à cause de l'absence du Roi, qui, au delà des mers, était occupé des nombreuses affaires

---

[1] *Vallis Rodolii*, arrondissement de Louviers.
[2] Arrondissement de Louviers.

de son royaume, le comte Thibaut avait conclu une trève avec le comte d'Anjou : cependant l'armée Normande attendait avec impatience l'arrivée du Roi. La trève étant expirée, tout le peuple fut saisi d'étonnement, et, resté sans chef, il ne savait ce qu'il devait faire; car les brigands, dans leur malveillance, desiraient voir arriver le jour où ils pourraient en liberté piller et ravir le bien d'autrui. Sans défense, les hommes de bien et les gens simples redoutaient extrêmement ce qui faisait l'objet des vœux des enfans de Bélial, ravisseurs qui ne connaissaient pas la crainte de Dieu.

Robert, surnommé Boet, archer fameux, était attaché à Richer de L'Aigle, et s'était uni avec beaucoup de bandits et de mauvais sujets[1] pour commettre journellement des meurtres et des brigandages : autant il était supérieur dans l'art de tirer les flèches, autant il était détestable dans sa perversité. Il eut la témérité de violer par de méchantes actions la semaine de la Pentecôte, que le Saint-Esprit rendit illustre en répandant sur les disciples du Christ les sept dons de la grâce : ce brigand, sans s'inquiéter de l'avenir, se disposait encore à de plus grands forfaits. De même que les gens de bien sont salutairement enflammés par les feux du saint Paraclet pour l'amour de Dieu et du prochain, ainsi les méchans, poussés au désordre par l'esprit diabolique, sont entraînés à toutes sortes de crimes. En conséquence, le 15 des calendes de juin (18 mai), des brigands, semblables à des loups, coururent au carnage et se ruèrent, non sur les champs des belliqueux chevaliers, mais sur les

[1] *Indomiti garciones.*

terres des moines, dont ils voulurent enlever les troupeaux qui paissaient tranquillement. Comme ils se montrèrent prompts à verser le sang, de même, par un équitable jugement de Dieu, ils trouvèrent soudain sur leur chemin la résistance et l'infortune.

Trente voleurs pillèrent auprès d'Ouche le pauvre peuple; mais, au bruit des cris des bergers, les bourgeois chargèrent les brigands et en prirent douze, dont sept furent pendus par eux à un chêne. Là, Robert Boet [1] fut, dans un mouvement de fureur populaire, promu à une grande élévation avec six de ses complices, et obtint ainsi le triomphe que méritaient ses crimes. C'est ainsi que ceux qui n'avaient pas craint de profaner les sept jours sacrés de la Pentecôte, et qui avaient brûlé d'envie d'écraser leur prochain sans défense, par de téméraires entreprises, par le pillage et par le meurtre, furent, au nombre de sept, le lundi suivant, pendus tous ensemble.

Les gens de L'Aigle ayant appris le même jour cet événement, se réunirent enflammés de fureur pour venger leurs compagnons, coururent aussitôt à Ouche, et, à l'improviste, brûlèrent le bourg de Saint-Evroul, où dans un clin-d'œil quatre-vingt-quatre maisons furent réduites en cendres. Les moines en pleurs sonnaient les cloches, chantaient dans l'église des psaumes et des litanies, parce qu'ils craignaient la ruine imminente du monastère. Quelques-uns sortirent pour aller au-devant des soldats; ils les suppliaient, ils s'excusaient en pleurs de la punition qui avait été infligée aux coupables; ils priaient humblement, et

---

[1] *Boatus.* Il est appelé plus haut *Boetus.*

offraient justice et satisfaction légitime pour ce qui s'était passé. Les soldats étaient furieux comme des insensés; aveuglés de colère, ils frémissaient contre les moines et ne se rendaient à aucune bonne raison; même quelques-uns d'eux voulaient frapper de religieux serviteurs de Dieu qu'ils avaient renversés de leurs chevaux. Enfin, sans nul respect pour le Ciel, ils assaillirent le bourg, y entrèrent de vive force, le pillèrent, et, comme nous l'avons dit, brûlèrent entièrement les maisons qui se trouvaient dans l'enceinte. Ces gens-là furent justement couverts d'opprobre pour avoir vengé des brigands, en prenant les armes contre des moines innocens et contre leurs vassaux, et en s'établissant les défenseurs des scélérats qui cherchaient à commettre toutes sortes de crimes. C'est ainsi que Richer de L'Aigle, filleul des moines, servit ses parrains; c'est ainsi qu'il pria pour l'ame de Boet, fameux par ses brigandages et ses meurtres, et pour celle des autres imposteurs; c'est ainsi qu'il fit des offrandes à l'église dans laquelle il avait été baptisé! Baudri, curé de L'Aigle, marcha à la tête de ses paroissiens pour commettre cet exécrable attentat; le premier il mit le feu à la maison d'un autre prêtre, et fut ainsi le précurseur qui entraîna ses compatriotes dans le gouffre où ils se précipitèrent. La violence des flammes parvint jusqu'à l'église; mais, par la miséricorde de Dieu, il s'éleva un vent contraire qui, à la vue et à la satisfaction de beaucoup de monde, repoussa vers d'autres points les tourbillons embrasés. C'est ainsi que l'église, les bâtimens du couvent, les livres et le mobilier ecclésiastique furent sauvés. Les gens du pays désolés se réfugièrent au couvent avec leur monde, et attendirent de meilleurs temps selon la providence de Dieu.

Les gens de L'Aigle furent enrichis et fiers des dépouilles des habitans d'Ouche; mais leur joie ne dura pas long-temps. En effet, dans le même mois, ils se jetèrent sur Séés et Gacé, et combattirent souvent contre Roger de Toeni; mais, après le pillage de Saint-Evroul, il ne leur arriva plus d'événemens heureux; au contraire, d'après la décision de Dieu, ils éprouvèrent des pertes fréquentes, soit par la mort, soit par la capture des leurs. Il était juste que ceux qui avaient attaqué des hommes nus et simples, et que la crainte de Dieu n'avait point portés à les épargner, rencontrassent ensuite, sans les chercher, des guerriers vaillans et belliqueux. Ils entendirent fréquemment les chevaliers qu'ils rencontraient leur dire avec opprobre et dérison : « Chevaliers, venez
« ici : nous ne portons ni capuchon ni couronne;
« mais comme chevaliers armés, nous vous appelons
« au combat. Nous sommes vos camarades; vous de-
« vez éprouver ce que nous savons faire. » Ils eurent souvent à rougir de ces reproches, et plusieurs d'entre eux tombèrent frappés de rudes coups : c'est pourquoi quelques-uns, voyant la chute des autres, furent portés à la pénitence.

Après la Pentecôte, le roi Etienne fit équiper une flotte pour passer la mer. Comme il attendait au port un vent favorable, il lui arriva un courrier qui lui annonça la mort de Roger, évêque de Salisbury, qui avait été chargé de la régence de toute l'Angleterre d'abord par son oncle, ensuite par lui-même. Cet événement ayant suspendu l'embarquement, Etienne revint à Salisbury : il en trouva l'évêque bien portant, et son voyage fut ainsi vainement retardé jusqu'au carême. Cependant Gislebert de Clairai[1] fit une expédition contre la ville d'Exmes, et brûla le nouveau bourg que le roi Henri avait récemment agrandi, ainsi que l'église de la sainte Mère de Dieu. Il chercha à brûler l'ancien bourg; mais ayant été vaincu par le comte Talvas, qui survint tout à coup avec d'autres chevaliers, il se sauva avec peine. Henri de Ferrières[2] fut fait prisonnier dans cette affaire, où beaucoup d'hommes qui étaient partisans du Roi furent pris ou tués.

Dans ce temps-là, les comtes Galeran et Robert, frères jumeaux, demandèrent des secours à Thibaut, comte de Blois, et lui ayant donné cent marcs d'argent, le déterminèrent à marcher contre Roger de Toëni. Le jour de la nativité de l'apôtre saint Barnabé, ils fondirent sur ses terres avec une énorme multitude de troupes, et brûlèrent dans trois villages les chaumières de beaucoup de pauvres gens. Enfin ils fondirent sur un grand bourg nommé Bougi[3]. D'après les conseils du comte de Leicester, ils mirent le feu aux maisons voisines, et brûlèrent la belle église de Sainte-Marie-Madeleine avec les hommes et les femmes qu'elle renfermait. Le même jour, Richer de L'Aigle et Alvered de Verneuil passant avec leurs troupes devant la nouvelle Ferrières[4], furent rudement attaqués et mis en déroute par Robert de Bellême, par

[1] *Clara*; d'abord Clare, puis Clairai, arrondissement d'Alençon.
[2] Probablement Ferrières-la-Verrerie, arrondissement d'Alençon.
[3] Bougi-sur-Rîle, arrondissement de Bernai.
[4] Peut-être Ferrières-Saint-Hilaire, arrondissement de Bernai; ou plutôt La Ferrière-sur-Rîle, arrondissement d'Évreux.

les Malvoisin et par d'autres chevaliers français qui étaient du parti de Roger. Ce ne fut pas sans peine qu'ils échappèrent après avoir perdu un grand nombre de leurs camarades tués ou faits prisonniers.

Dans la troisième semaine de juin, le comte Thibaut assiégea le Pont-Saint-Pierre[1], et fit de grands efforts pendant tout un mois pour s'en emparer. Guillaume de Fontaines, avec plusieurs preux chevaliers et des vassaux qui étaient attachés à Roger, défendit vivement la place contre l'attaque de l'ennemi.

Sur ces entrefaites, le vénérable Boson, abbé du Bec, à la suite d'une longue maladie, que ce savant homme avait supportée patiemment, mourut le jour de la fête de Saint-Jean-Baptiste, après avoir gouverné louablement ce monastère pendant près de dix ans. Il eut pour successeur le prieur Thibaut, qui fut élu canoniquement par l'assemblée des moines. Le lendemain de la fête de Saint-Jean, Raoul, archidiacre de l'église d'Evreux, à son retour de Pacy, fut attaqué par les fils de Simon Harenc, et échappa avec beaucoup de peine. S'étant réfugié dans une église, il fut sauvé; mais son domestique, qui l'accompagnait dans son voyage, fut tué en défendant son maître.

Cette tumultueuse année fut véritablement bissextile : alors le dernier bissexte courut pour beaucoup de combattans; et, comme on dit vulgairement, le bissexte tomba sur le Roi et son peuple en Normandie et en Angleterre.

Dans la troisième semaine de septembre, la ville

[1] Arrondissement d'Andelys.

de Rouen fut brûlée par un incendie imprévu ; et, par le jugement de Dieu, les fidèles éprouvèrent de grands dommages. Le noble couvent de Saint-Ouen fut, hélas! consumé par les flammes dévorantes, à peine conduit à sa perfection par de nombreux travaux durant quatre-vingts ans. Le même malheur arriva au monastère de religieuses bâti en l'honneur de saint Amand, évêque et confesseur.

Le dimanche suivant, le 11 des calendes d'octobre (21 septembre), Geoffroi, comte d'Anjou, passa la rivière de Sarthe, et pénétra en Normandie avec une nombreuse armée. Il avait avec lui Guillaume, duc de Poitiers, Geoffroi de Vendôme, le jeune Guillaume, fils de Guillaume, comte de Nevers, et Guillaume, comte de Ponthieu, surnommé Talvas. Ces seigneurs et plusieurs autres chefs et capitaines se réunirent aux troupes angevines, et commirent sur les Normands toutes sortes de crimes, soit pour seconder leur prince, soit par avidité du butin. C'est pourquoi ils furent avec mépris, et par suite de la haine qu'ils inspiraient, surnommés *Guiribecs*[1] par ceux qu'ils avaient si impudemment vexés.

D'abord le comte d'Anjou assiégea la place de Carouges[2]; il en prit en trois jours le château que le chevalier Gaultier défendait, et que celui-ci recouvra peu de temps après, au départ de ses ennemis. Les habitans d'Ecouché brûlèrent leur place, l'abandonnèrent pour prendre la fuite, et ne laissèrent que de la fumée et des cendres à l'ennemi, qui s'avançait pas à

---

[1] *Hilli-Becci*, qu'Orderic Vital appelle ensuite *Guiri-Becci*.
[2] Bourg de l'arrondissement d'Alençon.

pas. La garnison d'Annebecq[1] conclut une trêve pour un an : car Robert du Neubourg, seigneur de ce château, était de la connaissance du comte Geoffroi, et, par l'entremise du comte Amauri, s'était depuis longtemps attaché à lui par les liens d'une intime amitié.

Les Angevins marchèrent vers la forteresse de Montreuil[2], et lui donnèrent deux fois l'assaut ; mais, la garnison ayant opposé une vive résistance, ils ne gagnèrent que des blessures, et se retirèrent après avoir perdu plusieurs des leurs. Richard, surnommé Basset, qui, du vivant du roi Henri, avait eu beaucoup de puissance en Angleterre, où il était grand justicier, dans l'orgueil que lui causait son opulence au delà des mers, avait cherché à s'élever au dessus de ses compatriotes et de ses égaux, par la grandeur des travaux qu'il fit faire dans ce petit fief que, par droit de succession, il avait eu de ses pères en Normandie. C'est pourquoi il avait fait bâtir en pierres de taille une tour à Montreuil. Le roi Henri étant mort, Guillaume de Mont-Pinçon s'y établit aussitôt, la fortifia d'hommes et d'armes, et, comme nous l'avons dit, repoussa virilement les Guiribecs.

De là les Angevins marchèrent au château qu'on appelle Moutier Hubert[3]; ayant vaincu Painel, commandant de la garnison, et qui, dans cette année, avait commis beaucoup de crimes, ils s'emparèrent de la place, et grevèrent d'une forte rançon ce châtelain avec trente chevaliers.

---

[1] Saint-Georges-d'Annebecq, arrondissement d'Argentan, de même que le bourg d'Écouché.

[2] Montreuil-au-Houlme, arrondissement d'Argentan.

[3] *Monasterium Huberti*, arrondissement de Lisieux.

Ensuite, lorsque l'on célébrait la fête de l'archange saint Michel, l'armée ennemie chercha à assiéger Lisieux. Comme elle marchait en hâte vers cette ville, Galeran, comte de Meulan, et quelques autres seigneurs normands, qui s'y trouvaient avec beaucoup de chevaliers, chargèrent Alain de Dinan de défendre la ville avec une courageuse garnison. Eux-mêmes sortirent pour aller chercher au dehors des secours aux assiégés; mais, dans la crainte qu'ils éprouvaient, ils attendirent de loin le résultat de l'affaire. Les Bretons et les autres soldats qui devaient défendre la place, ayant vu de loin une multitude d'ennemis, furent saisis d'épouvante, et n'osèrent ni s'avancer au devant d'eux, ni les combattre de près. Ils mirent le feu à la ville qui leur était confiée, la brûlèrent, et ainsi prévinrent les ennemis par leur perte, pour qu'il ne leur survînt pas de plus grands malheurs. Dès que les ennemis s'approchèrent et virent que la ville brûlait avec toutes ses richesses, ils éprouvèrent beaucoup de colère et de douleur, parce qu'ils furent entièrement privés de l'espoir du butin, et qu'ils s'affligèrent de perdre les dépouilles qui périssaient dans les flammes. C'est ainsi qu'en gémissant, ils reconnurent la fierté des Normands, et admirèrent la violence de leur implacable haine, en les voyant aimer mieux perdre dans le feu leurs richesses, que de les sauver en courbant la tête sous le joug de la domination étrangère. Toutefois les Angevins ne purent, à cause de la violence du feu, s'approcher de la place, ni lui livrer aucun assaut. C'est pourquoi, tournant bride aussitôt, ils retournèrent au Sap, et cherchèrent de tous leurs efforts à s'emparer de cette place.

Il y avait, depuis des temps fort anciens, près de l'église de l'apôtre saint Pierre, un arbre fort élevé que l'on appelle un sapin [1], dont le nom vulgaire accoutuma le peuple à appeler cette ville le Sap, nom qui jusqu'à ce jour lui est resté. Là les Angevins se rendirent inopinément à leur retour de Lisieux, et trouvèrent les habitans, qui étaient sortis hardiment au devant d'eux, et qui annonçaient des dispositions fières et furieuses. Pendant qu'ils combattaient vigoureusement, le feu fut mis aux maisons par les gens du pays et par les étrangers. Cet événement anéantit totalement les forces des assiégés. Alors l'église Saint-Pierre et toute la ville furent brûlées, et beaucoup de ceux qui essayaient de résister ayant été blessés, la tour fut prise après avoir été réduite en ruines. Gaultier de Clairai et Raoul de Coldum, son beau-frère, l'occupaient, et résistèrent long-temps à l'ennemi avec trente chevaliers ; mais, accablés par les forces disproportionnées de l'armée ennemie, ils succombèrent, et, excédés d'épuisement, ils furent pris dans la tour. Près de trois mille archers les incommodaient beaucoup par leurs flèches, tandis que beaucoup de frondeurs leur lançaient une grêle de pierres, dont le tourbillon les tourmentait cruellement.

Les Angevins restèrent treize jours en Normandie, et, par leurs cruautés, méritèrent une haine éternelle, mais ils n'obtinrent pas la conquête du pays. Comme les Normands n'avaient point de prince, l'ennemi n'eut point à soutenir une guerre générale : toutefois, pendant qu'il se livrait çà et là au brigandage et à l'incendie, il fut battu par les paysans, et fort affaibli

[1] *Abies.* Le peuple du pays dit encore un sap pour un sapin.

par la perte de ses soldats détruits en différens lieux par divers accidens. Enfin il prit la fuite, commit d'innombrables crimes au delà de tout ce qu'on peut dire, et à bon droit éprouva de semblables maux. Les Angevins n'eurent aucun respect pour les choses sacrées ; ils foulèrent aux pieds méchamment le sanctuaire du Seigneur, et, comme des Païens, outragèrent les prêtres et les autres ministres de Dieu. Ils en dépouillèrent sans respect quelques-uns devant le saint autel ; ils en tuèrent plusieurs qui sonnaient les cloches et invoquaient Dieu. Neuf curés accoururent auprès du comte et se plaignirent, les larmes aux yeux, de ce que l'on avait violé leurs églises et pillé les choses sacrées : en entendant le récit de ces méfaits, les gens honnêtes et craignant Dieu éprouvèrent une grande douleur. En conséquence les seigneurs, qui se trouvaient au Sap, firent défendre par un hérault à toute l'armée de commettre aucune profanation ; mais, dans une si grande multitude, les téméraires brigands méprisèrent les ordres de leurs chefs. La soldatesque et les pillards sans frein se rassemblaient comme des loups pour s'entre-dévorer ; vagabonds et indisciplinés, ils accouraient comme des milans de pays divers et lointains, ne desirant autre chose que piller, frapper ou soumettre tout ce qu'ils rencontraient. Les chefs qui devaient conduire loyalement dans cette expédition leurs corps séparés, ignoraient, si je ne me trompe, la rigueur de la discipline romaine pendant la guerre, et ne mettaient pas, comme les héros, beaucoup de modération dans les hostilités : presque tous se souillaient de honteux forfaits, sans égard pour la vertu, et, se précipitant par toutes sortes de crimes vers une double perte, celle du corps et celle de l'ame, se rendaient abominables aux yeux de Dieu et des hommes.

Les Angevins égorgèrent beaucoup de troupeaux de divers bétail; ils en mangèrent, sans sel et sans pain, les chairs crues ou à demi cuites; ils essayèrent d'en emporter dans leur pays le cuir sur plusieurs chariots. Quoique la saison d'automne fournisse des alimens en abondance, et que, sous un bon prince, après une longue paix, le pays donnât aux habitans des productions considérables, et procurât à foison toutes sortes de fruits et de viandes, toutefois le service des cuisiniers et des boulangers ne pouvait suffire à tant de monde, et, dans le désordre des guerres, le ministère de plusieurs personnes ne suffisait pas à ceux qui manquaient des choses nécessaires à l'humanité. Aussi les Guiribecs, après avoir profané les choses sacrées, ayant usé sans modération d'alimens sans apprêt, furent presque tous, par un équitable jugement de Dieu, malades du dévoiement, et, souffrant beaucoup d'une diarrhée continue, laissèrent en chemin de hideuses traces, et purent à peine regagner leurs foyers.

Enfin, le jour des calendes d'octobre (1 octobre), pendant qu'il attaquait la forteresse du Sap, dont la garnison résistait vigoureusement, le comte Geoffroi fut blessé grièvement au pied droit; il éprouva un peu quelle était l'animosité des Normands, et par la gravité de sa blessure et par le désastre des siens. Le même jour, sa femme vint le trouver vers le soir, et lui amena inutilement plusieurs milliers de combattans. En effet, au point du jour, pendant que tout le pays d'alentour éprouvait beaucoup d'effroi, les Angevins se retirèrent tout-à-coup, et, redoutant vivement ceux dont ils étaient eux-mêmes redoutés, ils s'enfuirent à toutes jambes, et ravagèrent toute la contrée tant de leurs alliés que de leurs ennemis. Les Normands tardèrent long-temps à connaître cette déroute : aussi furent-ils profondément affligés de n'avoir pu poursuivre leurs ennemis en les chassant de leur pays. Enguerrand de Court-Omer [1], avec Robert de Médavi, et un petit nombre d'autres chevaliers, occupèrent les passages du Dou [2]; ils y arrêtèrent beaucoup d'hommes et de chevaux, ainsi que des chariots chargés de pain, de vin, et de beaucoup d'effets; et forcèrent les Angevins effrayés de se jeter dans la rivière sans prendre les gués, et de périr au fond des eaux. Le comte qui, menaçant et porté sur un cheval écumant d'orgueil, était entré en Normandie, la parcourut maintenant pâle, gémissant, étendu dans une litière [3], et dans sa retraite il éprouva encore plus d'accidens graves de la part des siens que de la part de l'ennemi. En effet, dans le bois que l'on appelle Malèfre [4], le chambellan de Geoffroi fut assassiné, et ses malles furent enlevées avec ses habits de comte et des vases précieux.

Sur ces entrefaites, pendant que les Angevins ravageaient, comme nous l'avons dit, le territoire de Lisieux, et, furieux comme des Païens, commettaient sans crainte de Dieu d'exécrables attentats, Roger de

---

[1] *De Corte-Odomari.*
[2] *Oldo*, petite rivière qui se jette dans l'Orne.
[3] *Bajanula*, et non pas *Badivola*, comme on l'a imprimé.
[4] *Malafia*, aux portes d'Alençon.

Conches dévastait dans l'évêché d'Evreux le pays du voisinage, et le livrait partout au meurtre et aux flammes dévorantes. Il avait avec lui Guillaume de Pacy, fils d'Eustache, Roger-le-Bègue, ainsi que Ferric, comte d'Étampes ; et il occupait le comte Galeran et tous les chevaliers du pays d'Ouche, pour les empêcher de marcher en armes à la rencontre des Angevins. Roger attaqua vivement, mais ne put prendre le château que le comte de Meulan avait bâti pour la défense du pays, à la croix Saint-Leuffroy. Roger, avec ses compagnons d'armes, viola l'abbaye que Saint-Ouen avait depuis long-temps bâtie, qu'il avait dédiée en l'honneur de la sainte croix qu'il avait vue dans le ciel, et dont il avait confié la direction au bienheureux Leuffroi. Cet attentat ne resta pas long-temps impuni : Roger brûla le bourg des moines, attaqua l'église, enleva les religieux qui s'y étaient cachés, après avoir fui de leurs cellules ; mais, par une vengeance de Dieu, juge très-équitable, il perdit peu de temps après tout ce qu'il avait dérobé. En effet, le lendemain de la fuite des Angevins, c'est-à-dire, le troisième jour d'octobre, Roger inopinément se livra à toute sa fureur : il dévasta une fertile contrée aux environs du Vaudreuil. Il commit sans égard des meurtres, des brigandages et des incendies, et, de concert avec ses complices, il rendit beaucoup de gens malheureux, en les dépouillant de tout ce qu'ils avaient. Il brûla l'église de Saint-Étienne, et pour ce crime il reçut le même jour la peine du talion. En effet, le samedi vers vêpres, comme il revenait, emmenant fastueusement avec lui un grand butin et beaucoup de prisonniers, le comte Galeran et Henri de La Pommeraie, avec cinq cents chevaliers, sortirent de la forêt voisine, et se montrèrent, disposés à combattre, en tête de l'armée ennemie. Roger, qui était entreprenant et brave, n'avait avec lui qu'un petit nombre d'hommes; car il avait envoyé devant, à Acquigny, Guillaume de Pacy, ainsi que Roger-le-Bègue, avec leurs troupes, le butin et les prisonniers. Ce fut vainement qu'il soutint courageusement la charge de ses ennemis : accablé et vaincu par leur multitude, il succomba, et gémit d'être fait prisonnier, ainsi que le comte Ferric et Robert de Bellême que l'on surnommait Poard. Cet accident causa une grande joie à ses ennemis, et rendit la sécurité aux paysans du voisinage.

Pendant que Ferric d'Etampes gémissait en prison, sa femme, dont la noblesse le faisait appeler comte, se rendit à Paris auprès du roi Louis. A son retour, comme elle était grosse, elle se blessa à cheval, et peu après mourut dans le travail de l'accouchement. Que les vicissitudes de la vie présente sont rapides! que les joies du monde passent vite, et comme elles abandonnent en un clin d'œil ceux qui les recherchent le plus ardemment! Les honneurs du siècle, semblables aux bulles de l'eau, crèvent et s'évanouissent en un instant, objets d'insulte et de déception pour ceux qui les recherchent. Comme les amateurs du monde s'attachent à des choses corruptibles, ils se corrompent en marchant dans les voies du vice, et bientôt souillés ils se perdent dans ses abîmes. Pendant qu'avec les plus grandes difficultées ils parviennent à peine aux honneurs, enflés d'un vain orgueil, ils en sont aussitôt précipités, et il ne reste plus de ce qu'ils furent que d'élégans discours prononcés çà et là, par quelques bouches éloquentes, au milieu de ceux qui leur survivent. C'est pourquoi le toutpuissant Créateur forme l'homme, et de diverses manières l'instruit salutairement à ne pas jeter l'ancre de son espérance dans la mer des fragilités du siècle, et à ne pas s'attacher mortellement à l'argent et aux voluptés passagères. Nous n'avons pas ici, comme dit l'apôtre, une cité stable, mais nous cherchons à l'obtenir.

Voilà que, dans cette année bissextile, il s'opéra après la mort du roi Henri beaucoup de changemens dans l'univers : il tomba beaucoup de personnes de l'ordre du clergé comme des laïques, avec des gens de moyen état et des dernières classes.

Alors mourut Girard, évêque d'Angoulême, homme très-savant, qui eut beaucoup de réputation et d'influence à la cour de Rome, du temps du pape Pascal, de Gélase, de Calixte et d'Honorius. Gui d'Étampes, évêque du Mans, quitta la vie, et eut pour successeur Païen, archidiacre de Saint-Calais. Anselme, neveu de l'archevêque Anselme, et abbé de Saint-Edmond, succéda à Gislebert surnommé l'Universel, évêque de Londres, qui était mort depuis peu. Guillaume, archevêque de Cantorbéry, mourut, et l'on élut Henri, frère du roi Étienne, pour gouverner cette métropole ; mais comme un évêque ne peut, selon les décrets des canons, être transféré d'un siége à un autre sans l'autorité du pontife romain, Henri, évêque de Winchester, traversa la mer à l'époque de l'Avent, et, ayant envoyé des députés vers le pape Innocent à Pise, il passa l'hiver en Normandie. Il y apprit de la bouche des victimes les crimes affreux commis par les méchans pendant l'année bissextile, et les chagrins ainsi que les pleurs qui en étaient résultés ; il entendit de tristes plaintes sur les malheureux événemens dont la Normandie s'affligeait, et il en put voir de ses propres yeux d'incontestables preuves : les maisons brûlées, les églises découvertes et désolées, les villages ravagés et privés de leurs cultivateurs, les peuples contristés sur le sein de leur mère, dénués des choses les plus nécessaires, dépouillés de tout protecteur, tant par leurs compatriotes que par les étrangers, et n'ayant pas encore recouvré la sécurité, par la présence ou l'assistance d'un chef habile. Toutefois de plus graves atteintes menaçaient encore la Normandie de divers genres de malheurs. Dans l'évêché de Séés, l'anathême pontifical frappa toutes les terres de Guillaume-Talvas, et soudain cessèrent les doux chants du culte divin, qui calment et réjouissent les cœurs des fidèles ; l'entrée des églises fut interdite aux laïques, et les portes en furent fermées. L'airain des cloches garda le silence ; les cadavres des morts pourrirent sans inhumation, et frappèrent les regards d'épouvante et d'horreur ; les plaisirs des noces furent refusés à ceux qui les cherchaient, et l'allégresse des solennités ecclésiastiques disparut dans l'humiliation. On exerça de pareilles rigueurs dans le diocèse d'Evreux, et on essaya de contenir par la terreur les désordres qui se commettaient dans toutes les terres de Roger de Toëni. Ce comte cependant est enchaîné dans une étroite prison ; il pleure et gémit de ne pouvoir exécuter sa volonté ; il est maudit par l'Église à cause des profanations que, dans son insolence, il a commises sciemment, et toutes ses terres sont frappées des terreurs de l'anathême.

Ainsi les insolens et les rebelles à la Divinité sont écrasés par une double affliction ; mais, hélas ! les cœurs endurcis des autres témoins de ce spectacle ne changent nullement, et ne passent pas de la perversité à l'amendement.

L'an de l'incarnation du Seigneur 1137, on éprouva sur toute la terre une grande sécheresse, telle que personne n'en avait vu de notre temps. Presque partout les fontaines se tarirent, les lacs et les citernes se desséchèrent, et quelques rivières même cessèrent de couler. Les hommes et les animaux souffrirent cruellement de la soif; dans certaines contrées, on alla chercher l'eau jusqu'à sept lieues, et quelques personnes, qui la portaient pour elles-mêmes ou pour les leurs sur leurs épaules, périrent suffoquées par l'excès de la chaleur. Dans la troisième semaine de mars, le roi Etienne vint en Normandie; il aborda à La Hogue avec une grande suite. Ayant appris son arrivée, le peuple opprimé et désolé pendant une année entière recouvra l'allégresse.

Dans le même temps, Guillaume, duc de Poitiers, se rappelant le mal qu'il avait fait récemment en Normandie, touché de repentir, quitta son pays pour se rendre à Saint-Jacques[1]. Ensuite, le vendredi, veille d'une fête, le 5 des ides d'avril (9 avril), il se munit de la sainte-communion, et mourut pieusement devant l'autel du saint apôtre. Il ordonna de marier sa fille à Louis-le-Jeune, roi de France, et déclara ce

[1] Saint-Jacques de Compostelle.

monarque héritier de tous ses biens. C'est ce qui eut lieu par la suite.

Quelques seigneurs normands se soulevèrent contre le roi Etienne, qui réunit contre eux les Français et les Flamands. Au mois de mai, le roi Etienne eut une entrevue avec le roi Louis, reçut de lui le duché de Normandie à titre de fief, et fit avec lui un traité d'amitié aux mêmes conditions que son prédécesseur. Parvenu à plus de sécurité, il s'en retourna, attaqua de vive force Rabel le chambellan qui s'était révolté, assiégea ses places de Lillebonne, de Villers [1] et de Mésidon [2], et y porta le fer et la flamme avec ses troupes, soit par lui-même, soit par ses alliés.

Alors Geoffroi d'Anjou, avec quatre cents chevaliers, arriva en Normandie, et, devenu le chevalier de sa femme, y occasiona beaucoup de mal. En effet, depuis le commencement de mai, il fit une guerre cruelle, et s'appliqua surtout à ravager l'Exmois par l'incendie, la rapine et le meurtre. Il brûla avec l'église la place de Basoches [3], qui appartenait à Roger de Monbrai; seize hommes y périrent dans les flammes. Les moines de Saint-Pierre-sur-Dive payèrent pour leur sauvegarde cent-dix marcs d'argent au comte d'Anjou, et préservèrent ainsi leur maison d'une destruction complète. Il en fut de même des moines de Fécamp, qui payèrent cent marcs pour Argences [4]. Alors Robert, comte de Glocester, et quelques autres furent soupçonnés de s'être rangés du parti de l'en-

---

[1] Villers-Chambellan, arrondissement de Rouen.
[2] Mésidon, arrondissement de Lisieux.
[3] Basoches-au-Houlme, arrondissement d'Argentan.
[4] Arrondissement de Caen.

nemi. Les habitans de Caen restèrent constamment attachés au Roi ; et, ayant fortifié leur place, Geoffroi et les siens furent obligés de se retirer du Gué-Bérenger, sans avoir rien obtenu. Là Guillaume d'Ypres eut le désir, ainsi que les siens, d'en venir aux mains avec les Angevins; mais par jalousie les Normands n'ayant pas voulu le seconder, il se retira avec ses troupes, et, laissant ses perfides alliés, passa au delà de la Seine.

Le Roi, ayant fait la paix avec Rabel, se rendit dans le territoire d'Evreux, et tira des prisons de Galeran, Roger de Conches, au bout de six mois de captivité; il lui imposa de dures conditions pour punir sa téméraire conduite. Il se lia avec Rotrou, comte de Mortagne, et avec Richer de L'Aigle son neveu, en leur donnant tout ce que leur avide ambition desirait. En effet, il accorda au comte la place de Moulins, et à Richer celle de Bons-Moulins; puis, s'étant uni avec eux, il les opposa à ses ennemis sur les frontières de la Normandie, persuadé qu'il était beaucoup plus utile de donner de petits objets pour en conserver de grands que d'aspirer à posséder tout, et de courir risque de perdre ses amis et leur appui. Il rechercha beaucoup Guillaume d'Ypres et les autres seigneurs flamands, et eut en eux une grande confiance. Les seigneurs normands en furent excessivement indignés; ils mirent beaucoup d'adresse à retirer au Roi leur assistance, et, pleins de jalousie, tendirent toutes sortes d'embûches à leurs adversaires. C'est alors que le pays fut de tous côtés dévasté par de nombreux désastres. Le glaive de l'ennemi moissonna beaucoup de gens, et d'un autre côté une mort inattendue en frappa un grand nombre.

Au mois de juin, le roi Etienne se rendit à Lisieux; il y réunit une nombreuse armée pour aller assiéger Argentan, ou toute autre place où il serait sûr de rencontrer Geoffroi d'Anjou, avec lequel il desirait en venir aux mains. Cependant les grands blâmaient ce projet, et mettaient beaucoup de soin pour dissuader le Roi de livrer bataille. Dans cette expédition, il s'éleva une violente altercation entre les Normands et les Flamands, et il se fit de part et d'autre un cruel massacre. Cet événement jeta le désordre dans toute l'armée, et la plupart des chefs partirent sans saluer le Roi. Chaque corps de vassaux suivit son chef. Le Roi ayant vu ses troupes prendre la fuite sans combat, entra dans une violente colère, et suivit en toute hâte les déserteurs jusqu'à Pont-Audemer. Il y retint Hugues de Gournai, le jeune Guillaume de Varenne, ainsi que quelques autres jeunes orgueilleux, et les calma autant qu'il put, soit par la crainte soit par les caresses : mais il ne put suffisamment apaiser les cœurs envieux des perfides. C'est pourquoi les considérant comme suspects à cause de diverses circonstances, il ne chercha pas à les ramener au combat; mais, ayant pris une meilleure résolution, comme il le parut à quelques personnes, il accepta de l'ennemi une trêve de deux ans. En conséquence, au mois de juillet, la tranquillité de la paix ranima la Normandie avec l'aide de Dieu. Le peuple désarmé, qui avait été dispersé, regagna ses chaumières; pendant quelque temps il garda un morne silence à cause de sa grande pauvreté après les affreuses tempêtes des tumultes de la guerre, et goûta quelque repos au sein de la sécurité.

Cependant Guérin, abbé du monastère d'Ouche, après avoir combattu pour la cause de Dieu, pendant quarante-trois années, dans la profession monastique, mourut heureusement à l'âge de soixante-trois ans. Le matin du 17 des calendes de juillet (15 juin), il dit respectueusement la messe, ensevelit un chevalier qui venait de mourir; puis, dans la même journée, il tomba malade, souffrit beaucoup durant cinq jours, et dans cet état entendit journellement la messe que, pendant trente ans, il avait comme prêtre célébrée régulièrement. En conséquence, voyant qu'il allait entrer dans la voie que doit parcourir tout ce qui est chair, il demanda avec dévotion le viatique d'un si grand voyage, et sur le point de se présenter devant la cour du grand roi Sabaoth, il s'y prépara par une confession faite les larmes aux yeux, par des prières continuelles, par l'extrême-onction de l'huile sainte et par la salutaire réception du corps du Sauveur. Ensuite, pourvu de tant et de si grands réconforts, il mourut le 11 des calendes de juillet (21 juin); puis, ayant accompli comme nous l'avons dit tout ce que doit faire un fidèle champion du Christ, et, après quinze ans de gouvernement, recommandant à Dieu ses fils spirituels et lui-même, il s'endormit. Gislebert, abbé du monastère de Séés, assista Guérin, dont il célébra les obsèques avec ses compagnons affligés d'avoir perdu leur père. Ainsi, pendant que les orages des tribulations accablaient toute la province, l'abbé Guérin, fils de Robert et de Gisla, nous fut ravi, et fut enterré dans le chapitre le long du tombeau de l'abbé Osbern. Quand il fut mort, les moines d'Ouche se réunirent tous et tinrent une assemblée générale, afin de pourvoir aux besoins de leur maison. Ensuite, pendant qu'ils solennisaient la fête de Saint-Jean-Baptiste, et que ce jour ils siégeaient en chapitre, considérant les institutions du saint père Benoît et l'autorité de la charte que leur accorda le duc Guillaume, qui depuis fut roi, de concert avec les évêques et les grands de la Normandie, conformément d'ailleurs aux privilèges et aux anciennes coutumes de l'Eglise, les moines, d'accord, élurent Richard de Leicester, moine pieux, instruit, éloquent, et pourvu de plusieurs qualités bonnes et illustres. Il était absent, et n'avait dans cette réunion personne qui lui fût attaché par le sang. Il ne soupçonnait rien de cette élection, accablé qu'il était en Angleterre de travaux champêtres pour le service du couvent. En effet, dès long-temps, il y avait été envoyé par son abbé, et, depuis seize mois, il s'y occupait diligemment d'affaires ecclésiastiques. Il connaissait la nation anglaise et sa langue, ayant été pendant près de seize ans chanoine de Leicester : avant sa conversion monastique, il était resté long-temps à la cour de Robert comte de Meulan, juge de ses causes, confident de ses secrets, et son conseiller intime dans toutes ses affaires. Les moines d'Ouche, prenant en considération ces preuves de mérite et beaucoup d'autres, convenables à un chef, le choisirent pour gouverner leur maison : cette élection fut approuvée par le roi Etienne et par les grands.

Les moines d'Ouche, toujours fidèles à leurs maîtres et à leurs chefs, firent placer une pierre blanche sur le tombeau du vénérable abbé Guérin. Je composai l'épitaphe suivante, pour y être gravée, inspiré par l'amour que je portais à mon ancien compagnon, qui depuis fut mon père :

« Sous cette pierre reposent la poussière et les os
« de Guérin, qui fut moine d'Ouche durant vingt-
« quatre années. Résistant avec courage aux tenta-
« tions de la chair, avec la grâce de Dieu il brilla
« par de grandes vertus. A cause de ses mérites,
« ses frères le tirèrent du milieu du troupeau, pour
« qu'à leur tête il devînt le soutien de ses com-
« pagnons. Florissant avec éclat comme abbé pen-
« dant quatorze ans, il aspira avec ardeur à l'éternité
« au milieu des ruines qui l'entouraient. Le mois de
« juin ayant vu vingt fois le retour du soleil, ce père
« entouré de ses enfans en pleurs se retira de cette
« vie. Que le Dieu qui gouverne tout le fasse dans
« les cieux jouir de la lumière éternelle ! »

Pendant les mois de juillet et d'août, l'excessive chaleur de l'été brûla les mortels, dura jusqu'aux ides de septembre (13 septembre), et occasiona des maladies de toute espèce. Alors le roi Louis fit venir son fils Louis Florus, le confia aux soins de Thibaut comte palatin, et de Raoul de Péronne qui était son cousin, et l'envoya en Aquitaine avec l'armée française, pour épouser la fille du duc de Poitiers et occuper tout le duché conformément aux dispositions du duc Guillaume.

Pendant ce temps-là, le roi Louis tomba malade dans la forêt de L'Aigle à cause de l'excès des chaleurs de l'été. La maladie ayant fait des progrès, il mourut le 2 des nones d'août (4 août), et reçut une royale sépulture dans l'église de Saint-Denis-l'Aréopagite, parmi les rois ses prédécesseurs. Le dimanche suivant, le jeune Louis fut couronné à Poitiers, et obtint ainsi non-seulement le royaume des Français, mais encore le duché d'Aquitaine, qu'aucun de ses ancêtres n'avait possédé.

En Normandie, le factieux Roger-le-Bègue troubla la paix. Le roi Etienne conduisit contre lui son armée, et s'empara de son château nommé Grand-Bois [1], et qui est situé dans le territoire d'Evreux. Ce brigand révolté, se trouvant ainsi comprimé, fit sa paix avec le Roi; et durant quelque temps, après de grandes vexations, cette contrée goûta le repos.

Alors le Roi rasa dans le Vexin la forteresse de Quitri [2], qui renfermait une caverne de voleurs. C'est pourquoi Guillaume de Chaumont et Osmond son fils se soulevèrent contre le Roi, et résolurent de faire la guerre, au grand détriment de leur maison.

Dans le pays d'Avranches, Richard surnommé Silvain établit une forteresse redoutable à Saint-Pair [3], et, ayant réuni des brigands de toutes parts, après la mort du roi Henri, fit un cruel carnage des peuples du Seigneur; mais, après qu'il eut long-temps exercé ses fureurs, Dieu, dès qu'il le voulut, le précipita aussitôt de son bras justement vengeur. En effet, comme ce brigand était sorti un certain jour pour se livrer au pillage, une troupe de chevaliers des places voisines vint livrer aux flammes le bourg de Saint-Pair. Alors Silvain, voyant la fumée de cette place,

[1] *Grandis Silva.*
[2] *Chitreium.*
[3] Arrondissement d'Avranches.

tourna aussitôt bride avec ses compagnons par le même chemin : plus prompt qu'eux il chargea le premier l'ennemi, et dans cette rencontre, percé d'un coup de lance par un chevalier, il trouva la mort qu'il méritait. Ensuite les chevaliers du Roi se rendirent à la forteresse, et exigèrent qu'elle fût remise à leur monarque par la garnison. Comme elle ne voulut pas y consentir, ils lui firent voir le cadavre de Silvain qu'ils jetèrent honteusement devant la porte. Alors la garnison, voyant cette cruelle infortune, fut effrayée; elle se rendit, ainsi que la place, aux gens du Roi, garda tristement le silence, et ensevelit le corps du défunt hors du cimetière le long du chemin.

Dans le même temps, les Bretons qui avaient à leur tête, pour se livrer au crime, Gelduin de Dol, firent une invasion sur le territoire de l'Archange-Saint-Michel-en-Péril-de-Mer[1] et sur le pays voisin. Ayant à diverses reprises enlevé un butin considérable, ils occasionèrent des pertes immenses; mais après avoir fait éprouver aux paysans d'innombrables dommages, la vengeance divine anéantit ces brigands en écrasant leur tête coupable. En effet un certain jour, l'atroce Gelduin conduisit à une expédition cent quarante chevaliers avec beaucoup de gens de pied; il enleva beaucoup d'hommes et de butin, et commença sa retraite avec orgueil; mais la marée montante les arrêta tous au rivage. Sur ces entrefaites, le pauvre peuple ayant jeté de grands cris, vingt chevaliers normands s'attachèrent à la poursuite des voleurs. Alors Gelduin, entendant des clameurs derrière lui, retourna

[1] Le Mont-Saint-Michel.

contre ceux qui le poursuivaient, accompagné de dix chevaliers couverts seulement de leurs boucliers. Les Normands fondirent courageusement sur les Bretons, qui tournèrent le dos; ils les poursuivirent et tuèrent Gelduin avant qu'ils eussent pu rejoindre leurs compagnons. Ainsi ces brigands couverts de confusion perdirent leur butin, et n'eurent dans leur fuite à donner aux leurs que de fâcheuses nouvelles.

C'est ainsi que la malheureuse Normandie était agitée par diverses tempêtes, frappée des glaives opposés de ses enfans, et que partout elle était couverte d'innombrables massacres et de torrens de larmes. Elle souffrait les plus cruelles calamités, et chaque jour en redoutait de plus affreuses, parce que, dans sa douleur, elle se voyait totalement privée d'un chef qui la gouvernât convenablement. Sur ces entrefaites, le roi Etienne apprit qu'il y avait en Angleterre des mouvemens intérieurs: aussi, pendant l'Avent, il passa promptement en Angleterre, où il emmena les comtes Galeran et Robert, et presque tous ses autres seigneurs. Il avait établi, pour rendre la justice en Normandie, Guillaume de Roumare, le vicomte Roger et plusieurs autres, auxquels il ordonna de faire ce qu'il n'avait pu exécuter durant son séjour, savoir, de rendre la justice aux habitans et de procurer la paix au peuple sans défense. A son retour en Angleterre, il trouva le royaume plongé dans le trouble, et il découvrit un foyer de cruautés excessives et de sanglantes trahisons. En effet, quelques séditieux avaient tramé une conspiration, et, par de clandestines manœuvres, s'excitaient mutuellement au crime, afin d'égorger tous les Normands à un jour fixé et de donner aux

Ecossais le trône d'Angleterre. Cet affreux attentat fut d'abord porté à la connaissance de Richard Néel, évêque d'Ely, par les complices des conspirateurs. Ce prélat en informa les autres évêques du royaume, les grands, les chefs de l'armée et les gardes du Roi. Plusieurs de ces perfides conspirateurs furent découverts : convaincus d'un si grand crime, ils furent punis, et périrent justement, soit par la potence soit par d'autres genres de mort. Cependant quelques coupables prirent la fuite avant d'être accusés, et, convaincus par les remords de leur propre conscience, ils passèrent à l'étranger en abandonnant toutes leurs richesses et leurs dignités. Toutefois les plus puissans de ceux qui avaient tramé la révolte eurent la témérité de résister, et, au grand détriment du peuple, firent alliance avec les Ecossais, les Gallois et d'autres séditieux ou perfides.

Dans ce temps-là, des pélerins arrivèrent des contrées orientales, et répandirent dans l'Occident des bruits fâcheux qui contristèrent cruellement les cœurs des fidèles qu'enflammait l'amour de Dieu et du prochain. Ils racontaient que Pons, comte de Tripoli, avait combattu cette même année contre les Païens, et qu'il avait succombé avec beaucoup d'autres sous le fer de ces barbares. Animé par cet événement, Emir-Sanguin [1], roi d'Alep, rassembla ses forces, pénétra, dans l'automne, avec une grande armée de Turcs, sur le territoire des Chrétiens, et les appela au combat après s'y être bien disposé. Foulques, roi de Jérusalem, ayant appris cet événement, envoya des courriers dans tout son royaume ; il appela aux armes tous

---

[1] Emadeddin Zenghi 1.

ceux qui y étaient propres, et conduisit au combat
près de six mille hommes. Il ne laissa pour la garde
des villes que les femmes et les clercs sans défense;
et il ordonna à tous les autres de marcher à la guerre
sans aucune excuse.

Enfin les deux armées s'approchèrent, et, le combat s'étant engagé, on se battit avec acharnement de
part et d'autre. Il tomba d'innombrables milliers de
Païens; mais, par un jugement de Dieu, dont les décisions sont équitables et vraies, presque toute l'armée chrétienne fut anéantie et taillée en pièces, à
l'exception de trente chevaliers. Le Roi seul, dix chevaliers de sa maison, et dix-huit chevaliers du Temple, échappèrent, et s'enfuirent à un certain château
que Baudouin 1 avait bâti devant Damas, et que l'on
appelle Mont-Réal[1]. Renfermés dans cette place, ils
y résistèrent courageusement quelque temps. C'est
ainsi que toute cette armée mourut en confessant le
Christ, à l'exception, comme nous l'avons dit, d'un
petit nombre qui échappa avec le Roi. Cependant
Sanguin, fier de voir ses vœux comblés par la victoire, encore bien qu'il eût perdu plusieurs milliers
des siens par le fer des Chrétiens, suivit de près les
fuyards, assiégea le château, et gêna cruellement,
par ses attaques, ceux qui restaient, et qui, ayant
échappé à la défaite, défendaient la place. Affligés
de toutes sortes d'angoisses, et surtout exténués par
les souffrances de la famine, les assiégés étaient
forcés de se nourrir de chair de cheval, et d'autres
alimens soit immondes soit insolites. Le Roi lui-même,
dans cette détresse, faisait les fonctions de sénéchal,

[1] Ou Mont-Ferrat, ou Mont-Ferrand.

et distribuait à chacun des morceaux de chair d'ânes et de chiens.

Pendant ce temps-là, Raoul, patriarche de Jérusalem, ayant appris l'infortune de ses frères, fut profondément affligé, et songea beaucoup en lui-même aux moyens de secourir les martyrs renfermés à Mont-Réal. Il visita d'abord les fidèles reclus qui, dans l'intérieur de Jérusalem, s'appliquaient aux méditations célestes; il les supplia, eux et tous les autres habitans de Jérusalem, de prier avec ferveur le Seigneur, sauveur de tous les hommes, pour le salut commun de son peuple. Ensuite, il donna les mêmes avertissemens aux clercs et aux laïques, et prescrivit à chacun un jeûne de trois jours à la manière des Ninivites; il imposa cette affliction non seulement aux hommes, mais encore aux enfans et aux femmes. Ce jeûne ayant été observé de bon cœur et avec dévotion, le patriarche se rendit au port de mer, et, par la volonté de Dieu, il vit arriver ce qu'il desirait vivement.

Il aperçut de loin quatre navires chargés d'hommes qui s'approchaient du rivage, et reconnut qu'ils étaient chrétiens au signe de la croix du salut qu'il remarqua sur leurs habits. En conséquence, plein de joie, il attendit qu'ils eussent débarqué au port, et il les salua respectueusement à leur sortie des bâtimens. Quand ils se furent avancés sur une place libre, il leur parla ainsi : « Vous êtes véritablement des bienheureux et « des amis de Dieu, vous que la cour céleste attend « pour vous faire participer à ses béatitudes. Voilà « déjà, si une foi pure brûle en vous, que sans au- « cun doute le même sujet de martyre vous est of- « fert que celui pour lequel les saints champions du

« Christ, George et Théodore, Démétrius et Sébas-
« tien, combattirent avec tant de peine contre Satan
« et ses satellites, les vainquirent glorieusement
« après une lutte vigoureuse, et reçurent du roi Sa-
« baoth l'éternelle couronne pour prix de leur triom-
« phe. Je prie Dieu que vous ayez une semblable
« destinée, et qu'il vous accorde un prix égal. Voilà
« que le cruel Sanguin et l'armée des Païens viennent
« d'envahir notre territoire; ils ont massacré l'armée
« du Christ; ils tiennent le roi de Jérusalem opiniâ-
« trément assiégé dans un château avec un petit
« nombre de chevaliers, et ils cherchent de toutes
« manières à les contraindre de se rendre. Mais nos
« compatriotes, qui espèrent en Dieu, essayent de
« résister vaillamment, se souviennent des merveilles
« célestes, et en attendent un prompt secours, choi-
« sissant, au nom du Seigneur, plutôt de suivre leurs
« compagnons égorgés, que d'être avec affront sou-
« mis vivans aux profanes. Vous avez déjà une con-
« naissance suffisante de l'événement; et comme vous
« êtes prudens et gens de cœur, vous sentez bien ce
« que je veux, et ce qu'il faut faire dans cette cir-
« constance. »

A ces mots, tous s'offrirent gaîment à marcher
contre les Païens, et desirèrent secourir de tous leurs
efforts leurs frères assiégés. C'est pourquoi le patriarche leur dit avec satisfaction: « Nous rendons grâce
« à Dieu, au puissant Adonaï, qui daigne toujours
« relever les siens par une prompte consolation. En
« conséquence, vous qui, pour l'amour de Dieu, ar-
« rivez de votre pays natal, qui abandonnez vos
« épouses chéries, et vos biens acquis par de longs

« travaux, et qui touchez ces bords, après beau-
« coup de peines éprouvées sur mer et sur terre,
« suivez l'exemple des saints en prenant le bouclier
« de la foi, et secourez vaillamment le sanctuaire de
« Dieu que vous venez chercher de si loin. Le Sei-
« gneur est avec vous, lui qui se servit d'une femme
« pour assister promptement les assiégés de Béthulie.
« En effet, par la main de Judith, veuve sainte, il
« trancha la tête de l'orgueilleux Holopherne; il ra-
« fraîchit avec bonté son peuple altéré, après avoir
« écrasé les Assyriens; il lui accorda à la fois la vic-
« toire et un immense butin, et l'éleva au dessus de
« toutes les nations voisines. Par le prophète Isaïe il
« envoya la sécurité au roi Ezéchias, renfermé dans
« Jérusalem; puis, la nuit suivante, il fit brûler par
« l'ange exterminateur cent quatre-vingt-cinq mille
« Assyriens, et mit honteusement en fuite l'orgueil-
« leux roi Sennacherib, qui avait proféré des blas-
« phèmes et d'atroces menaces. Considérez parmi les
« œuvres divines celles-ci, beaucoup d'autres sem-
« blables, et, confians dans la puissance de Dieu,
« marchez au combat. »

C'est ainsi que, par de salutaires avis, le pontife
instruisit les bataillons chrétiens, et les conduisit
armés contre les phalanges des Turcs. Cependant les
sentinelles de ces Païens virent venir de la mer une
grande armée, et l'annoncèrent aussitôt à leur prince.
Il envoya au-devant d'eux des députés éloquens et
habiles, et les chargea de demander à cette armée ce
qu'elle était et où elle allait. Les Croisés répondirent:
« Nous sommes Chrétiens. Nous voulons secourir de
« toutes nos forces nos frères qui, comme nous l'a-

« vous appris, sont assiégés par les Païens, et nous
« desirons vivement venger, les armes à la main,
« ceux qui sont déjà morts. » On leur répondit de
rester tranquilles pour le présent, et de se préparer
au combat dans trois jours.

Pendant ce temps-là, le rusé Sanguin engagea le
roi Foulques à une entrevue, et, entre autres propos
perfides, il lui dit : « Je compatis beaucoup à votre
« noblesse; et, comme vous êtes roi, je desire vous
« épargner, si vous voulez. Je connais parfaitement
« votre position et l'abattement de vos forces. Vous
« êtes, ainsi que tous ceux qui sont renfermés avec
« vous, accablés par les angoisses de la famine, et
« vous n'attendez aucun secours de nulle part. Faites
« donc la paix avec moi. Rendez-moi ce château avec
« tout ce qu'il renferme, et je vous laisserai partir
« en liberté. »

Foulques répondit : « Loin de moi l'idée de trahir
« mes frères. Je ne me résoudrai à aucune action de
« ce genre; au contraire, je resterai avec eux jus-
« qu'à la mort, et j'attendrai patiemment la fin de la
« lutte. »

Sanguin ajouta : « Entretenez-vous avec vos che-
« valiers, et profitez de mes utiles conseils pour vous
« et pour les vôtres. Je vous ferai grâce parce que
« vous êtes roi, et devez être honoré. Rendez-moi ce
« château et tous les prisonniers de ma nation que
« vous retenez; recevez tous ceux que nous avons
« à vous, et, faisant ainsi la paix que nous jurerons,
« sortez avec tous les vôtres. »

Foulques, ayant entendu cette proposition, alla
retrouver ses compagnons, leur fit part des proposi-

tions du tyran, et leur demanda ce qu'il y avait à faire dans une telle détresse. Comme ils ignoraient le secours qui s'approchait, ils s'empressèrent, dans leur anxiété, de communiquer leur avis : ils exhortèrent le Roi à rendre la tour pour la délivrance des Chrétiens, à ouvrir les portes de Mont-Réal aux habitans de Damas, afin que les assiégés ne fussent pas exposés à la mort, et que la sainte ville de Jérusalem ne fût pas, sans défenseur, livrée à la risée des Païens. En conséquence, le roi Foulques, effrayé, se rendit à l'avis de ses compagnons, et jura avec les Païens la paix qu'ils desiraient. Sanguin reçut la place et son neveu qui avait été pris, tandis que lui, de son côté, rendit aux Chrétiens leurs prisonniers comme il était convenu. Ensuite le tyran, triomphant et moqueur, dit à Foulques : « Roi, vous êtes dupe ! » et il lui fit voir l'armée chrétienne qui venait secourir Mont-Réal. Quoique les fidèles fussent affligés de cette perfidie, on ne put se dédire. Après avoir donné des sûretés, le Roi, le patriarche et les fidèles se réunirent, et demandèrent au tyran la permission de donner la sépulture à leurs frères, qui avaient péri pendant la guerre. Sanguin y ayant consenti, les Chrétiens cherchèrent les corps de leurs frères défunts ; ils les enterrèrent diligemment et honorablement, après les avoir trouvés ; mais ils ne purent leur tirer des doigts leurs anneaux d'or. En conséquence ils louèrent dévotement le Seigneur tout-puissant, et inhumèrent respectueusement avec leurs ornemens les martyrs du Christ.

Dans ce même temps, pendant que les habitans de Jérusalem éprouvaient, ainsi que nous l'avons dit, tant d'afflictions de la part des Païens, et que Raimond,

prince d'Antioche, et d'autres vertueux chevaliers accouraient au secours de leurs frères, dont ils avaient appris la détresse. Jean, empereur de Constantinople, rassembla une grande armée de tous ses Etats, qui sont très-considérables, et mit le siége devant Antioche, métropole de la Syrie, qu'il réclamait comme faisant partie de son Empire. Raimond, dont nous venons de parler, et qui possédait alors cette principauté, était fils de Guillaume, duc de Poitiers. Après la mort du roi Henri, il s'était rendu en Orient, avait épousé la fille de Boémond le jeune, qui lui avait été donnée en mariage par Foulques son cousin, et avait obtenu des bontés de Dieu une grande principauté en Syrie. Comme il se rendait, ainsi que je l'ai dit, au secours du roi de Jérusalem contre les Païens, il apprit en chemin l'arrivée de l'Empereur pour assiéger Antioche; affligé de cette grave inconstance, il s'en retourna aussitôt avec les troupes qui l'accompagnaient, et se hâta de secourir les siens qui, tremblans et sans chef, étaient renfermés dans la place. Comme il s'en approchait, et que, dans sa crainte, il ne savait s'il pourrait traverser l'armée assiégeante et pénétrer dans la ville, il s'entretint de son embarras avec ses amis, dont l'un, qui me semble tout-à-fait magnanime, lui parla en ces termes : « Il est assez connu que
« les Grecs ont beaucoup de prudence, et qu'ils sur-
« passent en éloquence les autres nations ; mais,
« dans les circonstances difficiles, ils manquent d'au-
« dace et de courage. C'est pourquoi, vaillans compa-
« gnons d'armes, champions éprouvés, si vous daignez
« suivre mes avis, prenez vaillamment les armes ; bien

« armés, marchez en silence jusqu'aux tentes de
« l'Auguste lui-même, comme si vous faisiez partie
« des troupes impériales, et traversez les légions grec-
« ques. Alors jetez des cris terribles aux oreilles de
« l'Empereur, et montrez hardiment qui vous êtes. »

A ces mots, les autres guerriers s'excitèrent à cette
difficile entreprise, et suivirent hardiment pendant la
nuit les conseils du magnanime chevalier. En conséquence, les Français, parvenus à la tente de l'Empereur, jetèrent de grands cris, et se mirent à charger
rudement tout ce qui était devant eux. L'armée impériale, qui se croyait en sûreté, entendit, sans s'y
attendre, les cris jetés à l'improviste par les fiers
Français. Saisie d'une terreur panique, également
troublée et privée de conseils, elle se mit en déroute,
et abandonnant tout, elle s'enfuit pendant trois milles,
comme si chacun eût vu le glaive menacer sa tête.
Le duc Raimond, voyant fuir les Grecs avec leur
Empereur, s'arrêta, ne voulut pas poursuivre long-
temps tant de monde avec un si petit nombre de
troupes; et mettant des bornes au massacre, il entra
dans sa ville, et procura, par la grâce de Dieu, une
grande joie aux habitans d'Antioche. Au lever du
soleil, ils sortirent de la ville, trouvèrent dans les
tentes des Grecs des richesses considérables qu'ils
enlevèrent avec avidité et transportèrent avec joie
chez eux. Cependant l'Empereur, fatigué de fuir avec
son armée, s'arrêta; confus et indigné, il s'informa
de la cause de la déroute, et fut honteux en apprenant l'entreprise et l'heureux succès des Aquitains. Il rassembla son armée, et invita le duc à une
entrevue. Le magnanime guerrier, qui avait donné le

conseil de livrer bataille, persuada au duc de ne pas repousser cette proposition, disant qu'il était désormais honorable et grandement avantageux de traiter de la paix. Raimond y consentit, et partit pour l'entrevue dans laquelle l'Empereur lui dit : « La ville « d'Antioche appartient à l'empire de Constantinople. « Le prince Boémond fit hommage à mon père, et « jura avec les autres seigneurs d'Occident de res- « tituer à ce saint Empire tout ce que les Turcs « avaient enlevé, et qu'il pourrait recouvrer. En « conséquence j'exige de vous, qui maintenant pos- « sédez la principauté d'Antioche, que vous mainte- « niez ce traité, et je réclame pour l'Empire cette « ville que vous usurpez. » Raimond lui fit cette réponse : « Je ne veux point discuter avec vous les « conditions arrêtées par mes aïeux. J'ai reçu cette « ville du roi de Jérusalem avec sa fille, et je lui « ai donné ma foi comme à mon seigneur. Je lui « ferai donc part de vos demandes : j'obéirai en tout « à ses conseils, et, dans cette affaire, je ne délibé- « rerai sur aucun point sans l'avoir consulté. »

A ces mots, l'Empereur approuvant que Raimond gardât sa foi à son seigneur, accorda une trève pour que le duc allât trouver son roi, et lui demandât ce qu'il était légitime de faire. Quand ce message fut parvenu au Roi, qui alors était malade, il répondit, après avoir communiqué l'affaire à ses amis intimes : « Nous savons tous suffisamment, comme nous l'a- « vons appris depuis long-temps de nos ancêtres, « que la ville d'Antioche fait partie de l'Empire de « Constantinople, qu'elle a été ravie à l'Empereur « par les Turcs pendant quatorze années, que c'est

« pour lui qu'elle a été conquise; ce que l'Empereur
« avance sur les traités de nos prédécesseurs est con-
« forme à la vérité. Devons-nous nier ce qui est vrai
« et repousser ce qui est juste? Non, sans doute,
« surtout quand je suis retenu par une grave infir-
« mité, à raison de laquelle je ne saurais secourir mon
« cousin. En effet, j'ai gagné, avec mes compagnons,
« une maladie mortelle, pour avoir souffert de la cha-
« leur, des inquiétudes et des travaux, et pour m'être
« nourri de mauvais alimens pendant que nous étions
« déplorablement renfermés à Mont-Réal. Telles sont
« les causes qui m'empêchent de seconder mon cou-
« sin dans aucune guerre. Vous connaissez mes motifs
« d'excuse: allez donc, et dites de ma part à votre
« maître qu'il fasse la paix avec l'Empereur, et que je
« lui ordonne de recevoir Antioche de celui auquel
« elle appartient, et de la tenir de lui avec loyauté.
« En effet, l'Empereur est chrétien; il jouit d'une
« grande puissance, il est honoré par les Français. S'il
« le veut, il peut les servir beaucoup. » A leur retour,
les envoyés firent convenablement part de la réponse
du Roi. Les deux princes conclurent entre eux une
paix avantageuse aux croisés et à tous les Chrétiens
qui habitaient soit en Grèce, soit en Syrie. Ainsi Raimond, devenu le vassal de l'Empereur, reçut de lui
la ville d'Antioche, et l'Empereur lui promit son amitié et son assistance contre Damas et tous les Païens.
C'est ainsi que cette guerre, qui avait pernicieusement
duré pendant près de quarante ans, et qui, suscitée et
continuée par les Boémond et leurs successeurs contre Alexis, avait occasioné à d'innombrables milliers
d'hommes la captivité, la mort même, et beaucoup

de dommages, cessa présentement, par la faveur de Dieu, sous l'empereur Jean et le duc Raimond de Poitiers, à la satisfaction réciproque des deux parties.

L'an de l'incarnation du Seigneur 1138, Louis-le-Jeune, roi des Français, fut couronné à Bourges le jour de la Nativité du Seigneur. Il se réunit dans cette ville un grand concours de personnages, tant nobles que de moyen état, de toute la France, de l'Aquitaine et des autres contrées voisines. Les prélats métropolitains et leurs suffragans s'y trouvèrent; les comtes et les autres seigneurs titrés y accoururent, et offrirent leur hommage au nouveau Roi. Pierre Anaclet, qui, pendant près de sept ans, avait usurpé le siége apostolique, mourut subitement sur sa chaise le 8 des calendes de février (25 janvier). On rapporte que ses frères, qui étaient fils de Pierre Léon, et qui jouissaient d'une grande puissance dans la ville de Rome, cachèrent tellement son corps qu'on ignora où il avait été enseveli.

Dans le mois suivant, le bruit se répandit au loin que Roger, duc de la Pouille, venait de mourir. Le pape schismatique, dont nous avons parlé, l'avait consacré roi de Sicile; et, lui ayant donné sa sœur, se l'était attaché pour troubler les droits de l'Eglise. L'empereur Lothaire ayant appris la mort de Roger, se rendit en hâte dans la Pouille, et, suivant l'usage des Empereurs, s'appliqua à la soumettre, ainsi que l'Etat Romain.

Le roi Etienne étant venu en Angleterre, et y ayant découvert les trames de quelques factieux contre le bien public du royaume, prit les armes mal-à-propos dans son indignation contre les rebelles, et malgré son frère Henri, évêque de Winchester, il assiégea Bedford; mais les pluies d'hiver tombèrent en abondance à l'époque de Noël, il eut beaucoup de peine et ne réussit pas. En effet, les fils de Robert de Beau-Champ [1] défendirent courageusement la place, et refusèrent de se soumettre au Roi en quelque manière que ce fût, jusqu'à ce que son frère l'évêque de Winchester fût présent. Ils résolurent de ne pas refuser à leur seigneur la soumission ni le service qui lui étaient dus; mais, comme ils avaient appris que le Roi avait donné à Hugues, surnommé le Pauvre, la fille de Simon de Beau-Champ, avec les biens de son père, ils résistèrent opiniâtrément, de l'avis de leurs amis, et dans la crainte de perdre leur héritage. Enfin, le prélat étant arrivé au bout de cinq semaines, ils se rendirent; et par son conseil, qu'ils regardaient comme sage, ainsi qu'au moyen de son assistance, ils firent la paix avec le Roi, et rendirent la place.

En Normandie, Renaud de Dunstanville, fils du roi Henri, troublait le Cotentin, et, d'accord avec sa sœur, s'était lié aux Angevins. Il avait avec lui Baudouin de Reviers, Etienne de Magne-Ville [2], et les autres ennemis du roi Etienne; mais le vicomte Roger leur résistait vigoureusement, et, protégeant le pays, le défendait brillamment contre les perverses attaques de l'ennemi. Il paraissait formidable à tous ses adversaires; mais dans les vicissitudes de ce siècle aucune puissance n'est durable : ses ennemis, profondément jaloux de son bonheur, lui tendirent des embûches et machinèrent sa perte. Un jour, ils envoyè-

[1] *Bellus campus*, arrondissement d'Avranches.
[2] *Magna villa*, arrondissement de Valognes.

rent des coureurs au pillage, tandis que quelques chevaliers, cachés dans une embuscade, attendaient avec avidité l'occasion de verser le sang. Un grand bruit s'étant élevé, Roger prit les armes avec ses compagnons, et, poursuivant les brigands chargés de butin, il tomba dans les mains de ses ennemis embusqués. Ceux-ci, s'élançant de leurs retraites, comme des lions affamés, chargèrent la troupe de Roger, prise au dépourvu, et sans pitié égorgèrent ce vicomte, qui demandait la vie et faisait de grandes promesses. Le gouverneur ayant été mis à mort, tout le pays fut désolé, et la rage des brigands, opprimant sans frein les paysans, n'a pu jusqu'à ce jour être réprimée dans ses excès.

Au mois de janvier, Simon-le-Roux, fils de Baudouin, entra dans le château d'Echaufour, avec la permission de Robert, fils de Giroie; et ayant réuni une troupe de satellites, il se mit à ravager les terres de Robert, comte de Leicester, dans l'évêché d'Evreux. Le Roux était un chevalier entreprenant, hardi, prompt de la main, libéral envers ses compagnons d'armes, infatigable dans les plus rudes exercices, et par conséquent téméraire dans les entreprises difficiles et cruelles. Dès qu'il eut commencé à ravager le pays, son frère Ribould vint partager ses crimes, et le reçut dans la forteresse que l'on appelle le Pont-Echenfrei. Guillaume Frénel et ses six frères, Alain du Thennie et Ernauld, sénéchal du comté, ainsi que les habitans de Glos, se soulevèrent et brûlèrent le Pont-Echenfrei, Montreuil [1] et les bourgs circonvoisins. Alors une fureur cruelle s'empara des

---

[1] Montreuil-l'Argilé, arrondissement de Bernai.

deux partis, précipita tout le monde vers le crime, à tel point que l'on ne conserva nul respect pour les saints lieux, que l'on n'épargna ni les hommes consacrés à la religion, ni les paysans innocens, ni les veuves, et qu'on ne cessa d'appliquer au crime son esprit et ses mains, même pendant les saints jours du carême.

La trêve de deux ans, qui avait été conclue entre le roi d'Angleterre et Geoffroi d'Anjou, fut violée de beaucoup de manières. En effet, les soldats de la comtesse s'emparèrent, pendant le carême, de Raoul de Lasson[1], homme puissant, et le livrèrent à leur maîtresse pour le resserrer dans les fers. Elle l'y retint long-temps, et ne lui rendit la liberté qu'après qu'il eut remis ses places fortes. D'un autre côté, Enguerrand de Sai[2] et quelques autres partisans du Roi attaquèrent vivement dans une rencontre Renaud et Baudouin hors du château d'Ommoi[3], et, ayant engagé le combat de près, ils prirent Baudouin et quelques autres personnes. Pendant qu'on se battait là avec acharnement, et que la victoire restait douteuse entre les deux partis, quelques parens et amis du vicomte Roger, trouvant là le lieu et le temps de la vengeance, tirèrent l'épée contre les leurs, tuèrent plusieurs de ses meurtriers, et procurèrent ainsi l'honneur de la victoire au parti opposé. Ainsi, comme le Seigneur l'a dit : « Celui qui se sert du glaive périra « par le glaive. » Cette réunion de furieux qui, peu

---

[1] *De Axone* : Peut-être Lasson, arrondissement de Caen.
[2] Arrondissement d'Argentan.
[3] *De ulmo* : Peut-être Ommoi, Omméel, ou Mont-Ormel, trois communes de l'Arrondissement d'Argentan.

auparavant, avait tué cruellement Roger, fils de Néel, frappée tout à coup par ses amis, succomba au milieu de ses propres partisans.

Dans le même temps, Thierri, comte de Flandre, donna sa fille en mariage au fils du roi Etienne, lui remit tout le duché de Flandre, prit la croix, se rendit à Jérusalem, et à son retour fit la guerre au jeune prince qui était son gendre.

Au mois de mai, le comte Galeran et Guillaume d'Ypres passèrent en Normandie, et cherchèrent à secourir cette contrée cruellement troublée. D'abord ils marchèrent contre Roger de Conches; mais, au sein des vicissitudes de la fortune, ils trouvèrent ce belliqueux chevalier disposé à les recevoir. C'est pourquoi ils déchargèrent leur fureur sur les paysans, et, courant tout deux au butin, ils dévastèrent le pays par le pillage et l'incendie; et enlevant les choses nécessaires à la vie, ils livrèrent à la désolation le peuple désarmé.

Geoffroi d'Anjou arriva au mois de juin en Normandie, et attira dans son parti, à force de prières et de promesses, Robert, comte de Glocester, qui lui soumit Bayeux, Caen, et plusieurs autres places.

En Angleterre, les prélats et quelques châtelains, ayant appris que le comte Robert, dont le pouvoir était grand, prêtait son assistance aux Angevins dans les deux Etats, manifestèrent la méchanceté qu'ils avaient tenue cachée, et se révoltèrent contre le Roi. Au mois de juillet, le comte Galeran et Guillaume d'Ypres, affligés de voir l'ennemi prévaloir, grâce aux trahisons intestines, et fouler souvent aux pieds les Normands, qui, dans les pays étrangers, avaient triomphé de tous leurs ennemis, appelèrent à leur secours Raoul de Péronne avec deux cents chevaliers, et firent marcher contre les Angevins d'autres auxiliaires qu'ils attirèrent de divers points. Cependant Robert de Courci envoya sans tarder un courrier au comte Geoffroi, pour lui faire connaître les machinations des siens, en lui mandant de quitter au plus vite la Normandie, et d'attendre un moment plus favorable. A la réception de ces dépêches, Geoffroi, effrayé, se retira avec son armée : ce qui affligea beaucoup la troupe de ses ennemis, désolés de voir partir si subitement leurs adversaires. Toutefois, pour qu'on ne vît pas mille chevaliers réunis en vain, et s'en retournant sans coup férir, ils marchèrent vers Caen, ravagèrent le pays aux environs, et tâchèrent d'attirer la garnison hors de la place. Le comte Robert craignait beaucoup les entreprises des deux partis, et resta sagement renfermé dans la place avec cent chevaliers. Quarante chevaliers seulement sortirent, marchèrent à la rencontre de l'ennemi dans un vallon étroit, sur les bords de l'Orne, et engagèrent un combat terrible. Là Robert Bertrand et Jean de Joo[1], nobles et beaux chevaliers, furent tués ; un grand nombre de personnes furent blessées de part et d'autre ; leur infortune déplorable affligea beaucoup de monde.

Le comte de Glocester, dont nous avons parlé, et qui avait été cause d'un grand trouble, tenait du roi Henri son père beaucoup de puissance en Angleterre, possédait beaucoup de richesses, de châteaux et de vaillans vassaux. En effet, il commandait dans

[1] Arrondissement de Falaise.

les places fortes de Glocester et de Cantorbéry, de Bristol, de Lydd et de Douvres. Aussi ses partisans nombreux firent, en se révoltant, beaucoup de tort au Roi; agités par les furies, ils troublèrent les provinces voisines, et les ravagèrent de toutes manières.

D'abord Goisfred, surnommé Talabot, s'empara de la ville d'Hereford, et s'y étant réuni à des scélérats qu'il s'associa pour le crime, il se révolta contre le Roi. Gaulchelin, surnommé Maminot, occupa Douvres; Robert, fils d'Alvered de Lincoln, s'assura de la citadelle de Wareham; le Gallois Morgan, d'Okeham, et Guillaume de Moun, de Downton. Le jeune Guillaume, surnommé Peveril, possédait quatre places, savoir, Born, Iesmare, Obreton et Gnitenton; et il vint, plein d'orgueil, augmenter les forces des révoltés. Raoul Louvel s'établit dans la forteresse appelée Cari; Guillaume, fils de Jean, fortifia Harpetro, et, s'étant réuni à d'autres rebelles, ne songea plus qu'à troubler son pays natal. Cependant David, roi d'Ecosse, secondait les factieux qui troublaient le royaume en faveur des Angevins il y avait été engagé perfidement par les séditieux, qui l'avaient porté à ravager leur patrie, ou bien à cause du serment que, d'après l'ordre du roi Henri, il avait prêté à sa nièce. Il tenait Cardiff, place très-forte que l'on dit avoir été bâtie par Jules César, et il y avait fait entrer une troupe sanguinaire d'Ecossais. Ils envahirent cruellement l'Angleterre, firent la guerre aux peuples de leurs voisinages, et, comme des bêtes féroces, exercèrent sur eux leur barbarie. En effet, ils n'épargnaient personne; ils massacraient également les jeunes gens et les vieillards, et faisaient périr les femmes enceintes, en leur ouvrant cruellement les flancs avec leur épée.

Cependant le roi Etienne exerça le tranchant de son glaive contre tous ces révoltés, et soumit ses ennemis soit par des présens, soit par des promesses, soit en employant la valeur de ses chevaliers. Il créa comte de Derby Robert de Tewksbury [1], preux et loyal chevalier, et donna le titre de comte de Pembroke à Gislebert de Clare : il se servit d'eux pour s'attacher Gaulchelin Maminot, Louvel et plusieurs autres qui étaient leurs amis ou leurs voisins. En voyant tant de rebelles, ainsi que je l'ai déjà dit, le fier monarque fut enflammé de colère, et employa trois armées pour attaquer les châteaux de ses ennemis. Il assiégea d'abord la ville de Hereford qui, placée sur la rivière de Wye, sert de limite aux Anglais et aux Gallois : bien accueilli par les citoyens et les gens du pays comme leur seigneur légitime, il s'empara de la ville, et ayant mis en fuite Goisfred Talabot, il fit grâce avec clémence au reste de la garnison. De son côté, la Reine assiégea Douvres par terre avec une puissante armée, et ordonna aux Boulonnais ses amis, ainsi qu'à ses parens et à ses sujets, de resserrer l'ennemi du côté de la mer. Alors les Boulonnais, obéissant de bon cœur aux ordres de leur princesse, lui offrirent leurs services, et couvrirent d'une multitude de vaisseaux ce détroit qui a peu de largeur, afin que les assiégés ne pussent rien se procurer de ce côté. Pendant ce temps-là, Robert de Ferrières que, comme nous l'avons dit, le Roi avait créé comte de Derby, eut un

---

[1] *Stotesburia.* Ce Robert est Robert de Ferrières.

entretien avec son gendre Gaulchelin, lui procura la paix avec le Roi, et le détermina à rendre la place dont nous venons de parler. Gislebert de Clare assiégea le château d'Esled, et força la garnison à se rendre.

Guillaume, fils d'Alain, châtelain et vicomte de Shrewsbury, qui avait épousé la nièce de Robert, comte de Glocester, voulant le favoriser, se révolta contre le Roi, et lui résista près d'un mois dans cette ville. Enfin, au mois d'août, vaincu par la faveur royale, il prit la fuite, et le Roi emporta la place après un rude assaut. Arnulf de Hesding, chevalier belliqueux et téméraire, oncle du jeune Guillaume, repoussa orgueilleusement la paix que le Roi lui offrit plusieurs fois, osa même diriger contre lui des propos injurieux, et s'efforça de retenir avec opiniâtreté dans la révolte ceux qui voulaient se soumettre. Enfin, la place qu'il commandait ayant été prise, il fut fait prisonnier avec plusieurs autres, et livré au prince qu'il avait méprisé. Le monarque, qui paraissait aux révoltés méprisable à cause de sa douceur, telle que beaucoup de nobles mandés à sa cour refusèrent de s'y présenter, se mit en courroux, et ordonna de faire punir, soit par la potence, soit par d'autres genres de mort Arnulf, et près de quatre-vingt-treize de ceux qui lui avaient résisté. Arnulf, tardivement repentant, et plusieurs autres seigneurs, supplièrent le Roi, et promirent beaucoup d'argent pour leur rançon; mais ce prince, préférant la punition du crime à de grosses sommes d'or, les fit mettre à mort sur-le-champ. Leurs orgueilleux complices, effrayés de cette grande sévérité, qui leur fut rapportée, tout tremblans, accoururent dans trois jours auprès du Roi, et donnèrent diverses excuses pour leur retard prolongé. Quelques-uns même apportèrent les clefs de leurs places fortes, et offrirent humblement leurs services au Roi : ainsi les séditieux, qui avaient abandonné leur devoir, ayant été quelque peu comprimés, les amis de la paix furent comblés de joie.

Dans la même semaine, il arriva au roi Etienne un semblable bonheur dans une autre partie du royaume. En effet, le comte d'Aumale [1] et Roger de Monbrai combattirent contre le roi d'Ecosse, et, après avoir tué une multitude d'Ecossais, mirent le Roi en déroute. Ces peuples reçurent la punition du massacre cruel qu'ils avaient fait des Anglais récemment, et sans aucun respect pour la religion chrétienne. Effectivement, les Ecossais, craignant le fer qui les menaçait, s'enfuirent vers l'eau, se jetèrent sur un point non guéable dans une grande rivière que l'on appelle Zeed [2], et, fuyant la mort, n'en furent pas moins sa proie.

Après la longue guerre que se firent les deux rois, et qui fut de part et d'autre poursuivie avec atrocité au grand dommage de beaucoup de monde, on envoya de part et d'autre, au grand étonnement de tous, des messagers de paix. Ils s'entremirent entre les deux monarques qui étaient las de pillages et de meurtres, ainsi que de soins et de travaux continuels, et les rappelèrent à la concorde. Henri, fils de David, roi d'Ecosse, approuva ce traité. Il conçut de l'amour pour Adeline, fille de Guillaume, comte de Surrey [3],

---

[1] Guillaume, fils d'Etienne. — [2] *Zeda*, la Tweed.
[3] Guillaume de Varenne.

et il la demanda en mariage. Attaché par une telle union, il devint l'ami intime des Normands et des Anglais, parce qu'il reconnut, d'après l'avis des hommes prudens, que ce rapprochement lui serait utile et salutaire ainsi qu'à ses peuples.

Cependant les Normands exerçaient leurs fureurs dans le sein de leur mère patrie, et commettaient de tous côtés beaucoup d'attentats. Le 7 septembre, Roger de Toeni réunit une troupe brillante de chevaliers, et, pour venger plusieurs injures qui lui avaient été faites autrefois, il attaqua Breteuil. Il était accompagné du comte du Hainault avec quatre-vingts chevaliers, de Pierre de Maulle avec quarante, et de Simon-le-Roux avec vingt; il avait en outre réuni une puissante troupe qu'il avait tirée de toutes ses terres. L'ardent Roger, à la tête de cette armée brillante, assiégea tout à coup la place, et, après y avoir jeté des feux, causa un grand dommage aux habitans qui ne s'y attendaient pas. En effet, des ouvriers battaient la moisson sur les places; et, comme il est d'usage en automne, il y avait devant les maisons de grands monceaux épars de gluis et de paille : aussi les flammes trouvèrent facilement un aliment convenable. C'est ainsi qu'une ville opulente fut brûlée en un moment. L'église même de Saint-Sulpice, évêque et confesseur, fut, hélas! réduite en cendres, avec beaucoup d'hommes et de meubles des bourgeois qui s'y trouvaient renfermés. Les chevaliers de la garnison se voyant prévenus par l'ennemi, et fuyant vers la citadelle avec beaucoup de monde, furent atteints par le glaive. Dans la même année, la paix fut conclue avec Roger, les deux frères Galeran, comte de

Meulan, et Robert, comte de Leicester et de Breteuil : ils conduisirent Roger en Angleterre auprès du roi Etienne, avec lequel il se réconcilia honorablement.

Le jour des calendes d'octobre (1er. octobre), Geoffroi, comte d'Anjou, assiégea Falaise : il s'y donna inutilement beaucoup de peine pendant dix-huit jours; et le dix-neuvième, n'ayant pu obtenir aucun avantage, il se retira. Richard de Lucé[1], qui commandait dans la place, la défendit vaillamment avec les habitans. Ayant ouvert les portes, les assiégés se moquaient journellement des assiégeans : comme les premiers étaient fiers d'avoir en abondance des vivres et des armes, ils engageaient par moquerie les assiégeans à leur donner l'assaut. Alors les ennemis ravagèrent la province qu'ils parcoururent ; ils violèrent les églises sans crainte de Dieu ; ils profanèrent les lieux saints après avoir enlevé les vases sacrés et les ornemens; ils n'épargnèrent personne, et dépouillèrent même les hommes du commun autant qu'ils le purent. Enfin, effrayés par la volonté de Dieu, ils s'enfuirent nuitamment, et laissèrent dans leur déroute leurs tentes remplies de bagages et d'armes, ainsi que les chariots chargés de pain, de vin et d'autres provisions, dont les habitans s'enrichirent beaucoup avec joie.

Toutefois, au bout de dix jours, le comte d'Anjou reparut inopinément, et courant, avec plusieurs milliers de soldats, autour de Falaise, il enleva le butin de ceux qui revenaient et qui se croyaient en sûreté. Il fit beaucoup de mal à la Normandie par le meurtre

[1] Arrondissement de Domfront.

et par le pillage, et, durant trois semaines, n'interrompit pas ses actes de cruauté. Il se rendit à Touques au commencement de novembre; il y trouva une place opulente, et voulut assiéger le lendemain Bonneville [1], forteresse du voisinage. Les ennemis trouvèrent à Bonneville des maisons considérables, mais vides, où ils s'établirent témérairement dans leur triomphe, et se firent préparer de splendides festins.

Sur ces entrefaites, pendant l'obscurité de la nuit, comme les agresseurs se reposaient avec sécurité dans les maisons de leurs adversaires, Guillaume, surnommé Troussebot, gouverneur de Bonneville, profita habilement de l'imprudence des Angevins; par des exhortations convenables, il excita à de grandes entreprises les habitans qu'il avait rassemblés autour de lui; puis il envoya à Touques des jeunes gens débauchés et des filles publiques, et leur dit adroitement, après y avoir bien réfléchi, ce qu'ils avaient à faire. Ces gens, d'après leurs instructions, se dispersèrent en cachette dans le bourg et dans ses quatre quartiers, et mirent hardiment le feu en quarante-cinq endroits. Déjà les Angevins avaient pris la place, et fait prisonniers leurs hôtes dans leurs propres foyers et sur leurs chaises; tout à coup, surpris par le grand bruit des flammes et les cris des gardes, ils furent excessivement effrayés, et prirent la fuite en abandonnant leurs chevaux, leurs armes, et même leurs effets les plus nécessaires. Alors Guillaume Troussebot se présenta en armes avec sa troupe devant les ennemis; mais l'épaisseur de la fumée les aveugla tellement de part et d'autre, qu'ils

[1] L'une et l'autre dans l'arrondissement de Pont-l'Évêque.

ne purent ni se voir ni se reconnaître. Enfin le comte Geoffroi tout troublé s'arrêta dans un cimetière, il y rassembla ses soldats; là, confus et tremblant, il attendit l'arrivée du jour. Aussitôt qu'il parut il s'enfuit au plus vite, et ayant appris à connaître l'audace des Normands, il arriva tout honteux à Argentan.

Sans défense et contristé, le peuple tremblait en Normandie, et, privé de protecteurs, invoquait l'assistance du Très-Haut. Les grands se signalaient par la perfidie et les entreprises criminelles; la plupart favorisaient l'ennemi frauduleusement, et ne défendaient pas leurs compatriotes; au contraire ils les dépouillaient, les opprimaient, et les rendaient victimes de leur méchanceté.

Dans ce temps-là Thibaut, abbé du Bec, fut appelé en Angleterre au siége de la métropole de Cantorbéry. A sa place, Letald, moine d'une vie pieuse, fut choisi pour gouverner le monastère du Bec.

L'an de l'incarnation du Seigneur 1139, le pape Innocent II tint à Rome un grand concile au milieu du carême, et ordonna au nombre considérable de prélats qui s'y trouvaient d'observer inviolablement les décrets des saints Pères. Appelés de diverses contrées, ils s'étaient rendus tous au concile, et, à cet effet, pendant l'hiver, avaient entrepris un voyage périlleux : c'est ainsi qu'en faisant de grandes dépenses ils avaient vu les murs de Rome. Le pape leur exposa beaucoup de choses des anciennes Ecritures, et publia un texe pur des saints décrets; mais la méchanceté des hommes, trop générale dans l'univers, endurcit les cœurs contre les préceptes ecclésiastiques. A leur retour dans leur pays, les prélats répandirent partout la connaissance des décrets apostoliques ; mais, comme on le voit trop clairement, cela fut sans utilité pour les opprimés et pour ceux qui avaient besoin de secours, puisque ces actes furent méprisés par les princes et par les grands, ainsi que par les peuples soumis à leur pouvoir.

Audin, évêque d'Evreux, partit dans la semaine de Pâques pour l'Angleterre; il y mourut, le 6 des nones de juillet (2 juillet), à Melton, chez les chanoines, où il fut enterré. Né dans le Bessin, il étudia beaucoup les lettres, et, profondément instruit dans les arts libéraux, il se distingua parmi les plus savans; devenu cher au roi Henri, il lui plut beaucoup parmi les principaux de ses secrétaires. Ensuite, tiré de la chapelle du Roi, il gouverna vingt-quatre ans le diocèse d'Evreux, instruisit le clergé et les fidèles à observer la loi de Dieu, soutint habilement le culte de l'Église, et répara de fond en comble la basilique de la bienheureuse Marie mère de Dieu, qui avait été brûlée de son temps. Rotrou, fils de Henri, comte de Warwick, archidiacre de Rouen, fut élu à l'évêché d'Évreux, et consacré par l'archevêque Hugues. La même année, si je ne me trompe, Turstin, archevêque d'York, frère d'Audin, vint à mourir.

Dans le même temps, il y eut un grand trouble en Angleterre. Roger, évêque de Salisbury, fier de ses richesses, de ses puissans amis et de ses places fortes, ayant gouverné toute l'Angleterre pendant la vie entière du roi Henri, s'était fait un tort notable parmi les grands du royaume, pour avoir été infidèle à Etienne, son roi et son seigneur, et pour avoir favorisé les Angevins. Il avait des complices qui lui étaient intimement attachés, tel que son fils qui était chancelier du Roi, et des neveux très-puissans, dont l'un était évêque de Lincoln et l'autre d'Ely. Ces personnages distingués tiraient leur audace de leurs grandes richesses, et avaient en conséquence la témérité de vexer les seigneurs de leur voisinage par toutes sortes d'iniquités. C'est pourquoi, animés par de cruelles offenses, plusieurs conspirèrent contre ces tyrans, et s'étant accordés sur le moment, se soulevèrent en même temps; puis ils s'efforcèrent de leur faire subir les représailles de leurs vexations. Les comtes Galeran et Robert, tous deux frères, Alain de Dinan et plusieurs autres seigneurs commencèrent à Oxford à se lever contre les partisans des prélats. Après que de part et d'autre plusieurs personnes eurent été tuées, les évêques Roger et Alexandre furent pris. L'évêque d'Ely, qui ne s'était pas encore présenté à la cour du Roi, mais qui s'était établi hors la ville dans une campagne avec ses parasites, ayant entendu des bruits fâcheux, comme sa conscience lui faisait des reproches, s'enfuit aussitôt à Devizes, place très-forte; puis, ayant brûlé tout le pays des environs, il occupa le premier la forteresse et résolut de la mettre de toutes ses forces en défense contre le Roi. Ce que le monarque apprenant, il entra en courroux, fit marcher son armée, et se répandant en grandes menaces, fit marcher en avant Guillaume d'Ypres, en jurant que l'évêque Roger n'aurait rien à manger jusqu'à ce qu'il eût pris la forteresse. Il fit arrêter Roger-le-Pauvre, fils du prélat, et ordonna de le pendre devant la porte à la vue des révoltés. Sa mère nommée Mathilde de Ramsey, qui était la concubine de l'évêque, défendait la principale forteresse. Enfin l'évêque de Salisbury, avec la permission du Roi, eut un entretien avec son neveu; il le blâma beaucoup de ce qu'en voyant naître la sédition, il ne s'était pas retiré dans son propre diocèse, au lieu de se mêler en furieux dans des affaires qui lui étaient étrangères, et de faire subir la famine à plusieurs milliers d'hommes par un incendie violent. Comme cet orgueilleux persistait opiniâtrément avec ses fauteurs dans la rebellion, et que le Roi irrité ordonnait d'attacher soudain à la potence Roger-le-Pauvre, la mère effrayée, apprenant la fâcheuse position de son fils, s'élança de sa place, et, dans sa sollicitude, s'écria : « Je l'ai enfanté, et je ne dois en aucune manière « occasioner sa mort; même, s'il le faut, je dois le « sauver au prix de mon existence. » Aussitôt elle envoya un courrier au Roi; et, pour le rachat de ses amis, elle offrit de lui rendre la puissante forteresse qu'elle occupait. Ainsi, l'évêque d'Ely abattu consentit, dans son affliction, à se rendre avec ses autres complices. Enfin, tout étant pacifié, la place fut remise aux mains du Roi, et les évêques retournèrent en paix dans leurs diocèses. Peu après le prélat Roger mourut. Ainsi succomba[1] l'évêque d'Ely, cet ennemi public de tout son pays.

Dans l'automne, Mathilde, comtesse des Angevins, passa en Angleterre avec Robert de Caen son frère, Gui de Sablé et plusieurs autres. Arundel s'étant rendu, elle marcha en paix avec la permission du Roi vers les places de son parti. On peut remarquer dans

---

[1] *Fractus est*, que je crois devoir lire, au lieu du *factus est* de l'imprimé.

cette permission une preuve de la grande simplicité ou de la faiblesse du monarque, et les gens sages doivent le plaindre de ce qu'il négligea ainsi son salut et la sûreté de son royaume. En effet, il eût pu facilement éteindre un grand foyer de maux excessifs, si, imitant l'habileté des sages, il eût aussitôt repoussé le loup de la porte de la bergerie; si, pour le salut du troupeau, il eût dans son principe étouffé la scélératesse des méchans, et écrasé le venin dans la tête de ceux qui cherchaient à piller, à massacrer les hommes et à ravager le pays; si enfin, comme ses pères, il eût frappé les pervers avec le glaive de la justice.

Au mois de novembre, Rotrou, comte de Mortagne, excité par l'avidité, se rendit au Pont-Echenfrei; huit soldats, qui dans la place mouraient de faim, la lui remirent. Il permit à cette misérable garnison de se retirer, et confia la place à Roger de Planes[1]. Alors Ribould, Simon-le-Roux, et les autres neveux de Raoul-le-Roux furent chassés sans retard, et perdirent soudain la possession du château qu'ils avaient eue jusqu'alors.

Robert de Caen donna l'hospitalité sous son toit à sa sœur Mathilde qui avait été reçue en Angleterre; il appela les Gallois à son secours, et de toutes parts il se commit de grands crimes. En effet on rapporte que plus de dix mille barbares se répandirent en Angleterre, où ils n'épargnaient pas les saints lieux, n'avaient nul respect pour la religion, et se livraient sans relâche au pillage, à l'incendie et au meurtre. Je ne saurais rapporter en détail combien l'Eglise de

[1] *Platani*, arrondissement de Bernai.

Dieu souffrit d'afflictions dans ses fils, qui, comme des troupeaux, tombaient journellement égorgés sous le fer des Bretons.

L'an de l'incarnation du Seigneur 1140, le roi Etienne réunit une assemblée, et, de concert avec les grands, s'occupa des affaires publiques. Il s'éleva entre eux une difficulté sur la nomination d'un évêque à Salisbury. En effet Henri, évêque de Winchester, voulait y placer son neveu Henri, et, comme il ne put l'emporter sur la majorité, il se retira fort en colère de la cour du Roi. Galeran, comte de Meulan, avait fait choix de Philippe de Harcourt, archidiacre d'Evreux, et, pour plusieurs causes, le Roi y avait donné volontiers son approbation. Ce prince donna à Henri le couvent de Fécamp, dans lequel la religion fut grandement florissante du temps des quatre abbés précédens.

Dans la même année, Richard, abbé d'Ouche, à son retour du concile de Rome, passa promptement en Angleterre, après Noël, pour des affaires urgentes : fatigué par de longs travaux, il fut attaqué de la fièvre pendant le carême. Après en avoir souffert considérablement pendant plusieurs jours, il se munit à l'avance de la confession et de la prière ; puis, après Pâques, les médecins lui administrèrent une potion ; mais, comme elle était trop forte, il en fut abattu, et mourut le septième jour de mai. Ainsi il cessa de vivre le jour des nones[1] de ce mois, l'an troisième de son gouvernement. Transporté à Thorney, il y fut inhumé devant le crucifix dans l'église de Sainte-Marie, par Robert, abbé de ce couvent. Dès que les moines

---

[1] L'imprimé porte *idus maii* ; ce qui est évidemment une erreur.

d'Ouche apprirent ce malheur, ils se réunirent et choisirent pour abbé Ranulfe, prieur de Noyon[1], qui depuis quarante ans portait pieusement l'habit monastique. Ce frère ayant été élu, il se rendit en Angleterre avec des lettres de Hugues, archevêque de Rouen, et de Jean, évêque de Lisieux, relatives à la régularité de son élection. Sur le vu de ces dépêches, le roi Etienne lui accorda l'abbaye, et lui confirma les biens de cette église. A son retour d'Angleterre, Ranulfe alla trouver l'évêque Jean, lui présenta les lettres du Roi, et, bien accueilli par le vénérable prélat, reçut sa bénédiction le 8 des ides de novembre (6 novembre).

L'an de l'incarnation du Seigneur 1141, il s'éleva des troubles violens en Angleterre, à la suite desquels de grands changemens s'opérèrent au détriment de beaucoup de monde. En effet, Ranulfe, comte de Chester, et Guillaume de Roumare, son frère utérin, se révoltèrent contre le roi Etienne, et surprirent la forteresse que ce monarque possédait à Lincoln, pour la défense de la ville. Ils avaient adroitement attendu le moment où la garnison s'était dispersée en différens lieux, et ils avaient envoyé leurs femmes devant eux à la citadelle comme pour s'amuser. Enfin, pendant que les deux comtesses s'y trouvaient, plaisantaient, et causaient avec la femme du chevalier qui commandait dans la tour, le comte de Chester, désarmé et sans manteau, y alla comme pour ramener sa femme, et fut suivi de trois chevaliers, sans que personne soupçonnât aucune fraude. Etant ainsi entrés, ils se saisirent tout à coup des leviers et des armes

[1] Noyon-sur-Andelle.

qu'ils trouvèrent sous leur main, et chassèrent violemment la garnison royale ; ensuite Guillaume de Roumare et ses chevaliers, bien armés, entrèrent dans la place comme il avait été convenu. Ainsi les deux frères s'emparèrent de la tour et de toute la ville de Lincoln. Cependant l'évêque Alexandre et les citoyens mandèrent au Roi cet événement : Étienne, ayant appris ces choses, éprouva une violente colère, et fut très-étonné de voir ses meilleurs amis, qu'il avait comblés de biens et de dignités, commettre un si grand attentat. Après Noël, il rassembla son armée, se rendit en hâte à Lincoln, et, à l'aide des habitans, se saisit à l'improviste pendant la nuit d'environ dix-sept chevaliers, qui avaient couché dans la ville. Cependant les deux comtes étaient dans la citadelle avec leurs femmes et leurs amis : investis tout à coup, ils ignoraient dans leur anxiété ce qu'ils avaient à faire.

Enfin Ranulfe, qui était le plus jeune et le plus prompt à se déterminer, d'ailleurs très-brave, sortit de nuit avec un petit nombre de chevaliers, et se rendit vers les siens dans la province de Chester. Il adressa ses plaintes à Robert, comte de Glocester, son beau-père, et à quelques autres personnes, soit amis, soit parens ; il arma contre le Roi les Gallois, les seigneurs qui avaient été dépouillés, et beaucoup d'autres mécontens ; puis, de toutes parts, il réunit des forces pour secourir les assiégés de Lincoln. Il s'adressa surtout à Mathilde, comtesse d'Anjou, lui demanda instamment des secours, lui jura fidélité, et obtint d'elle ce qu'il voulut.

Ayant ainsi rassemblé une troupe nombreuse, les deux comtes s'approchèrent de la place assiégée, et se disposèrent à combattre ceux qui leur résisteraient. Cependant le Roi, entendant journellement parler de l'arrivée de ses ennemis, méprisait ces rapports, ne croyait pas qu'ils eussent l'audace de tenter de si grandes entreprises, et se disposait à attaquer avec des machines convenables ceux qui, dans la tour, réclamaient sa clémence. Cependant, le dimanche de la Sexagésime[1], pendant que l'on célébrait la sainte solennité de la Purification, le Roi, ayant vu les troupes ennemies déjà près de lui, convoqua les principaux seigneurs, et leur demanda conseil sur ce qu'il devait faire. Quelques-uns l'engagèrent à laisser pour la défense de la ville une nombreuse troupe qui se réunirait aux citoyens dévoués, à se retirer en faisant bonne contenance pour former une armée de tous les points de l'Angleterre, et à revenir en temps convenable, si les ennemis ne se retiraient pas, pour les assiéger de nouveau avec toute la rigueur qui convenait à un monarque. D'autres lui conseillaient de rendre les devoirs qu'il devait à la purification sacrée de Sainte-Marie, mère de Dieu, et de différer le moment du combat par l'entremise des messagers de paix, afin qu'en obtenant du délai, aucun des deux partis ne fût écrasé, et que le sang humain ne coulât pas pour la désolation générale. Dans son obstination, le monarque dédaigna de céder aux avis des gens sages, et crut qu'il était indigne d'ajourner l'engagement pour quelque raison que ce fût; au contraire, il fit aussitôt prendre les armes à sa troupe. En conséquence les armées se réunirent près de la ville, et, s'étant de part

---

[1] Le 2 février 1143.

et d'autre rangées en bataille, elles en vinrent aux mains.

Le Roi forma trois corps : l'armée ennemie en présenta un pareil nombre. Sur la première ligne de l'armée royale se placèrent les Flamands et les Bretons, que commandaient Guillaume d'Ypres et Alain de Dinan ; ils avaient en tête une troupe furieuse de Gallois, qui avaient pour chefs Mariadoth et Kaladrius. Le Roi et quelques-uns de ses officiers descendirent de cheval ; il combattit courageusement à pied pour la défense de sa vie et de sa couronne. Le comte Ranulfe, de son côté, mit pied à terre avec ses escadrons, et encouragea vivement au carnage la troupe vaillante des fantassins de Chester. Cependant Robert, comte de Glocester, qui jouait un grand rôle dans cette expédition, ordonna aux guerriers de Bath, et aux autres qui avaient été dépouillés, de porter les premiers coups dans le combat, pour recouvrer leurs biens qu'ils revendiquaient.

D'abord, on combattit de part et d'autre avec acharnement, et le sang des hommes coula en abondance. Les meilleurs chevaliers se trouvaient avec le Roi; mais les ennemis l'emportèrent par le grand nombre de leurs hommes de pied et des Gallois. Il est certain que Guillaume d'Ypres avec ses Flamands, et Alain avec ses Bretons, furent les premiers qui tournèrent le dos, et par leur fuite découragèrent leurs compagnons d'armes en même temps qu'ils ranimèrent l'ennemi.

Dans ce combat la perfidie déploya toutes ses fureurs. En effet, quelques seigneurs, avec un petit nombre de guerriers, accompagnèrent le Roi, et envoyèrent à ses adversaires la plupart de leurs hommes pour assurer leur triomphe. Ainsi ils trahirent la fidélité qu'ils devaient à leur maître, et méritèrent d'être considérés comme parjures et traîtres. Le comte Galeran, Guillaume de Varenne son frère, Gislebert de Clare, et plusieurs autres chevaliers distingués, tant anglais que normands, voyant la déroute du premier corps, furent effrayés eux-mêmes, et tournèrent le dos à l'ennemi. Cependant Baudouin de Clare, Richard, fils d'Ours, Enguerrand de Sai et Ildebert de Laci restèrent fidèlement auprès du Roi pendant la bataille, et combattirent vaillamment avec lui jusqu'à ce qu'elle fût perdue. Le Roi Etienne, se rappelant les belles actions de ses prédécesseurs, se battit avec un grand courage, et, tant qu'il eut avec lui trois soldats, il ne cessa de combattre avec une épée ou la hache norwégienne [1] qu'un jeune homme lui avait procurée. Enfin, excédé de fatigue et abandonné de tout le monde, il se rendit au comte Robert son cousin qui le reçut prisonnier, et le présenta peu de temps après à la comtesse Mathilde. C'est ainsi que par un retour de la roue inconstante de la fortune, le roi Etienne fut précipité du trône, et fut, hélas ! conduit en prison, gémissant et malheureux, dans l'importante place de Bristol. Baudouin de Clare, et quelques autres jeunes chevaliers fort distingués, qui, comme je l'ai dit, avaient mis pied à terre avec le Roi et combattu vaillamment, furent aussi faits prisonniers.

La nuit précédente, pendant que le peuple de Dieu fêtait la veille de la Purification en l'honneur de

---

[1] *Securis norica.*

la Vierge mère, et attendait, pour la solenniser selon l'usage de l'Église, la messe générale du matin, il tomba en Occident, surtout en France et en Angleterre, une énorme quantité de grêle et de pluie, et l'on entendit d'effrayans coups de tonnerre accompagnés de grands éclairs.

Ce même jour, pendant que le Roi, sur le point de combattre, entendait la messe, et était intérieurement agité de beaucoup de pensées et de soins, le cierge consacré se brisa dans sa main, et tomba trois fois en présence de nombreux spectateurs. Ce présage parut très-fâcheux à quelques hommes sages, et le même jour il se vérifia clairement par la chute du prince. Le malheur du roi Etienne causa un grand chagrin aux clercs et aux moines, ainsi qu'aux gens simples du peuple, parce que ce monarque était humble et affable pour les hommes bons et doux; et si de perfides seigneurs l'eussent permis, en renonçant à leurs tentatives perverses, il eût été le protecteur généreux et bienveillant de sa patrie.

Les habitans de Lincoln qui avaient, comme il convient, pris le parti du roi leur maître, voyant que leurs ennemis avaient remporté une victoire complète, abandonnèrent, dans leur désolation, leurs maisons, leurs femmes et leurs biens, et gagnèrent le fleuve voisin pour se sauver à l'étranger. S'étant portés en foule aux bateaux, et les ayant remplis d'une trop grande multitude, en s'y jetant pêle mêle dans la crainte de la mort, les derniers arrivés se précipitèrent sur les premiers, et firent aussitôt chavirer ces bâtimens. Presque tous ceux qui y étaient entrés périrent, à ce qu'on assure, au nombre d'environ cinq cents nobles citoyens. Il n'en périt pas tant dans la bataille. Un chevalier d'élite nommé Guillaume, qui était neveu de Goisfred, archevêque de Rouen, fut tué dans l'armée royale. Au surplus, il ne périt pas plus de cent chevaliers, au dire de ceux qui se trouvèrent à la bataille.

Cependant le comte Ranulfe et les autres vainqueurs entrèrent dans la ville, et, comme des barbares, la pillèrent entièrement. Ils massacrèrent, comme des troupeaux, sans aucune pitié, et par divers genres de mort, ce qui restait de citoyens qu'ils purent trouver et prendre.

Après cette bataille et la prise du Roi, il y eut de grands troubles dans le royaume d'Angleterre. Henri, évêque de Winchester, se tourna aussitôt du côté des Angevins; ayant reçu favorablement la comtesse dans la capitale, il abandonna entièrement le Roi son frère et tous ceux de son parti. Le comte Galeran, Guillaume de Varenne, Simon, et plusieurs autres seigneurs s'attachèrent à la Reine, et promirent de combattre vaillamment pour le nouveau roi et ses héritiers. Ainsi de tous côtés s'étendit la perversité; ainsi l'Angleterre fut remplie de pillages, d'incendies et de meurtres; et cette contrée naguère si opulente est maintenant désolée.

Cependant Geoffroi, comte d'Anjou, ayant appris les triomphes de sa femme, se rendit aussitôt en Normandie, envoya des courriers aux principaux seigneurs, et leur ordonna, en vertu de ses droits, de remettre leurs places fortes et de rester en paix. Dans le carême suivant, Rotrou comte de Mortagne fut le premier qui fit la paix avec Geoffroi, et prêta son assistance aux Angevins après avoir rompu le traité qu'il avait fait avec le roi Etienne. Il avait eu récemment un sujet de ressentiment contre ce monarque, parce que l'ayant invité à faire mettre en liberté Richer de L'Aigle son neveu, il n'avait pu rien obtenir de lui. En effet, un dimanche de septembre, pendant que l'on célébrait la nativité de la Vierge, Richer passait tranquillement en Angleterre avec cinquante chevaliers ; arrivé sans armes au bourg que l'on appelle Lire [1], il fut aussitôt fait prisonnier par Robert de Bellême, qui était en embuscade sur la route, et avec lequel il croyait avoir fait une paix durable. Ensuite il fut retenu six mois en prison à Breteuil, et, sans nul motif, le brigand dont nous venons de parler ravagea, dans l'excès de sa tyrannie, par le pillage et l'incendie, les terres de Richer de L'Aigle. En conséquence le comte Rotrou, oncle de Richer, fut profondément affligé de tant de fureurs, et désira arracher son neveu de la prison, et soustraire ses terres à l'invasion de ses ennemis. C'est pourquoi il s'occupa avec zèle de suivre fréquemment, avec des soldats, la marche de Robert. Enfin, dans les derniers jours d'octobre, conformément à la volonté de Dieu, Rotrou, accompagné d'une forte troupe, rencontra les brigands ; il prit Robert et Maurice son frère, ainsi que plusieurs autres guerriers; il les tint rigoureusement en prison, comme il était juste, et procura ainsi aux innocens paysans une grande sécurité.

Au milieu du carême, les seigneurs de Normandie se réunirent à Mortagne et délibérèrent sur les affaires publiques. Hugues, archevêque de Rouen, et quel-

Arrondissement d'Évreux.

ques seigneurs normands allèrent trouver le comte Thibaut[1], et lui offrirent le royaume d'Angleterre et le duché de Normandie. Comme ce prince était prudent et pieux, il refusa de se charger du fardeau de tant d'affaires, et céda son droit au trône, moyennant certaines conditions, à Geoffroi gendre du roi Henri. Ces conditions furent que Geoffroi céderait à Thibaut la ville de Tours, qui dépendait de son comté; qu'il mettrait en liberté le roi Etienne son frère, et qu'il lui rendrait ainsi qu'à son héritier la totalité de ses anciens biens, dont il avait joui du vivant de son oncle.

Alors Robert, comte de Leicester, fit un traité avec Rotrou, et, à la demande des comtes qui étaient présens, il mit en liberté Richer de L'Aigle, et conclut la paix pour lui-même et pour son frère avec les Angevins, jusqu'à ce qu'il fût de retour de l'Angleterre. Cependant les habitans de Verneuil, qui comptaient dans leur parti treize mille hommes, et qui naguères se montraient terribles et menaçans en faveur du Roi, considérant que beaucoup de gens avaient déjà traité avec le comte d'Anjou, après une longue résistance, laissèrent fléchir leur ancienne obstination, et, rendant leur place, reçurent la loi du comte Geoffroi et de Mathilde. Les habitans de Nonancourt ne tardèrent pas à les imiter.

Jean, évêque de Lisieux, déjà âgé et doué d'une longue expérience, n'ayant plus d'espoir d'aucun secours, et ne voulant pas soutenir plus long-temps la guerre contre les Angevins, surtout lorsqu'il les voyait s'établir victorieusement sur la rive gauche de la

[1] Comte de Blois et de Champagne.

Seine, et que plusieurs places de son voisinage faisaient la paix avec eux, traita, de l'avis de ses amis, avec le comte d'Anjou dans la dernière semaine du carême. Ensuite, avant la Pentecôte, étant retourné de Caen à Lisieux, il souffrit beaucoup de l'excès de la chaleur et de la fatigue; et, après avoir été malade pendant une semaine, il mourut le 12 des calendes de juin (21 mai), après trente quatre ans d'épiscopat. Alors Rotrou, évêque d'Evreux, Raoul, abbé d'Ouche, et les autres abbés de son diocèse, se réunirent et inhumèrent son corps dans la basilique de l'apôtre Saint-Pierre, du côté du nord, devant l'autel de Saint-Michel.

Alors Louis-le-Jeune, roi des Français, rassembla une grande armée; à l'époque de la fête de Saint-Jean-Baptiste[1], il alla mettre le siége devant Toulouse, et fit la guerre au comte Alphonse[2], fils de Raimond.

Voilà que fatigué par la vieillesse et les infirmités, j'éprouve le desir de terminer ce livre, et, d'après plusieurs motifs, la raison exige bien certainement qu'il en soit ainsi. En effet, j'ai passé soixante-sept ans de ma vie dans le culte de mon Seigneur Jésus-Christ; et, pendant que je vois les grands du siècle accablés de rudes infortunes et des maux les plus fâcheux pour eux, je suis, grâce à Dieu, fort de la sécurité que me donne ma soumission, et de la joie que je dois à ma pauvreté. Voilà qu'Etienne, roi des Anglais, est retenu gémissant en prison, et que Louis, roi des Français, est en proie au tourment

---

[1] En 1144, selon quelques historiens.
[2] *Andefonsus*. Alphonse Jourdain, fils de Raimond IV.

de soucis divers dans l'expédition qu'il entreprend contre les Goths et les Gascons. Voilà que la chaire de Lisieux est privée d'évêque par la mort de son prélat, et je ne sais quand il aura un successeur ni quel il pourra être. Que dirai-je de plus? « Sur ces « entrefaites, Dieu tout-puissant, je dirige vers vous « mon discours, et j'implore doublement votre clé- « mence pour que vous ayez pitié de moi. Je vous « rends grâce, roi suprême, de m'avoir mis au « monde sans que je le méritasse, et d'avoir disposé « de mes années selon le bon plaisir de votre volonté. « Vous êtes mon Roi et mon Dieu; moi, je suis votre « serviteur et le fils de votre servante, et, autant que « je l'ai pu, je vous ai servi depuis les premiers jours « de ma vie. En effet, le samedi de Pâques[1], je fus « baptisé à Attingham, bourg situé en Angleterre, « sur le grand fleuve de la Saverne. Là, par le mini- « stère du curé Orderic, vous m'avez régénéré par « l'eau et l'Esprit-Saint, et vous m'avez donné le nom « de ce prêtre qui fut mon parrain. Ensuite, lorsque « je fus âgé de cinq ans, vous m'envoyâtes à l'école « dans la ville de Shrewsbury, et je vous y offris mes « premiers services dans la basilique des saints apôtres « Pierre et Paul. Là, l'illustre prêtre Siegward m'en- « seigna pendant cinq années les lettres latines, in- « ventées par Nicostrate, qui depuis mérita le surnom « de *Carmente*. Il me rendit familier avec les psaumes, « les hymnes, et les autres instructions nécessaires. « Cependant vous avez élevé sur les bords de la Mole « et dans les domaines de mon père la basilique dont « je viens de parler, et vous avez fait construire un

[1] Né le 16 février 1075 : il fut baptisé le samedi 4 avril suivant.

« vénérable couvent par la pieuse dévotion du comte
« Roger[1]. Il ne vous a pas plu que j'y combattisse long-
« temps pour vous, de peur que je n'éprouvasse de
« l'inquiétude au milieu de parens, qui souvent gê-
« nent et embarrassent vos serviteurs, ou que je ne
« fusse exposé à quelque contrariété dans l'obser-
« vance de votre loi, à cause des affections mon-
« daines que les liens du sang font éprouver. C'est
« pourquoi, Dieu glorieux, qui fîtes sortir Abraham
« de son pays, de la maison de son père, et du sein
« de sa famille, vous inspirâtes à mon père Odelir
« le dessein de m'éloigner entièrement de lui, et de
« me soumettre à vous de toutes manières. Tout
« éploré, il me remit pleurant aussi au moine Rai-
« nauld, m'envoya en exil par amour pour vous, et
« depuis ce moment ne m'a jamais revu. Jeune et
« faible enfant, je n'osai m'opposer au desir de mon
« père ; je lui obéis volontiers en toutes choses, par-
« ce qu'il me promit, de votre part, que, si je me fai-
« sais moine, je partagerais après ma mort le Paradis
« avec les justes. Après avoir fait de bon cœur, à la
« voix de mon père, cette convention mutuelle entre
« vous et moi, j'abandonnai ma patrie, mes parens
« les plus proches, le reste de ma famille, mes con-
« naissances et mes amis, qui tous, les larmes aux
« yeux et me disant adieu, me recommandèrent, par
« d'affectueuses prières, à vous, ô mon Dieu, ô su-
« prême Adonaï ! Exaucez, je vous en supplie, leurs
« prières, ô bon roi Sabaoth, et, dans votre clé-
« mence, faites-moi jouir de ce qu'ils m'ont souhaité !
« C'est ainsi qu'à l'âge de dix ans je passai la mer :

[1] Roger de Mont-Gomeri.

« j'arrivai exilé en Normandie, inconnu de tout le
« monde et ne connaissant personne. Comme Joseph
« en Égypte, j'entendis une langue que je ne com-
« prenais nullement; toutefois, secouru par votre
« grâce, je trouvai chez les étrangers toute la dou-
« ceur et l'amitié que je pouvais desirer. Le vénéra-
« ble Mainier, abbé du monastère d'Ouche, m'admit
« à l'état monastique dans la onzième année de mon
« âge, et le dimanche 11 des calendes d'octobre
« (22 septembre), il me donna la tonsure suivant
« l'usage des clercs. Il substitua le nom de Vital à
« mon nom anglais qui semblait barbare aux Nor-
« mands, et il emprunta ce nom à l'un des compa-
« gnons du martyr saint Maurice, dont en ce jour on
« célébrait la fête. Grâce à vos faveurs, je suis resté
« dans ce couvent cinquante-six ans; j'y ai été aimé
« et honoré beaucoup au-delà de ce que je mérite,
« par tous mes frères et mes compatriotes. Supportant
« la chaleur, le froid et le poids du jour, j'ai travaillé
« parmi vos serviteurs dans la vigne de Sorec; et,
« comme vous êtes juste, j'ai attendu avec assurance
« le denier que vous avez promis. J'ai révéré, comme
« mes pères et mes maîtres, parce qu'ils étaient vos
« vicaires, les six abbés Mainier et Serlon, Roger et
« Guérin, Richard et Ranulf; ils ont gouverné légiti-
« mement le monastère d'Ouche; ils ont veillé comme
« s'ils devaient rendre compte pour moi et pour les
« autres; ils ont fait usage de leur habileté à l'inté-
« rieur comme au dehors, et ils nous ont procuré
« sous vos yeux et avec votre assistance ce qui nous
« était nécessaire. J'avais seize ans, lorsqu'aux ides
« de mars (15 mars), sur l'invitation de Serlon qui

« venait d'être élu, Gislebert, évêque de Lisieux,
« m'ordonna sous-diacre. Ensuite, au bout de deux
« années, le 7 des calendes d'avril (26 mars), Serlon,
« devenu évêque de Séès, m'imposa l'étole du diaco-
« nat. Je vous ai servi de bon cœur pendant quinze
« ans dans cet ordre; ensuite parvenu à l'âge de
« trente-trois ans, le 12 des calendes de janvier
« (21 décembre), l'archevêque Guillaume m'imposa
« à Rouen le fardeau du sacerdoce en même temps
« qu'il consacra deux cent quarante-quatre diacres et
« cent vingt prêtres[1] avec lesquels je m'approchai de
« votre autel sacré, dévotement et animé par le Saint-
« Esprit. Déjà, depuis trente-quatre ans, j'ai rempli
« fidèlement le saint ministère dans toute l'allégresse
« de mon cœur.

« C'est ainsi, Seigneur Dieu, vous qui m'avez créé
« et qui m'avez fait vivre, c'est ainsi que vous m'avez
« gratuitement prodigué vos dons dans les divers
« ordres qui m'ont été conférés, et que vous avez
« justement consacré mes années à votre service. Dans
« tous les lieux où depuis long-temps vous m'avez
« conduit, vous avez permis que je fusse chéri de
« mes serviteurs, non pas pour mon mérite, mais par
« un effet de votre bonté. Pour tous vos bienfaits, ô
« tendre père, je vous rends grâces, je vous loue et
« bénis de tout mon cœur. Les larmes aux yeux,
« j'implore votre miséricorde pour mes innombrables
« péchés. Epargnez-moi, Seigneur, épargnez-moi, et
« ne me couvrez pas de confusion. Conformément à
« votre infatigable bonté, jetez un regard de ten-
« dresse sur votre ouvrage; pardonnez-moi tous mes

[1] *Voyez* le livre XI vers la fin.

« péchés, et faites disparaître les souillures de mon
« ame. Accordez-moi la volonté de persévérer dans
« votre service, ainsi que des forces suffisantes contre
« la malice du fallacieux Satan, jusqu'à ce que j'ob-
« tienne de vous l'héritage du salut éternel. Ce que
« je vous demande ici pour moi dans ce moment et
« pour l'avenir, ô Dieu de bonté ! je le desire aussi
« pour mes amis et pour mes bienfaiteurs ; je vous
« adresse les mêmes vœux pour tous les fidèles se-
« lon l'ordre de votre Providence. Comme nos mé-
« rites ne sont pas assez efficaces pour acquérir les
« biens éternels auxquels aspirent les desirs des
« hommes pieux, ô, Seigneur Dieu, père tout-puis-
« sant, créateur et chef des Anges, véritable espé-
« rance et éternelle béatitude des justes, puisse la
« glorieuse intercession de sainte Marie, vierge-mère,
« ainsi que de tous les saints, nous assister auprès de
« vous, avec l'aide de Notre Seigneur Jésus-Christ,
« rédempteur de tous les hommes, qui vit et règne
« avec vous comme Dieu, dans l'unité du Saint-
« Esprit, pendant tous les siècles des siècles ! Ainsi
« soit-il ! »

FIN D'ORDERIC VITAL.

TABLE DES MATIÈRES

CONTENUES

DANS CE VOLUME.

ORDERIC VITAL.

LIVRE X. . . . . Pag.	1
LIVRE XI.	141
LIVRE XII.	269
LIVRE XIII.	424

FIN DE LA TABLE.